Louise Jacobs
CAFÉ HEIMAT

Louise Jacobs

CAFÉ HEIMAT

Die Geschichte meiner Familie

Ullstein

2. Auflage 2006

© Ullstein Buchverlage GmbH, Berlin 2006
ISBN-13: 978-3-550-07871-2
ISBN-10: 3-550-07871-4
Alle Rechte vorbehalten
Gesetzt aus der Stempel Garamond bei LVD GmbH, Berlin
Druck und Bindung: Clausen & Bosse, Leck
Printed in Germany 2006

Für Fritz Moritz und Walther Johann

INHALT

PROLOG

Ich bin 22. Diese Reise war ich meinen Vorfahren und mir selbst längst schuldig. Ich folge verschütteten und vergessenen Spuren nach Hamburg und Arizona, zu den Gräbern meiner Vorfahren in Rio de Janeiro und in New York.

Wer war Walther Jacobs? Diese Frage führt mich zurück an den Anfang meiner Erinnerung an Familie.

Die jüdischen Spuren mütterlicherseits führen mich nach Hamburg, wo ich mit dem Archivar, Herrn Sielemann, die Geburtsurkunden und Gemeindebücher im Keller des Staatsarchivs durchblättere. Die blauen Akten meines Urgroßvaters sehe ich mehrere Male im Lesesaal ein sowie ein Biographisches Lexikon der Sepharden in Hamburg, in welchem ich unter den Familiennamen Cohen, Luria, Ferro und zahlreichen anderen auch die Jessuruns finde. Die Wege führen mich nach New York an das Grab meines Urgroßvaters Fritz Moritz alias Fred Milton, auf einen Friedhof in Queens. Die Reise bringt mich erstmals nach Arizona zu seiner Tochter Eva, zu seinem Humidor, zu seiner Briefmarkensammlung. Eva erzählt mir Geschichten von ihm, manche lassen mich schmunzeln und manche bestürzen mich. War ich sonst nur alle drei Jahre in Bremen bei meiner Großmutter Ann, besuche ich sie jetzt häufiger, sitze auf ihrem Sofa und blättere in einem alten Kochbuch meiner Urgroßmutter Else. Ann erzählt nur ungern von der schweren Zeit der Familie in Amerika. An Elses Grab in Rio de Janeiro wird mir klar, wie weit eine Diaspora sein kann, nicht mehr messbar in Raum und Zeit.

Ich begegne in Bremen, Zürich und München den Hinterbliebenen meines Großvaters väterlicherseits und jenen, die Walther Jacobs kannten und sich gerne an ihn erinnern. Ich höre seine Sekretärin mit leuchtenden Augen von dem freundlichen und verbindlichen Herrn sprechen. Ich sitze meiner Tante gegenüber, die mit verlorenem Blick Halt sucht, während sie von ihrem Vater spricht, der sie nie in den Arm genommen hat und der auf ihre Ausbildung keinen Wert legte.

Ich sollte dieses Buch nicht schreiben. Nie war die Geschichte unserer Familie bei uns ein Thema. Ich wuchs als Deutsche in einem viersprachigen Binnenland auf, mit fünf Geschwistern und liebevollen Eltern. Ohne Alpen und die Leidenschaft fürs Skifahren, ohne Pfadfinder, ohne Gletscherwanderungen und schlaflose Nächte in Berghütten wäre ich nicht die Deutsche, die ich heute so schweizerisch bin. Eines aber fehlte mir in dieser Heimat – es waren die Vorfahren. In Zürich hatte die Familie keine Wurzeln, keine Geschichte – mir fehlten familiäre Traditionen, um mich dort heimisch zu fühlen.

Um zu leben musste ich wissen, wer wo, wann und woran gestorben war. Die Vergangenheit begann in meine Gegenwart einzudringen.

»Sag mal, hast du eigentlich spanische Vorfahren?«, fragte mich mein Freund eines Abends.

»Was?«, rief ich aus. »Spanien? Wir sind ein norddeutsches Bauerngeschlecht.«

»Du hast mit Sicherheit spanische Vorfahren.«

Wie konnte es sein, dass ich mit 22 Jahren nicht wusste, woher ich kam? Ich fühlte mich nicht zum ersten Mal in meinem Leben verloren, doch diesmal wusste ich endlich warum.

Seine Beharrlichkeit und meine unbehagliche Ahnung von fremden Ursprüngen veranlassten mich zum ersten Mal in meinem Leben, meine Mutter danach zu fragen:

»Könnte es sein, dass wir spanische Vorfahren haben?« Mit ihrer Antwort tat sich der dünne Boden eigener Vergangenheit unter meinen Füßen auf. Die Reise ins Ungewisse, ins Unbekannte hatte begonnen.

Da tauchten plötzlich Rabbiner aus Venedig auf, Pilger aus Lissabon. Erstmals sah ich ein Bild meiner Urgroßmutter Else und erfuhr den Namen meines Urgroßvaters. Für jedes dieser Details wagte ich mich auf das Minenfeld der Erinnerung. Ich war wie im Rausch: Das ist das Blut, das in mir fließt, das sind meine Gene! Es sind also die Sepharden, die spanischen Juden. Es sind die Bauern aus Borgfeld mit Sau, Kuh und Hof.

Meine Mutter musste vierzig werden, bis die ersten Bücher über das Judentum ihren Weg in unsere Bibliothek fanden. Erst heute spricht mein Vater über das »Bremer Brot mit Würfelschinken«, das sich mein Großvater ins Büro mitnahm und bei einer Tasse Kaffee um zehn Uhr aß, das Butterbrotpapier hob er immer auf. Ich weiß heute, was mir als Kind und Jugendliche fehlte: dass ich nie auch nur ein Wort mit Walther Jacobs, meinem Großvater, gewechselt hatte, an das ich mich erinnern könnte, dass ich nie verstand, warum meine Mutter in Nicaragua geboren war, ihre Mutter aber in Bremen lebte – und wir in der Schweiz.

Ich fragte nicht danach, weil niemand fragte. Der Normalzustand war, dass meine Großmutter vielleicht zweimal im Jahr bei uns war. Von meinem Opa Jacobs erreichte mich jährlich zum Geburtstag ein Brief mit einem Geldschein und einem Foto von seinem Haus. Der Normalzustand war das Nicht-Sprechen, war die Unantastbarkeit der Vergangenheit.

Zu erfahren und zu erzählen ist für mich seit Beginn der Recherche zu einer Orgie des Schwelgens geworden. Einen Bissen nach dem anderen kaue ich, schmecke ich, anschließend kommt das Schlucken und das Verdauen. Diese Art der Nahrungsaufnahme kann niemals zur Völlerei werden, denn Wissbegierde soll nie im Leben gesättigt sein – je mehr ich erzähle, desto unerträglicher wird mein Hunger. So erfahre ich, dass meine Großmutter mütterlicherseits, Ann Grobien, geborene Jessurun, 1938 mit ihrer Familie aus Hamburg nach Lissabon geflüchtet ist und von dort aus 1941 weiter nach New York getrieben wurde. Ann kehrte erst in den sechziger Jahren über Nicaragua, wo meine Mutter geboren ist, zurück nach Bremen. Ihre Schwester Eva sowie Anns Eltern kamen nie wieder nach Deutschland zurück.

Ich erfahre, dass die verschwiegene Seite meines Großvaters, Walther Jacobs, ursprünglich von einem bremischen Bauerngeschlecht aus Borgfeld abstammt, dessen Wurzeln bis 1550 zurückzuverfolgen sind.

Würde man mich fragen, ob ich mich als Jacobs fühle oder als Jessurun, ich würde antworten: als Jessurun. Würde man mich aber fragen, ob ich mich als Jacobs oder Grobien – so hieß die Familie meines Großvaters mütterlicherseits – fühle, so würde ich antworten: als Jacobs.

Als Jessurun fühle ich mich, weil ich spüre, gewisse Dinge vererben sich, nicht nur in Charakter oder Aussehen, sondern auch in der Weise, wie ich fühle und empfinde. Der Einfluss der Jessurun'schen Wurzeln ist einfach da, in meinem Blut.

Stelle ich mir heute die Frage: »Wie hältst du's eigentlich mit dem Jüdisch-Sein?«, antworte ich: »Früher fühlte ich mich jüdisch, jetzt bin ich es.«

Und ich bin eine Jacobs, weil mich die Leidenschaft für das Bäuerliche, das Ländliche prägt, für Pferde und nicht zuletzt für Kaffee.

Auf der Stammtafel der Familie Jacobs steht an der Spitze einer breiten Pyramide von Namen und Daten Claus Jacobs, geboren in Borgfeld um 1550, und dahinter in Klammern: Baumann in Borgfeld. Nachweislich hat die Familie Jacobs also seit dem 16. Jahrhundert in Borgfeld ein eigenes Gehöft.

Von Generation zu Generation erbte immer der älteste Sohn den Hof, und der jüngere – sofern es einen gab – zog in die Stadt, um zu arbeiten.

So erging es auch den beiden Brüdern Walther und Daniel Jacobs rund 400 Jahre später. Daniel, der Erstgeborene, übernahm von seinem Vater Jacob den Hof und Walther zog nach Bremen, um dort bei seinem Onkel Johann, ebenfalls ein Zweitgeborener, im Spezialgeschäft für »Caffee, Thee, Cacao, Chocoladen und Biscuits« zu arbeiten. Walther war 21 Jahre alt, als Onkel Johann seinen Neffen nach New York in die Lehre schickte. Zwei Jahre später kam er zurück und trat 1930 in die Firma Johann Jacobs & Company ein. Er würde erstmals ein Corporate Design, ein für den Kunden wieder erkennbares Logo und einen Werbeslogan für die Marke Jacobs Kaffee entwickeln. Seither stiegen die Verkaufszahlen der Firma Jacobs und sie war auf dem Weg zum Erfolg.

1. Teil

BORGFELD – BREMEN –
NEW YORK

I

Es scheint ein Tag wie jeder andere zu sein ... Es ist der 15. November 2004, elf Uhr vormittags. Ich sitze in Bremen an einem Ort, wo die Welt noch in Ordnung zu sein scheint – ich sitze am hintersten Tisch im Nichtraucherteil der Konditorei Knigge. Hier kann man alles um sich herum vergessen, es könnte im Jahr 1920, aber auch 2004 sein. Es ist eine Welt, in der sich die Sahne in allerlei kunstvollen Variationen in Weiß oder Sattbraun, gespritzt, geschichtet, oder in Biskuit gefüllt, in der Auslage präsentiert. Hier servieren noch die blonden Töchter des Servierpersonals und die Männer mit Schnauz in schwarzer Weste und Fliege. Und wenn das Kännchen kommt und die Kapuzinertorte, dann wächst unweigerlich das behagliche Gefühl, dass die Zeit an diesem Ort in gewissem Sinne stehen geblieben ist. Hier, wo der »Budderkuchen« noch richtig schmeckt, treffe ich heute die langjährige Sekretärin von Walther Jacobs.

Frau Sörös hat rote Wangen und pechschwarzes Haar, ihre Stimme ist fest. Sie eröffnet unser Gespräch mit der Frage: »Was wollen Sie trinken, haben Sie eigentlich schon gefrühstückt?«, und es endet erst, als der Stundenzeiger meiner Uhr auf der Zwei steht.

Unsere Bestellung – Scholle mit Kartoffelsalat – ist auf dem Wege in die Küche, als Frau Sörös sagt: »Ich habe auch einige Dinge mitgebracht.« Ich spüre, sie erinnert sich gerne. Und nach den ersten Minuten sind wir beide eingetaucht in die Geschichte eines charmanten, humorvollen, geheimnisvollen Mannes.

Er faszinierte, er verängstigte, er war Großvater, Vater und Phantom zugleich. Er war nicht der Mann großer, ausladender Worte oder Reden. Doch das Wenige, was er sprach, blieb in Erinnerung und wird noch heute gelegentlich von seinen Weggefährten zitiert.

Frau Sörös erzählt mir, wie er in den Monaten vor seinem Tod so manchen Tag in Strickjacke und Krawatte im Rollstuhl saß und mit der Hand in den Garten mit den alten Eichen zeigte. Hier war es ihm gelungen, in sich zu kehren, nach Hause zu kommen in eine lang vergessene Seele. Sie erzählt mir auch, wie er manchmal seinen Kopf wandte und spitzbübisch flüsterte:»Hörst du den bunten Vogel. Siehst du das Eichhörnchen?«, obwohl weit und breit keins zu sehen war.

»Da hat er mich manchmal geduzt«, sagt Frau Sörös.

Im Alter ist so viel Leid vergessen, so mancher Schmerz durchlitten. Es schien so, als hätte Walther Jacobs nach all der Anstrengung in seinem Leben nun den Wert der Ruhe erkannt, und als hätte er zu dem kindlichen Selbstverständnis zurückgefunden, ein Junge zu sein, dessen Schicksal es war, als Zweitgeborener vom Hof in die Stadt zu ziehen, um Arbeit zu suchen. Vielleicht war es gerade seine Unnahbarkeit, die ihm inneren Reichtum geschenkt hatte und ihn gelassen altern ließ.

Am 4. Juni 1998 blieb von Walther Johann Jacobs nur noch die Erinnerung an ihn. An Alzheimer erkrankt verlebte er die letzten Jahre in Bremen, wo die alten Eichen stehen und die bunten Vögel vielleicht noch immer singen. Hier endete ein Leben, getrieben von einem unermüdlichen Überlebenswillen und Stolz, einem nicht enden wollenden Tatendrang.

Alles nahm seinen Anfang an der Borgfelder Heerstraße im Jahr 1907. Selbst ein Mann seiner Größe wurde dort am 17. März als schreiender Säugling in die Arme einer guten Amme hineingeboren.

Ich begebe mich also dorthin, wo bis heute meine Seele wohnt. Es ist der Ursprung einer Liebe. Einer Liebe zu dem Duft von gemähter Wiese, zu dem Geräusch flatternder Nüstern von schnaubenden Pferden, zu dem Gefühl rauer Hände und dem Dreck unter den Fingernägeln. Es ist Borgfeld bei Bremen.

Was muss das für ein idyllischer Anblick gewesen sein, im Jahr von Walthers Geburt, wenn Heuwagen über die Landstraße fuhren, Wanderer am Wegesrand gingen oder Reiter hoch zu Ross Richtung Borgfeld ritten. Einerlei, auf welche Weise man den Schlagbaum erreicht hatte, war das Entree beglichen, konnte man das letzte Stück des Breitenweges zurücklegen. Nach halbstündiger Fahrt über Furten und Schlaglöcher, vorbei an fetten Äckern und weiten Wiesen, zog man nun ein ins »schönet Borgfeld«.

Mit erhobener Hand grüßte man hier und da die Lachmunds, die Tietjens oder die Jacobs, sobald sich der Holzwagen über den Platz schleppte. Ein Lärm war das. Die eisernen Räder knallten und knirschten auf dem Sandboden. Hier schrie eine Kuh, dort gackerte eine Henne, die zum Schlachten eingefangen werden musste. Langsam zog man vorbei an den niedrigen Häusern. Die Lehmwände waren vom Ruß geschwärzt, manche geweißt oder gar rot gebrannt. Dicht an dicht standen die strohgedeckten Hütten, deren Dächer, bewachsen mit dichtem Moos oder Gräsern, den Bewohnern nur dürftig Schutz vor Wind und Wetter boten.

Vor der Ratspieke standen schon die Pferdewagen, beladen mit Eisblöcken, in deren Mitte sich zehn braune Fässer türmten. Bei dem Gedanken an 'nen Lütt um' Lütt – ein Glas Bier vom Fass und einen Kornschnaps – klebte einem die Zunge am Gaumen. Doch es war noch ein ordentliches Stück Weg bis zur schattigen Laube, wo man die trockenen Kehlen benässen konnte.

Welch ein Glück, wenn es Frühling wurde und die Sonne wieder höher stand, die Natur erste Triebe zeigte oder schon blühte, dann schien es, als würden auch die Menschen aufblühen. So fern war der Winter, wenn man unter den dicken Eichen dahinzog, der Wind einem den Duft von geschnittenem Heu in die Nase wehte.

Und sieh! Dort kam der Behrens mit der Dauerware auf den Schultern. Er ging, wie viele Borgfelder, am Deich entlang zum »Roschenhus«, um sein Fleisch für den Sommer zu räuchern. Da konnte die Keule gute fünf Monate reifen. Das Haus der Roschens war damals, im Frühjahr 1907, das einzige, das noch keinen Schornstein besaß und daher vielen Borgfeldern als Räucherkammer diente.

Blendete einen das harte Gegenlicht der Frühlingssonne so, dass man den niedrigen Kirchturm, der kaum höher war als die umstehenden Häuser, fast übersehen hätte und am bescheidenen Gotteshaus vorbeigefahren wäre, musste man sich mit voller Kraft in die Zügel lehnen, um das Gespann mit den zwei schnaufenden Gäulen noch rechtzeitig zum Stehen zu bringen. Die Kirche duckte sich zwischen den windschiefen Denksteinen, mitten in den Wogen der aufgeschütteten Grabhügel. Die Kronen der Eichen überragten den Wetterhahn um einige Foot. Mit der rechten Hand die Augen beschirmend, bot sich einem der Anblick einer Stätte des Todes und zugleich des Lebens der erwachenden Natur. Der Winter war vorbei, doch all die Halme, Nesseln, Kletten und Dornen zwischen den Steinen ruhten noch verdorrt im schmelzenden Schnee. Die Gedanken rissen ab, als der Schimmel mit einem Ruck die Zügel herumriss, um eine Fliege vom schaumverklebten Gebiss zu verjagen.

Wenden wir uns also dem Glück des Lebens zu, und das war in diesem Moment das Gittertor zur schattigen Gartenlaube der Ratspieke, die in unmittelbarer Nähe, am Ufer der gemütlich dahin fließenden Wümme, lag. Hier ließ sich ausruhen, hier konnte man dem Rücken und anderen müden Gelenken mit Blick über den Fluss auf die jenseitigen Felder eine Pause gönnen.

Zur gleichen Zeit lag Betina Jacobs, geborene Wagt, halb betäubt von Schmerzen auf ihrem Lager im Haus an der nahe gelegenen Heerstraße 60. Sie lauschte dem Geschrei des Säuglings. Neben ihr saß die Hebamme, die ihr die salzigen Schweißtropfen von der Stirn wischte. Betina kannte das Gefühl der großen Erschöpfung und der schweren Seele und doch erschien es ihr erneut ganz fremd.

Vor drei Jahren hatte sie ihre Tochter Meta Adelheid zur Welt gebracht, ein Jahr darauf ihren ersten Sohn Daniel, der gerade in der Diele schrie, weil die Mittagszeit vorüber war und Vater Jacob noch immer in der Dorfgemeinde bei den Herren saß.

Walther Johann kam an diesem Tag als zweiter Sohn der Familie Jacobs auf die Welt. In jeder Generation hatte es bisher einen Johann gegeben. Um Verwechslungen mit dem Onkel auszuschließen tauften sie den Kleinen auf den Rufnamen Walther und gaben ihm den Zweitnamen Johann, dem Onkel in Bremen zu Ehren.

Noch hatte Walther seinen Onkel Johann, der in der Stadt lebte, nicht näher kennen lernen können, war er doch vollauf mit Wachsen beschäftigt, mit der schulischen Ausbildung und mit der Hilfe bei der Heuernte, so wie jedes Kind in Borgfeld. In späteren Jahren, wenn es darum gehen würde, sein eigenes Brot zu

verdienen und auf eigenen Füßen stehen zu müssen, würde er
mit seinem Onkel ein gemeinsames Schicksal teilen, es war das
Schicksal der Zweitgeborenen.

2

Johann, oder Onkel Jan, wie ihn Walther später nennen würde,
war der jüngere Bruder von Jacob Jacobs, Walthers Vater. Und
wie es die uralte Tradition verlangte, stand schon bei seiner Geburt fest, dass er in die Stadt gehen musste, um sich Arbeit zu suchen, während es seinem älteren Bruder zukam, Hof und Land
der Familie zu erben. So sollte denn für Johann, als er 1884 das
15. Lebensjahr erreicht hatte, das Leben auf dem Lande ein end-
gültiges Ende nehmen.
»Du bist der Zweitgeborene, mein Junge. Du solltest Kaufmann werden!«, schlug die Mutter vor.
Ihren Rat befolgend schrieb Johann nach Amerika, er wollte
dort lernen und arbeiten. Er erfuhr, dass die Zeiten schlecht waren und die Aussicht auf eine Arbeit in Bremen weitaus größer
und viel versprechender. Und so machte sich Johann an der Seite
seiner Mutter auf den Weg, einen Lehrmeister zu suchen.
Der beliebteste Weg nach Bremen war der mit der Postkut-
sche. Die gelbe Kalesche, mit zwei Pferden bespannt, hielt früh-
morgens von Lilienthal kommend am Lehesterdeich, um dann
weiter zum Herdentorsteinweg bei Jagels zu fahren, an dem das
Postamt und die Telegrafenstation lagen.
Die Suche nach einer Arbeitsstelle, wo der 15-jährige Johann
lernen und arbeiten konnte, begann genau hier, wo die nassen
Pferde ausgespannt wurden und ihren Hafer bekamen. Das Dorf
Borgfeld zählte 1869, im Jahr seiner Geburt, achthundert bäuerliche Seelen. In der Stadt Bremen hingegen überstieg die Ein-
wohnerzahl die Tausend bei weitem. Für Johann immer noch
eine unüberschaubare Menge.
Er wurde Lehrling bei Carl Levin, dem Besitzer des Colonial-

warenladens im Ostertorviertel. Seine Ausbildung nahm drei Jahre in Anspruch. Vier weitere Jahre verbrachte der Junge in kleineren Geschäften und fand schließlich eine Anstellung im Büro einer Großhandlung, wo er als 23-Jähriger schon Prokura erhalten sollte.

Doch welchen Nutzen zogen der Hafen, die Reederei, die Stadt schon aus einem gelehrten Kolonialwarenhändler? Als solchen würde sie ihn, unbarmherzig, wie sie war, wieder auf die Äcker und in die Viehställe verbannen. Ein innerer Drang nach Selbstständigkeit ließ ihm keine Ruhe. Er erkannte, dass Menschen, die es zu etwas bringen wollten, sich ein Ziel stecken müssen, wonach sie streben. Es durfte aber kein Ziel sein, das in greifbarer Nähe liegt, sondern es musste so weit gesteckt sein, dass es fast unerreichbar erschien, damit sich die Kräfte auf dem Weg dorthin mehren konnten.

Johann wusste selbst im Schlaf um sein Schicksal: Zurück auf den Hof konnte er nicht, die Tradition verwehrte ihm das Erbe. Dort hatte er kein Zuhause mehr.

Schon wenige Monate nach Abschluss der Lehre stand seine Entscheidung fest. Im Jahr 1898 konnte jedermann in den *Bremer Nachrichten* folgende Annonce lesen: »Im Hause Domshof 18 eröffne ich ein Spezialgeschäft in Caffee, Thee, Cacao, Chocoladen, Biscuits – Inhaber und Gründer Johann Jacobs«. Bremen war schon seit 1844 eine Stadt, die mit Zielstrebigkeit den Verkauf und Genuss von Kaffee vorantrieb. Anlässlich der damaligen Eröffnung des ersten Bremer Kaffeehauses schrieb die Zeitung *Der Bürgerfreund* die verheißungsvollen Worte: »Ein Ereignis, das eine neue Bildung, eine bessere Cultur, Gewandtheit, Tornüre und Geschmack über unsere philiströse Bevölkerung bringen wird.«

Mit 26 Jahren war der Geschäftsführer des Ladens am Domshof somit kein Kaffeepionier, doch er gründete sein kleines Unternehmen in der richtigen Stunde. Johann befand sich mit seinem Kaffee- und Teeladen in guter Nachbarschaft: Ein Delikatessengeschäft, zwei Tapisserien – Geschäfte für Gobelins, Tapeten und Teppiche – und eine Konditorei mit Café, ein Geschäft für »Beleuchtungs- und Broncewaren« und eine Zigarrenhandlung, die auch Theaterkarten verkaufte, versprachen eine gutbürgerliche, kaufkräftige Kundschaft.

Zwei mäßige Geschäftsjahre vergingen, dann gab Johann Jacobs wegen zu geringer Laufkundschaft den Laden am Domshof auf und zog an die Sögestraße, Bremens wichtigste und teuerste Einkaufsstraße. 1902 schließlich eröffnete er ein weiteres Geschäft in der Obernstraße, das fünf Jahre später um einen eigenen Röstbetrieb erweitert wurde.

»Von diesem Zeitpunkte an gewährte mir der Geschäftsbetrieb erst seinen vollen Reiz«, schrieb Johann vierzig Jahre später rückblickend nieder. »Waren in der Lohnrösterei meine Kaffees schablonenhaft, eine Sorte wie die andere, geröstet worden, so konnte ich jetzt jede Sorte nach ihrer Eigenart und Struktur der Bohne behandeln und somit meinen Kaffees eine ganz besondere Geschmacksrichtung geben.«

Der Umsatz begann zu steigen.

Im März jenes Jahres erblickte Johanns zweiter Neffe Walther auf dem Hof seines Bruders in Borgfeld das Licht der Welt.

3

Während der Onkel in der Stadt den Umsatz seines Kaffee-Geschäftes stetig steigerte, wuchs zwischen den weiten Wiesen der Wümme, inmitten der Kuhherden, ein kleiner Bauernjunge heran, der, umgeben von Schweinen, Schafen und Pferden, die Natur lieben und schätzen lernte.

In das Jahr 1914, als eine ganze Nation jubelnd in den Krieg gezogen war, um vier Jahre später geschlagen zurückzukehren, fiel Walther Johann Jacobs' erster Schultag. Das Kind wurde in seinem siebten Lebensjahr hinter Schulbank und Schiefertafel vom Ernst des Lebens begrüßt.

Aber in Borgfeld gehörte man, auch ohne das Einmaleins zu beherrschen, zu den Eingeweihten, wenn es einem erlaubt war, den Vater auf die Tierschau zu begleiten. Der Ostermontag war ein ganz besonderer Tag. Einmal im Jahr fand dann auf den Wiesen Lilienthals ein Volksfest statt, das vom Landwirtschaftlichen Verein ausgerichtet wurde. Es diente nicht nur der Förderung der Rinderviehzucht, die noch sehr rückständig war, auch den Ackerbau versuchte man durch das Präsentieren von Düngern zu modernisieren, was bei öffentlichen Versuchen bis dahin nur unbefriedigenden Erfolg gezeitigt hatte. Die Bauern blieben am Ende doch bei ihren althergebrachten Methoden, ganz ohne Chemie.

Jenseits der Wümme trafen sich allerlei Hofeigentümer, die weniger geschäftlichen Interessen nachgingen als vielmehr über schwarz-weißes Vieh, was sich reichlich in minderer Qualität präsentierte, fachsimpelten und voll und ganz die ausgelassene Stimmung des Festes genossen.

Von weitem schon hörte Walther die marschmusikalischen Klänge des Blasorchesters an der Borgfelder Heerstraße und der Duft von Dung und zertretener feuchter Wiese mischte sich in die frische Brise, die über das Land wehte.

Würde der Vater heute eine Kuh oder ein Rind kaufen? Brauchten sie vielleicht doch noch einen Bock? Ach, und würde er endlich einmal Zeit finden, die Maschinen anzusehen, die dort ausgestellt wurden? Der Achtjährige wünschte sich nichts sehnlicher, als einen dieser Traktoren übers Feld fahren zu können, wenn er einmal groß genug war. Natürlich würde er auch viele Kinder aus der Schule treffen und all die Männer, die er sonst nur auf dem Feld mit dem Vater sah; heute war schließlich jeder hier. So hing Walther seinen Gedanken nach, während er versuchte, dem schnellen Schritt des Vaters zu folgen. Wie aufgeregt er war.

Als sich Jacob, mit seinen Söhnen Daniel und Walther, unter die Bauern, die Mitglieder der Vorstände und die freiwilligen Helfer gemischt hatte, begann er auch schon, alle bekannten Gesichter, den Lüder Behrens, den Cord Hilken, den Rainer Lachmund und die vielen anderen, mit und ohne Schnauzbart, zu grüßen. Jacob Jacobs hatte als angehender Gemeindevorsteher kein Auge für Verlosungen oder ähnliche Vergnügungen – zur Enttäuschung seiner Söhne, versteht sich. Die Mitglieder und Freunde des Gesangsvereins versammelten sich in heiterer

Runde auf einer Anhöhe, von der man eine gute Sicht auf die bunte Gesellschaft hatte.

Am Nachmittag, wenn das Fest zu Ende gegangen war, sprangen die Jungen über die Weiden, spielten Verstecken oder jagten einander auf die hohen Obstbäume am Feldrand. Daniel konnte schon besser klettern als Walther, doch der ließ sich von seinem älteren Bruder nicht abhalten, selbst die höchsten Kirsch- und Apfelbäume zu erklimmen.

»Walther, komm da runter, wenn das der Vater sieht!« Mit gespreizten Beinen hing Daniel auf einem der unteren Äste und schaute sorgenvoll zu seinem Bruder hoch, der schon fast in der Krone war. »Walther!«, rief Daniel noch einmal verzweifelt.

»Lass es mich doch mal probieren. Ich komm gleich wieder runter«, beruhigte Walther seinen Bruder. »Der Blick von hier oben ist so toll, ich kann sogar die Stadt sehen und den Hof!« Er lachte ausgelassen. Angst war ein Gefühl, das Walther nicht kannte. Er fürchtete kein Risiko.

Nachdem die beiden Brüder noch versucht hatten, im Fluss Aale zu fangen, rannten sie bei Dämmerung zurück zur Heerstraße, weil sie pünktlich zum Abendbrot daheim sein mussten.

Bei Tisch wurde geschwiegen. Der Vater sprach vor dem Essen ein Gebet und anschließend dachte jeder im Stillen über den Tag nach. Wenn der Großvater manchmal zum Essen kam, sprach der den Dank für das Essen aus und blieb während der gesamten Mahlzeit stehen.

4

Deutschland befand sich 1916 entgegen allen Erwartungen noch immer im erbitterten Krieg. Vor Verdun fielen in diesem Jahr 700 000 deutsche und französische Soldaten. An der Somme verloren eine Million Deutsche, Franzosen und Briten ihr Leben.

Der Staat beschlagnahmte alle deutschen Kaffeebestände, woraufhin der Preis der Bohnen in unerschwingliche Höhen stieg.

Auch meine Bestände haben sie konfisziert, schrieb der Onkel aus der Stadt seinem Bruder, wem habe ich es zu verdanken, dass ich rechtzeitig diesem Engpass entkommen bin und schon früh genug anfing, Lebensmittel an die Krankenhäuser zu verteilen? Denn dieses Geschäft mit Zucker, Reis und Getreide läuft gut und lässt mich das neue Haus an der Obernstraße voraussichtlich behalten.

Doch eine vom Reichskriegsausschuss gegründete GmbH diktiert uns die Preise für Tee und Kaffee und alle Ersatzmittel, die wir rösten, und ich muss ansehen, wie mein Betriebskapital langsam aber sicher sinkt.

Lieber Bruder, die Umstände sind unvorstellbar. Aus den Nachrichten hört man Schreckliches von den Fronten, unsere Truppen sind vollends überfordert und bezahlen mit hohen Verlusten.

So fremd war Jacob die Welt da draußen. Auf dem Land herrschte eine beängstigende Ruhe. Bald stand die Heuernte an, dann wurde Stroh gebunden und auf die Hille, eine Zwischendecke über den Viehständen, gesteckt. Ihr Getreide lagerten die Bauern über den Dielen, damit es portionsweise ausgedroschen werden konnte. Ende September galt es, langsam für den Winter vorzusorgen, man musste die Schafe scheren, deren Wolle säubern und verarbeiten, damit Socken und Pullover gestrickt werden konnten. Im Herbst begann man mit dem Schlachten. Eingebunden in den Rhythmus ihrer jahreszeitlich bedingten Arbeiten hatten die Bauern in Borgfeld kaum Zeit, sich Gedanken über das Geschehen jenseits der großen Kuhweide zu machen. »So lange die Erden stehet, sol nicht aufhören Samen und Ernd, Frost und Hitz, Sommer und Winter, Tag und Nacht.«

Manche Dinge waren knapper geworden, doch viele Familien waren Selbstversorger, sie überlebten dank ihrer ländlichen Bescheidenheit, die die Natur sie fortwährend lehrte.

Es wurde Sommer und die Heuernte kam.

Seit Sonnenaufgang gingen die Männer mit ihren Sensen über die fetten Wiesen – für Maschinen hatten die Borgfelder Bauern kein Geld.

In den Ställen hing der Morgendunst der schwitzenden Kühe, die Luft war schwer vom Mist, die kühle Nachtluft erwärmte sich nach und nach.

Die Kinder Meta, Daniel, Walther und nun auch Hinrich mussten nicht ganz so früh aus dem Haus wie der Vater. Gemeinsam mit der Mutter saßen sie am Tisch in der großen Diele. Betina reichte ihrem Sohn Daniel eine dicke Scheibe von dem frischen Brot. An der dunklen Kruste klebten noch Aschereste, die Rinde stach und kratzte an den Kinderhändchen. Dazu gab es selbst geschlagene Butter und Wurst. Hinrich löffelte hungrig seine Hafergrütze. Immer wieder lief das von seinem Löffel gestochene Loch mit dem gelben Grützbrei voll, als sei es nie da gewesen. In das schmatzende Geräusch mischten sich die hastigen Kaugeräusche der anderen Kinder. Sie mussten sich für den langen, arbeitsreichen Tag stärken. Wer nicht genug aß, durfte nicht mitgehen.

Schließlich machten sich alle auf den Weg. Walther und Daniel liefen voraus, die Mutter ging mit Meta und dem kleinen Hinrich langsamer hinter ihnen durchs Feld.

Die beiden Älteren waren aufgeregt und konnten es kaum abwarten. Und wenn es nur eine Minute war, die sie an Zeit gewinnen konnten, um schneller bei den Bauern zu sein, sie rannten mit ihren kurzen Beinen, so schnell sie konnten. Die Männer schwangen ihre Sensen durchs dichte Gras. Die Halme neigten sich zu Boden, wo sie liegen blieben, bis sie von den Frauen, die hinter ihren Männern hergingen, mit Harken und Forken gewendet wurden. Das Heu konnte erst trocken zusammengebunden werden. Meta sah schon von ferne das Heben und Senken der Arme und die gebeugten Rücken der Frauen, die sich deutlich vor dem weißen Horizont abzeichneten.

»Sieh mal, Walther, der Vater ist ganz vorne. Er hat bestimmt schon am meisten von allen geschnitten.« Daniel zeigte gegen die Sonne und Walther nickte und verfolgte mit seinem Blick die rhythmischen Hiebe ins Gras.

»Daniel!«, rief jemand hinter ihm.

»Hallo Hans!«, begrüßten Daniel und Walther den Freund wie aus einem Mund.

»Habt … ihr denn noch … gar nicht … angefangen?«, fragte der Junge ganz außer Atem.

»Nee, wir sind gerade erst angekommen. Ist deine Mutter noch nicht da? Unsere ist da drüben mit Meta und Hinrich.«

»Sie hat gesagt, sie muss noch die Milch in die Setten stellen, sonst haben wir für die Tage kein Warmbeer.«

Das war bei den Jacobs nicht anders. Wenn für drei bis vier Wochen genug Brot gebacken war, kochte Betina die Buttermilch – einen Teil der geronnenen Milch, der übrig blieb, wenn sie den Rahm für die Butter abgeschöpft hatte – mit Brotstücken zu einer Abendmahlzeit.

»Dann bist du ganz alleine gekommen?«, fragte einer der Brüder.

»Was soll ich mit Beta zum Vater gehen. Die kann doch noch nicht einmal ›Heuernte‹ sagen.«

Nach und nach kamen auch andere Jungen angerannt. Georg Klatte von der Borgfelder Landstraße ging mit Daniel zur Schule. Johann Behrens von der Butendieker Landstraße war ein eher schwächlicher Junge, aber überall mit dabei. Die anderen Kinder kannten Walther und Daniel aus der Schule oder vom Spielen. Sie warteten unter oder auf den Bäumen, bis die Väter ihre erste Pause machten, dann erst durften sie nämlich anfangen, die Schneisen sauber zu harken.

Hernach gingen die Mütter über die Wiesen und wendeten die Halme zum Trocknen. An den folgenden Tagen wurden sie mit Heustricken zusammengebunden und auf Heuwagen gehievt oder auf Schiffe getragen, wenn die Parzellen direkt an der Wümme keine Zuwege hatten.

Gegen elf Uhr lief auch den Jungen der Schweiß vom Nacken den Rücken herunter. Wenn keiner der Bauern hinsah, wurde rasch eine kurze Pause beim Harken eingelegt, um einen flüchtigen Blick in die schmerzenden Handflächen zu wagen.

»Ah!« Walther zog die Luft zwischen den zusammengepressten Zähnen ein. »Sieh mal, ich hab schon Schwielen bekommen.«

»Guck mal hier«, sagte Johann Behrens, der neben ihm ging, und hielt ihm einen Finger entgegen, »der blutet sogar.« Rasch steckte er den geschwollenen Zeigefinger in den Mund. Für so kleine Männer konnte die Arbeit eine Strapaze sein, und wäre da nicht die gute Luft, all die Kameraden, die sich von Streifen zu Streifen aneinanderreihten, die wachsamen Väter und der Heuwagen gewesen, hätte vielleicht so mancher Junge schon früh seine Forke ermattet abgelegt.

»Gleich geht's auf den Wagen!«, ermunterte Johanns Vater, Daniel Behrens, die Jungen. Er nahm die Sense von der Schulter, zog ein Schweißtuch aus der Hosentasche und fuhr damit die messerscharfe Kante seines Sensenblattes entlang. »Walther, sieh mal hinter dich, da liegen noch einige Halme, das muss schön sauber sein!«, ermahnte er den kleinen Erntehelfer. Walther ging noch einmal zurück und harkte, bis der Streifen sauber war.

Zum lang ersehnten Mittagessen brachten die Frauen und Mütter Wurst und Käse, jeder brach sich Brot ab und trank Wasser dazu.

»Das ist eine gute Ernte. Was haben wir für ein Glück. Doch lasst uns an all jene denken, die in den Gräben für unser Land sterben müssen.« Hinrich Wischhusen hob seine Wassergamelle und zog sich den Hut vom Kopf und alle taten es ihm nach. Nur das leise Glucksen des Wassers, das Zirpen der Grillen und der ferne Gesang der Vögel waren zu hören. Die Bauern schwiegen im Gedenken an die vielen Soldaten, die im Kugelhagel auf dem Schlachtfeld ihr Leben für sie ließen.

Am Nachmittag, als die Hitze über dem trockenen Gras flirrte, fuhr der erste Heuwagen zu den Scheunen ins Dorf. Jetzt ging der Spaß erst richtig los.

»Ich will mitfahren!«, schrieen die Jungen, die plötzlich alle ihre tauben Hände und die schmerzenden Arme vergessen hatten.

»Komm, Walther, gib mir deine Hand!«, rief Hans von oben herab.

»Lass mich zuerst, Hans! Vater! Ich will auch mit«, quengelte die jüngere Schwester. Doch Mädchen hatten bei der Eroberung dieses Platzes, der die höchsten Glücksgefühle verhieß, keine Chance.

Zu fünft hatten die Jungen, die jetzt Könige waren, nach nur wenigen Minuten ihren Thron oben auf dem duftenden Heu eingenommen. Walther schaute über seine Schuhspitzen hinweg auf die weiten Felder. Was für ein Blick! Auf der schwankenden Fahrt über Land war man den Vögeln in der Luft das Stück näher, was man an Heu eingetragen hatte.

Diese Sommer würde er nicht vergessen, und noch im Alter suchte der erfolgreiche Unternehmer nach den Schwielen in seinen Handflächen.

5

Onkel Johann gründete am 7. Dezember des Jahres 1926 seine neue Firma Johann Jacobs & Co. als eine offene Handelsgesellschaft. Ihr neues Domizil war in der Bonspforte 2. Von hier aus sollten vorerst alle Kunden von Jacobs Kaffee außerhalb des Stadtkreises von Bremen beliefert werden. Hier hatte Johann auch eine Packerei und ein weiteres Kontor eingerichtet. Er behielt sein Geschäft an der Obernstraße als Verkaufsstelle für den ganzen Kreis Bremen.

Der Einstieg war erneut geschafft, und das, so schien es, erfolgreicher als je zuvor. Johanns Lieferungen gingen nicht mehr nur in wohlhabende Familienhaushalte und Konditoreien, er hatte es überdies geschafft, die Norddeutsche Lloyd als Kunden zu gewinnen und mit Rohkaffee, der zwar nicht eigens geröstet, aber eigens eingekauft wurde, zu beliefern.

Walther hatte die ersten Lehrjahre absolviert, als das Ansehen seines Onkels, Johann Jacobs, auf einem Höhepunkt angelangt war.

»Du solltest nach Amerika, Walther«, sagte Johann bei nächster Gelegenheit zu ihm. »Damals war es für mich keine gute Zeit, heute aber ist das anders. Das Land hat sich erholt, ich bin sicher, du kannst dort sehr viel Wichtiges lernen, nicht nur für den vor dir liegenden Berufsweg, es wird auch eine Lebenserfahrung für dich sein. Doch übe dich vorerst weiter in Geduld und Fleiß und geh ein Jahr nach Braunschweig.«

Walther setzte seine Ausbildung also fort. Er lernte bei einem

Bekannten von Onkel Johann in Braunschweig, bis er schließlich, nach einem letzten Aufenthalt in Borgfeld, die Reise nach New York antrat.

6

»Auf Wiedersehen!«, verabschiedete sich die Mutter von ihm. »Bleib gesund. Du hast das Borgfelder Blut, Walther, es wird dir an nichts fehlen.«

»Dat böberste End denn is Sandweg. Dor hest du no en beten Tied, also lat di nich overn Disch trekken, un bliev dapper, wennt uk hard is«, gab ihm der Vater mit auf den Weg und fasste Walther zum Abschied stolz bei den Schultern, ohne ihn jedoch in den Arm zu nehmen.

Hinrich klapste seinem Bruder auf den Rücken und Daniel umfasste Walthers Gesicht zärtlich mit seinen rauen Handflächen und sagte: »Mach keine dummen Sachen dort in New York!«

Walther nickte. Es war dieser Moment des Abschieds, der ihm sagte: Und jetzt pack es an und mach was aus deinem Leben! Das tat er, am Ende mehr, als je irgendwer von ihm erwartet oder verlangt hätte. Es schien dem 21-jährigen Walther Jacobs geradezu Vergnügen zu bereiten, diesen Herausforderungen entgegenzutreten.

7

Was bot das Amerika der Zwanzigerjahre?

Es bot unbegrenzt erscheinende Möglichkeiten. Es bot die Freiheit des Glaubens, Leben und Sterben, Menschen aus aller Welt, aus allen Kulturen. Es bot Mode und Glamour, Greta Garbo mit ihrem Lidstrich und den roten Lippen. New York – ein winziges Stück Erde, wo all dies aufeinander traf.

Walther betrat diesen angelsächsischen Fleck des Globus an einem Donnerstagmittag im Frühjahr 1928.

Am Horizont verzog sich in der Morgendämmerung die Bewölkung und es sah nach gutem Wetter aus. Walther drängte, die Hand an seiner Hutkrempe, inmitten Tausender Mitreisender an die Reling, um in den Dunst zu starren. Eine Frau rief unverständliche Worte auf Italienisch. Ab und an hörte er ein Lachen, ein Murmeln. Vom oberen Deck sprach jemand Verse eines Gebets in den Wind. Die Röcke rauschten, der Bug des Dampfers spaltete krachend das schäumende Wasser, es herrschte erwartungsvolle und gleichsam angstvolle Stimmung. Und dann plötzlich reckte sich der dicke Oberkörper einer Russin oder Ungarin über das feuchte Geländer, sie rief etwas in den Wind, das vom Flattern ihres weißen Schürzenbandes übertönt wurde. Walthers Augen folgten ihrem ausgestreckten Arm und konnten eine im Nebel spitz zulaufende Säule ausmachen. Bald erkannten die Reisenden eine Säule, bestehend aus zwei Teilen, einem mächtigen Sockel und einer Figur. Und schon bald war die Figur, eine Fackel im lang ausgestreckten Arm haltend, deutlich zu erkennen und Walther erspähte ein Buch in der anderen Hand. Walthers Brust weitete sich und er kniff seine Augen zusammen, um die riesige Frau in Toga und mit einer Krone auf dem Haupt genauer sehen zu können. Sein Blut pochte in den Adern, er musste vor Aufregung schlucken und es jubelte in ihm: Amerika! Amerika!

»You have a penny for a poor old fella? Where you from? China?« Das Lachen des Bettlers begleitete Walther noch als Echo durch die riesigen Korridore der Bahnstation. Aus dem Augenwinkel sah er, wie sich der Lumpenberg hob und wieder senkte und schließlich regungslos auf dem Steinboden liegen blieb.

In der Wartehalle der Pennsylvania Station ging Walther vorbei an rauchenden Männern mit Melone und Stock, eingehüllt in schwarze Capes, vorbei an Frauen, deren kurzes lockiges Haar unter engen Topfhüten hervorquoll. Manche saßen, die Beine übereinander geschlagen, auf eisernen Bänken und zogen, in einen kleinen, runden Handspiegel schauend, ihren Lippenstift nach.

Menschen, überall Menschen, die scheinbar ziellos hin und her hasteten durch die Halle der Penn Station, alleine oder in Gruppen. Das Husten der schweren Loks und die Pfiffe der Bahnwärter drangen über die Menschenmenge hinweg an Walthers Ohr. Die Züge fuhren von hier direkt nach New Jersey, Long Island und New England. Alles sprach englisch, alles ging englisch, alles schaute englisch. Himmel, ich bin in Amerika!, dachte Walther voller Begeisterung und konnte nicht aufhören, seinen Kopf von links nach rechts zu drehen und von oben nach unten zu schauen. Gleich mehrere Male stieß er gegen Ampelmasten oder musste im letzten Moment entgegenkommenden Passanten ausweichen. Seine Koffer im Schließfach zurücklassend stürzte er sich ins Abenteuer. Von seinem am selben Morgen so schweren Körper spürte er nur noch sein Herz und die Füße, die ihn, getrieben von einer ungeahnten Euphorie, die Fifth Avenue hinabzogen.

Long Island: In der untergehenden Sonne leuchtete das weiße Holz des allein stehenden Hauses. Walther Jacobs richtete ein letztes Mal seine Mütze, den Anorak und seinen Hemdkragen und verglich nochmals die Hausnummer mit jener von Feuchtigkeit verwischten Zahl auf seinem Zettel. Das Gepäck hatte er links und rechts zu seinen Füßen abgestellt. Der Anblick des abgewetzten Lederballs auf der frisch gemähten grünen Wiese amüsierte ihn, obwohl er für jede Regung eigentlich zu erschöpft war. Schließlich drückte er den Messingknopf und hörte das Schellen der Klingel in den Räumen.

»Walther?«, fragte ein kleiner Mann, der die Tür geöffnet hatte.

Walther nahm seine Mütze vom Kopf und reichte ihm seine Hand.

»Sei willkommen, was musst du für einen Tag hinter dir haben, nun komm schon rein«, sagte der Herr in akzentfreiem Deutsch sehr freundlich. Reverend Wischebrink trat zur Seite und bat den Ankömmling, in sein neues Zuhause einzutreten.

»Darling? Wer ist denn da?«, hörte Walther eine sich nähernde

Frauenstimme. Madeline erschien hinter ihrem Mann im Türrahmen und beantwortete ihre Frage selbst, als sie Walther erblickte: »Bei Gott, es ist tatsächlich Walther aus Borgfeld! Junge, wie du aussiehst ... blendend!«

Hier war er nun! Aus Borgfeld, tatsächlich, er wollte es selbst nicht glauben. Er lächelte bemüht und bedankte sich als erstes mit den wenigen englischen Worten, die er beherrschte, bei dem Pfarrer und seiner Frau für die Gastfreundschaft. In wenigen Monaten schon würde er über die Kenntnisse des Schulenglisch hinaus sein und sich in den Straßen im New Yorker Slang unterhalten können.

»Nun komm erst einmal an und stell deine Taschen ab. Madeline hat gut gekocht. Das Essen auf dem Schiff kann ja nicht ausgereicht haben, einen Burschen wie dich vernünftig zu stärken, also ...«, und der rundliche Pastor, Mr. Wischebrink, streckte hinter Walthers Rücken seinen Arm aus, als wolle er ihn schieben. Madeline tätschelte ihm zärtlich die Wangen und hieß ihn noch einmal willkommen. Walther wiederholte immer nur »thank you« und fühlte in diesem Moment nur allzu deutlich, wie fern er Bremen tatsächlich war. Er ertappte sich bei dem Gedanken an den heimatlichen Hof und vertrieb ihn schnell wieder. Doch Edward, wie sich ihm der Pastor vorgestellt hatte, sah ihn mitfühlend an, als könnte er Walthers Gedanken lesen.

Die Nacht legte sich schwer über seine Sinne. Er versuchte, sich zu erinnern, wann er zum letzten Mal richtig satt gewesen war, und schlief darüber ein.

Er träumte von der Mutter, die Hühner schlachtete – was sie nie getan hatte –, von Hinrich, der plötzlich in den Setten schwamm, und von sich, wie er stumm daneben stand und wortlos gestikulierte. Vom Vater träumte er, der bei der Heuernte alles schnitt, sogar den Wald, die dicken Eichen, die Birken, die Zäune, den Baum in dessen Krone er so oft saß, um jenseits der Wümme den Hof zu erspähen. Er träumte, wie er durch das Haus ging und verzweifelt die Tiere suchte. Er träumte das Gefühl der Verlassenheit, er träumte die Melancholie, die ihn im Schlaf ergriff.

Gejagt von unverständlichen Traumbildern schlief er neun

Stunden und erwachte durch Edwards Stimme, die draußen den Postboten begrüßte. Ein neuer Tag, Walther streckte seine Arme, ein neues Leben! Er atmete tief ein und aus.

Pastor Wischebrink setzte sich mit an den Frühstückstisch. Er hatte im Dorf schon den Morgengottesdienst gehalten und sah daher sehr munter aus.

»Schmeckt es denn?«, fragte Madeline, das restliche Mehl an ihren Fingern an der Schürze abstreichend.

»Sehr gut«, gab Walther zur Antwort, den Blick nach wie vor auf den Teller gerichtet, »ich esse das zum ersten Mal.« Die Köchin hatte ihm eine Art Maiskuchen serviert. Langsam zerfloss die Butter über dem goldgelben Pancake und suchte sich ihren Weg durch die vielen kleinen Löcher auf den Teller hinab, wo sie Walther schließlich mit einem Stück des Kuchens wieder aufnahm. Selbst gemachtes Jam stand auf dem Tisch, und Madeline schenkte scheinbar ohne Unterlass Kaffee nach. Ein solcher Überfluss überwältigte den Jungen und seine Faszination für dieses Land wuchs von Stunde zu Stunde.

»Du willst also arbeiten«, wollte Edward schließlich wissen. »Das ist gut. Nun, es ist ja nicht nur die Predigt, die mich im Dienste des Herrn mit der Gemeinde verbindet, sondern auch das kurze Gespräch mit Einzelnen danach, wenn sich alle zum Glockengeläut auf dem Yard zusammenfinden. Ich brauche das Eine für das Andere und umgekehrt – es ist eine Symbiose.« Edward hielt nachdenklich inne, dann besann er sich auf das, was er Walther damit sagen wollte, und fuhr fort: »Meine Aufgabe ist es daher auch, mich in der Gemeinde ein bisschen umzuhören. Um meinetwillen und, wenn sich die Möglichkeit bietet, auch für meinen guten Freund Johann oder für andere. Und siehe da, ich treffe nicht nur auf jegliche Form der Beschwerde, jede Art von Zuwachs und Neuigkeit aus der Stadt, sondern auch auf Arbeit für meinen Walther.« Edward hatte die Hände auf seinem Bauch gefaltet, schwieg einen Moment, und da er von dem Jungen nichts vernahm, sprach er weiter: »Es besteht die Möglichkeit, dass du für einen Kurzwarenhändler in die Stadt fährst und dort Artikel und Stoffe an die Großhändler verteilst.«

Walther schaute in das rosige Gesicht des guten Mannes und nickte nun zustimmend, um ihn nicht zu verunsichern.

»Ich bringe dich heute Mittag zu dem Geschäft, da wirst du erst einmal eingeführt und morgen früh geht's dann in die Stadt.« Madeline neigte ihren Kopf mit dem schwarzgrauen Haar etwas zur Seite und wischte mit ruhigen Bewegungen nicht vorhandene Krümel vom Tisch, wobei sie den Jungen im Blick behielt.

So kam Walther dazu, in den kommenden Wochen durch die Straßen New Yorks einen Wagen hinter sich herzuziehen, bepackt mit Knöpfen, Stoffen, Reißverschlüssen, Federn und allerlei anderen wundervollen Dingen.

Die Stadt öffnete sich ihm in ihrer ganzen Größe, zeigte ihm all ihre Gesichter, mit jedem Schritt, den er ging, mit jedem Laden, den er betrat, und mit jedem Eigentümer, der mit ihm um Preise feilschte. Er begegnete den vielen Elenden, den unter den Füßen der Stadt zermalmten Gestalten, die sein Ansporn zur Arbeit waren. Sie verscheuchten die Gedanken an Bremen.

Eines Abends zog er mit seinem leichter gewordenen Karren den Broadway hoch. An der Ecke 51. Straße blieb er stehen und sah hinüber zu einer Menschenmenge vor einem hell erleuchteten Gebäude. »Warner's Theatre« blinkte dort in großen Lettern und über dem Eingang: »Supreme Triumph! The Jazz Singer«. Einzelne Menschen waren kaum auszumachen, er sah nur Hüte, weiße Frauenbeine, manchmal hier oder da ein neugieriges Gesicht mit Brille. Einige Minuten verweilte Walther auf der anderen Straßenseite und beobachtete den Menschenauflauf, schließlich zog er weiter.

»Einsam?«, fragte ihn wiederholt eine Stimme in seinem Kopf, Walther aber wehrte sie ab und verneinte brüsk. Er wollte weiterlernen, wollte mit all diesen Menschen, die dort vor dem Theater standen, Bekanntschaft schließen, wollte ihre Bedürfnisse ergründen, ihre Begeisterung nachempfinden.

Bald kam er an einem Schlachthof vorbei, bald am Türgitter einer Apotheke, bald am hell erleuchteten Schaufenster eines Lebensmittelmarktes. Er blieb erneut stehen. Der Laden gefiel ihm. Walther setzte den Karren ab und strich seine Jacke glatt. Obwohl es schon spät am Abend war, stand die Tür des Delikatessengeschäfts noch immer offen. Walther betrat neugierig das Labyrinth von Regalen voller Konserven, Lebensmittel – allein die vielen Brotsorten reichten von weißem Toast bis zu schwarzem Pumpernickel –, Fleisch, Eiscreme (!), Äpfel, Kartoffeln, Mais. Walther war fasziniert.

Als er eine Dose ganz genau musterte und belustigt auf dem Etikett »Sauerkraut« las, trat plötzlich ein Herr in sein Blickfeld.

»Good evening, you find everything?« Walther sah sich etwas verunsichert um. Einerseits, weil er den unzweifelhaft deutschen Akzent erkannte, und andererseits, weil er plötzlich bemerkte, dass er der einzige Kunde war, der durch die Regalreihen strich.

Er lächelte und nickte.

»Take your time«, murmelte der Mann, als er wie ein General zwischen Panzerbrigaden an seinen Regalen entlang Richtung Kasse schritt. »Spare in der Zeit, dann hast du in der Not«, hörte Walther ihn dann sagen. Erstaunt blickte er auf. Das Sprichwort kannte er nur zu gut.

Ein Deutscher!, freute sich Walther und fühlte sich auf einmal wie zu Hause, hier wollte er arbeiten.

Er ging zur Kasse, nahm sich Kekse aus einem Regal und suchte sich unter all den Schachteln Zigaretten eine weiße Packung Lucky Strike heraus.

»One dollar and twenty-five cents.«

»Sagen Sie«, fragte Walther auf Deutsch, als er das Geld aus seiner Westentasche kramte, »sind Sie nicht Deutscher?«

»Aber natürlich. Aus Osnabrück. Was für eine Überraschung, noch ein Deutscher in New York, und dazu noch ein so junger!«

»Da wohnten wir ja gar nicht so weit voneinander entfernt, ich komme nämlich aus Bremen.« Walther steckte stolz seine Zigaretten ein.

»Bremen, die gute Hansestadt. Und was macht ein junger Deutscher in New York, wenn ich fragen darf?«

»Arbeiten.«

»Arbeiten.« Der Verkäufer lachte, »arbeiten tut jeder in New York, wenn du ihn fragst, was er macht. Selbst die Kinder arbeiten, jeder arbeitet in New York. Sehr gut, Junge, dann weiß ich

35

jetzt, dass ich dir nicht am Straßenrand begegnen werde.« Er strich sich den Schnauz. »Übrigens, ich bin Otto. Doch hier in der Stadt kennen mich alle als Babe. Babe: homerun output 54. Right field at home, avoiding the sun field, batting 452 runs ...« Otto machte den Anschein, in der Kabine eines Moderators zu sitzen, vom Deutschen schien wahrlich wenig übrig geblieben zu sein, »Babe Ruth, der Baseballspieler von den Yankees«, schloss er.

Baseball, Yankees? Für Walther klangen jene Worte genauso wie all die anderen, die er nicht verstand. Wenn Edward zum Beispiel von der Gemeinde erzählte oder Mrs. Wischebrink von einem Rezept. Babe gegenüber begann dies in diesem Moment mehr und mehr an ihm zu nagen und er musste gestehen: »Ich muss noch besser Englisch lernen.«

»Kein Problem. Dann kommst du ab heute jeden Abend her und wir unterhalten uns über die neuesten Spielergebnisse. Vorher kaufst du dir die Zeitung, damit du informiert bist und ich nicht mit einem Amateur debattieren muss.«

Der »Amateur« traf Walthers Ego mächtig und stachelte seinen Eifer an.

»Genau wie du kam auch der Gründer dieses Ladens in die Stadt, noch vor dem Ersten Weltkrieg. Mittlerweile gehören ihm 600 Läden in der ganzen Stadt.«

»600!« Walther zeigte sich sichtlich beeindruckt, 600 Läden, und in jedem Laden mindestens zehn Gläser Sauerkraut! 600-mal diese Auswahl von Zigaretten, 600-mal einen Menschen wie Babe, 600-mal 2 Kilo Kartoffeln, 600 ... er hätte ewig weiterrechnen können, die Dimension hinterließ auf seinem Gesicht unmissverständliches Staunen.

»Ja, mein Lieber. Das ist Amerika!«

Walther schwieg. Dann nahm er verschämt seine Mütze vom Kopf, strich sich die Haare zurück und sagte:

»Wie klein doch unser Bremen ist!«

»Weißt du was, Junge. Du willst mir offenbar nicht verraten, was du arbeitest, aber es scheint dich nicht Tag und Nacht zu beschäftigen. Ich mache dir ein Angebot: Wie wäre es, wenn du bei mir arbeiten würdest? Meine Mädchen sind immer krank oder verliebt, ich brauche dringend einen Burschen wie dich.«

»Nun …« Walther war verlegen, er hatte nicht unhöflich sein wollen – griff er gerade dem Lauf der Dinge vor? Nein, das war New York. Er blickte auf und sagte:

»Ich hätte sehr wohl Lust, Mister!«

»Na wunderbar«, und die Pranken Babes krachten begeistert auf den Ladentisch, »dann komm doch morgen früh um sieben Uhr. Und jetzt ab nach Hause, damit du schön ausgeschlafen bist!« Schon wieder mit anderen Dingen beschäftigt fügte er noch hinzu: »Und damit ich noch ein bisschen Spaß haben kann, bevor der Morgen graut.«

Walther griff vor der Tür glücklich nach seinem Karren und hatte dabei schon wieder das Gefühl, wie so oft in der letzten Zeit, einen Lebensabschnitt hinter sich gelassen zu haben. Er war ein paar Meter gegangen, als er Babe hinter sich herrufen hörte: »Wie heißt du eigentlich?«

»Walther« rief er. Sein Name hallte kurz in der Häuserschlucht, bevor er vom Straßenlärm verschluckt wurde. Walther, dachte er lächelnd.

8

Die Baumwollsäcke, voll mit grüngrauen Bohnen, knallten auf das Schiffsdeck. Das Rad am oberen Ende des Flaschenzuges quietschte, das Tau pendelte unter der Last hin und her. Der graue Morgennebel hing heute tief über der Weser, von fern konnte man die Schiffsmotoren und die Geräusche der Straßenbahn von der Altstadt her hören.

Die Männer auf Deck packten einen Sack nach dem anderen und hängten ihn ans Seil, um ihn dann langsam hochzuziehen.

»Halt!«, schrie einer von ihnen, der sich gefährlich weit aus dem offenen Fenster der Lagerhalle herauslehnte. »Jetzt, hoch! Nein, nicht so weit, wieder runter! Gut so!« Und ächzend griff er nach dem schaukelnden Sack.

Johann Jacobs stand inmitten des Getümmels von Arbeitern und Angestellten seiner Rösterei. Er ließ die Bohnen durch seine

Hände gleiten, um die Ernte zu prüfen, und zeigte sich sehr zufrieden. Die Produktion war enorm angestiegen, seit die Ozeanriesen zu seinen Kunden zählten und sein Kaffee den Passagieren auf dem Weg nach Amerika ausgeschenkt wurde.

Jetzt, gegen Mittag, stand er, den Unterarm senkrecht an den Türrahmen seines Comptoirs gestützt, alleine in seinem Arbeitszimmer und überflog die Zeilen des Neffen aus New York. Ab und an spielte er nachdenklich am Knopf seiner Krawatte oder strich sich über die glatt rasierten Wangen. Er nickte hin und wieder zustimmend oder schmunzelte. Schließlich faltete er den Brief zusammen und legte ihn zurück auf den Arbeitstisch. Er nahm den Hut vom Ständer, setzte ihn auf seinen Kopf, griff im Hinausgehen nach seiner Jacke und schloss hinter sich die Tür.

Leblos lag das Briefpapier dort, wo es seine schmalen, eleganten Hände abgelegt hatten. Es erzählte stumm vom rauschenden Leben in den Straßen New Yorks:

New York 1928

Lieber Onkel Johann!

Es sind nun schon sechs Monate, die ich hier in New York lebe und arbeite. Um so dringlicher muss ich die Entschuldigung loswerden, mich in all der Zeit nur selten gemeldet zu haben.

Das Geschäft hier im Lebensmitteleinzelhandel blüht, und nicht zuletzt weil die Amerikaner etwas von Werbung und modernem Marketing verstehen. So kommt es, dass ich morgens ab sieben Uhr an der Lexington, Ecke 72. Straße hinter der Theke stehe und von Waschmittel über Tabak und Konserven alles Erdenkliche verkaufe.

Seit einem Monat schon schätzt der Chef meine Anwesenheit beim Einkauf im Großhandel, dort sollte ich ganz neue Verkaufs- und Handelsmethoden kennen lernen, und wahrlich, das tue ich. Übers Ohr hauen lässt man sich in New York auch nur einmal!

Von den Schlachthöfen in Süd-Manhattan beziehen wir unser Fleisch, vom Harbour diverse Waren aus den Kolonialländern. Es ist schade, dass man sich als Mensch sehr schnell an alles gewöhnt. Ich wünschte doch, diesen Anblick der Schiffe hier im Hafen, die Begeisterung des ersten Mals wieder und wieder erleben zu können.

Die »Bremen« geht regelmäßig vor Anker und andere Ozeanriesen kommen und gehen wie die Züge in der Grand Central Station. Wäre ich Inhaber eines eigenen Delikatessengeschäftes, ich würde einen vollen Tag in der Woche am Hafen sitzen und »Schiffe gucken«. In die Sprache habe ich mich dank der 17 Tages- und dutzend Wochenzeitungen, deren Schlagzeilen lauthals ausgerufen werden, auch schnell eingefunden, und mit »Babe«, der eigentlich Otto heißt, führe ich schon Gespräche, die einer Baseballspiel-Moderation gleichen.

Doch nein, lieber Onkel, ich habe Dich, Euch, Vater und Mutter nicht vergessen in all der Zeit. Oft denke ich an das alte Bremen und die Obernstraße, natürlich meine besten Wünsche für alle und jeden, möge es Euch gut ergehen.

Meine Unterkunft ist, was unter anderem die Küche angeht, unübertroffen. Ich bin aufs Beste verpflegt und versorgt, bitte richte das Vater und Betina aus, damit sie sich nicht unnötig sorgen. Nun wird aber meine Hand doch müde und morgen muss ich um sieben in der Früh zum Chef, um die Lieferscheine abzuholen; morgen ist Mittwoch und am Mittwoch wird eingekauft.

Sobald wie möglich sollst Du wieder von mir hören, nun zum Ende gute Grüße aus Amerika von Deinem Walther

Die Sonne schien zu den Fenstern herein. Ein Wunder! Zu dieser Jahreszeit gab es in Bremen nur wenige schöne Tage. Johann kontrollierte gerade im Lager die Ladung für die »Europa«, kurz zuvor hatte er ein Schreiben an die Norddeutsche Lloyd diktiert. Papiere, die auf die verschiedensten in Badeorten und Hotels bekannten Handelsvertreter hinwiesen, stapelten sich unter der Schreibtischlampe. Auf seinem Tisch stand ein prächtiges Tintenfass nebst edlem Federhalter – es war deutlich zu erkennen: Hier war keine Zeit zum Ruhen. Der ganze Raum spiegelte Johann Jacobs Tatendrang. Das immer größer werdende Handelsnetz der Firma hatte seine Zentrale in diesem kleinen Büro in der Obernstraße.

Johann trat ein und ließ den Blick durchs Zimmer schweifen, so als kontrollierte er, ob alles noch so war, wie er es verlassen hatte. Er rief jemandem, der wohl im Flur stand, von seinem Büro aus zu: »Wir liefern die Bremer Mischung zu 3 Reichsmark 10 pro Pfund, nicht mehr und nicht weniger. Wenn sie ein halbes Pfund Butter für 1 Reichsmark 8 wollen, bitte, aber mein Kaffee ist Qualitätsware. Telegrafieren Sie, dass ein verlässliches Geschäftsverhältnis auf dem Spiel steht, genauso wie der Genuss hochwertigsten Kaffees, und dass es für das Verhältnis zwischen Preis und Leistung nur nach oben hin keine Grenzen gibt.« Er hielt inne und schaute kurz auf, um zu prüfen, ob der Lehrling, der mittlerweile vor seinem Schreibtisch stand, auch alles so aufgenommen hatte.

Johann suchte etwas zwischen den Papieren auf seinem Schreibtisch, er blätterte Rechnungen und verschlossene Umschläge durch. Dann schob er das Papier, nach dem er offensichtlich gesucht hatte, in die Jackentasche, griff nach seinem Hut und setzte ihn rasch auf. »Und die Lieferung für Baden-Baden geht zwei Tage früher raus, Wilfried ...«, rief er im Hinausgehen, und schon waren nur noch die wehenden Rockschöße zu sehen, und die Kontortür fiel ins Schloss.

So ging das den ganzen Tag von den frühen Morgenstunden an. Bis 1929 arbeiteten 14 Vertreter im Kreis der Großhandelsorganisation. Und auch in den Jahren danach stand die Zeit bei Johann Jacobs & Co. nicht still ...

Bremen 1929

Lieber Walther!
Du musst zurückkommen nach Bremen.

Die Firma entwickelt sich sehr zum Guten und ich glaube, dein in Amerika erstandenes Wissen über Geschäftsstrukturen hier gut einsetzten zu können. Überleg dir, wie lange du noch bleiben kannst und wie dein Arbeitgeber bereit ist zu kündigen.

Johann Jacobs

Lieber Onkel!

Ich komme zurück nach Bremen. Ich will nicht leugnen, dass es mir schwer fällt, und ich bitte noch um drei Monate Geduld. Ich möchte nicht versäumen, mir die Hauptstadt Washington anzusehen und mit meinem verdienten Geld in den Norden des Landes zu reisen.

Ich werde Anfang Dezember an Bord eines Dampfers gehen, um zu Weihnachten wieder in Deutschland zu sein.

Hiermit alle guten Wünsche, Dein Walther

9

Walther reiste noch bis Ende des Jahres durch Amerika. Er besuchte Chicago, Washington, die Niagarafälle und machte sich schließlich, wie er es dem Onkel versprochen hatte, auf den Weg zurück nach Bremen. Verließ er Amerika leichten Herzens oder fiel es ihm schwer zu gehen? Hatte er eine Freundin, die er liebte und von der er sich nun verabschieden musste? Begann zu diesem Zeitpunkt der Ernst seines Lebens? Die Gefühle meines Großvaters liegen im Dunkeln. Er betrachtete es als seine Pflicht, in Bremen der Firma seines Onkels beizutreten und sich seiner eigentlichen Lebensaufgabe zuzuwenden. Er widerstand der Verlockung, der Metropole New York zu verfallen. Die Hansestadt rief!

Vielleicht erinnerte er sich auf der Rückreise an den Tag, als er seinem Onkel Jan gerade mal bis zum Knie reichte und dieser zu ihm sagte: »Du muss' schön fleißig sein inner Schule un' dann kannst du mit in den Laden reinkomm'.« Was für eine tolle Vorstellung war das damals, inmitten von Schokolade und Keksen zu sitzen. Der Onkel lagerte die süßen Schätze in Stapeln so hoch wie der Kirchturm, mindestens, das wusste Walther. Heute wusste er es besser. Heute wusste er, es wurde Ernst.

1930 stieg Walther bei seinem Onkel in die Firma ein. Einen Monat später kamen die ersten Viertel- und die Halbpfundpakete von Jacobs auf den Markt. Auf ihnen leuchtete das erste wiedererkennbare Logo der Kaffeefirma in den Farben Schwarz und Gelb: ein Kaffeesack mit dem Warenzeichen 131/19 im gezackten Oval. Die Zahlenfolge wies nicht etwa auf eine südamerikanische Plantage, eine Region oder das Erntejahr der Kaffeebohnen hin, sondern auf das erste, im Jahr 1913 angemeldete Warenzeichen von Jacobs. Der zugehörige Werbeslogan lautete: »Täglich ganz frisch geröstet und sorgfältig verlesen.« Ein Markenprodukt war geschaffen.

Im Juli 1931 warb die Firma bereits mit einem neuen Slogan: »Jacobs Kaffee – bis zur letzten Bohne ein Hochgenuss«.

1932 reisten 55 Vertreter der Firma mit den neuen Packungen durch ganz Deutschland. Angespornt durch Wettbewerbe und Prämien belieferten die Männer über 6000 Geschäfte mit Jacobs Kaffee; 86 000 Pakete gingen in den Versand.

Großen Erfolg zeigte ein Kopplungsverkauf einer billigeren Sorte zusammen mit einer höherwertigen. Im Jahr 1932 verarbeitete die Firma 11 000 Säcke Rohkaffee und der Umsatz lag bei 1,7 Millionen Reichsmark.

1933 verordnete die Regierung eine Preisbindung des Kaffees, auch Jacobs war davon betroffen. Zudem versuchten die Nazis, die Firma als ein jüdisches Unternehmen zu verleumden, wogegen von hoher Stelle Protest eingelegt wurde:

»20. April 1933. Kampf allen Verleumdungen! Es wird hiermit bestätigt, dass die Firma Joh. Jacobs & Co. Kaffee-Rösterei, Bremen, ein deutsches Unternehmen ist und nur mit deutschem Kapital arbeitet ... Der Name ist rein niedersächsischen Ursprungs.«

Es zeichnete der Kreiskampfführer höchstpersönlich.

Noch im selben Jahr standen erstmals verschiedene Farben für bestimmte Sorten, es gab »blau«, »braun«, »rot«, »edelperl«, »schwarz«, »perl« – und Anfang desselben Jahres die Sorte »1933«. Der Erfolg des Versandgeschäftes zeigte sich in dem 1934 errichteten Neubau an der Großen Allee an der Weser: Die Jacobs-Großrösterei hatte nun ein fünfgeschossiges Bürogebäude und eine Rösterei über sechs Geschosse. 47 Gehaltsempfänger sowie 29 fest angestellte Reisende und 47 freie Vertreter in ganz Deutschland – nicht zu vergessen die circa 60 Packerinnen – trugen ihren Teil dazu bei, dass der Umsatz um weitere 20 Prozent stieg.

Im Juli ließ die Firmenleitung voller Stolz verlauten: »Wenigstens dürfen wir schon heute mit größter Genugtuung berichten, dass die Nachfrage nach unserem Kaffee in einem Maße ansteigt, wie wir es seit Jahren nicht mehr erlebt haben.«

1936 betrug der Umsatz 6,6 Millionen Reichsmark. In den zwei darauf folgenden Jahren stieg der Kaffeeimport von Jacobs kontinuierlich.

2. Teil

Die Jessuruns –
eine Familie
sephardischer Juden

I

Die Wurzeln der Sepharden-Familie Jessurun reichen weit zurück in das 17. Jahrhundert. Mein Urgroßvater mütterlicherseits hieß bei seiner Geburt Fritz Moritz Jessurun di Oliveira, bevor sein Vater Richard den Herkunftshinweis »di Oliveira« wegließ, weil der Name in voller Länge nicht auf die Tabakverpackung seiner Firma gepasst hätte.

Die Geschichte der Nação Portuguesa, der Nation der Portugiesen, einer seit dem 16. Jahrhundert in Nordeuropa ansässigen, über die Zwangstaufe klar definierten Gruppe von Juden, setzt sich nur bruchstückhaft aus wenigen Quellen zusammen. Die Nação Portuguesa war eine Art Familienverband, dessen Angehörige sich durch Handel und berufliche Selbstständigkeit zugehörig fühlten. Geeint waren sie durch ihr Randdasein, nicht zuletzt wegen ihrer jüdischen Herkunft.

Historiker überliefern die unterschiedlichsten Bezeichnungen für die spanischen Juden seit dem Beginn ihrer Verfolgung, Vertreibung und Vernichtung im Jahr 1391, dem Jahr, in dem zwanzigtausend von ihnen auf dem Scheiterhaufen endeten. Sie wurden Portugiesen genannt oder Cristãos Novos, Neuchristen, oder Conversos, wegen ihrer Zwangskonvertierung, aber auch Marranos, die Schweine, Ladinos, abgeleitet von ladino, was im Spanischen soviel wie schlau, pfiffig, pejorativ aber auch hinterlistig und verschlagen heißen kann. Als Gruppe sprach man von der Nação. Die Inquisition kannte nur die Judíos, die Juden. Und diese iberischen Juden unterschieden noch dazu die Anusim, die Gezwungenen, und die Meshumadim, die Abtrünnigen.

Für mich waren bis zur Entdeckung meines jüdischen Blutes Begriffe wie Inquisition und Diaspora abstrakte Geschichtstermini. Auch fiel mir auf, dass mit der Judenvertreibung und -vernichtung oftmals nur der Holocaust Hitlers in den Jahren zwischen 1933 und 1945 gemeint war. Wer spricht heute noch von den Glaubensschnüfflern der Inquisition, vom spanischen

»Sicherheitsdienst«, der unnachgiebig gegen angebliche Häretiker wie Juden, Muslime oder Christen, die zu jenen Glaubensrichtungen konvertiert waren, vorging? Was im nationalsozialistischen Deutschland unter Hitler geschah, geschah 1492 unter der Folter der Inquisition. Man besaß hier noch keine Gaskammern und Öfen, dafür aber Scheiterhaufen. Und jeder Angeklagte, der mit allen Mitteln zum Glaubensbekenntnis gezwungen worden war, Taten gestand, wie die, den Sabbat zu begehen oder sich beim Beten rhythmisch mit dem Oberkörper nach vorn und nach hinten zu bewegen, ließ sein Leben im Feuer. Die während des gesamten 15. Jahrhunderts vertriebenen und hingerichteten Sepharden – die Zahlen reichen von fünfzehn- bis einhunderttausend – hinterlassen ihre Spuren in den Geschichtsbüchern, im Ritus, in der Sprache und in den Traditionen.

Zurück zur Nação. Sie funktioniert noch heute wie ein Netzwerk, ihre Mitglieder verkehren in der Regel nur untereinander. Als Juden fühlen sie sich der jüdischen Welt, vor allem der sephardischen Welt, zugehörig, vermeiden aber den engen Kontakt mit den aschkenasischen Juden, den Tudescos. Im Fall der Familie Jessurun weiß ich, dass die Nação Fritz 1939 das Leben rettete. Und so groß kann die Abneigung gegenüber den Tudescos nicht gewesen sein, schließlich hatte Richard Jessurun, der Vater von Fritz, mit Helene eine Aschkenasi geheiratet.

Ich begebe mich also auf die Suche, finde Aufsätze, Fotos und Kurzbiographien, die mich zumindest bis zu dem aus Italien stammenden Oberrabbiner Isaac Jessurun, gestorben am 13. Nisan 5425 / 9. März 1665, und dem in Lissabon geborenen Reuel Jessurun, gestorben am 7. Elul 5394 / 31. August 1634, führen. Sie liegen beide auf dem Jüdischen Friedhof an der Königstraße in Hamburg begraben. Die Grabsteine haben die Bombeneinschläge, die Kriegsverwüstungen und -zerstörungen überlebt. Sie haben ihre Aufgabe, »Steine für die Ewigkeit« zu sein, erfüllt. Noch nach 340 Jahren kann man die Inschrift auf dem Stein des Isaac Jessurun lesen: »Der Gerechte blüht gleich der Palme. Die Frucht des Gerechten ist ein Baum des Lebens. Dies ist der Erbteil und Ruhestätte, es ist der Grabbesitz. Grabstein des Haham, unser ehrenwerter Lehrer und Meister, der Herr, Herr Isaac Jessurun. Seine Seele sei eingebunden im Bündel des Lebens und stehe auf zu deinem Lose am Ende aller Tage. Grabstätte des tugendhaften und gebildeten Herrn Haham Ribi Isaac Jessurun, den Gott sich holte am 13. Nisan 5425. Seine Seele ruhe in Frieden.«

Auch die Grabinschrift des Paul de Pina hält der unerbittlichen Sanduhr der Geschichte stand und besagt noch heute: »Grube, bevor ich sie betrete, hat mein Schöpfer Dein Inneres gefüllt. Denn Du bist, Gott, derjenige, der mich sieht: Gott ist mein Freund. Gott ist mein Hirte. Hier ruht das selige gelehrte Mitglied Reuel Jessurun, den Gott sich nahm am 7. Elul des Jahres 5394.«

Den Unterlagen, Dokumenten und Texten zufolge wird der Vorfahre meines Urgroßvaters, Fritz Moritz Jessurun, Reuel Jessurun alias Paul de Pina, Ende 1500 in Lissabon geboren. Als Mönch begibt er sich auf eine Pilgerreise nach Rom, auf der ihm ein aus Portugal stammender Verwandter begegnet. Der berühmte Arzt Eliahu Montalto – verstorben am königlichen Hof in Tours 1616 –, der sich unter den Katholiken als Filipe Rodrigues ausgibt, bekehrt Paul in Livorno zum jüdischen Glauben.

1601 lebt Paul de Pina für kurze Zeit in Brasilien, bevor er sich zwei Jahre später endgültig in Amsterdam niederlässt und dort als aktives Mitglied der Portugiesen-Gemeinde Bet Jacob beitritt; er übernimmt das Amt des Schatzmeisters. Nebenher arbeitet er als Kaufmann und exportiert gemeinsam mit einem Verwandten Waren nach Pernambuco. 1624 verfasst Reuel Jessurun das Stück *Dialogo dos Montes*, welches später auch in der Amsterdamer Synagoge uraufgeführt wird. Einer der Mitwirkenden ist Mose Gideon Abudiente, ein Rabbiner und Privatgelehrter aus Hamburg, der sich später mit Sara Jessurun, der Tochter des in Hamburg verstorbenen Reuel Jessurun, vermählt. Er ist der Verfasser bedeutender Werke in portugiesischer und spanischer Sprache, darunter die Predigtsammlung *Fin de los Dias*, welche »über die in dem Propheten verkündete Endzeit handelt«. Sie wird unverzüglich eingezogen, um einen möglichen Konflikt mit der lutherischen Geistlichkeit zu vermeiden.

Gideon Abudiente wird im jüdischen Jahr 5412, nach gregorianischem Kalender im Jahr 1652, einer der Mitbegründer der Hamburger Gemeinde Bet Israel. Vier oder fünf Jahre später beschließt der Vorstand, dem aus Venedig stammenden und dort tätigen Isaac Jessurun das Amt des Oberrabbiners zu übertragen, vermutlich das erste in der Geschichte jener Gemeinde.

Die schriftliche Überlieferung befasst sich mit weiteren Jessuruns, die in dieser Zeit lebten, und ihre Wege ließen sich zu unzähligen Orten zurückverfolgen.

2

Fritz Moritz Jessurun, verheiratet mit Else Lewkowitz, hatte zwei Töchter: Eva und Hannelore. Die ältere von beiden wurde 1929 geboren und Ann, wie Hannelore seit ihrer Einbürgerung in den USA im Jahr 1948 hieß, ein Jahr danach.

»Nein, nicht jetzt schon!«, habe Fritz bei der Frühgeburt seiner jüngeren Tochter am 30. Dezember 1930 geschrien. Ich glaube das nicht so recht.

»Doch!«, beteuert Ann. »Ich war ein Unfall, trug später eine Zahnspange und hatte Pickel.« Ganz im Gegenteil, sie war ein niedliches Kind mit schwarzen Locken, großen braunen Augen und dünnen Ärmchen und dünnen Beinen. Ihre ein Jahr ältere Schwester hingegen hatte üppiges blondes Haar und volle Lippen, »den Sex«, wie Ann sagt, und war furchtbar schlecht in der Schule.

Sie glichen einander so gar nicht, die Töchter Jessurun. Vor knapp fünfzig Jahren fasste Ann Fuß in Bremen, während Eva 47 Jahre lang in Brasilien lebte, bis sie 1998 nach Arizona zog und dort bis heute mit ihren eigenen Orangen, Zitronen und Grapefruits glücklich ist.

»Hannelore!« Die Mutter meinte es ernst, wenn sie die Tochter mit ihrem vollen Namen durch den langen Korridor rief.

»Hannelore, komm unter dem Flügel hervor, und zwar sofort!«

Von dem dunkelhaarigen, kleinen Wesen unter dem Flügel, der jeden Tag auf Weihnachten wartete, weil er nur dann benutzt wurde, vernahm man keinen Ton. Schließlich kam ein kleines Köpfchen darunter zum Vorschein. Man erkannte unter dem wilden Haar die Stirn, Augen, riesige braune Augen, Nase und den Mund. Hannelore strich sich die Locken mit der flachen Hand aus dem Gesicht und wurde plötzlich ernst. Das hieß, sie krauste ihre schmale Stirn. Es schien so, als wollte sie ihren Platz dort unter dem Flügel gar nicht verlassen, als suchte sie wie ein Welpe unter ihm Schutz. Schließlich aber hockte sie sich hin und krabbelte auf allen vieren aus dem Schatten des Instruments hervor. Aus der Küche hörte sie das Geräusch scheppernder Töpfe, ihre Schwester erzählte sehr ausführlich ihre Träume. Gequält trat Hanne den langen Weg über das ächzende Parkett zur Küche an.

»Ich hab keinen Hunger«, versuchte sie zaghaft dem gekochten Ei und dem Toast zu entkommen.

»Komm, Liebling, es wird nur kalt«, redete ihr die Mutter gut zu.

Eva saß schon am Tisch, die Tasse mit Kakao in beiden Händen.

»Eva, lass das Schlürfen!« Es folgte ein strenger Blick, den Else aufs Beste beherrschte und der nicht nur von ihren Töchtern gefürchtet war.

Evas Stupsnase tauchte aus der Tasse auf, und Hannelore sagte kichernd, während sie den Stuhl erklomm: »Du hast einen Bart.«

Die Sonne schien durch die Fenster in die Küche und warf lange Schatten von der Milchkanne, den Tellern und Eierbechern auf das karierte Tischtuch. Den Blumen im Messingkrug sah man an, dass das Ende der Woche erreicht war: Einige Blütenblätter waren herabgefallen und hatten sich auf der Anrichte zu einer zarten Regatta formiert.

Nachdem Else einen Korb mit frischem Toast mitten auf den Tisch gestellt hatte, wandte sie sich rasch zum Herd um, damit die Milch nicht überkochte. Ihre Schürzbändel flogen dabei durch die Luft. Hannelore klopfte unablässig mit dem Perlmuttlöffel auf der Spitze des Eis herum.

»Schätzchen, was trinkst du?«, fragte Else durch den aufsteigenden Dampf der Milch.

»Das Gleiche wie Eva«, kam es versonnen zurück.

»Bitte, heißt das«, sagte Else streng.

Es war Sonntagmorgen, und meist um diese Zeit erzog Else ihre Töchter besonders unnachgiebig. Fritz war zum Fußballspielen gegangen, bis zum Mittag war nicht mit ihm zu rechnen. Kannte man die Jessuruns etwas länger, wusste man, dass Fritz diese Abwesenheit einerseits zum eigenen Vergnügen nutzte, andererseits aber auch, um der gereizten Else aus dem Weg zu gehen. Denn nur am Sonntagvormittag – man konnte die Uhr danach stellen – wurden Elses Züge zunehmend strenger und nachdenklicher.

Die Sonnenstrahlen fielen durch die Fenster auf den Fliesenboden und tauchten die Küche in ein warmes Licht. Es war ein gemütlicher Morgen ohne Arbeit und ohne Schule. Die Uhr über der Tür zeigte an, dass noch mehr als eine Stunde Zeit blieb, bevor die Familie das Haus Richtung Johnsallee verlassen musste.

Eva durchbrach mit ihrem Löffel die Schale des leer gelöffelten Eis und aß nun eine letzte Ecke Brot, die sie in der anderen Hand hielt. Hannelore hingegen bog und knetete ihre Finger unter dem Tisch in ihrem Schoß und sah zu, wie sich auf dem Kakao eine dünne Haut bildete. Es duftete nach geröstetem Toast und zerlassener Butter.

»Ich bin fertig«, sagte Eva feierlich, zog sich das Stofflätzchen vom Hals und legte es sorgfältig neben ihren Teller. Dann stand sie auf. Ihre Beine waren lang genug, um den Stuhl zurückzuschieben, Hannelores Füße baumelten noch immer in der Luft.

»Bring mir deinen Teller und geh mit Fräulein Maria ins Bad zum Zähneputzen …«

Stolz balancierte Eva den Eierbecher auf dem Teller Richtung Spüle und hievte beides auf die Ablage.

»… und hilf deiner Schwester beim Anziehen!«, sagte Else im Hinausgehen. Eine Antwort blieb aus.

Es war eine Stunde vergangen, als Else von ihrem Schlafzimmer aus das Trappeln der vier Füße hörte, das sich Richtung Wohnungstür entfernte. Aus der Diele kam aufgeregtes Lachen.

Vater Jessurun sah weder aus wie ein viel beschäftigter Geschäftsmann noch wie ein Hochleistungssportler. Wie er so mit einem Veilchenstrauß in der Tür stand, schien er eine wunderbare Mischung aus beidem. An der Sporthose klebten Schlammreste, seine Schuhe trugen Zeichen von dem erbitterten Kampf mit dem Ball, doch über das Gesicht hatte sich der gütige Stolz des Siegers gelegt.

»Ich bin zurück!«, rief er, als er die Wohnungstür hinter sich geschlossen hatte, und verkündete den Mädchen auf dem Weg in die Küche seinen Sieg gerade so laut, dass Else es beim Kämmen hören konnte: »Es war ein hartes sechs zu vier. Und die Beule hab ich von Paul, der, wie ihr sehen könnt, ein ausgezeichneter Teamkollege ist.« Er lachte, während Hannelore erschreckt guckte, als pulsiere der Schmerz in ihrem eigenen Kinn.

Paul Bleichröder war seit Schulzeiten im Hamburger Johanneum Fritz' bester Freund. Die beiden teilten ihre Leidenschaft für Pferde, Autos, gute Geschäfte und eben Fußball. Zur Verbesserung seiner kaufmännischen Ausbildung und um fremde Sitten und Bräuche kennen und schätzen zu lernen, war Fritz damals von seinem Vater nach Persien geschickt worden. An diesem weit entfernten und ihn begeisternden Fleck der Erde erwachte in ihm nicht allein ein großes Interesse für die dort gesprochene Sprache – Fritz Jessurun beherrschte das Persische mittlerweile perfekt –, sondern er gelangte auch zu der wichtigen Erkenntnis, nicht im Tabakgeschäft tätig sein zu wollen. So fand er sich später mit Paul im Versicherungsgeschäft wieder. Sie waren als Partner unter dem Namen Bleichröder Bing & Co. aufs Engste und Harmonischste erfolgreich miteinander verbunden.

Fritz knöpfte sich das raue Baumwollhemd auf und legte die Veilchen auf der gestrigen Zeitung ab.

»So schwierig meine Mutter auch war – bei Gott, Eva ging durch die Hölle –, so beruhte die Beziehung meiner Eltern immer auf großer Liebe. Mein Vater brachte ihr jeden Sonntag«, und Ann wiederholte die letzten Worte: »jeden Sonntag brachte er ihr einen Veilchenstrauß.«

Die Blüten lagen auf dem grauen Papier zwischen Bildern und Schlagzeilen des vergangenen Tages. Es wurde ihnen vorerst keine weitere Beachtung geschenkt, sie waren nur Zeichen des bisher völlig normalen Verlaufs eines Sonntags. Auf Umwegen gelangte Fritz schließlich in Elses Schlafzimmer, die Mädchen verschwanden. Eva war seit einem Tag Halterin eines Laubfrosches, der ganz geheim bei ihr im Schrank wohnte.

Durch die halb geöffnete Tür konnte Fritz Elses strenges Gesicht in der Spiegeltoilette sehen. Es duftete nach Damenparfüm. Das blasse Mintgrün der Wände war geschmackvoll abgestimmt auf die altweißen Möbel der noblen Einrichtung. In der Mitte des Raumes stand das runde, satinbezogene Bett, am Fenster eine lange Chaiselongue, die zum Lesen einlud. Auf der ewigen Suche nach der passenden Garderobe stand einer von Elses Schränken offen. Im Spiegel verfolgte sie die Bewegungen ihres Mannes, der nun eingetreten war. Sie betrachtete gedankenverloren seine sportliche Figur, die breiten Schultern und das längliche Gesicht mit den sanften Augen.

Fritz schien es, als hätten sich die Fältchen zwischen Elses schwarzen Augenbrauen, seit er sie heute Morgen verlassen hatte, etwas vertieft. Sie fühlte sich beobachtet und frisierte sich mit hastigen Bewegungen ihr Haar aus der Stirn.

An Fritz haftete der Geruch von frischer Luft und körperlicher Anstrengung. Er hatte sich aufs Bett gesetzt und lächelte Else im Spiegel zu.

»Mach dir mal keine Gedanken, ich brauche nicht lange. Paul hätte nicht nachgegeben, es musste immer noch ein Tor sein.«

»Ach«, sagte Else zwischen ihren Ellbogen hindurch, »ginge es nach mir, du könntest die nächsten Stunden im Bad verbringen, dann wären wir gerade rechtzeitig zum Tee und ich könnte mich wenigstens einmal in meinem Leben den Zwiebeln entziehen. Ich kann sie nicht mehr sehen!« Sie sprach von dem bevorstehenden Essen wie von einer in ihr lauernden unheilbaren Krankheit. Es klang immer furchtbar, wenn sie von Roastbeef und Zwiebeln sprach, denn es war kein Geheimnis: Else mochte das sonntägliche Mittagessen bei ihrer Schwiegermutter nicht, ja, sie hasste es.

»Wart's mal ab, Else, du wirst sie noch vermissen«, versuchte Fritz seine Frau aufzuheitern und strich sich dabei lächelnd mit der Hand durchs Haar.

Um das Thema zu wechseln fragte Else:

»Wo stecken die Mädchen?«

»Sie waren plötzlich verschwunden, vielleicht mit Frau Maria in ihrem Zimmer?«

Währenddessen schlug in der Küche der Johnsallee 47 Messing an Gusseisen, hackte Stahl auf Holz. Das Personal hastete vom Backofen zur Spüle, vom Herd zur Kammer, vom Küchentisch zu den Schränken. Es herrschte geschäftiges Treiben bei der Zubereitung diverser Häppchen und Kuchen, an Pfannen und Töpfen, in denen Köstlichkeiten schmorten, brieten und köchelten, die in weniger als einer Stunde serviert werden sollten. Die Tischwäsche wurde bereitgelegt, Geschirr ununterbrochen aus der Küche hinauf ins Erdgeschoß getragen. Inmitten all der fleißigen Köche, Mädchen und Pagen ging Fräulein Emma Roedel umher, um hier und da nach dem Rechten zu sehen.

Und es war alles recht. In der heißen Butter dünsteten die Zwiebeln, in der Bratschale lag das lauwarme Fleisch. Die Vorspeisen wurden zubereitet und zahlreiche Pasteten auf einem großen Teller in Form einer bunten Schnecke angerichtet, die Suppe köchelte leise unter dem Deckel des Topfes. Zwischendurch marschierte der Koch zur Kartoffelquetsche, schnitt hier noch etwas Gemüse oder füllte dort die Salate und die warmen Beilagen in bereitgestellte Schüsseln oder Formen. Die Saucieren warteten im Ofen auf den eingekochten Sud, der Käse wurde zum Chambrieren bereitgestellt, die Wasserkrüge und Weinkaraffen gefüllt.

Die Dame des Hauses, die diese Aufregung jeden Sonntag in erbarmungsloser Disziplin immer wieder aufs Neue verursachte, weilte unterdessen vor ihrer Garderobe und ließ den Blick über Hauskleider, Morgenkleider, Abendkleider, Unterröcke, Kimonos, Federschmuck, Pelzkragen und diverse Sommer- und Winterhüte wandern. Nachdem sie sich für eines ihrer Kleider entschieden hatte, rief sie nach Fräulein Emma. Das Klingeln

Tausender kleiner Perlen, die auf Schnüre gereiht alle Türen von Helenes Schlafzimmer verhängten, kündigte das Eintreten des Hausmädchens an.

»Emma, was machen wir bloß mit den Dahlien? Wohin mit meinen Lieblingen?« Ihr Blick im Spiegel war schmerzlich verzerrt.

Die alte Dame hatte vor dem Frisiertisch Platz genommen und ließ sich das Kleid am Rücken zuknöpfen. Der silbergerahmte Spiegel aus einer Erbschaft reichte ihr bis zum Dekolleté und in der Breite bis zu ihren Schultern, die in erstaunlich kräftige Oberarme übergingen. Ihr Haar türmte sich unter den flinken Handgriffen des Fräuleins, die dabei mit ihr sprach:

»Der Gärtner wird Ihnen Blumenkästen arrangieren, die Sie auch in einer Wohnung ins Fenster stellen können. Sie machen sich jetzt einmal keine Gedanken, Frau Jessurun, es wird alles gut. Was sollen wir denn in dem großen Haus, wenn alle weg sind?«

»Ach, ich bekomme in der Wohnung keine Luft, Emma. Ich will meine Treppen, meinen Platz.«

»So.« Das Mädchen legte beruhigend ihre Hände auf die breiten Schultern der Hausherrin. Wohlgeordnet lagen die Locken nun um ihren Kopf. Sie glichen Sprungfedern, die Emma Roedel unter Spannung gesetzt hatte. Würde sich eine aus der Nadel lösen oder nicht? »Ihr Sohn wird es zum Besten gerichtet haben, uns wird es an nichts fehlen. Oh, es ist bald ein Uhr.«

Helene erhob sich, umrundete das riesige Bett und verließ begleitet vom Klimpern der Perlenschnüre und gefolgt von Emma ihr Schlafgemach.

Helene Jessurun war eine geborene Kronheimer, die 1892 den Kaufmann Richard Jessurun geheiratet hatte. Damals noch ein unschuldiges Kind mit verträumten Augen und ordentlich hochgesteckter Frisur, gedieh sie mit den Jahren zu einer starken, unübersehbaren Person. Sie war eine kluge Frau, was ihr manch einer auf den ersten Blick nicht ansah. Als eine der wenigen in der Familie hatte sie sich ihren jüdischen Glauben bewahrt. Richard war viel zu früh, 1923, an Blinddarm erkrankt von ihr gegangen.

»Hiné makom, hiné malon, hiné menucha, hiné nachalá;
Málache haschalom jaboú likra-técha,
wejómru lach Schalom boécha.«

»Hier die Stätte, hier das Bette, hier der Ruhe Heil,
hier das Erbantheil;
Friedensengel kommen Dir entgegen,
grüßen Dich mit ihrem besten Segen.«

Diese Worte sprach der Chasan, als der Sarg Richard Jessuruns
in der Gruft versank.

Helene hatte zwei ältere Schwestern. Clara war mit Martin Lasally verheiratet und Rosa mit Paul Silberberg. Von ihrer jüngeren Schwester Toni, verheiratete Seligmann, wird noch oft die
Rede sein. Max, der Jüngste, heiratete Lissy Bernstein.

Helenes unbändiges, schwarzlockiges Haar, mittlerweile ergraut, zog sich als dominantes Erbgut nachhaltig durch die ihr folgenden Generationen. Ihre Augen hatten etwas Schwermütiges,
die Gesichtszüge waren im Alter weicher geworden, strahlten
mehr Gütigkeit aus, verloren aber nie ganz ihre Strenge. Dass sie
ein äußerst problematisches Verhältnis zu ihrer Schwiegertoch-
ter hatte, merkte Sonntagmittag jeder Außenstehende, ohne die
beiden näher kennen zu müssen. Elses Abneigung gegen Roastbeef und Zwiebeln schien es hernach genauso lange zu geben wie
Helenes Präferenz für Selbiges. Und jeden Sonntag nahm Omi
die delikate Gemütsstimmung Elses in Kauf und steigerte umso
mehr, so schien es, ihren Genuss beim Essen.

Für Eva und Hannelore blieb das Sonntagsessen bei Omi in
besonderer Erinnerung. Eva liebte Omis Haus, Omis Kleiderschrank, Omis Bad. Und nichts Schöneres gab es, als mit den
Perlenvorhängen zu spielen. Und Hannelore? Ihr Lichtblick an
diesen Sonntagmittagstunden war Emma.

Nachdem die Mädchen noch einmal umgezogen werden mussten – Hannelore hatte Evas Pinselwasser umgeschüttet – stand
die Familie schließlich vor ihrem Haus in der Rothenbaumchaussee zum kurzen Spaziergang in die Johnsallee bereit. Die

beiden kleinen Damen machten in ihren Regenmänteln einen adretten Eindruck. Auch an diesem Oktobersonntag im Jahre 1937, der Wind von der Alster wehte schon etwas schärfer und feuchter herüber, blieben die Beschwerden der frierenden Töchter nicht aus. Else nahm es schweigend hin. In Erwartung dessen, was ihr bevorstand, ging sie etwas strenger als sonst, aber mit der ihr eigenen Eleganz am Arm ihres Mannes. Jener ließ sich durch die ihm so vertraute Unruhe nicht stören und schritt Baum für Baum weiter die Straße hinab, hinter seinen wunderschönen Mädchen her. Ein- oder zweimal tippte er grüßend an seine Schiebermütze, als auf der anderen Straßenseite bekannte Gesichter auftauchten.

»Zeig dich, Eva, mein Kind, bist du gewachsen?« Weil sich Omis schwerer Körper nicht aus dem Stuhl erheben mochte, fasste sie leicht vorgebeugt die Enkelin bei den Schultern. Wahrlich, es hielt sie nicht die Faulheit im Stuhl, sie war vielmehr so auf Augenhöhe mit ihrer Enkelin.

»Es ist gut«, sagte sie dann und streichelte sacht über das zarte, blonde Haupt Evas.

»Omi?«, fragte Eva zögernd.

»Mein Liebes, was liegt dir auf der Seele.«

Nun lächelte das Kind, neigte seinen Kopf ein wenig zur linken Seite und fragte zögerlich:

»Omi, kann ich noch Zeta streicheln? Wo ist sie eigentlich?«

Zeta, eine Deutsche Schäferhündin, spielte im Leben an der Johnsallee eine fast ebenso wichtige Rolle wie die Dahlien. Für Eva und Hanne jedenfalls war sie die Erlösung nach stundenlangem Sitzen, die Einzige im Hause, die ihre Sprache sprach: Lachen, Glucksen, Schreien, Quietschen und Kichern.

»Fräulein Emma wird sie in den Garten gebracht haben.«

»Aber nicht jetzt, Eva, erst wird gegessen«, sagte Fritz, der dazugekommen war. Die Großmutter erhob sich schwerfällig, sie stemmte sich, mit den Händen auf die Stuhllehnen gestützt, hoch und richtete sich auf.

»Mein Junge!« Ihr Blick wurde nun, da sie mit ihrem Sohn sprach, streng. »Wieder eine Schramme, und das am Sonntag. Du bist dünn geworden. Wirklich. Was sagt deine Frau dazu? Sieh nur, wie das Jackett überhaupt nicht mehr sitzt. Vielleicht machst du mal weniger Sport, lass die Schikanen.«

»Ach Mutter ...«

Helene unterbrach ihn mit einem lang gezogenen Ja und fuhr dann fort: »Der Messias spielt auch keinen Fußball. Du weißt, wenn du unter der Erde liegst, dann wirst du sicher nicht nach dem Spielstand vom vergangenen Sonntag gefragt, sondern höchstens, was du schon dort zu suchen hast.«

Ohne eine Antwort abzuwarten fuhr sie fort:

»Aber es wurde doch fein gekocht und ihr werdet das Haus erst verlassen, wenn ihr richtig satt seid.« Wobei sie »richtig« ganz besonders betonte. Sie nahm den Arm ihres Sohnes und ließ sich von ihm führen.

Ja, es *war* »fein gekocht« *worden*, denn Helene konnte kein Ei in der Pfanne braten. Nicht-Können heißt in diesem Fall so viel wie Nicht-Wollen. Omi sagte die Küchenarbeit nicht zu, sie fühlte sich vielmehr für das ganze Drumherum zuständig. Sie liebte Geschirr, sie liebte Zeremonie, sie liebte das Speisen, sie liebte Roastbeef mit Zwiebeln.

»Hannelore, nun komm her!« Hanne strich wie eine Katze um das rechte Bein ihrer Mutter.

»Na, geh und sag Omi Guten Tag« waren Elses erste Worte, seit sie eingetreten waren, und mit sanftem Druck schob sie Hannelore zu ihrer Großmutter.

»Guten Tag, Omi.«

»Ach mein Liebes, wann wirst du endlich lernen zu sprechen.« Hannelore rieb sich verschämt das linke Ohrläppchen.

»Nun lass dich einmal knuddeln«, sagte sie und nahm das Mädchen in den Arm. »Fritz, deine Mädchen sind aus Gold, und nun wollen wir uns setzen, euch muss doch schon ganz komisch sein vor Hunger«, sagte sie und war schon auf dem Weg zum Speisesaal. Wie sie so voranging, mit ihrem schwerfälligen, aber bestimmten Gang die Räume durchschritt, fragte sie ganz beiläufig:

»Else, wie geht es dir?«

Es war für fünf Personen gedeckt, doch angesichts der unzähligen Schalen und Schüsseln, Körbe mit frischem Brot, allerlei bunt belegten Platten und Roastbeef, an welchem eine ganze vom Felde wiederkehrende Bauerngesellschaft satt geworden wäre, kam Zweifel auf, dass tatsächlich nur vier Gäste erwartet wurden.

Zu fünft konnte man den Saal bei weitem nicht füllen. Der Tisch zog sich noch meterlang in den Raum hinein, all die unbesetzten Stühle verharrten wie Wachsoldaten und die Stimmen hallten im Raum, wenn gesprochen wurde.

»Bitte.« Fritz zog Else den Stuhl zurück. Er selbst setzte sich zuletzt und nickte seinen Töchtern mit viel sagenden Blicken zu.

Die gestärkten Servietten lagen auf dem Schoß wie Bretter. Den Kindern reichten ihre Spitzen bis unters Kinn. Der Page schenkte den Wein ein und servierte die Suppe.

»Köstlich«, sagte Omi. »Das ist Sellerie mit Kartoffel? Sehr gut! Kinder, möchtet ihr denn kein Brot? Kommt, es ist reichlich da.«

Die Kinder wurden bedient.

Und in diesem Stile setzte sich die Unterhaltung fort. Da es sich nicht gehörte, am Tisch über Finanzen oder Geschäfte zu sprechen, kristallisierte sich schnell ein Hauptthema heraus: das Essen.

Das Fleisch »aß« sich wieder einmal »so zart wie noch nie«, die Zwiebeln »jede für sich ein Gedicht« und von den zahlreichen Beilagen allein »könnte man eigentlich schon satt werden. Aber nein, es schmeckt zu gut.«

Else verbarg dabei gekonnt ihr wahres Gesicht und ihre Gedanken. Ihre Miene war über die Jahre gut einstudiert, und jedes ihrer Worte diente nicht mehr und nicht weniger als Füllsel einiger Kommentare ihres Mannes.

Was sie tatsächlich fühlte, behielt sie für sich. Omi war klug genug, das jede Woche zu ignorieren, und genoss sichtlich, sich selbst und ihren Sabbat zu feiern. Einer in der Familie musste schließlich das religiöse Ruder halten.

»Ich trage meine Religion im Herzen«, sagte Fritz, als das Thema zur Sprache kam. »Sieh dir an, was wir im Namen Gottes anrichten und welche Last wir auf uns nehmen, um als gläubige Menschen zu gelten. Religion ist nicht nur der Gang in die Kirche, der Glaube an Gott, Religion ist ebenso der Geist, die Bildung, die Sprache.« Er mochte keine Synagogen, grundsätzlich vermied er ihren Besuch. Er sah sich mehr als Sepharde und weniger als Jude. Seine Mutter hingegen lebte als Aschkenasi ein genussvolles und leicht gläubiges Leben. Sie beging den Sabbat, wie es sich gehörte, mit dem Anzünden der Kerzen am Freitag, dem Arbeitsverbot und angebrachter Würde. Sie besuchte die Synagoge so, wie es von einem Mitglied der Gemeinde gerne gesehen wurde, und genoss sichtlich ihr Leben mit Ritualen, eingebettet in Frömmigkeit. Doch auch Helene Jessurun hatte mit dem Herrn einige Abmachungen, mithilfe derer sie es verstand, sich Dinge wie das Fasten etwas leichter zu machen. Er allein erlaubte ihr, in einem geheimnisvollen Schrank Berge von Schokolade und Mortadella zu hüten. Omi pflegte zu sagen: »Mortadella ist Kalbswurst.« Und damit war die Sache für sie geklärt. Ob das stimmte oder nicht und ob sie damit eine Sünde beging oder nicht, Omi schaffte diese Dinge aus der Welt, indem sie beispielsweise Schweinefleisch zu Kalbfleisch werden ließ, und entledigte sich damit ihres schlechten Gewissens.

Die Mahlzeit setzte sich fort.

»Esst Kinder, esst! Fritz, noch etwas von dem Pudding, heute ist er eine Delikatesse. Selten habe ich so guten Pudding gegessen, er zergeht auf der Zunge ganz besonders luftig.«

Der Diener in Livree tauchte auf und verschwand wieder. Die Leere im Raum breitete sich aus und legte sich schwer auf die kleine Gesellschaft. Das Klirren des Silberbestecks allein reichte nicht aus, das Gefühl der Einsamkeit im Überfluss zu verdrängen.

Als der Herr in Servierhandschuhen endlich das Geschirr abtrug, zeichnete sich auf den Kindergesichtern ein Lächeln ab. Das erleichterte Aufatmen, das Elses Brust entwich, klang wie: »Das Ende naht.«

Der Kuchen wurde im kleinen Wohnraum serviert, in den man sich im Anschluss begab.

Fritz saß im Lichtkegel der Stehlampe über ein Rauchtablett gebeugt, welches neben dem Sessel auf dem runden Tischchen stand.

Den Zigarrenabschneider noch in der Hand blickte er zufrieden in die Runde. Seine Kinder schwiegen artig, Hannelore zog ungeduldig an ihrem Kleid, Eva guckte sehnsüchtig in das bunte Funkeln der Bonboniere, die auf der Kommode stand.

»Die Umzugsleute kümmern sich um alles. Du wirst in den nächsten Wochen zwar regeren Besuch haben als sonst, aber das ist kein Grund zur Beunruhigung. Du wirst es in der Isestraße wunderschön haben.«

»Wenn du das meinst, ich bin mir da nicht so sicher«, antwortete Omi kurz auf die vorsichtig formulierten Sätze ihres Sohnes, »frag lieber nicht meine Dahlien, was sie dazu sagen. Beim Umtopfen gehen nämlich die Wurzeln verloren.« Obwohl das beleidigt klang, hatte sie eingesehen, dass sie den jetzigen Hausstand so kurz vor der »Auswanderung« – es wurde bewusst nicht von Flucht gesprochen – nicht halten konnte. Erst recht nicht, wenn ihr Sohn nicht mehr da sein würde. Dass ihr Lissabon so gut gefallen würde, wie er versuchte ihr einzureden, glaubte sie nicht. Helene Jessurun wollte weder Deutschland noch Emma oder gar ihren Richard verlassen.

»Ich werde sterben, wo mein Mann gestorben ist, Fritz. Du machst es mir schwer.«

Fritz sah zu seiner Frau. Diese schien gerade von den Worten Helenes wie von Dornen gestochen. Aber sie beherrschte sich und sagte nichts. Zugegeben, sie selbst ging auch nicht gerne nach Portugal. Die Kinder baumelten gelangweilt mit den Beinen, ein bisschen mussten sie noch ausharren.

3

Als der schwarz polierte »Adler« vorfuhr, stand Else am Küchenfenster, den Brief noch immer nachdenklich in den Händen haltend. Das schleppende Geräusch des Motors erstarb qualvoll. Es klang, als würde man ihm den Atem rauben, als würde er ganz langsam ersticken – sie hasste dieses Geräusch.

Dann hörte sie nur noch ihren eigenen Atem, der die Scheibe dicht vor ihrem Gesicht beschlug.

Draußen auf der Straße richtete Fritz seine Schiebermütze, schlug den Mantelkragen hoch und schloss bedächtig hinter sich die Autotür. Im matten Winterlicht glänzte der Lack des Wagens kaum. Als sie sah, dass er sich dem Haus näherte, wandte sie sich schnell vom Fenster ab und ging durch den Raum zum nächsten Spiegel, um ihr Haar zu richten und sich einen nicht ganz zufriedenen, aber schon zufriedeneren Blick zuzuwerfen.

Else besaß eine ganz eigene, elegante Schönheit. Ihre Stirn war glatt und hoch und zwischen den Augenbrauen entsprang eine markante lange, aber schmale Nase. Ihre Augen waren auf den ersten Blick etwas kühl, tiefbraun und immer skeptisch. Ihr Mund war wohl geformt, lächelte aber selten. Ganz im Gegensatz dazu stand ihr kaum zu zähmendes, ungestümes und launisches Gemüt. Mit ihrer schlanken Gestalt setzte sie sich deutlich gegen die gut genährte, lebensfreudige Verwandtschaft ihres Mannes ab. Sie kam aus guter Familie mit sieben Kindern. Nie in ihrem Leben hatte sie arbeiten müssen, um Geld zu verdienen, und kämpfte manchmal mit ihrer Bestimmung, sich als jüdische Ehefrau ganz der Familie, der Hausführung und der Erziehung der Kinder widmen zu müssen. Sie konnte sich nicht unterordnen oder einordnen lassen.

Es dauerte eine Weile, bis Fritz die Treppen zum dritten Stock bewältigt hatte. Oben angekommen vergaß er seinen schnellen Atem und blickte erst erleichtert und dann ruhig in Elses Augen.

»Deine liebe Tante Toni hat geschrieben«, sagte Else, als Fritz sich aus dem Kühlschrank ein Ei genommen hatte. Toni war, wie bereits erwähnt, Helenes jüngste Schwester.

»Es klingt so, als käme sie zu Weihnachten nicht nach Hamburg.«

»Was mich nicht verwundert«, erwiderte Fritz und bat seine Frau: »Kannst du mir das piksen? Ich habe solchen Hunger.« Er reichte Else ein Ei. »Was schreibt sie?«, fragte er.

Else durchstach vorsichtig die Schale des Eis und gab es ihm zurück. Fritz setzte es an die Lippen. Selbst bei einer seltsamen

Angewohnheit wie dieser, rohe Eier auszusaugen, blieb Fritz Jessurun ein eleganter Gentleman.

Else hielt die Briefbögen in beiden Händen und begann nun, ihm den Brief vorzulesen. Die engen, zackigen Schwünge und Bögen von Tonis Schrift waren nicht leicht zu entziffern.

Wien, Oktober 1937

Lieber Fritz, liebe Else!

Es herrscht Aufbruchstimmung in der Stadt, und ich will und kann gar nicht beschreiben, wie schwer es ist, Abschied zu nehmen.

Franz hat sich die vergangene Woche mit seinem wohl letzten Stück am Theater in der Josefstadt verabschiedet, und es ist kaum zu übersehen, dass er die Stadt mit vielen Gleichgesinnten verlässt.

Nun muss ich gestehen, dass ich seit Tagen die Kisten räumen lasse und zu nichts mehr komme, als bei allem nach dem Rechten zu sehen. Meine Arbeit liegt wegen schwindender Möbel und Einrichtung danieder, ebenso wie das Leben im Central und im Herrenhof ein beängstigendes und abruptes Ende genommen hat. Nicht zu vergleichen ist es mit dem, was einmal war.

Die Menschen sind aufsässig und frech geworden. Doch wer soll mir verbieten einzukaufen, zu flanieren oder zu leben?! Dies, weiß Gott, tue ich hier seit nun über zehn Jahren. Es sei also gesagt, dass ich die Bahnkarten bezahlt und meinen Pass erhalten habe – ich werde zu Beginn des kommenden Monats nach Zürich reisen. Vielleicht sehe ich alles etwas zu kritisch und brisant, aber ihr kennt mich ja. Und ich sage Euch, hier in Wien will keiner mehr so recht sein.

Also es ist nicht fern – das heißt, ich bin an dem Punkt, zutiefst zu bereuen, die Fahrt nach Hamburg nicht antreten zu können. So schade es um die Mädchen ist und Eure köstliche Gesellschaft, keine zehn Pferde brächten mich mehr durch Deutschland, auch wenn ich wollte.

Die lange Reise steht bevor, und ich frage mich, was soll ich in Zürich, wenn ganz Wien nach Kalifornien übersiedelt? Nun halte ich mich aber an, dankbar zu sein. Ihr könnt mich im Hotel Rigihof erreichen.

Wie geht es Helene?

Sie wird die Aufregung hoffentlich gut verkraften. Doch es ist mir nicht wohl bei dem Gedanken, sie in Deutschland zu wissen. Jetzt werde ich gerufen, wenn ich hier bloß heil wegkomme! Ich erkenne meinen eigenen Hausstand nicht wieder.

Tragt Sorge, es grüßt Euch

Toni Seligmann

»Sie wird die Aufregung hoffentlich gut verkraften«, wiederholte Else. »Lächerlich!«

Und sie reichte ihrem Mann den Brief. Fritz betrachtete das hohle Ei in seiner Hand.

»Reg dich nicht auf, du kennst sie.« Dann nahm er die Seiten entgegen. Er sah direkt in die schwarzen lodernden Blicke seiner Frau. Else bemerkte, während er las, die Schatten unter seinen Augen.

»Mir soll es recht sein«, sagte sie in die Stille des Raumes hinein. »Ich bin erleichtert, einen Gast weniger beherbergen zu müssen. Ist dir aufgefallen, dass wir nie bei ihr in Wien eingeladen waren?«

Fritz Jessurun war es nicht aufgefallen, weil er dem keine Beachtung schenkte. Doch dass sich seine Frau mit ihrer Zugehörigkeit zur Familie Kronheimer-Jessurun abmühte, wusste er und begegnete ihr in dieser Hinsicht mit großem Verständnis, um ärgere Konflikte zu vermeiden.

»Toni hat ihre Eigenarten und ihren Charakter, Gott sei Dank. Sie wird nicht lange in der Schweiz bleiben, ich bin mir sicher, sie setzt schneller als geplant nach New York über«, sagte Fritz.

»Wie naiv!«

»Nein, Else, sie ist, meiner Meinung nach, bloß verzweifelt und ein klein bisschen humorvoll.«

»Ach, die Gute ist zu verwöhnt«, widersprach Else.

»Else, das sind wir alle.«

Fritz ging nachdenklich zum Mülleimer.

»Sag mal, es ist so himmlisch ruhig, wo sind meine Mädchen?«, fragte Fritz, der nun auf die Verbindungstür zum Herrenzimmer zuging.

»Sie sind zum Mittagessen mit Fräulein Maria.«

Vor dem Humidor stehend, strich sich Fritz über die Stirn, als machte ihm dies die Entscheidung leichter, welche Zigarre er sich anschneiden sollte.

Else rief unterdessen nach Ellie, der Köchin, die Sekunden später erschien.

»Wir bekommen morgen Besuch, Ellie, würden Sie uns eine Apfeltorte zum Tee backen und sehen, dass etwas Gebäck und Häppchen vorbereitet sind. Wir erwarten das Ehepaar im Verlauf des Tages.« Das Mädchen trocknete sich die roten Hände an der Schürze und nickte.

»Natürlich. Wünschen Sie ihn gedeckt oder auf dem Blech?«

»Schmecken muss er, Ellie, ich verlass mich auf Sie.«

4

Der würzige Duft kubanischen Tabaks zog durch die Wohnung. Das für November typische graue Nachmittagslicht hatte sich auf die dunkelblauen Samtmöbel gelegt. Eva und Hanne saßen unter den strengen Blicken von Fräulein Maria am Küchentisch. Es gab Spargel zum Mittagessen.

»Ich will keinen Spargel«, sagte Hannelore nun schon zum zehnten Mal. Sie hatte die grünen Stangen nicht angerührt.

»Du bleibst hier sitzen, Hannelore, bis der Teller leer ist, und deine Schwester auch.« Das Fräulein hatte seine dicken Arme über der weißen Schürze verschränkt; hätten ihre Blicke töten können …

»Nein, ich will keinen Spargel«, wiederholte Hannelore trotzig.

»Lassen Sie meine Schwester. Sie muss nicht essen, was sie nicht mag, dass müssen wir bei Mami auch nicht.«

»Was ihr bei eurer Mutter nicht müsst, ist mir gleich. Es würde sie auch nicht freuen, so kostbares Gemüse unangerührt auf dem Teller zu sehen.« Und sie lächelte dabei ein grässliches Lächeln.

»Hannelore, iss deinen Spargel!«

»Nein.«

Fräulein Maria zog einen Stuhl beiseite und setzte sich neben das Kind.

»Willst du verhungern?«

»Ich will keinen Spargel.« Sie war den Tränen nahe, der Gedanke daran, dieses grüne, glibberige Zeug essen zu müssen, verdrehte ihr den leeren Magen.

Eva guckte sehr streng. Sie hasste die Nachmittage mit Fräulein Maria. Erst langweilige Spaziergänge durch die Kälte und dann diese Tortur. Ein gewisser Respekt vor der dicken Kinderfrau, die in ihren besten Jahren war, wohl um die vierzig, hielt sie zurück.

Maria piekste gerade zerkleinerte Spargelstücke auf einer Gabel auf und machte sich damit unerbittlich auf den Weg zu Hannelores Mund. Alles, was diese tun konnte, war, den Kopf zur Seite zu drehen und Nein zu sagen.

Da packte Fräulein Maria die zarten Schultern und sagte energisch:

»Entweder du isst jetzt oder du kriegst gleich ordentlich was aufs Näschen.« Mit der linken Hand fuchtelte sie mit der Gabel vor Hannes Augen herum.

Hanne war gerade einmal sechs Jahre alt und ihre Schwester im September sieben geworden. Hannelore presste die Lippen zusammen, auf ihren Backen zeichneten sich rote Flecken ab. Fräulein Maria kannte nichts, sie packte den Kiefer des Kindes, wobei sie ihre nach Sellerie riechenden Finger in seine Bäckchen drückte.

Hannelore kämpfte mit einem abscheulichen Gefühl von Übelkeit, dicke Tränen rannen in ihren Hemdkragen.

Else hatte den Kindern heute Morgen einen Spazierstock mitgegeben. Beim Einkauf waren sie ihr aufgefallen und sie hatte nicht daran vorbeigehen können. Die Holzstöcke eigneten sich zum Musik machen, zum Herumstochern in nassen Büschen, zum Clown spielen und ... zum Schlagen von Kinderfrauen.

Eva nämlich packte ihren Stock, kletterte damit vom Stuhl, und näherte sich so drohend wie möglich Fräulein Maria.

»Lass meine Schwester in Ruhe«, sagte sie mit der Kraft eines Mädchens mit feurigem Temperament, während der Spazierstock niedersauste auf den gut gepolsterten Oberarm der Kinderfrau.

Augenblicke später fand sich Hannelore zwar befreit von dem grausigen Spargel, doch blickte sie erschrocken zum Schrank hin, wo Eva im festen Griff von Fräulein Maria stand.

»Aua!«, schrie Eva laut.

Wie gelähmt saß Hannelore auf ihrem Stuhl und musste mit ansehen, wie ihre Schwester bestraft wurde, kein Glied konnte sie rühren.

»Dicky, was hast du bloß gemacht?«, dachte sie verzweifelt und brach schließlich lauthals in Tränen aus.

»Ich dachte, Sie seien hier eingestellt, um die Kinder zu hüten und nicht um Ihre Erziehungsmethoden durchzusetzen!«, schrie Else zwei Stunden später in der Küche, als sie aus Hanne herausbekommen hatte, was es *nicht* zum Mittagessen gegeben hatte. »Was denken Sie sich eigentlich dabei, Hand an meine Töchter zu legen. Ich dachte, ich könnte mehr von Ihnen erwarten. Spargel, lieber Gott!« Else knallte das Küchentuch auf den Herd. »Ich fasse es nicht, Frau Maria!« Mit diesen Worten drehte sich Else auf dem Absatz um, schaute kurz aus dem Balkonfenster der Küche, um dann in ihrem abschätzigsten Ton zu sagen: »Sie sind suspendiert! Packen Sie Ihre Sachen, Frau Maria, und verlassen Sie die Wohnung!«

Oh ja, Else konnte böse werden. Heiter oder furios, dazwischen kannte sie nichts.

Fräulein Maria guckte betroffen. Irgendwie sah sie in ihrer weißen Haube plötzlich albern aus. Sie räumte ihren Schrank im Kinderzimmer und ward von dem Tage an nicht mehr gesehen.

Es schlug sieben Uhr, als die Gäste am kommenden Abend zum Essen erschienen. Das Haus Jessurun war ein offenes und gastfreundliches, häufig wurden Freunde zum Teetrinken oder Abendessen empfangen. Meist blieben die Damen und Herren bis spät in die Nacht, wenn die Mädchen schon schliefen.

Hannelore und Eva konnten von ihrem Zimmer aus die Schritte in den Räumen, die dumpfen Stimmen und hin und wieder ein Lachen hören. Im Bett lauschte Hannelore den Höhen und Tiefen der Gespräche. »Wo gehen die eigentlich immer hin?«, fragte sie sich jedes Mal, bevor sie einschlief. Sie hörte sie nämlich immer nur eintreten und nie das Haus verlassen.

Gertrud, das neue Kindermädchen, schloss behutsam die Tür und sperrte den Duft von Essen, Zigarren und süßem Wein aus dem Kinderzimmer aus. Und morgens, wenn sie die Mädchen wieder weckte und Hannelore aufstehen und in die Schule gehen musste, war keiner von ihnen mehr zu sehen. Und ihre Eltern verhielten sich so, als sei nichts gewesen.

Lange Zeit hatte Hanne die Vorratskammer in der Küche im Verdacht, doch sie traute sich nicht, nachzuschauen, ob sie tatsächlich alle da drin hockten und warteten, bis sie unbemerkt wegschleichen konnten. Auch dieser Abend blieb für Hanne ein Mysterium.

»Else, deine Apfeltorte ist ausgezeichnet«, sagte Ilse Stern, nachdem sie mit der Gabel die letzten Krümel vom Teller aufgenommen hatte. »Der Zwieback? Oder was ist es?« Else nickte. »Ja, der Zwieback gibt ihm eine ganz besonders nussige Note – einfach toll!«

Kurt Stern und Fritz Moritz Jessurun rauchten im Herrenzimmer, wohin sich nun auch die Damen begaben.

»Meine Schwester ist schon 1933 mit ihrem Mann nach Portugal ausgewandert. Wenn alles nach Plan verläuft, dann werden wir im Sommer des kommenden Jahres ausreisen«, sagte Fritz, und nach einer kurzen Pause fügte er hinzu: »Wir müssen uns auf alles gefasst machen.«

Kurt blies den Rauch nachdenklich an die Decke und sagte resigniert:

»Werden sie uns abschlachten? Diese Jungs sind verrückt. Du kannst ihnen nicht entkommen. Ich habe einmal ihre Gesichter gesehen und sie haben mich von da an wie Hirngespinste verfolgt.«

»Wir tun am Besten daran, gar nichts dazu zu sagen«, riet Fritz.

»Gibt es eine Wahl? Was für eine Frage, Wahlen gibt es, aber keine Alternativen.«

»Ilse wird sich schwer tun.« Kurt blickte verloren in die Glut seiner Zigarre, ihr Qualm schien ihn in diesem Moment zu hypnotisieren. »Wie sind deine Verbindungen nach Portugal, Fritz?«

»Ich kenne einige aus der Portugiesengemeinde, auch über Den Haag gibt es Verbindungen nach Lissabon. António Salazar ist die größte und absolut verlässlichste Hilfe bezüglich der Visa. Was würde ich ohne ihn tun.« Fritz sah erwartungsvoll zu Kurt. Er wünschte, sein Freund aus Essen würde sich ebenfalls entscheiden, nach Lissabon auszuwandern und nicht nach Brasilien.

»Wie ist deine Korrespondenz mit Brasilien?«

»Mein Bruder kümmert sich um die Visa. Gabrielle, seine Frau, hat, wie er erzählt, ebenfalls Verbindungen zu den Konsulaten.«

»Was ist mit Portugal?«

Kurt seufzte. In Gedanken ging er die Argumente durch, die er gesucht hatte, nicht nach Brasilien gehen zu müssen, doch seiner Frau fiel es schon schwer genug, Deutschland zu verlassen. Für sie war der Familienanschluss in der Fremde unersetzlich.

»Kurt, es ist richtig, dass ihr geht.«

»Ach, ich denke darüber nicht nach. Denn vieles spricht dafür, dass es falsch ist zu gehen: Cholera, Malaria, weiß der Teufel. Aber da ist so ein Gefühl, Fritz.« Und er beugte sich etwas vor. »Die Ruhe vor dem Sturm. Es herrscht diese unerträgliche Stimmung wie in einem Dampfkessel, die dicke Suppe kocht ganz schön. Und ich will keine Zutat sein.« Kurt gab einen verächtlichen Laut von sich und schien mit einer abfälligen Handbewegung die Gedanken vertreiben zu wollen.

Fritz nickte und paffte drei-, viermal an seiner Zigarre.

»Else und ich gehen am 20. Dezember zum Ball. Ein befreundetes Ehepaar aus Holland wird in der Stadt sein. Paul kommt mit seiner Frau. Habt ihr nicht auch Lust?«

»Hängt davon ab, ob man uns lässt. Das Reisen ist unerträglich geworden, selbst von Essen nach Hamburg.«

»Die Politik, Kurt, ist unberechenbar. Verlass dich nicht auf anderer Leute Denken und Handeln, denn am Ende gehört man selbst zum Volk und ist schneller als man denkt ein getriebenes Rind in der Herde. Wir leben alle in einer Zeit der Prüfung. Am Ende zählt wohl eher, was man aufgebaut hat, und nicht, was man abgebrochen hat.«

»Ist uns denn heute bewusst, was wir abbrechen? Deutschland ist unsere Heimat, deine Familie lebt hier seit dem 16. Jahrhundert, du kannst mir nicht erzählen, dass du kein Deutscher bist.«

»Ich weiß nicht, Kurt, ob ich mich als Deutscher fühle. Vielleicht jetzt, wo ich mich gezwungen sehe, das Land zu verlassen. Ist es Schicksal, dass Menschen wie wir nicht Deutsche, nicht Perser nicht Portugiesen sind, sondern aufgrund unseres Glaubens ein Teil des Ganzen?«

»Ich weiß bestimmt, Fritz, dass ich kein Brasilianer bin. Dort werde ich aber von nun an mein Leben verbringen müssen. Ich glaube, ich war noch nie so sehr Deutscher, wie ich es jetzt, in dieser Zeit vor unserer Abreise, bin.«

Kurt Stern lächelte traurig. Es schien, als sei er schon auf halbem Wege über den Ozean.

Die Männer schwiegen. Sie wussten, dass die einzelne Stimme ebenso wenig ausrichten konnte wie der Schrei, bevor man gehängt wurde – zumindest als Jude.

»Na Tips, Liebling, was heißt Reis mit Bohnen auf Portugiesisch?«, fragte Ilse, ihre Hand auf die Schulter ihres Gatten legend.

»Rice and Beans. Und wenn sie das nicht verstehen, esse ich eben Carchaça.« Die Antwort brachte die kleine Gesellschaft zum Schmunzeln und man redete noch bis in die Nacht hinein von Klimaverhältnissen in den südamerikanischen Tropen, von Umzugsgesellschaften und Möbelpackern und vom Reisen.

Kurt und Ilse Stern brachen im Februar des Jahres 1939 zusammen mit ihrem einzigen Sohn Hans mit dem Zug nach Hamburg auf und reisten von dort an Bord des Dampfers »Cap Norte« nach Rio de Janeiro. Kein Familienmitglied der Sterns, das die Warnungen vor der neuen Regierung in den Wind geschlagen hatte, überlebte das Nazi-Regime.

Entgegen allen Erwartungen gewöhnten sich die Sterns im milden Klima Brasiliens schnell ein und genossen die kulinarischen Vorzüge der vielfältigen Küche. Kurt musste Arbeit finden. Und der Sohn, Hans, nahm abends Kurse im Schreibmaschineschreiben und fand als Sekretär Arbeit in einem Büro. Seine Karriere sollte später in ganz andere Richtungen gehen. Nach dem Krieg zog er als Edelsteinhändler und später als Juwelier durch Brasilien und nach New York, wo er die alten Freunde seiner Eltern manchmal zum Mittagessen in Forrest Hills besuchte.

Es vergingen der November und der Dezember des Jahres 1937 und die Jessuruns versuchten, den gewohnten Gang der Dinge aufrechtzuerhalten.

Fritz fuhr jeden Morgen mit seinem Adler ins Comptoir und kehrte nach Feierabend zurück. Die Mädchen besuchten die Hirsch-Schule und verlebten mit Gertrud die Tage recht angenehm. Else verbrachte ihre Zeit mit Vorbereitungen für Einladungen zum Tee oder zum Abendessen, kümmerte sich um das allgemeine häusliche Wohl und saß manchmal ganze Vormittage im Musikzimmer und spielte auf ihrem Cello oder häkelte an der Decke für den runden Nussholztisch im Herrenzimmer. Das verarbeitete weiße Garn legte sich noch nicht sehr üppig über ihre Knie, während sie mit den Nadeln aufwendige Muster knotete, doch von Monat zu Monat nahm die Decke an Umfang zu. Der 20. Dezember nahte und mit ihm der Ball.

Das Ehepaar Jessurun bot auf dem Parkett jedem Zuschauer einen atemberaubenden Anblick. Fritz, der die natürliche Gabe besaß, in allem, was er tat, unglaublich charmant und elegant zu sein, zog die Blicke der Damen auf sich, während er Else im Walzerschritt übers Parkett führte. Nicht nur in Hamburg gab es Tanzveranstaltungen, an denen sie teilnahmen, sie waren fürs Tanzen um die Welt gereist.

»Nein, raus hier!«, rief Else Richtung Türspalt, hinter dem sich neugierige Kinderaugen vergeblich versuchten zu verbergen. »Eva, du hast hier noch nichts zu suchen!«

Gertrud und Ellie, hatten über die beiden Weihnachtstage Urlaub bekommen, und so musste Else alles, was vor Weihnachten zu erledigen war, allein verrichten: Sie kochte, sie dekorierte, sie klebte und wickelte Geschenke ein, sie verbreitete mit Düften von Orangen, Sternanis und Kipferln in der Rothenbaumchaussee Adventsstimmung. All das liebte sie. Und am 24. Dezember wurde das Weihnachtsfest gefeiert, wie es in jüdischen Haushalten sonst nicht üblich war.

»Wir haben immer Weihachten gefeiert«, erzählt mir Eva, und auch Ann kann sich daran erinnern: »Das war das Schönste. Meine Mutter hat gekocht und alles wunderbar dekoriert. Wir hatten auch immer einen Tannenbaum, in Hamburg noch einen echten. Später sogar, in Forrest Hills, als kaum mehr Geld da war, tat meine Mutter alles dafür, jedes Jahr ein ganz besonderes Weihnachten zu feiern.«

Nachdem man gegessen hatte und die Reste der Gans auf Knochentellern in die Küche trug, stieg die Spannung in Erwartung der Bescherung. Im Musikzimmer spielte Else manchmal ein oder zwei Lieder auf dem Flügel oder auf ihrem Cello, währenddessen jeder zu seinem eigenen Geschenktisch gehen durfte.

»Zeig mal her, Hanne, was hast du da ausgepackt?«, fragte der Vater, eine Schachtel weißer Stofftaschentücher auf seinem Schoß. Er zog an seiner Zigarre, bevor er das Weingelee kostete.

»Oh, eine Puppe«, staunte Eva, als ihre Schwester hinter einem Wust von Papier auftauchte und stolz ihr neues Kind präsentierte.

Else saß neben ihrem Mann, sie goss sich etwas Vanillesauce über das rot leuchtende Gelee, ihr Gesichtsausdruck schien sich zu entspannen. Doch auch Heiligabend kam irgendwann die Stunde, wo es hieß: »So, Hannelore muss ins Bett, du kannst ja kaum noch aus den Augen gucken.« Eva durfte, weil sie älter war, noch länger aufbleiben. Hannelore leistete kaum Widerstand und ließ sich glücklich von der Mutter in ihr Zimmer bringen.

»Und jetzt das Hauptgeschenk, Mami.« Eva war ganz aufgeregt und zeigte auf einen großen, flachen Karton und einen kleinen viereckigen, die beide noch verschlossen auf Elses Tisch lagen.

»Was ist wohl da drin?«, fragte Else ihre Tochter mit großen, fragenden Augen, während sie langsam die grüne Seidenschleife aufzog. Sie hob den Deckel und nahm aus der Schachtel eine Schatulle. Wohl wissend welcher Gattung dieses Geschenk war, schaute sie zu Fritz.

»Nun mach es auf!«, ermunterte dieser seine Frau.

Else hielt sich die Hand vor die Lippen und staunte in das mit Samt gepolsterte Kästchen.

»Den Brillantring«, erzählte mir Eva in Arizona, »hat sie bis zu ihrem Tod getragen. Sie freute sich so riesig. Es war ein wundervoller Ring.«

Während die Mutter den anderen Karton öffnete, hatte sich Eva auf die Sessellehne neben ihren Vater gesetzt. Das Kerzenlicht flackerte und nur das Rascheln des Seidenpapiers war zu hören. Eva ließ ihre Mutter nicht aus den Augen und entdeckte plötzlich einen ganz merkwürdigen Ausdruck in ihrem Gesicht, den Ausdruck fast reumütiger Trauer. Ganz langsam hob Else ihr Geschenk aus seinem Karton. Es war ein herrlicher Nerzmantel.

»Aber Fritz«, sagte Else nach einigen Augenblicken des Schweigens – ihre Stimme klang nun heiser und erstickt – »das werde ich doch dort gar nicht tragen können.« Und sie wiederholte traurig: »Den kann ich doch gar nicht tragen.«

5

Weihnachten 1937 war das letzte Weihachten in Hamburg, es war auch das letzte Neujahr mit Erbsensuppe in Hamburg, und es war auch Hannes siebenter Geburtstag, der letzte, den sie in Hamburg feierte.

Elses Vater starb im Frühsommer des Jahres 1938. Sie fuhr zur Beisetzung nach Berlin.

Omi war zusammen mit Emma Roedel umgezogen und wohnte

nun in einer Elfzimmerwohnung in der Isestraße. Ellie hatte den Jessurun'schen Haushalt verlassen müssen; es war keinem Juden mehr erlaubt, nichtjüdische Angestellte zu beschäftigen. Ihr Bett verkauften sie für 90 Reichsmark. Fritz durfte über sein gesamtes Inlandvermögen nur noch mit ausdrücklicher schriftlicher Genehmigung verfügen.

Der Sommer kam, und das Leben in Hamburg hatte sich so verändert, dass sich nun alle Anstrengungen darauf richteten, Deutschland alsbald zu verlassen. Einige Möbel, Erbstücke und Teile der Einrichtung befanden sich schon auf dem Weg nach Lissabon. Der Alltag bestand darin, Stapel an Formularen und Listen auszufüllen, Pässe zu erkämpfen und Rechnungen zu begleichen.

Fritz verkaufte seinen Adler für 2000 Reichsmark, seine Hamburger Liquidationspfandbriefe für 19 000 und seine Aktien der Mecklenburgischen Friedrich-Wilhelm-Eisenbahn für 6000 Reichsmark, um die Reichsfluchtsteuer bezahlen zu können.

Am 18. Juli 1938 schrieb Fritz an den Herrn Oberfinanzpräsidenten:

»Ich bitte mir eine Zahlung von 669,50 Reichsmark an die Hamburg-Amerika Linie für die Passage meiner Familie und mich für den am 27. des Monats ausgehenden Dampfer ›Orinoco‹ zu genehmigen.«

Danach verließ er das Comptoir, um sich auf den Weg zur Polizeibehörde zu machen.

»Ihr Name?«, fragte der Beamte mit Schnauz und hellen Locken. Obwohl er nicht unfreundlich zu Fritz war, strapazierte er seine Nerven.

»Wenn Sie mir bitte eine Bescheinigung für die Passpolizei ausstellen könnten; es geht um die Aushändigung der Pässe von mir und meiner Frau Else Jessurun, geborene Lewkowitz.«

Der Beamte zwirbelte an seinem Schnurrbart und entfernte sich für einige Minuten vom Schalter.

Eine Sekretärin tippte kurz darauf vier Zeilen an den zuständigen Beamten in der Abteilung Passpolizei. In diesem Fall bestünden keine Bedenken, ließ das Schreiben verlauten.

Die Mädchen gingen schon nicht mehr zur Schule, was Eva ganz gelegen kam. Ihr machte es keinen Spaß, die Lehrer waren viel zu streng und ohnehin tat sie sich mit Zuhören und Stillsitzen immer schwer.

Nur Omi hielt in all dem unangenehmen Trubel an ihren Gewohnheiten fest: Sie lud nach wie vor sonntags zum Mittagessen ein.

»Mami, du wirst mit einem Konsulenten von Doktor Samson deine Einrichtung durchgehen, er wird alles fein säuberlich aufschreiben und dafür sorgen, dass die Dinge so schnell wir möglich nach Lissabon verschifft werden«, erklärte Fritz seiner Mutter, als die blutige Platte mit dem Roastbeef abgeräumt war. Selbst er hatte heute kaum etwas gegessen. Else hielt sich konsequent an Häppchen und etwas Brot mit Butter.

»Ich werde Deutschland nicht verlassen, Fritz«, sagte Omi mit fester Stimme, so, als versuchte sie damit, ihrem Sohn alle Sorge zu nehmen.

»Es gibt nichts, was dich über all denen stehen lässt, die ihre Arbeit verlieren, ihr Vermögen, ihre Würde. Sieh dich doch um. Es wird dir hier keiner bleiben. In Lissabon ist deine Familie, deine Tochter, deine Schwester.«

»Ich vertrag diese Hitze nicht. Und so trockene Luft, das ist nichts für deine Mutter.«

»Mami, du bist kerngesund«, sagte Fritz streng. »Du siehst doch, was hier vor sich geht.«

»Ach Fritz. Hitler ist ein guter Junge. Er ist nur krank.«

»Was du nicht sagst, deinen Humor will ich haben«, meinte Else und legte das Buttermesser unsanft auf dem Tellerrand ab.

»Nun, es scheint dir zu gefallen, dass ebenjener gute Junge anordnet, dass du dich seit einigen Monaten Helene Sara zu nennen hast, genau wie Else nun Else Sara heißt und Millionen andere auch. Das ist doch Wahnsinn, Mami, nicht Krankheit. Bitte sei nicht tapfer. Die Leute haben kein Erbarmen.« Fritz sah zuerst zu Else, dann zu Helene.

»Hitler liebt alle«, sagte Omi und strich mit ihrer Hand über Hannes Lockenkopf.

Else fühlte sich nur noch elend. Ihr war danach, ihren Stuhl zu-
rückzustoßen und die Tafel zu verlassen, egal wer am Tisch saß,
und wenn es Hitler persönlich wäre. Sie verengte ihre Augen zu
Schlitzen und dachte mit zusammengepressten Lippen: Gütiger
Gott, du bringst dich selbst in die Hölle! Doch Else war eine
Meisterin im Fassungbewahren; sie behielt sie auch jetzt.

»Fritz, ich bin zu alt für solche Weltreisen. Und sag mir nicht,
was mit Fräulein Roedel geschehen soll.«

»Ich sage gar nichts mehr«, antwortete dieser tonlos.

Am Abend jenes Sonntags saß Else mit ihrer Häkelarbeit auf
dem Schoß in einem der blauen Samtsessel. Sie war fast fertig, der
Blumen- und Rankenkreis schloss sich mit jedem Tag mehr. Eva
und Hanne waren mit Gertrud schon früh zu Bett gegangen, da
die kommenden Tage und Wochen ungewohnt strapaziös sein
würden. Fritz saß ihr gegenüber und las den Brief seiner Schwester Daisy zum zweiten Mal.

Lissabon, Juli 1938

Mein lieber Fritz!
Mit großer Spannung erwarten wir Euch hier in der Stadt. In den
vergangenen Wochen kam nach und nach das Umzugsgut, und
die Wohnung sieht sogar richtig hübsch und wohnlich aus.

Felix und ich hören jedoch aus Deutschland nichts Gutes. Was
Felix an Informationen bekommen kann, lässt mich umso drin-
gender hoffen, dass der Tag Eurer Abreise schnell nahen möge.
Ich bin in Gedanken ununterbrochen bei Euch. Das Unglück,
was dem Land widerfährt, kann keiner hier nachvollziehen.

Was uns betrifft, so haben wir einen vergleichsweise ruhigen
Alltag. Das Theater in Lissabon bietet wunderbare Aufführun-
gen und im vergangenen Monat verbrachten wir ein Wochenende in Estoril bei Lissy und Max, die auch herzlich grüßen lassen.

Es ist ja verrückt, aber sie haben dort tatsächlich ein fruchtba-
res Gut erworben und Max scheint im Kaffeegeschäft erfolgreich.

Lissy hat sich, wie mir scheint, von den Unruhen damals in

Südafrika erholt und fährt jetzt auch in Estoril endlich wieder Jaguar! Sie ist so verrückt, wie ich sie kenne und schon immer kannte.

Für Tante Klothilde ließ sich eine ausgezeichnete und liebenswürdige Hilfe finden, eine wirklich herzensgute Person. Nachdem ihre Schmerzen im Rücken, vor allem nachts, nur zunahmen und keine Linderung in Aussicht war, geht sie nun am Stock und ist mit den Medikamenten, welche ihr Dr. Santos verschrieb, fürs Erste zumindest wieder beweglich. Sie kann sogar selbstständig zur Küche und ins Esszimmer gehen.

Was die Schule für die Mädchen betrifft, finden ließe sich im nahen Umkreis ein französisches, sehr bekanntes Internat, welches sich ebenso offen zeigt, Tagesschüler aufzunehmen. Das neue Schuljahr beginnt Anfang August, so haben die Mädchen noch etwas Zeit, sich mit der Sprache zurechtzufinden.

Wie weit bist Du bezüglich Mutters Ausreise?

Gott bewahre, wenn sie noch immer Widerwillen zeigt. Ich mache mir um ihre Zukunft in Hamburg größte Sorgen, und ich weiß, Fritz, Du tust Dein Möglichstes.

Nun komme ich langsam zum Ende, es sollen dies wohl hoffentlich die letzten Zeilen sein, die ich in Sorge um Dich und Deine Familie nach Hamburg schreibe.

Felix und ich werden Euch mit Herrn Lima am Hafen abholen. Um meine Freude auf ein Wiedersehen nicht ins Unerträgliche zu steigern, lass ich ungesagt, wie sehr ich jenem Tag entgegenfiebere.

Sei umarmt, mein Fritz. Gott behüte Euch! In liebenden Gedanken Deine Daisy Israel Jessurun

Else legte die Nadeln beiseite und hielt das vollendete Kunstwerk ins Licht. Jetzt konnte sie auch reisen, dachte sie und spürte gleichzeitig die in ihr aufsteigende Verzweiflung, alles hier verlassen zu müssen. Sie hatte den Brief ihrer Schwägerin nicht lesen wollen. Sie hatte überhaupt in den letzten Tagen kein Wort über Lissabon oder Portugal hören wollen. Für sie war klar, lange wollte sie dort nicht bleiben.

Zufällig trafen sich ihre Blicke mit denen ihres Mannes. Und als Antwort auf ihre tausend stummen Fragen antwortete Fritz nur: »Es wird schon gut werden.«

In der kommenden Nacht schliefen Else, Fritz, Hannelore und Eva bei Omi in der Isestraße. Am darauf folgenden Tag, dem 27. Juli 1938, gingen sie mit Hunderten von anderen Frauen, Männern, Kindern, Großmüttern, Großvätern an Bord des Dampfers »Orinoco«.

Omi blieb zu Hause, sie ging nicht mit zum Hafen. Das konnte sie dann doch nicht. Fräulein Roedel krampfte beim Abschied ihre Finger unter der Schürze ineinander, in der Faust ein feuchtes Taschentuch. Gertrud kehrte zurück zu ihrer Familie nach Wandsbeck.

Eva hatte in Erfahrung gebracht, dass sie den Kriegt nicht überlebt hat: »What a lovely person. She died when the Hitler thing happened« – Eva nennt alles, was mit dem Zweiten Weltkrieg zusammenhängt »the Hitler thing« – »because she was jewish«.

Die gehäkelte Tischdecke liegt heute noch bei Eva in Prescott, Arizona, auf dem Esstisch am Fenster, an dem ich den besten Chicken Pot Pie meines Lebens gegessen habe. Sie ist ein Kunstwerk wahrlich und Ann betont bis heute, dass alle außer ihr diese künstlerische Ader ihrer Mutter geerbt haben.

So verließen meine Urgroßeltern 1938 Deutschland. Mit Ausnahme von Ann kehrte niemand aus der Familie zurück. Ihre Tochter – meine Mutter Margarit – sollte in Bremen mit 18 Jahren schließlich meinen Vater, Jens Jacobs, kennen lernen, dessen Vater, Walther Jacobs, vor dem Krieg in der freien Hansestadt erfolgreicher Unternehmer geworden war.

3. TEIL

DER SIEGESLAUF VON JACOBS KAFFEE

I

Dezember 2004. Ein gleißender Wintertag. 48 Stunden vor Heiligabend. Mein Flug nach München geht pünktlich ab Berlin. Ich verbringe die knappe Flugstunde im stechend riechenden Sitz in Gedanken versunken über die bevorstehende Begegnung mit Tante Bärbel.

Meine Tante hatte schon für uns als Kinder etwas Fremdes. Ich kann mich nur an zwei Begegnungen mit ihr erinnern. Die erste ist mir im Gedächtnis geblieben, weil sie mit uns immer das gleiche Lied sang: »Eisgekühlter Bommerlunder, Bommerlunder, eisgekühlt, eisgekühlter Bommerlunder, Bommerlunder eisgekühlt, und dazu: Ein belegtes Brot mit Schinken – Schinken, ein belegtes Brot mit Ei – … Ei! …« Und so fort.

Die zweite Erinnerung verbinde ich mit der Hochzeit einer meiner Cousinen, auf der ich Bärbel zwei Minuten lang gesehen habe. Sie trug wie alle Frauen ein Dirndl und ihre schwarzen Haare streng am Hinterkopf zusammengebunden. Sie war damals schon eine extravagante Erscheinung im Kreis unserer Familie. Ich wusste um das schwierige Verhältnis zwischen meinem Vater, seinen Geschwistern und ihr, doch als Kind fand ich keine Antwort auf die Frage, warum sie sich eigentlich nicht verstanden.

Keiner wusste etwas über sie. Nur sehr selten tauchte sie in den Gesprächen meiner Eltern auf. Hin und wieder erfuhren wir, sie habe irgendwo ein Haus gebaut, was sie dann nicht bezog, oder ein Restaurant eröffnet, das sie wegen Meinungsverschiedenheiten mit Personal und Gästen wieder hatte schließen müssen.

Mit diesen Erinnerungen reise ich also nach München. Am Flughafen wartet ein Herr auf mich, in den Händen ein weißes Schild, auf dem ich meinen Familiennamen lese. Er nimmt mir die Tasche ab und gleich darauf werde ich bei strahlendem Sonnenschein nach München gefahren.

Die Fahrt erscheint mir lang und ich weiß nicht, wohin ich gebracht werde. Dann hält der Fahrer in einer engen Straße vor dem Restaurant »Käfer«.

»Frau Jacobs wartet oben auf Sie«, sagt er mit diesem tief bayrischen Dialekt. Ich danke ihm, als er mir die Tür des Wagens öffnet. Während ich aussteige, denke ich kurz an eine Audienz beim Papst. Ich betrete durch die Glastür das Restaurant, der Fahrer begleitet mich.

Alle Erinnerungen an Bärbel ziehen in Gedanken noch einmal vorüber. Sie würde mich wohl kaum im Dirndl empfangen, aber das Haar könnte sie immer noch Schwarz tragen. Ob sie stark geschminkt ist? Ich folge dem Chauffeur langsam, mein Blick wandert von Gast zu Gast. Als wir das Obergeschoss betreten, weist er mir mit seinem Arm den Weg zum hinteren Ende des Raums. Ich kann niemanden sehen. Doch dann entdecke ich ein blasses Gesicht, einen Pelz, schwarze Haare. Tatsächlich, dort sitzt Bärbel. Dieser Moment ist merkwürdig, ja geradezu absurd: Ich beim Mittagessen mit Tante Bärbel und ihrem Referenten.

»Louise, grüß dich!« Sofort fallen mir ihre müden, sehr hellen Augen auf in einem Gesicht wie aus Porzellan. In den hohen Champagnergläsern steigen Perlen auf, der Tisch ist mit Silberbesteck eingedeckt, es riecht nach Hummer – es riecht delikat.

Nun bin ich also hier, denke ich.

Nun ist sie also hier, denkt Bärbel wohl im selben Augenblick, als wir uns schließlich gegenübersitzen. Es ist so, als würden sich zwei Weltumsegler auf einem Floß beim Fischen vor einer einsamen Insel treffen.

Wir sitzen bis vier Uhr bei Hummer, Ente, Rotkohl, Champagner und Crème brûlée. Ich erzähle von meinen Geschwistern, von mir, von allerlei Dingen.

Die Sonne geht unter, als uns der Fahrer vor dem Restaurant erwartet, um uns aus der Stadt hinaus zu Bärbels Haus zu fahren. Der Schnee, der die Bäume und die Brückengeländer, die Gehwege und die Laternen bedeckt, ist in zartes Rosa getaucht, der Himmel färbt sich langsam dunkelblau.

In einem gemütlichen Zimmer stelle ich meine Tasche ab und mache mich etwas frisch. Anschließend gehe ich hinunter und treffe Bärbel in der Küche. Sie trägt ein kurzes braunes Lederkleid ohne Ärmel. Sie hat sehr schlanke Beine. Zielstrebig geht sie zum Kühlschrank, aus dem sie Champagner und stilles Wasser holt.

Wohltuende Stille umgibt uns, meine Gedanken lassen sich zügeln und die inneren Stimmen kommen zur Ruhe. Bärbel wird mir in ihren eigenen vier Wänden immer sympathischer; eine Anspannung, die noch im »Käfer« ihre Art, mit mir zu sprechen, und ihre Gestik bestimmt hatte, fällt von ihr ab. Ich fühle, wie eine unsichtbare Verbindung zwischen ihr und mir entsteht, die in der Luft schwebt, gleich dem Geruch kurz vor einem Regen.

»Komm«, sagt sie, »wir setzen uns in den Wintergarten ins letzte Abendlicht. Diese Ruhe muss man genießen, sie ist ein Geschenk.«

Ich betrete den Raum und bekomme einen Schreck: In der Ecke sitzt stillschweigend ein Buddha in der Größe eines Kindes auf einem Holzsockel. Ich frage mich, woher all die Vorurteile kommen, all die dünkelhaften Gedanken? Wer ist Bärbel? Ihr Wesen, zumindest ein Teil ihrer Gedankenwelt, öffnet sich mir in Form dieses aufrecht sitzenden Buddhas. Unermesslich schien mir in jenem Augenblick das Leid, das sie hatte durchleben müssen, unergründlich der steinige Weg, den sie gegangen war, um hier, wo ich jetzt mit ihr saß, anzukommen. Alles, was davon geblieben war, ist ihr trauriger Blick und der Buddha – die Anlehnung an seine Lehren und Reden.

»Jetzt bist du also hier«, sagt Bärbel.

»Ja«, sage ich und lege meine Finger um die dünnen Wände der Tasse.

Das Licht schwindet von Minute zu Minute und bald erkennen wir einander nur noch als schwarze Umrisse. Die Ruhe um uns herum, sie tost. Wir überlegen im Stillen immer wieder, was uns zusammengeführt hat, lassen unser beider Leben in Gedanken Revue passieren, denken über die Zeit nach, bevor wir uns begegnet sind, die Zeit, die in diesem Augeblick erwacht aus einem 22 Jahre beziehungsweise 65 Jahre währenden Traum.

Wir unterhalten uns über Rom und Sizilien, über den Blick auf das Meer. Sie erzählt ein bisschen. Ich frage wenig, eine gewisse Ehrfurcht blockiert meine Neugier.

Bei einem Abendbrot mit Champagner, Leberwurst, Senf, Butter und Brot frage ich sie:

»War Walther eigentlich ein liebender Vater und Ehemann? Wie war die Beziehung zwischen ihm und euch Kindern?«

Ich bemerke, dass sie um eine Antwort ringt. Schließlich sagt sie sehr überlegt und konzentriert:

»Weißt du, Louise, es ist so: Du sagst im übertragenen Sinn, für dein Buch brauchst du Senf«, sie nimmt das kleine Senfglas in die Hand, »aber wie, Louise, soll ich dir Senf geben«, sie versteckt das Glas unter dem Tisch, »wenn keiner da ist?«

Senf, das heißt Gefühle, gab es nicht auf dem Land in Borgfeld und folglich auch nicht in Bremen. Das Bauernleben ist hart, überleben war hart. Für Gefühle hatten all jene Generationen vor Walther Jacobs keine Zeit, kein Bedürfnis. Woher also sollte Walther Jacobs ein Bedürfnis für Liebe und Zärtlichkeit entwickeln?

Ich schweige bedrückt und entsinne mich der Worte, die sie eben noch in ihrem Wohnzimmer zu mir gesagt hat: »Ich kann mich nicht erinnern, von meinem Vater einmal so richtig umarmt worden zu sein.«

Ich fühle mich von dem Champagner schon etwas aufgelöst, die Schwere der Gedanken in meinem Kopf ist nahezu unerträglich. Bärbel erzählt von ihren Erinnerungen an die Kindheit:

»Ich wurde aufs Landschulheim geschickt. Klaus fuhr jeden Tag mit dem Zug von Cluvenhagen nach Bremen und Petra besuchte zuerst eine Schule in Cluvenhagen, bis auch sie nach Bremen fuhr. Dein Vater war ja damals noch ganz klein. Ja, ich war zehn oder elf. Und ich hatte solches Heimweh, Gott, es war furchtbar. Meine Eltern wollten davon nichts hören. Ich schrieb Briefe nach Hause, Briefe, Louise, in dieser bemühten, krakeligen Kinderhandschrift«, und sie schreibt kleine Buchstaben in die Luft, »sie mögen mich bitte nach Hause holen. Nichts! Aber das kannst du nicht verstehen, das kannst du dir gar nicht vorstellen.«

Da ist es wieder. Genauso wehrte meine andere Tante, ihre Schwester Petra, im Gespräch mit mir die Erinnerungen mit Schwert und Schild ab, als seien sie tödliche Gegner.

Ich lege den Stift beiseite und sage:

»Natürlich kann ich das verstehen.« Ich erzähle Bärbel von meiner Zeit in den USA.

»Ich war sechzehn, wurde gerade siebzehn, und ich wollte nur weg, weg aus der Schweiz, weg von zu Hause. Doch ich konnte nicht finden, was ich glaubte zu suchen. Die Ausbildung war ein Drill auf Leben oder Sterben. Ich bin gestorben, seelisch gestorben. Jedes Kind verabschiedet sich irgendwann vom Kindsein, mir ist es irgendwie abhanden gekommen.«

»Du warst in Amerika? Davon wusste ich gar nichts.«

Das glaube ich ihr aufs Wort.

Wie ist es, wenn man jemandem aus der Verwandtschaft begegnet, den man zuvor nur zweimal bewusst gesehen hat, und plötzlich feststellt, dieser Mensch gehört zu mir? Mich überkam der Schock erst zwei Tage später nach unaufhörlichem Nachdenken über die Begegnung mit Tante Bärbel.

Sie war auf dem Internat geblieben, bis sie siebzehn war. Sie hatte nie von zu Hause weggewollt, weg von ihrem Vater. Sie erzählt mir von einem Besuch ihrer Mutter:

»Sie kam für ein Gespräch wegen der Noten ins Heim – irgendetwas hatten die immer zu besprechen –, und ich habe mich so gefreut, sie zu sehen. Sie übernachtete in einem Hotel im Ort. Doch als ich am nächsten Tag anrief, um sie sehen zu können, sagte mir die Dame am Telefon, es täte ihr Leid, aber meine Mutter sei schon abgereist.« Die letzten Worte wiederholt Bärbel an jenem Abend noch drei-, viermal. Sie wiederholt auch den Satz: »Aber weißt du, Louise, man muss dabei immer fröhlich bleiben.«

Bärbel fand sich in einem Leben wieder, in dem es keinen Knopf gab, den man hätte drücken können, um alles zum Stoppen zu bringen. Ihr Elternhaus war zu konservativ, um ein Leben mit all seinen Höhen und Tiefen anerkennen zu können.

Ich drückte diesen Knopf nach meiner Rückkehr aus den USA zwei Jahre lang, um während des einsetzenden Stillstands trotzdem weiterzugehen, weiterzugehen bis an meine inneren Grenzen, an meine körperlichen Grenzen.

Es ist elf Uhr, als wir zu Bett gehen.

Ich bleibe noch den darauf folgenden Tag und fliege um 18 Uhr wieder nach Berlin. Mein geplantes Interview über die Familie und meine Großeltern hatte sich als weitaus mehr entpuppt, als ich zu hoffen gewagt hatte. Zwischen Bärbel und mir entwickelte sich eine Freundschaft. Und ich musste begreifen, dass mein Großvater vier Geschwister hinterlassen hatte, die alle an einer schweren Last trugen, an der auch ich zu tragen habe, weil ich Teil dessen bin, was aus irgendeinem Grunde schweigt.

2

Es muss 1934 gewesen sein, als Walther Jacobs seine bis zu ihrem Tod geliebte Frau, Lore Marie Christine Beckmann, im Reitverein »Seitensprung« kennen lernte. »Euer Vater hatte einen Rausch, jawohl, er hatte einen Rausch«, wird Lore ihren Kindern antworten, wenn sie sie nach ihrer ersten Begegnung fragen. »Ich bestieg danach nie wieder ein Pferd.«

Doch an jenem Sonntag, als die Herren, begleitet von der kläffenden Hundemeute, auf ihren Pferden von der Jagd zurückkamen, saß Lore auf einem schwarzen Trakehner und trabte lachend über die Wiese.

»Halt dich an der Mähne fest!«, rief Hans Beckmann ihr zu, mit der einen Hand hielt er seine Mütze vor der Brust, mit der anderen seine Gerte. In den polierten Stiefeln, die hier und da ein wenig Staub abbekommen hatten, sah er recht stattlich aus. »Lore, die Zügel, nimm die Zügel in beide Hände.« Der Bruder schaute zum Himmel, die Dämmerung brach herein. »Mach ihn bloß nicht verrückt!«, sagte er mehr zu sich, während sein Blick drei Reitern folgte, die im gestreckten Galopp über das weite Feld geprescht kamen. Einer der Reiter löste sich aus der Gruppe und ritt geradewegs auf Lores Pferd zu. Ihre blonden Haare flogen im Gegenwind und sie machte trotz der Anstrengung eine beeindruckende Figur auf dem edlen Pferd. Das musste sich Walther in jenem Moment, da er die Zügel anzog, ebenfalls gedacht haben.

»Sie haben es aber eilig, wollen Sie da nicht lieber galoppieren?«, fragte er. Die Rippen seines Pferdes mit den Sporen kitzelnd brachte er es dazu, den Kopf anzuheben, so als wollte es gleich durchbrennen. »Nein, um Himmels willen, sind Sie verrückt? Sie kennen doch noch nicht einmal meinen Namen und wollen mich schon ins Moor schicken.«

Walther lachte ganz im Gegensatz zu dem energischen Blick der jungen Frau. Seine Hände ruhten auf der Mähne seines pechschwarzen Rappen, die geflochtenen Lederzügel lagen locker in seinen Händen, die Handschuhe rochen nach Pferdeschweiß.

Eine Meute von zehn Hunden kam bellend heran. Die Schnauzen dicht über dem trockenen Gras liefen sie neben den schlanken Fesseln der Pferde, deren Hufschläge den Boden dumpf erschütterten. Nach und nach näherten sich auch die anderen Herren und Burschen, es war ein Rufen, Lachen und Schnauben. In der spätsommerlichen Luft lag das Zirpen unzähliger Grillen. Nachdem sich die Hetzjagd lang genug durch Gestrüpp, auf schmalen Waldwegen oder Trampelpfaden hingezogen hatte, boten sich nun die weiten Wiesen zu einem Rennen an, um seine Pferdestärke unter Beweis zu stellen. Dem ganzen Spaß war ein ausgedehntes Mittagsmahl vorausgegangen, dessen Wirkung – vor allem jene des guten Bordeaux – sich noch immer bemerkbar machte. Die Männer waren in ausgelassener Stimmung, und jetzt, wo sie näher kamen, hörte man ihre Witze übers Reiten, Trinken und Essen.

»Lassen Sie den Kerl einfach mal laufen, ist doch ein Kerl, oder?«, fragte Walther und beugte sich über den Widerrist zur Seite hinab, um Lores Pferd unter den Bauch zu schauen. »Sie können sicher sein, ich folge Ihnen, wenn er durchgeht.«

»Lassen Sie die Scherze und bringen Sie das Tier lieber zum Stehen, der erste Gang ist mir wesentlich angenehmer.«

»Den Schritt meinen Sie?«, fragte Walther weiter.

»Der wird es wohl sein.«

Nun bot sich dem jungen Kavalier die Möglichkeit, die Dame zu beeindrucken: Er nahm seine Zügel in eine Hand und griff, nah an der Trense des Trakehners, nach Lores Zügeln. Das Pferd gehorchte und blieb vor Schreck auf der Stelle stehen, sodass die Reiterin mit dem Oberkörper auf die Mähne fiel und beinahe das Gleichgewicht verloren hätte.

»Meine Güte, lassen Sie mich bloß absteigen!« Lores Stimme

war heiter, aber ihr Wunsch durchaus ernst zu nehmen. Walther setzte sich im Sattel wieder locker zurecht und richtete lachend seine Schirmmütze.

Hans beobachtete, wie Walther sich aus dem Sattel schwang und seiner Schwester von unten galant die Hand reichte. Gleich darauf stand diese mit beiden Beinen wieder auf der Erde. Walther sagte etwas zu ihr, was Hans nicht hören konnte. Lore warf lachend ihr Haar zurück. Die beiden unterhielten sich angeregt.

»Na, die haben sich ja gefunden«, sagte Hans zu seinem Beagel, der hechelnd neben ihm im Gras lag.

»Hans! Nun komm doch mal her und steh nicht wie angewurzelt herum«, rief Udo hinter ihm. Und als Hans, die Ärmel seines Hemdes aufkrempelnd, mit seinem Hund zu den Herren trat, scherzte Udo: »Der Walther hat wohl ein bisschen viel getrunken, so hab ich ihn ja noch nie erlebt.« Beide Hände in den Hosentaschen schaute er zu dem Paar und ihren beiden Pferden hinüber, fünf weitere Augenpaare taten es ihm nach. Die kurzen Schweife der beiden Pferde schlugen von der rechten auf die linke Flanke, um unsichtbares Getier zu verscheuchen. Walthers Prachtjunge war von der Jagd noch ganz aufgekratzt und warf seinen Kopf, um die lästigen Fliegen loszuwerden.

»Was war das denn für ein Jahrgang, der ihm anscheinend gut bekommen ist?«, fragte Wilhelm, wobei er sich nachdenklich über den Schnauz strich. Der Wind blähte den Stoff seiner Reithose am Oberschenkel, dem reinweißen Kurzarmhemd sah man genauso wenig von der Jagd an wie den polierten halbhohen Stiefeln. Ja, es war eine noble Herrengesellschaft, die sich hier, etwas außerhalb der Stadt, im Sommer sooft wie möglich zur Jagd oder zum Ausritt traf. Das war nicht das einzige Vergnügen, das die Herren teilten. Gern trafen sie sich im Fedelhören zu einem köstlichen Essen unter Männern.

»Was halten Sie davon, wenn ich Ihnen morgen bei einem guten Glas Wein erkläre, was der Unterschied zwischen Schritt, Trab und Galopp ist?« In diesem Moment zeigte Walther schon wieder den klaren Kopf eines wahren Gentlemans, denn keine Frau hätte ihm dieses Angebot ausschlagen können. Er sah aufmunternd unter seiner Schirmmütze hervor in Lores schmale Augen.

»Nicht allzu viel halte ich davon, wenn Sie mir nur von Gangarten erzählen«, antwortete die junge Frau.

Oh, dachte Walther bei sich, ohne sich das Geringste anmerken zu lassen – ganz Hanseat –, diese Frau wollte er so schnell nicht gehen lassen, und lachte zum Abschied. »Gut, das verspreche ich, Sie dürfen mir dann auch verraten, wie Sie heißen.«

»Einverstanden, dann komme ich«, erwiderte Lore vergnügt und tätschelte dabei die Nase des Trakehners.

3

Kaffee-Jacobs
Bremen

Bremen, den 3. 10. 1935

An die Herren Reisenden!
Seit der Einrichtung der Wagenkartei habe ich ein sehr genaues Bild darüber, wie die einzelnen Wagen gefahren werden, ob gut oder schlecht. Im Durchschnitt sind Sie über genügend noch nicht hinausgekommen. Die Pflege muss noch eine weit bessere werden und die Fahrt vorsichtiger. Beides kommt nicht nur uns zugute, die wir die Fahrzeuge beschaffen, sondern im Wesentlichen auch Ihnen, die Sie die Unkosten zu tragen haben.

In letzter Zeit erhielt ich verschiedene Anfragen, ob dies oder das oder jenes am Wagen bezahlt werde oder ob dieser oder jener nicht einen neuen Wagen erhalten könnte. Einige Herren waren sogar schon so weit gegangen, die Wagen zum Verkauf anzubieten oder aber die Wagen untereinander auszutauschen. Um solche kleinen Fehlgriffe für die Zukunft auszuschalten, möchte ich hiermit grundsätzlich feststellen, dass nur hier in Bremen letztendlich bestimmt wird und sonst an keiner anderen Stelle. Wer einen Wagen bekommt, der hat ihn zu fahren und zu pflegen, so wie es sich gehört. Er kann ihn nicht, wenn er nachher in die Brüche gefahren ist, einem anderen abtreten. Jeder, der heute seinen Wagen hat, fährt ihn die vorgeschriebene Zeit, welche 2 ½ Jahre beträgt = ca. 85 000 km. Gewöhnen Sie sich bitte schon heute daran, dass die Wagen samt und sonders diese Zeit und Kilometerzahl fahren müssen, bevor über einen neuen verhandelt werden kann!

Auch was Reparaturen und Bereifung anbetrifft, so hat dieses in letzter Zeit derart überhand genommen, dass ich mich genötigt sehe, mich in dieser Hinsicht in Zukunft grundsätzlich ablehnend zu verhalten.

Berücksichtigen Sie diese Punkte in Zukunft und pflegen Sie Ihre Wagen gut; nur so werden Sie Freude am Wagen haben und stets gute Fahrt!

Heil Hitler!

Prokurist der Firma Joh. Jacobs & Co.

Das Weihnachtsgeschäft nahte, doch es schien, als würde den Herren Reisenden der Kampfgeist fehlen. Verkaufsleiter Küppers erkrankte und musste ins Sanatorium geschickt werden. Der 27-jährige Prokurist Walther Jacobs beklagte sich über mangelndes Engagement der Verkaufsangestellten. Die Verkaufszahlen der günstigsten Kakaosorte »rot« stiegen ständig und andere Sorten wie »braun« oder »blau« lagen zu lange am Lager. Dies konnte nicht so bleiben und der Prokurist ordnete an, jeder sollte sich bemühen, pro Tag mehr »braun« zu verkaufen.

Es klopfte an der Tür seines Büros, das im fünften Geschoss des Gebäudes lag.

»Herr Jacobs?« Ein junger Mann, der nicht viel älter sein konnte als Walther selbst, trat ein.

»Bitte?« Walther sah unter dem gelblichen Schein seiner Lampe hindurch.

»Herr Jacobs, die Kakaobestände sind in letzter Zeit wieder zurückgegangen. Es ist fraglich, wie lange wir noch ausreichend Kapazitäten haben, um die Kunden zu beliefern.«

Walther legte seinen Stift auf dem dicken Papierstapel ab und lehnte sich zurück.

»Mir ist bekannt, dass die Bestände des Kakaos ›rot‹ bereits geräumt sind.«

»Richtig, Herr Jacobs, es ist lediglich von der Sorte ›blau‹ noch etwas vorhanden.«

»Dann ordne ich an, dass Kakao-Aufträge von Reisenden und

92

Vertretern nur noch bei Kunden ausgeführt werden, die früher schon Kakao bezogen haben. Es gilt vorläufig, keinen weiteren Kakao mehr zu verkaufen.«

»Ich werde das weitergeben, Herr Jacobs. Und da war noch etwas.«

»Bitte fahren Sie fort.« Walther notierte sich etwas auf einen Zettel und hörte dann weiter zu.

»Ein Kundenehepaar aus Delmenhorst heiratet Ende des Monats.«

»Sie brauchen gar nicht fortzufahren. Kommen Sie mir nun auch schon damit. Wir verschicken nichts mehr zu solchen Anlässen, nicht einmal Kleinigkeiten. Es ist schlicht unmöglich, jeden dieser Wünsche zu berücksichtigen, das hört jetzt auf.« Walther notierte sich erneut etwas auf dem Zettel und sagte dabei zu sich selbst: »Wer hat eigentlich damit angefangen?«, um es dann laut zu wiederholen: »Wer hat eigentlich damit angefangen? Das hat ein Ausmaß erreicht, das ich nicht mehr gewillt bin zu tragen. Ich bitte darum – geben Sie das an Ihre Leute schon einmal weiter –, diesen Wünschen nicht mehr stattzugeben.«

Der Angestellte nickte, ohne zu widersprechen. Als er sich verabschieden wollte und dabei verlegen hüstelte, sagte Walther:

»Haben Sie denn gar keine guten Nachrichten?«

»Neue Flugblätter kommen am 15. Oktober.«

»Und im Augenblick?«

»Es sind momentan keine Flugblätter mehr vorrätig, Herr Jacobs, gerade sind keine mehr greifbar.«

Gefasst nahm Walther die Nachricht auf, schwieg einen Augenblick und sagte dann:

»Sie werden den Kunden keine Versprechen machen, und wenn am 15. die neuen Blätter kommen, möchte ich diese ausdrücklich nur an neue Kunden verteilt haben, die Menge ist nicht sonderlich groß.«

Der Angestellte nickte.

»Nun geh'n Sie mal und holen sich was zu essen, es ist ja bald Mittagspause.«

Walther hatte beide Hände auf den Tisch gelegt und verabschiedete den jungen Mann nun mit einem strengen, aber zugleich

auch freundlichen Blick und einem zuversichtlichen Kopf-
nicken.

Eine Woche später ging ein Rundschreiben durch die Firma
zum Thema Kakao und Flugblätter:

Auf Ihrer aller Tätigkeit kommt es an, ob der Siegeslauf von Jacobs Kaffee weitergeht. – Er muss weitergehen, denn wir kämpfen hart darum. –
Heil Hitler!

Das Jahr 1935 ging langsam zu Ende. Im Oktober gab es einige
Schwierigkeiten mit »Santos-Kaffee«, der die Bohne lieferte,
welche hauptsächlich in der Sorte »rot« verwendet wurde. Die
Kunden konnten nur zu zwei Drittel mit dieser Sorte beliefert
werden, und jeder musste ein Drittel besseren Kaffee dazukau-
fen.

Am 28. November begann die erste Auslieferung der Weih-
nachtsmischung in der Festtagsdose. »Hatten Sie nicht schon
lange den Wunsch, die eine oder andere Ihrer alten Dosen durch
eine hübsche neue zu ersetzen?«, wurden die Passanten von aufwändig gestalteten Werbeplakaten herab gefragt: »Sehen Sie,
jetzt haben Sie die beste Gelegenheit dazu. Mit jedem halben
Pfund Kaffee wird eine dieser hübschen Kaffeedosen Ihr Eigen,
deren künstlerische Ausstattung sie Ihnen lieb und wertvoll
macht …« Das Geschäft lief erfolgreich.

Es kam das Jahr 1936. Walther heiratete Lore Marie Christine
Beckmann am 4. Februar in Bremen. Ostern nahte und damit
eine weitere Dose.

In einem Rundschreiben bezüglich einer großzügigen Reklame im März 1936 für Jacobs' neue Kaffeesorte »gold« hieß es:
»Sie erhalten die Affichen am Donnerstag per Express zusammen mit einem Pinsel und dazu Trockenleim, den Sie anrühren
müssen. Das Anrühren machen Sie am besten in einem Marme-
ladeneimer, den Sie in jedem Kolonialwarengeschäft bekommen
können … Geklebt wird folgendermaßen: Sie bestreichen die
Stelle mit Leim, auf welche Sie die Affichen kleben wollen. Die
Affiche wird vorher aufgerollt und dann drücken Sie den Ober-

rand der Affiche fest und rollen sie ab. Dann drücken Sie noch überall mit dem Pinsel nach, damit eine dauerhafte Klebung garantiert ist.«

Die Vertreter waren angewiesen, die Plakate flächendeckend in jedem Winkel des Bezirks, in dem sie zu Hause waren, zu kleben. Wenn möglich an gut sichtbarer Stelle, und wenn diese nicht vorhanden war, galt es, einen Hausbesitzer zu fragen, ein Plakat kleben zu dürfen im Tausch mit einem Päckchen »gold«.

»Berücksichtigen Sie die Punkte genau, damit diese Propaganda restlos und gut durchgeführt wird.« Hitlers Einfluss auf die Wortwahl und den Ton der Rundschreiben war nicht zu übersehen.

Der Erfolg der Sorte »gold« war zufrieden stellend, doch auf Grund weiterer Probleme mit dem Lieferanten Santos bat Johann Jacobs & Co. seine Leute, die Bedürfnisse der Kunden von »rot« auf »gold« umzustellen, weil die Lieferung der günstigeren Bohnenmischung in nächster Zeit in Frage gestellt war.

»Denken Sie daran beim Verkauf und kämpfen Sie um die Lieferung von ›gold‹ bei jedem Kunden. Wer dies nicht tut, handelt heute leichtsinnig gegen seine eigenen Interessen, die des Deutschen Reiches und seiner Firma.«

4

Gelegentlich nahm sich Walther das Wochenende frei und fuhr mir Lore aufs Land.

Es zog den Sohn von Bauern immer wieder nach Borgfeld. Auch in späteren Jahren besuchte Walther seine Familie in regelmäßigen Abständen.

Mit dem BMW, dessen Türen man zweimal zuschlagen musste, damit sie geschlossen blieben, und dessen glänzende Felgen und Kühlerhaube immer wieder gerne von Walther gefilmt wurden, fuhren sie dann hinaus in die Lüneburger Heide. Hier kam Walther zur Ruhe, wenn der Wagen über die Landstraßen schlich, hier, wo die Bauern noch mit Rindern ihre Äcker pflügten. Das brauchte er, um sich zu erden. Hier war er einer von ihnen.

Das junge Paar schaute sich verlassene Burgen und Kirchen an – Walther filmte alles. Sie fuhren auf Landstraßen in die umliegenden Dörfer, wo man um die Mittagsstunde im Wirtshaus »Zum faulen Knecht« ein Bauernfrühstück, Matjes, Blutwurst oder Suppe zu sich nehmen konnte und schließlich am Dorfplatz an der Tanksäule den Sprit für die nächsten Kilometer auffüllte.

Sie machten Halt an Wiesen und Feldern, weil Walther den herrlichen Ausblick filmen wollte. Sie fuhren an Schafherden vorbei, die zwischen Obstbäumen entlang der Landstraße weideten. Einmal sollte Lore auf hochhackigen Schuhen, mit Hut und Handtasche aus dem Wagen steigen und sich zwischen die Schafe einer Herde stellen. »Komm, komm«, lockte sie das Lamm mit seiner Mutter in Walthers Bild. Doch die Schafe rannten davon, als sie bemerkten, dass die Städterin nichts zu fressen für sie hatte, was den Kameramann zum Lachen brachte.

Walther filmte die stummen Landschaften, Wiesen, Flüsse, fuhr mit der Kamera an Brücken entlang, die sich über Wasser und Land spannten. Einmal bat er einen Bauern, der gebückt hinter seinen Zugtieren durch die Furchen seines Ackers stieg, anzuhalten, um die beiden Tiere, das einfache Gerät und den Landmann selbst mit Schnauz und Mütze filmisch festzuhalten. Leider blieb die Unterhaltung zwischen den beiden im Knattern der Super-Acht-Rolle verborgen. Der Bauer aber lächelte plötzlich und schob mit den schwarzen Fingern seine Mütze auf dem Kopf hin und her, um sich zu jucken. Dann endet die Sequenz in schwarzem Flimmern.

Mitte des Jahres wurde die Lage am Kaffeemarkt zunehmend schwieriger, was sich in Lieferbeschränkungen und Preiserhöhungen niederschlug.

»Und was schlägst du vor?« Johann und Walther saßen sich im Büro des Geschäftsführers gegenüber. Während Walther sich in den Monaten seiner verantwortungsvollen Aufgabe als Prokurist zu einem richtigen Mann entwickelt hatte, dem man die Ambitionen rund um die großen Augen ansah, war Johann merklich älter geworden. Das Verhältnis der beiden Jacobs hatte sich insofern verändert, als Johann seinem Neffen auch in kritischen Situationen mehr und mehr Vertrauen schenkte, weil er sicher wusste, dass der Junge gut war. Walther verstand es durchaus, mit seiner Verantwortung umzugehen. Dank seines kreativen Einsatzes erlangte die Firma mit den Jahren eine Spitzenposition.

»Wir müssten umsteigen. Santos kann den deutschen Bedarf absolut nicht decken.«

»Und was ist der Ersatz?«, fragte Johann, in einem Rechnungsbuch blätternd.

»Venezuela, Ekuador, Maracaibo.«

»Ach Walther, das sind Provenienzen. Der Kaffee aus diesen Ländern trifft nicht den Geschmack unserer Kunden. Das Ergebnis sind dann Reklamationen, du hast es ja erlebt, und es reißt nicht ab. Wir müssen die Sorte ganz streichen.«

»Das muss doch nicht sein. Wie ist es, wenn wir sie einfach neu verkaufen, mit neuem Gesicht.«

»Das wirst du nicht schaffen, Walther. Jacobs Kaffee und der damit verbundene Begriff ›Qualität‹ wären nicht mehr eins. Wir würden unsere Kunden weiterhin nicht zufrieden stellen. Dann können wir gleich eine ganz neue Sorte kreieren.« Johann klappte das Buch zu und schaute zum Fenster hinaus, zu den zarten, grünen Trieben der Bäume am Straßenrand der Großen Allee.

»Dann setzen wir auf dem Niveau von ›braun‹ an, damit wir keine Reklamationen mehr zu fürchten brauchen«, sagte Walther.

»Das wird das Mindeste sein, was die Sorte qualitativ erreichen müsste.«

»Und der Einkaufspreis?«, fragte Walther.

»Der Einkaufspreis von ›braun‹ läge bei 2 Reichsmark 8, der Verkaufspreis dementsprechend bei 2,60.«

»Das klingt gut. Und die Farbe?«

Johann sah seinen Neffen an, der ihm im Anzug und mit zurückgekämmten Haaren gegenübersaß. Dieser junge Mann, dachte er, sein Neffe, würde in Zukunft die Firma führen. Er konnte das Gefühl von Stolz nicht unterdrücken, sagte aber schließlich mit unveränderter Miene:

»Was meinst du?«

»Ich meine, unsere Kunden brauchen etwas für die Zukunft. Etwas, worauf sie wieder vertrauen können, etwas, das Hoffnung verspricht.«

Onkel Jan sah auf:

»Gott oh Gott, Walther, hoffentlich geiht dat goot.« Und Johann trommelte mit den Fingern auf die lederne Schreibunterlage.

»Grün«, sagte Walther nach kurzem Überlegen, als hätte er nur laut gedacht.

»Grün?« Johann nickte. »Grün ist ausgezeichnet für den Frühling.«

»Grün ist gut«, sagte Walther zufrieden.

Bremen, den 4. 5. 1936

Meine Herren!

Heute ist nun der erste Tag, an dem wir die Sorte »grün« liefern. All die Schwierigkeiten, die uns die Sorte »rot« gebracht hat, liegen hinter uns und werden heute nur noch als etwas Gewesenes betrachtet.

Es war für mich heute ein wirkliches Vergnügen, die einzelnen Sorten aus verschiedenen Bränden zu probieren, denn hier konnte man wieder mit ruhigem Gewissen das sagen, was wir früher schrieben: »Jacobs Kaffee, Besseres gibt es nicht!«

Wenn es heute auch sicherlich in einigen Gebieten nicht leicht ist, ohne einen 60-Pfg.-Kaffee auszukommen, so haben wir aber dafür eins, und das ist ein Qualitäts-Kaffee, an den keine Konkurrenz heranreicht. Das erfüllt Sie draußen und uns hier in Bremen wieder mit stolzer Zuversicht.

Wir wissen genau, dass es jetzt wieder schneller bergauf geht, und als Parole wollen wir uns die Worte des Grafen Luckner zu Eigen machen: »Jungs holt fast!«

So geht es mit eisernem Willen vorwärts, und Hindernisse kennen wir nicht, denn auf unserer Fahne steht heute wieder größer denn je »Qualität!«.

Heil Hitler!

1938 sollte Kaffee »mit sofortiger Wirkung aus der gesamten Werbung« herausgenommen werden, wie es in einer Mitteilung hieß, damit der Kaufanreiz und somit der Import von Rohkaffee zurückginge. Die Einfuhrquote wurde für alle in der Branche um 20 Prozent gekürzt. Allein bisherige Kunden konnten mit 75 Prozent ihrer Margen bedient werden. Die lang anhaltende Expansionsphase von Jacobs nahm ein jähes Ende. Allen Reisenden der Firma wurde empfohlen, eine Arbeit als Landhelfer aufzunehmen. Im August 1939 schließlich verordnete die NSDAP die landesweite Sicherstellung der gesamten Rohkaffeevorräte. Unmittelbar darauf begann der Krieg.

5

Im Frühjahr 1941 war der Luftkrieg gegen England verloren. Hitler plante den Feldzug gegen die Sowjetunion, den er bereits im Juni 1941 auf breiter Front zwischen der Ostsee und den Karpaten begann. Dieser »Fall Barbarossa« war als Fortsetzung der siegreichen deutschen Schlachten geplant, nachdem im Westen Frankreich eingenommen war.

Während das Reich an der Ostfront kämpfte und Hunderttausende von sowjetischen Soldaten gefallen waren oder gefangen genommen wurden, gingen über Bremen amerikanische Bomben nieder.

Walther sah einen Moment über die Doppelseite der *Bremer Nachrichten* hinweg zur Tür. Sie hatte sich, ohne dass er es vorher hätte anklopfen hören, geöffnet. Ein kleiner Herr trat im Stechschritt ein.

Wie von einem Insekt gestochen schoss sein rechter Arm diagonal über die Schulter in die Höhe, sein Mund straffte sich in dem sonst schlaffen Gesicht. Über der Oberlippe hing ein Bärtchen, das Haar klebte gescheitelt am Kopf. Als er seine Hacken zusammenschlug, hörte Walther das polierte Leder seiner Stiefel schnalzen.

Walther blinzelte überrascht und schüttelte den Kopf. »Hm«, murmelte er und legte die Zeitung, in der er gerade auf der Bremer Nachrichtenseite angelangt war, nieder. Der kleine Herr überreichte ihm einen Brief, den Walther zu den Klängen von Mozarts 10. Klavierkonzert las:

Industrie- und Handelskammer Bremen
Bremen im April 1941
Betr.: Unzulässige Mitteilung über Schäden bei Luftangriffen

Aus gegebener Veranlassung wird nochmals darauf hingewiesen, dass alle Mitteilungen an dritte Personen über Schäden, die durch feindliche Luftangriffe an den Betrieben entstanden sind, grundsätzlich zu unterbleiben haben. Im Interesse der Landesverteidigung muss vermieden werden, dass der feindliche Nachrichtendienst auf diesem Wege Kenntnis von den Auswirkungen seiner Luftangriffe erhält. Außerdem ist erfahrungsgemäß damit zu rechnen, dass durch Mitteilungen dieser Art im Binnenlande übertriebene Gerüchte hervorgerufen werden, die ebenfalls unerwünscht sind.

Falls es in einzelnen Fällen unbedingt erforderlich ist, Lieferanten oder Abnehmer über die durch Bombenschäden eingetretenen geschäftlichen Folgen zu unterrichten, so darf hierbei die Ursache selbst nur in kürzester Form angedeutet werden. Es dürfte im Allgemeinen genügen, wenn z. B. einfach mitgeteilt wird, dass infolge feindlicher Einwirkung die bestellte Lieferung nicht ausgeführt werden kann.

Unzulässig sind insbesondere alle näheren Ausführungen über Ort, Zeit, Art und Umfang des angerichteten Schadens. Es ist vorgekommen, dass eine Firma nicht nur im eigenen Betrieb, sondern die in der Nachbarschaft entstandenen Zerstörungen durch Rundschreiben ihrer Kundschaft mitgeteilt hat! Ein derartiges Verhalten wird in Zukunft nach den einschlägigen Strafbestimmungen verfolgt werden. In Zweifelsfällen wird anheim gegeben, sich vor der Versendung von Mitteilungen dieser Art mit dem Unterzeichneten in Verbindung zu setzen.

Heil Hitler!
Gezeichnet: Dr. Noltenius

Im Norden erreichten Hitlers Truppen Leningrad. Smolensk wurde eingenommen. In der Ukraine standen die deutschen Panzerverbände vor Kiew. Das Heer marschierte weiter in Richtung Moskau. Am 2. Oktober 1941 gab Hitler den Befehl zum Großangriff auf Moskau.

Es gab Zeiten, in denen sich Walther Gedanken über sein Schicksal machte. Hatte er bisher Glück gehabt oder war sein Glück Verdienst seiner Arbeit? Wenn er in der Stadt seine Firma riskierte, sein Leben, seine Familie, dann wusste er sich die Frage nicht mehr zu beantworten. Wäre er ein guter Bauer gewesen? Keiner, auch er selbst nicht, würde diese Frage je stellen oder hatte sie jemals gestellt: Das war Schicksal.

Hitlers Soldaten versanken im spätherbstlichen Schlamm und verhungerten, weil die Nahrungskonvois im Morast stecken geblieben waren – fernab von Moskau. Der frühe Wintereinbruch Ende Oktober des Jahres 1941 zermürbte die Truppen. Die wenigen, die nicht erfroren waren, wurden schließlich von den sowjetischen Verbänden geschlagen und kapitulierten.

4. TEIL

AUF DER DURCHREISE IN LISSABON

I

Zu jener Zeit saß Helene Jessurun in ihrer Elfzimmerwohnung in der Isestraße 98. Sie konnte und wollte Deutschland nicht verlassen. Ihre gesamte Einrichtung war bei einer Spedition aufgegeben und wartete darauf, nach Lissabon transportiert zu werden. Sie lebte also nur noch mit dem Nötigsten. Fräulein Roedel war bei ihr geblieben. Gemeinsam warteten sie auf Fritz' Zahlung der Reichsfluchtsteuer, damit Helene Hitler-Deutschland verlassen konnte.

Die Jungs in schwarzer Uniform und gewachsten Jacken standen vor der Wohnungstür, die sie gesucht hatten. Der Blonde zog noch einmal an seiner Zigarette, inhalierte den Rauch in die Lungen und zertrat dann mit der Stiefelspitze den verglimmenden Zigarettenstummel auf dem Fußboden des Hausflurs. Dem anderen schienen gerade besonders kühne Gedanken gekommen zu sein, ein dämliches Grinsen lag auf seinem Gesicht. Seine fetten Finger drückten den Klingelknopf. Wütend schrillte der Ton in den Räumen hinter der Tür, als eine Dame mittleren Alters in weißer Spitzenbluse und Schürze öffnete. Der Anblick amüsierte die beiden besonders und lachend sagte einer von ihnen:
»Mensch, so ein Hemdlein würde meinem Schwein in der Latrine sogar gut stehen. Guten Tag, die Dame.« Emma Roedel guckte sehr streng.
»Was wollen Sie bitte?«, fragte sie energisch.
»Wir sind doch hier richtig bei der Jüdin Helene Sara Jessurun?«
»Frau Jessurun ist nicht zu Hause.« Mit diesen Worten wollte Emma die Tür wieder schließen, doch der verdammte Stiefel des blonden Kerls hatte sich dazwischengeschoben.
»Nun, ich bitte darum, das selbst kontrollieren zu dürfen.« Er stieß mit ganzer Kraft die Tür auf und betrat den Parkettboden der Wohnung, gefolgt von seinem Kompagnon.
»Frau Jessurun ist nicht im Haus«, wiederholte Fräulein Roedel sehr laut, »was wünschen die Herren eigentlich?«

Mit einem abschätzigen Blick musterten die SS-Leute die spärliche Einrichtung, die noch übrig geblieben war, dabei gaben sie Kommentare von sich wie »Oh sieh mal, Juden sammeln chinesisches Porzellan« oder »Diese Jüdin lebt mir noch immer zu luxuriös«, »Erstaunlich, wie viel Geld man mit Nichtstun verdienen kann«. Der mit den dicken Fingern lachte und wischte sich mit dem Handrücken unter der Nase einen Tropfen ab, wobei er gleichzeitig schniefte. Emma Roedel hörte nicht hin, auf ihre Frage erhielt sie keine Antwort.

Der Geruch von Wachsjacken und kaltem Zigarettenrauch lag plötzlich in der Luft. Von einem der beiden ging ein leichter Duft von Frauenparfum aus, seine Stiefel hinterließen eine Dreckspur auf dem Fußboden. Der andere machte den Eindruck, als würde er am liebsten die ganze Wohnung kurz und klein schlagen. Auf seinem Gesicht lag dieser irre, wutbegierige Ausdruck von Macht und Gewalt. Und so etwas ist deutsch, dachte er beim Anblick der Hausangestellten mit Schürze. Angewidert spuckte er vor ihr auf den Boden.

»Na bitte. Wie mir scheint, ist die Dame des Hauses doch daheim.«

Helene war eingetreten, sie trug einen Kimono, die Haare hatte sie gerade gefönt und gekämmt, sie sah sehr ordentlich aus.

»Emma?«, fragte sie.

Die arme Emma Roedel versuchte vergeblich hinter den Herren hervorzutreten.

»Werte Jüdin, haben Sie denn Ihre Judenvermögensabgabe schon bezahlt?« Der Ton des einen war eisig geworden.

»Geht Sie das etwas an? Sie kommen in meine Wohnung und fragen mich Dinge, die Sie gar nichts angehen, was soll das?« Helene fasste den Kragen ihres Kimonos und zog ihn enger über der Brust zusammen.

»Wir haben das Recht, in Ihre Wohnung zu kommen, wann immer wir wollen, sogar nachts, wenn Sie schlafen. Sie wissen, dass Sie einen Säumniszuschlag von 580 Reichsmark auszugleichen haben, wenn Sie Ihre Zahlung nicht pünktlich leisten.« Der Junge mit dem irren Blick, der nach Liebesnacht und Wahnsinn roch, stand stumm hinter seinem Kameraden. Er machte einen recht törichten Eindruck, man sah seinem stumpfen Blick an, dass er nicht wusste, was die Judenvermögensabgabe ist.

»Sie können mich auch noch ein zweites Mal fragen, ob ich Ihre Steuer bezahlt habe, Sie werden keine Antwort erhalten. Und jetzt verlassen Sie das Haus.«

»Das ist eine Wohnung, Jüdin, kein Haus, und ich werde so schnell nicht gehen.«

Emma packte eine unbändige Wut. Die Hände in die Hüften gestützt spürte sie den Druck auf ihrer Kehle, jenen unverkennbaren, der immer stärker wird, bis man schließlich weinen musste.

»Sie verlassen auf der Stelle diese Wohnung«, sagte Fräulein Roedel wütend, bemühte sich aber, nicht zu schreien, »und hüten Sie sich vor solchen Ausdrücken!«

Ihre Worte verhallten ungehört.

Der Fußboden ächzte unter den schweren Schritten des Mannes, der das Wort führte, er näherte sich einer weißen Vase, die auf einem Tischchen an der Wand stand.

»Die wird zwar nicht die 29 000 wert sein, aber wenn ich mir dazu Ihren Ring nehme, den ich da an Ihrer Hand sehe, kommt es etwa hin.«

Als er die Vase packte, durchfuhr es Fräulein Roedel kalt. Dieser Saukerl, dachte sie, ohne sich rühren zu können.

»Und jetzt geben Sie den schon her!« Er blickte auf Helenes rechte Hand. »Es sei denn, Sie haben eine Antwort für mich.« Er hatte es auf den Siegelring abgesehen, der an ihrem Ringfinger steckte.

»Was denken Sie sich!« empörte sich Helene.

»Ich denke mir, dass ich Ihren Ring will und die Vase«, sagte er lachend zu seinem Begleiter, der jetzt auch breit grinste.

Helene schob ihre rechte Hand unter den linken Arm und trat einen Schritt näher an die braune Jacke, das glatt rasierte Gesicht, die mit Vaseline zurückgekämmten Haare und die eisblauen Augen.

»Ich denke nicht daran. Verlassen Sie meine Wohnung!«

»Dann werde ich den Finger wohl abhacken müssen.«

»Nein!«, schrie Emma so laut, dass sogar der Stumme regelrecht zusammenfuhr. Blass vor Schreck stand Emma da, die Arme hingen ihr ganz steif am Körper herab, alles Blut war ihr aus dem Gesicht gewichen.

»Nein!«, schrie sie noch mal. Und plötzlich bewegten sich ihre Füße wie von selbst. Einen Schritt, zwei Schritte, drei Schritte, hin zu der kostbaren Vase, die im Arm des SS-Mannes lag.

»Dann hacken Sie mir die Finger ab und lassen Sie Frau Jessurun in Ruhe!« So hatte Helene ihre langjährige Hausangestellte noch nie sprechen gehört. Die Stimme kam aus den tiefsten Tiefen einer hasserfüllten Seele. »Ich bin Arierin, lassen Sie Ihre Wut doch an mir aus. Und jetzt gehen Sie!« Die letzten vier Worte stieß das Fräulein erneut mit ungebremster Wut hervor.

Am liebsten hätte er die Frau auf der Stelle erschossen. Doch gleichzeitig verspürte er Lust, den beiden Geschöpfen noch ein bisschen Angst zu machen, zumal es ihm Leid tat, das schöne Parkett zu verschmutzten und seine Stiefel vor dem Verlassen der Wohnung noch mit Blut zu beschmieren.

»Das ist ja rührend von Ihnen. Zuerst einmal sollten Sie sich schämen, als Arierin für eine Jüdin zu arbeiten, zweitens überlege ich mir gerade ernsthaft, ob ich nicht tatsächlich Lust habe, nach meinem Messer zu suchen, um einer solch tapferen Dame die fünf Finger der rechten Hand abzuschneiden.« Er betrachtete kurz die Vase und warf sie dann plötzlich Helene entgegen, die gar nicht wusste, wie ihr geschah, sie aber mit festem Griff auffing. Ärgerlich runzelte er die Stirn, offenbar hatte er damit gerechnet, dass sie auf dem Boden zersprang.

»Machen Sie keine Dummheiten, und was den Ring betrifft, weiß ich jetzt, wo Sie wohnen, sollte mir für den Geburtstag meiner Frau noch eine Überraschung fehlen.« Er drehte sich um, zog die Mundwinkel verächtlich nach unten und verließ, die Hacken zusammenschlagend, zusammen mit dem Stummen die Wohnung.

Als die Türe ins Schloss gekracht war, holte Emma Roedel einen Lappen aus der Küche und wischte mit erfrorener Miene die Spucke vom Boden.

2

Es war das Jahr 1939. Fritz Moritz Jessurun unternahm alles Erdenkliche, um seine Mutter aus dem Deutschen Reich nach Portugal zu holen. Zur Bezahlung der Reichsfluchtsteuer setzte er alle ihm möglichen Mittel ein, darunter Kontakte nach Mosambik, Melbourne und Hamburg. Verzweifelt bemühte er sich in Verhandlungen mit der Banco National Ultramarino um einen Transfer von 114 000 Escudos zur Reichsbankhauptstelle, um die Auslandsforderung zu tilgen. Doch dieser Transfer war ohne die Genehmigung der Conselho de Cambios unmöglich und illegal. Zeigte sich die Banco National Ultramarino anfangs noch kooperativ, entschied sie sich im letzten Moment doch dagegen.

»So wären wir also in dieser Sache wieder so weit wie am Anfang und Sie können sich vielleicht vorstellen, wie entsetzlich es für mich ist, dass die Ausreise meiner Mutter nun wieder in Frage gestellt ist«, schrieb Fritz Israel Jessurun an Rudolf Israel Warburg nach Hamburg. »Nach langen Überlegungen mit meinen Freunden gibt es nur noch zwei Möglichkeiten.«

Die erste war, die Reichsbank würde einen gewissen Herrn Gomann oder die Firma Gomann in Mosambik anweisen, gegen Aushändigung der 114 000 Escudos einen 60-prozentigen Transfer vorzunehmen. Allerdings war zu diesem Zeitpunkt das Geld bereits bei der Banco International Ultramarino eingezahlt. Fritz war zögerlich. Die zweite Möglichkeit bestand darin, dass Warburg der Banco International Ultramarino brieflich mitteilte, einen Scheck über 100 000 Escudos auf Fritz auszustellen. Dieser würde dann versuchen, zweimal einen Scheck über 50 000 Escudos in Portugal zu verkaufen und den gesamten Erlös zu transferieren.

»Ob diese ganze Transaktion von mir überhaupt gemacht werden kann, darüber will ich lieber nicht nachdenken, es bleibt mir ja keine andere Wahl, als diesen Weg zu versuchen, da die Reichsbank meine Mutter ohne den 60-prozentigen Transfer nicht ausreisen lassen will.«

Fritz musste sich ernsthafte Sorgen um seine Mutter machen.

Es war klar, dass die Reichsbank auf ihrem Standpunkt beharren und Helene die Ausreise nicht gestatten würde.

»Da der Gesundheitszustand meiner Mutter, wie ich von allen Seiten höre, sich entsetzlich verschlechtert hat und auch aus ihren Briefen hervorgeht, dass sie der Verzweiflung nahe ist, bitte ich Sie doch, nochmals mit der Reichsbank zu sprechen.« Weiter erklärte er in dem Schreiben: »Die Reichsbank kann doch nicht behaupten, dass ich nicht alle Wege versucht habe, um den Transfer zu bekommen. Von mir aus geht es eben nicht, immer stößt man überall auf dieselben Schwierigkeiten.«

Kurze Zeit später stand fest: Der Sachbearbeiter in der Devisenstelle des Deutschen Reichs lehnte die Forderung ab. Die Banco International bedauerte, Fritz keinen günstigen Bescheid geben zu können: Es sei ihnen unmöglich, einen solchen Transfer vorzunehmen.

Es war der 11. März 1939, der letzte Dampfer würde den Hamburger Hafen im Mai 1939 verlassen.

Fritz überlegte, den Cuxhavener Fischvertrieb zu opfern oder Helenes Anteile an den Rainex A. S. Aktien in Kopenhagen, bei denen sie mit 7100 Kronen beteiligt war. Außerdem gab es eine ausstehende Erbschaft eines Vorfahren väterlicherseits von Helene, die in Erwägung gezogen wurde. Der Vetter Edgar Lasally prüfte den Nachlass Joseph Kronheimers, der seiner Meinung nach jedoch nicht das Geringste mehr hergab. »Nach meiner Kenntnis der Materie ist aus dem Nachlass Joseph Kronheimer gar nichts mehr zu erwarten und ich weiß nicht, weshalb Fritz Jessurun überhaupt den Posten genannt hat.« Edgar war kurz davor, seinen Wohnsitz von Hamburg nach England zu verlegen, und bedauerte, »die arme Helene hier mehr oder minder ohne jeden männlichen Berater« zurückzulassen. Ein Mitarbeiter der W. W. Warburg schätzte die Lage nicht sehr viel günstiger ein, J. Engländer schrieb an Edgar Lasally: »… und da wir nicht einmal eine Offerte bekommen konnten, müssen wir auf einen ziemlichen Verlust gefasst sein.«

Alles schien aussichtslos.

Am 3. Mai 1939 erst bestätigte die Deutsche Golddiskontbank den Eingang einer Zahlung in Höhe von 22 000 Reichsmark.

Hamburg, den 3. Mai 1939

Betrifft: Hingabe von Wertpapieren anstelle von Barzahlung.

Unter Bezugnahme auf den an Frau Helene Sara Jessurun erteilten Bescheid wird bescheinigt, dass die Auflage zur ersatzlosen, unwiderruflichen Zahlung von: 22 000 Reichsmark in Höhe von 21 871,98 Reichsmark durch Hingabe an Zahlungsstatt von: 3966,50 Reichsmark, 7149,10 Reichsmark, 4960 Reichsmark aus Deutsche Erdöl Aktien zum Kurs von 124 %, 5796,38 Reichsmark aus I. G. Farbindustrie Aktien sowie durch Banküberweisung von 128,02 Reichsmark an die Deutsche Golddiskontbank, Berlin, gemäß Verfügung des Herrn Reichswirtschaftsministers vom 17. Januar 1939 – IV Kred. 25300/39 – erfüllt worden ist. Die Stücke liegen bei uns in einem für die Preußische Staatsbank (Seehandlung) Berlin, als Treuhänderin des Reichswirtschaftsministers errichteten »Sonderdepot« »Ausfuhrförderungsfonds – ersatzlose Abgabe«.

Heil Hitler!

Es sah tatsächlich so aus, als dürfte Helene nun das Land verlassen. Sie machte sich in Hamburg auf den Weg, für die bevorstehende Auswanderung ein paar Dinge zu besorgen, darunter ein Georgettekleid, ein Mantel, ein Hut, zwei Kleider, eine Thermoskanne, zwei Kittelschürzen, vier Nachthemden und Hemdhosen sowie ein Dutzend Strümpfe. Schließlich hatte sie ihre gesamte Wohnungseinrichtung zur Speditionsfirma Keim, Krauth & Co. geschickt. Sie gab die Wohnung in der Isestraße auf und wohnte in den letzten zehn Tagen in der Pension Bauer, in der Oderfeldstraße 17.

Die Beamten und am Ende der Freibeuterkette das Reich bemächtigen sich unterdessen der versiegelten Umzugskisten, und es waren nicht wenige, die auf ihrem Weg nach Lissabon in irgendeiner Zollbehörde hängen geblieben waren. In einem knappen Bericht von Anfang Februar 1939 über Zustand und Wert des Gutes hatte der Zollsekretär nichts zu beanstanden: »... gegen Umfang und Zusammensetzung des Umzugsgutes bestehen keine Bedenken.«

Helene musste eine Wertbescheinigung über die Schmuckstücke und Silbersachen, darunter eine Armbanduhr mit Brillanten, ein Brillantring, eine Nadel mit drei Steinen, ein Opalarmband, ein Goldarmband mit Perlen, Visitenkartenschale, Vasen, Teller, Löffel, Pokale, Senftopf, Kompottlöffel und so weiter, der Dienststelle beibringen. Ganz nebenbei schrieb der Beamte: »Die Mitnahme der vorerwähnten Gegenstände in das Ausland ist mit Ausnahme des für eine Person zugelassenen Essbesteckes zu verweigern und durch Hinterlegung in ein Bankdepot zu sichern.«

Helene brachte die seitenlangen Listen ihres umfänglichen Besitzes zur Zollfahndungsstelle, den der Zollsekretär als »einen älteren umfangreichen Hausstand« beschrieb. »Einige Sachen sind dem früheren Wohlstande der J. entsprechend im Laufe der Jahre ergänzt worden.« Er stellte fest, dass jedoch sämtliche Sachen »alt und benutzt« seien und er weise »die Jüdin« an, den Wert der aufgeführten Silbersachen sowie der angegebenen Schmuckstücke schätzen zu lassen.

So ist der Wert des »Gebrauchssilbers« auf den Listen mit 11 600 Reichsmark beziffert und der Wert der »Schmuckgegenstände« auf 1600 Reichsmark.

Die gute Nachricht war, dass, nachdem Helene Jessurun für Fräulein Roedel eine Schenkung in Form von Goldpfandbriefen der Hypothekenbank veranlasst hatte, sie am 16. Mai 1939 mit dem Dampfer »Cap Arcona« Deutschland Richtung Portugal verließ.

3

Eva und Hannelore besuchten in Lissabon eine katholische Schule. Wider Erwarten gefiel es den Mädchen, und Fritz und Else wussten sie dort zumindest besser aufgehoben als auf dem antijüdischen Französischen Institut.

»Ich lasse meine Mädchen nicht länger auf einem Schulhof

Pause machen, auf dem sie als deutsche Flüchtlinge verlacht werden. Ich lasse sie in keinem Gebäude ein- und ausgehen, wo ein antisemitischer Direktor das Lineal klopft.« Fritz reichte am nächsten Tag seine Entscheidung brieflich ein. Er hatte keine Bedenken gegen eine Klosterschule.

»Na, wart es ab, was deine Mutter davon hält.« Else lachte, sagte dann aber ernst: »Sie wird dir das sehr übel nehmen. Ich hör sie schon: ›Verleumdung, nun flüchtest du in ein anderes Land und in einen anderen Glauben, denk an deinen Vater!‹«

»Else …«

Sie ging auf ihren Mann zu, fasste ihn bei den Armen und flüsterte diabolisch: »Nie mehr Zwiebeln!«

»Und wenn du dich so benimmst wie deine Schwester, kannst du den Raum auf der Stelle verlassen, ist das klar, Hannelore?!« Der Ton auf der Klosterschule war also auch nicht feiner. Hannelore blickte von ihrem Schulheft auf, setzte sich kerzengerade hin und sagte:

»Jawohl, Schwester.«

Die Schwester reckte ihren Hals, sodass sich jede der tiefen Falten glättete, dann machte sie auf den abgelaufenen Absätzen kehrt. Hinter ihrem Rücken hielt sie in den sichtbar gealterten Händen ein mindestens ebenso altes Lineal. Es wippte leicht auf und ab, während sie sich von Hannelores Schulbank wieder in Richtung Tafel entfernte und dabei zur Klasse sprach.

Hanne sollte nie den Raum verlassen müssen, denn ganz anders als ihre Schwester war sie eine herausragende Schülerin. Sie sprach nach knapp drei Monaten gutes Portugiesisch, hatte in Mathematik, in allen Sprachfächern, in Geographie und Geschichte klassenbeste Noten, und die Nonnen liebten das zarte Mädchen mit den schokoladenbraunen Augen und den schwarzen Locken.

Eva hingegen sorgte mit ihrer direkten und rebellischen Art für Furore, doch am Ende wollte sie nichts lieber als Nonne werden. Im Juni 1940 stand die erste Kommunion bevor.

»Erzählt das bloß nicht der Omi!«, sagte Tante Daisy zu den Mädchen, die am Tisch in ihren Heften blätterten und dabei Kuchen aßen. Etwas besorgt wischte sie sich einige Krümel von der Schürze und machte sich weiter am Herd zu schaffen.

»Oh, sie wird todtraurig sein.« Daisy schob sich die Locken aus der Stirn und räumte den Milchtopf in den Schrank.

»Warum, Tante Daisy? Warum sollte Omi traurig sein, sie ist doch gerade erst angekommen.«

»Eva, Herz, sie ist so stolz auf euch«, gab Daisy seufzend zur Antwort. »Ihr werdet das gut machen.«

»Tante Daisy, ich will einmal Nonne werden, wenn ich groß bin. Und wenn ich erst einmal gefirmt bin, dann werde ich auch besser in der Schule sein«, schloss Eva selbstsicher ihre Rede. Hannelore blickte etwas misstrauisch von ihrem Teller auf, in dessen Mitte sie die Kuchenkrümel zu einem Kreis zusammengeschoben hatte. Sie war in Gedanken die Hauptstädte der ganzen Welt durchgegangen, so wie sie es in der Schule aufgetragen bekommen hatte.

»Menina«, sagte Daisy, »da hast du dir aber etwas vorgenommen.« Sie trat an Evas Stuhl und strich ihr über die Haare.

»Und was willst *du* werden, Hanne?«, fragte sie ihre jüngere Nichte.

Hanne sagte erst einmal gar nichts und sah Tante Daisy mit großen Augen an, schließlich kam es etwas zögerlich:

»Ich glaube, ich will Krankenschwester werden.«

Draußen vor den Mauern des damals höchsten Hauses in Lissabon, auf der Rua Rodrigo da Fonsera, zog der Nachmittagsverkehr vorbei. Da Fritz lange arbeitete und Else außer Haus war, um einzukaufen oder andere Dinge zu tun, um sich von der Wohnung fern zu halten, blieben die Mädchen meist bis spät in den Abend hinein bei Tante Daisy, machten Hausaufgaben und unterhielten sich über Zukunftspläne. Die Jessuruns wohnten alle im selben Haus, die einen bewohnten eine 13-Zimmer-Wohnung und die anderen eine mit 14 Zimmern. Zurzeit wohnte Omi noch mit

Fritz, Else und den Kindern im vierten Stock und Daisy mit ihrem Mann Felix Israel und einer jungen Witwe namens Alice Sußmann aus Hamburg im ersten.

5

29. Februar 1940

An den Herrn Oberfinanzpräsidenten Hamburg

Betrifft:
Aberkennung der deutschen Staatsangehörigkeit des Juden Fritz Moritz Israel Jessurun

Der Obengenannte soll sich im Ausland damit gebrüstet haben, dass es ihm gelungen sei, von der deutschen Regierung scheinbar dänische Papiere auf irgendeine Weise frei zu bekommen. Da zutreffendenfalls das Ausbürgerungsverfahren gegen Jessurun eingeleitet werden soll, bitte ich um Mitteilung, ob hierüber etwas bekannt ist und gegebenenfalls um welche Papiere es sich handelt.

Gleichzeitig bitte ich um Nachricht, ob Jessurun Steuerrückstände hat und auf welche Summe sich sein Vermögen beläuft. Um baldige Erledigung wird gebeten.

Dieses Schreiben finde ich unter den vergilbten Papieren in der aschblauen Akte meines Urgroßvaters im Staatsarchiv.

Ich verstehe langsam: Diesem Mann mit den persischen Gesichtszügen, den schwarzen Augen, dem Doppelreiher und der Zigarre in der Linken, ihm, Fritz Jessurun, soll die Staatsangehörigkeit aberkannt werden.

In dieser Akte zu blättern gleicht dem Bau einer Sandburg am Strand. Die Wellen spülen gleichgültig die errichteten Türme hinweg, umspülen sie spielerisch, bis sie nur noch eine zerfressene Ruine zurücklassen.

Ich kann nicht fassen, dass Fritz aufgrund solcher Entscheidungen in den psychischen Untergang getrieben wurde. Der Wahnsinn dieses Vorgangs spiegelte sich in diesen wenigen Zeilen, die

Herr über sein Schicksal waren.»... auf irgendeine Weise ...« hat
sich der Obengenannte gebrüstet, irgendwie schienen die Juden
an allem schuld zu sein.

8. März 1940

An die Geheime Staatspolizei

Betreff: Aberkennung der deutschen Staatsangehörigkeit des Juden Fritz Moritz Israel Jessurun.

Bei den freigegebenen Werten handelt es sich um dänische Kronen 7100,– Rainex Aktien, Kopenhagen, und eine Forderung gegen den Joseph Kronheimer Nachlass, Melbourne. (Wert zusammen ca. 4000,– Reichsmark). Die genannten Werte gehören
der Mutter des Fritz Jessurun, Frau Helene [an den oberen Rand
gequetscht: (Sara)] Jessurun Ww., geb. Kronheimer, Lissabon.

Die Freigabe ist auf völlig legalem Wege gegen Auslieferung
von Devisen und ersatzloser Zahlung an die Deutsche Golddiskontbank im Einvernehmen mit der Reichsbank erfolgt.

Nach Mitteilung des Finanzamtes Rechtes Alsterufer bestehen Steuerrückstände nicht. Beim Finanzamt Berlin-Moabit
West habe ich angefragt, ob die 5. Rate der Judenvermögensabgabe bezahlt ist. Die Antwort steht noch aus und geht Ihnen sogleich nach Eingang zu.

17. April 1940

An die Geheime Staatspolizei

Betreff: Aberkennung der deutschen Staatsangehörigkeit des Juden Fritz Moritz Israel Jessurun

Das Finanzamt Moabit West, Steuerbezirk 910/5172, teilt mir
mit, dass der Obengenannte auf die gegen ihn festgesetzte Judenvermögensabgabe keine Zahlung geleistet hat. Der Rückstand beträgt:

Judenvermögensabgabe 1. – 5. Rate 29 000,– Reichsmark
Säumniszuschlag 580,– Reichsmark
zusammen: 29 580,– Reichsmark

Im Reichsanzeiger vom 28. November 1940 wurde schließlich seine Ausbürgerung bekannt gemacht.

Fritz zog die Eingangstür hinter sich zu, verharrte dann zwei Sekunden in Gedanken, um die Tür dann noch einmal zu öffnen. Noch immer in Gedanken durchschritt er mit bedächtigen Schritten den Korridor, klopfte an die Bürotür von Senhor Nuñes und trat ein.

Fritz schilderte auf Portugiesisch sein Anliegen. Der Mann, glatt rasiert und die schwarzen Haare in der Mitte gescheitelt und streng zurückgekämmt, lauschte aufmerksam und rauchte. Auf dem Schreibtisch standen eine Kanne Kaffee und ein Becher. Bevor er antwortete, drückte er seine Zigarette im Aschenbecher aus.

»Und vielleicht sprechen Sie noch mit Herrn Salazar«, bat Fritz, »sollte er versuchen, mich zu erreichen, würde ich am Wochenende vorbeikommen.« Er hielt kurz inne. »Nachmittags zum Tee, wenn es ihm recht ist. Legen Sie mir einen Zettel hin, wenn er eine andere Uhrzeit wünscht.«

Senhor Nuñes nickte und fragte:

»Sind Sie morgen früh im Haus?«

Fritz wandte sich zum Gehen. Er überlegte, ob er etwas vergessen hatte. Ihm fiel nichts ein.

»Herr Jessurun?«

Fritz sah sich noch einmal um.

»Sind Sie morgen früh im Haus?«, wiederholte der Portugiese seine Frage, die Fritz anscheinend nicht gehört hatte.

»Ich werde versuchen, gegen elf Uhr hier zu sein. Ich muss vorher noch zur Bank.« Er lächelte zum Abschied müde und zog die Tür hinter sich zu. Noch einmal ging er an der Empfangsdame vorbei, die ihn mit »Boa tarde, Senhor« verabschiedete, er öffnete zum zweiten Mal an diesem Tag die Tür und zog sie hinter sich zu. Sein Anzug roch nach Zigarettenrauch. Er strich ihn glatt, als würde er damit den Geruch loswerden können. Dabei fiel sein Blick auf das Messingschild von Hartwich Nuñes & Ca. Lda. Er ging die Treppe hinunter und trat auf die Straße.

Ein warmer Wind wehte durch die dürren Büsche am Straßenrand, Staub hatte sich auf die Kühlerhaube des Adlers gelegt.

Wenige Vögel schwirrten rasend schnell durch die Luft, sodass sie nur als schwarze Punkte zwischen den Häuserfassaden zu erkennen waren. Lachend und laut schwatzend eilten zwei Portugiesinnen an ihm vorbei, vom Fluss zog ein wohltuender Geruch herauf.

Senhor Lima empfing Fritz mit einem Lachen, das unter dem dicken Schnauz weiße Zähne aufblitzen ließ. Er verkörperte nicht nur für Else die einzig gute Seele in Lissabon. Als Chauffeur erwies der 55-jährige, kleine Mann der Familie unschätzbare Dienste. Fritz empfand seine frohe Natur als wohltuend und seine Gegenwart stets als angenehm. Hannelore liebte das Gesicht des Fahrers, und sie hätte Stunden damit zubringen können, aufs Genaueste jede seiner vielen Falten zu zählen.

»Oí. Boa tarde, Senhor Lima«, begrüßte Fritz den Chauffeur. »Tudo bem?«

»Excelente! Tudo bem.« Herr Lima lachte und öffnete für Fritz die Wagentür.

»Obrigado.« Fritz ließ sich in den Sitz fallen. Gleich darauf startete der Motor und der Wagen fuhr am Barrio Novo vorbei nach Hause.

Das Schaukeln des Autos und das gleichmäßige Atmen Senhor Limas machten Fritz plötzlich müde und er schloss für zwei Minuten die Augen. Bilder und Fetzen von Gesprächen mit Bankangestellten schossen ihm durch den Kopf: »Nein, verzeihen Sie.« oder »Das, tut uns Leid, das steht nicht in unserer Macht.« oder »Herr Jessurun, mit den Deutschen machen wir keine ›Geschäftchen‹.« Er hörte das »Nein« wieder und wieder, als hätte die Platte in seinem Gehör einen Sprung, hinzu kamen Kopfschütteln und mitleidige Blicke. Wann hatte ihm das letzte Mal jemand ehrlich in die Augen geschaut?

Ab und zu tauchte Else auf, wie sie sich gestern Abend erneut über ihre Schwiegermutter echauffiert hatte; er liebte diesen strengen Blick ihrer schwarzen Augen. Der machte sie besonders schön. Leider litt seine Mutter sehr unter dieser seiner Vorliebe. Dann die Mädchen und dann …

Er musste eingenickt sein, denn erst das Öffnen der Wagentür weckte ihn aus seinem Sekundenschlaf. Der Himmel über der

Stadt färbte sich im Sonnenuntergang orange. Der Sommer nahte und die Luft vom Meer war nicht mehr ganz so feucht wie in den letzten Monaten. In den Straßen stauten sich die Abgase der Autos, die Pferdeäpfel verbreiteten in der Wärme ihren Geruch, der an eine Mischung aus gegorenem Heu und Oliven erinnerte. Fritz erhob sich, musste aber, kaum stand er aufrecht vor Herrn Lima, an der Autotür Halt suchen, weil er sonst das Gleichgewicht verloren hätte. Es war nur für einen kurzen Moment, danach hatte er sich sofort wieder gefangen und ging zur Haustür mit der Nummer 74.

Fritz blieb im ersten Stock stehen. Else war vielleicht noch gar nicht zu Hause und die Mädchen warteten bei seiner Schwester.
Tatsächlich traf er seine Schwester und die Kinder in der Küche an. Er begrüßte Daisy zuerst und küsste dann seine Töchter.
»Na dann wollen wir mal ganz schnell zur Mami, damit sie sich nicht sorgt.«
Als sie zu dritt das vierte Stockwerk betraten, roch es schon nach Essen, doch Else war nicht zu sehen. Nur Omi lag im Wohnzimmer auf der Chaiselongue, weil sie unter Kopfschmerzen litt.
»Das Wetter. Es ist die Hitze. Er bekommt mir nicht, der Süden.«
»Bleib mal schön liegen, gleich gibt es etwas zu essen«, sagte Fritz, die wohl temperierte Hand seiner Mutter haltend.
»Ach, mir ist gar nicht so recht nach essen. Außerdem beginnt der Sabbat, da faste ich eigentlich immer Freitagabend. Guten Tag, ihr Schätze«, begrüßte sie Eva und Hanne, erhob sich mühsam aus ihrer Position und gab einen langen Seufzer von sich, als sie sich vorbeugte. Doch der Anblick der Enkeltöchter schien wie Balsam für den quälenden Druck hinter der Stirn und plötzlich lächelte sie sogar.
»Ach wisst ihr, was ist das nur für eine Stadt?« Und Omi schüttelte ihren Kopf, als zweifelte sie keinen Moment daran, wer an ihrer misslichen Lage schuld sei. Das letzte Licht, das sich über den Horizont ergoss, lag golden auf dem Parkettboden.

Else hantierte in der Küche. Ihren Bewegungen, mit denen sie Auberginen und Tomaten rührte, sah man an, wie erregt sie war. In den aufsteigenden Dampf des einkochenden Gemüses sagte sie zu sich selbst: »Ach, ich halte es nicht mehr aus. Ich werde wahnsinnig«, sie blickte kurz zum Fenster, »wenn ich es nicht schon längst bin. Kopfschmerzen, Gliederschmerzen und ewig Hamburg. Hätte sie nur ein klein bisschen Verständnis! Sie leidet hier nicht alleine!«

Leider besaß Else keine natürliche Begabung für Fremdsprachen. Des Portugiesischen wollte sie sich gar nicht erst annehmen, auch wenn sie weder im Lebensmittelgeschäft noch beim Schneider verstanden wurde.

Dies war nur ein Grund mehr, sich in Lissabon so unwohl zu fühlen wie ein Löwe, umzingelt von Jägern. Natürlich wurde sie gejagt, daran zweifelte sie keine Minute, und in ihr wuchs von Tag zu Tag der Fluchtinstinkt. Sie liebte ihren Mann – was ließ sie für ihn nicht alles über sich ergehen. Omi trug nicht gerade dazu bei, Elses Leben in Lissabon erträglicher zu machen. Sie tat nichts anderes, als ihr unentwegt zur Last zu fallen. Else hielt die Rührkelle fest umklammert, und sie hätte sie wohl gegen die Wand geschleudert, wenn nicht in diesem Augenblick Fritz hereingekommen wäre.

Er sah müde aus, schaute sie aber dennoch an, als würde er sich in ihrem Anblick verlieren wollen. Die beiden waren in dieser Minute des Schweigens untrennbar miteinander verbunden. Er lächelte beim Anblick ihres energischen Ausdrucks.

»Ihre Kopfschmerzen werden verfliegen, warte ab, und zu Abend wird sie auch essen.« Fritz beugte sich über den duftenden Topf. »Wie war dein Tag?«

»Was glaubst du, wie schwierig es war, dieses Gemüse zu bekommen?«

»Hast du denn Herrn Lima nicht mitgenommen?«

»Ach, was ich kann, das kann ich, und was ich nicht kann, das kann ich auch. Manchmal eben nur auf Umwegen.«

»Es hat sich bestimmt gelohnt.«

»Die Gläser stehen dort drüben.« Else zeigte mit der Kelle zur Kommode, als Fritz Anstalten machte, etwas zu suchen. »Fritz«, sagte sie nun lauter und strenger, als sie seine suchenden Blicke bemerkte, »da drüben!«

Auf einem silbernen Tablett standen drei Kristallgläser, von denen Fritz nun eins herunternahm; er füllte es aber noch nicht, sondern hielt es einfach so in der Hand. Er schien es zu mustern, sah man jedoch genauer hin – und das tat Else in diesem Moment – dann ging sein Blick gedankenverloren durch das geschliffene Kristall hindurch.

Das Gemüse köchelte vor sich hin, der Fisch schmorte in einem Kräutersud im Ofen. Die Mädchen waren auf ihre Zimmer gegangen, Omi hatte sich nicht von ihrem Platz gerührt. Fritz zog sich in die Bibliothek zurück, ging einige Formulare durch und rauchte dabei. Else ließ ihren Unmut nun an Reis und Kartoffeln aus. So friedlich die Stille in der Wohnung war, hatte sie doch auch etwas Bedrückendes. Die Sonne versank golden hinter den Palmen des Botanischen Gartens.

»Hast du denn gar keinen Hunger?«, fragte Fritz über den Tisch hinweg seine Tochter, die schweigend mit ihrem Besteck Fischstücke hin und her schob.

»Oh Papi, erzähl doch noch einmal, wie das in Persien war«, bat Eva ihn, weil Hannelore keine Antwort zu geben wusste.

»Was, Puttchen, meinst du denn?«

»Die Geschichte mit den Katzen.«

»Katzen? Was denn für Katzen, Fritz?« Nun wurde auch Omi neugierig.

»Wenn ich mit den Persern zu Abend essen musste, um alle möglichen Dinge über Geschäfte, Handel und Beziehungen zu besprechen, wäre es gegen die Tischsitten gewesen, hätte ich irgendetwas auf dem Teller liegen gelassen«, begann Fritz. Hannelore hörte ihrem Vater jetzt auch ganz aufmerksam zu.

»Nun, Teller gab es gar nicht, sondern alle aßen mit den Fingern. So …« Und er führte seine Finger vom Teller hin zu Hannes Nasenspitze, die daraufhin ein überraschtes Kichern von sich gab. »Ich saß umringt von zwölf Männern, die mich alle mit ihren schwarzen Augen anstarrten, und sollte nun Hundefleisch, merkwürdige Käsesorten, eingelegte Kuriosa und schärfste Gewürzmischungen zu mir nehmen.«

Hannelore runzelte bei der Vorstellung ungläubig und angewidert zugleich die Stirn. Else sah ihren Mann ebenfalls überrascht an.

»Ich war aber zum Glück nicht alleine in dieser Gesellschaft, es gab viele Katzen. Ganz Persien war voller Katzen, überall begegnete man schwarzen, braunen, weißen Katzen. Ich saß also am Tisch und war gezwungen, all das zu essen, was mir serviert wurde. Es wäre unhöflich gewesen, wenn ich meine Abneigung deutlich gemacht hätte. Die Katzen aber waren da ganz anderer Meinung. Ihnen habe ich zu verdanken, dass ich diese Abendessen gesund überstanden habe.« Er nickte Hanne, die ihn anstarrte, mit einem bedeutungsvollen Blick zu, als wolle er sagen: »Und jetzt hör genau zu!«

»Und warum?«, fragte sie leise.

»Weil mir die Tiere aus der Hand gefressen haben, und zwar ohne Widerrede, alles, was ich ihnen unter dem Tisch anbot. Keiner hat es gemerkt, und so hatte ich auch nach diesem denkwürdigen Essen zu all diesen Männern weiterhin ein gutes Verhältnis. Und Katzen«, er trank einen Schluck Wein, »liebe ich.«

6

Es war Anfang Juni 1940. Bis zur Firmung von Eva und Hannelore blieb nur noch eine Woche und bisher hatte noch keiner in der Familie den Mut gefunden, Omi davon zu unterrichten. Am Ende sah sich Fritz gezwungen, es seiner Mutter so schonend wie möglich nahe zu bringen, denn seine Frau brauchte er in dieser Angelegenheit gar nicht erst zu bitten. Er wartete einen günstigen Zeitpunkt ab, der sich schließlich an einem Nachmittag ergab, als Omi mit Tante Daisy gerade von einem Ausflug in den Parque Florestal de Monsanto zurückkehrte, ächzend ihren Hut absetzte, sich die Oberarme rieb und ins Wohnzimmer ging.

»Fritz, du bist schon hier? Würdest du deiner Mutter ein Glas Wasser bringen, ich muss mich setzen.« Daisy trat ein, warf ihrem Bruder einen kurzen, wissenden Blick zu und kam Sekunden später mit einem Krug Wasser aus der Küche wieder.

»Sind wir dieses Wochenende nicht bei Lizzy in Estoril?«, erkundigte sich Omi bei ihren Kindern. Beide hatten ihr gegenüber Platz genommen und schauten betrübt drein, als sei jemand gestorben.

»Nein, nein Omi, Tante Friede kommt nach Lissabon und ein paar andere engere Freunde.« Fritz trank Whisky und strich seine Hose glatt.

»Ach, gibt's denn was zu feiern? Ich bezweifle, dass Friede ohne besonderen Anlass anreist.«

Omi platzierte sich umständlich auf dem Diwan. Heute ging es ihr gut, das konnte Fritz sehen, dennoch standen ihr Leid und Schmerz ins Gesicht geschrieben und sie gab sich erschöpft, damit sie auch bald ungestört ihre Mittagsruhe halten konnte.

»Omi«, begann Fritz, »Eva und Hannelore werden gefirmt.«

»Was heißt denn gefirmt, Fritz?« Sie hatte gerade überhaupt nicht zugehört, sondern war damit beschäftigt, ihr Kleid zu richten. Es lag auch weniger an der Art, wie Fritz es seiner Mutter mitgeteilt hatte, als vielmehr an einem völligen Unverständnis des Zusammenhangs zwischen ihren Enkelinnen und einer Firmung. Noch einmal musste sie nachfragen »Wie bitte?«

»Hanne und Eva sind auf einer Klosterschule und dort wird eine erste Kommunion stattfinden. Eva und Hanne werden gefirmt, Omi.«

Es vergingen zwei weitere Sekunden, bis ihr Gesicht einen so schrecklichen Ausdruck annahm, dass Fritz und Daisy sich ernsthafte Sorgen machten. Fritz fürchtete um ihr Herz, doch zu seiner Beruhigung atmete Omi gleichmäßig ein und aus. Sie atmete immer heftiger, bis es aus ihr herausplatzte:

»Im Ernst, Fritz, das tust du deiner Mutter an? Ich habe meine Heimat verlassen, meinen Ehemann, Gott!« Und sie sah ehrfürchtig zur Decke. »Ich lebe hier in einer Umgebung, die mir so zuwider ist, Fritz. Deine Frau hasst mich.« Fritz erwartete das Schlimmste. »Und jetzt willst du mir sagen, dass beide …?!« Omi sah ihren Sohn entsetzt an. Als dieser nickte, fuhr sie fort: »Beide? Katholiken! Was würde euer Vater sagen?«, womit sie

Daisy einbezog. »Wo lebe ich hier eigentlich. Sind wir denn jetzt alle ...? Was soll aus den Kindern werden, sie werden grauenhafte Männer heiraten und Kinder bekommen, die ... oh Herr, katholisch sind.«

»Omi, sie konnten nicht länger auf die Französische Schule gehen. Die Kinder bleiben doch immer jüdisch, es ist doch nur der Form wegen, und weil man nicht immer gegen den Strom schwimmen muss. Außerdem fühlen sie sich damit zum Verband der Klasse zugehörig, alle Mädchen werden gefirmt.«

»Aber nicht meine Kinder. Wie soll ich bloß in Ruhe sterben. Wie soll ich überhaupt noch leben. Deine Mutter ist krank«, und sie zeigte theatralisch mit ihrem Finger aufs Herz, »ich mache das alles nicht mehr mit. Ich lasse mich nicht länger von deiner Frau tyrannisieren, noch von Schulen, noch von Katholiken, das ist Verfolgung! Ihr seht wohl nicht, was es bedeutet, in einem fremden Land noch eine Insel zu haben, wollt ihr euren Glauben denn völlig verleugnen. Ich will keine Enkeltöchter, die ...« sie führte ihre Gedanken nicht weiter aus, »ich will auch keine Großmutter mehr sein, ich sollte eigentlich sterben. Ich hätte schon längst sterben sollen.«

Blass im Gesicht richtete sich Helene auf, ohne sich dabei helfen zu lassen, und kam aus eigener Kraft mühsam auf die Beine. Nun musterte sie ihre Kinder mit Befremden, bevor sie ohne einen weiteren Ton zu sagen aus dem Wohnzimmer ging. Fritz und Daisy schauten sich erleichtert an.

»Du solltest sie wirklich zu dir nehmen, Daisy«, begann Fritz schließlich, leise zu ihr zu sprechen, »es wäre besser für Else und Mutter. Unter den Umständen wird sonst alles nur noch schlimmer. Else ist auch schon am Ende ihrer Kräfte. Es wäre das Beste, sie zieht zu dir.«

Daisy legte Fritz die Hand aufs Knie und sagte:

»Sie wird sich beruhigen. Es ist ihr wohl alles zu viel und die Strapazen der Reise und der Umgewöhnung machen sie so empfindlich. Sie zieht zu mir und hat dann ihren Frieden, und ich glaube, am Ende wird sie das Fest genießen, warte ab.«

Anzeichen einer Verzweiflungstat waren bei Omi keine Seltenheit. In dieser Hinsicht stießen hier im Hause Jessurun äußerst ausgeprägte und eigenwillige Charaktere aufeinander, was häufiger, als es allen gut tat, zu Meinungsverschiedenheiten führte.

»Ich werde hier noch hysterisch!«, schrie Else, die im Schlafzimmer stand und einen Hut in beiden Händen hielt. »Wahnsinn ist das. Deine Mutter bildet sich ein, alles drehe sich nur um sie, wie kann sie nur! Mir geht es bei alldem nicht besser, und eins verspreche ich dir: Ich werde hier nicht mehr lange bleiben, die Stadt macht mich krank. Es stinkt, es ist heiß und voll.« Sie unterstrich ihr Worte mit einer ausladenden Geste ihrer Arme. »Die Menschen sprechen kein Deutsch, ach, ich habe es satt.«

»Else, bitte, die Menschen in Deutschland leben in Angst. Wir wären schon längst tot. Du kannst dir die Zustände, vor allem für die jüdische Bevölkerung, nicht im Traum vorstellen. Du musst sehen, dass es uns hier vergleichsweise gut geht.«

»Ach du bist so vernünftig, Fritz.« Else wandte sich ab. »Ewig die Vernunft. Niemand hatte das Recht, uns aus Hamburg zu vertreiben, man zwingt uns, alles einfach hinzunehmen. Wir könnten verrecken, Fritz«, und sie blickte über ihre Schulter zum Spiegelschrank, vor dem Fritz mit verschränkten Armen stand, »und es würde keinen kümmern. Warum, warum nur? Es macht mich wahnsinnig, dieses Warum.«

»Bitte, Else, stell diese Frage nicht.« Für einen Moment sagte keiner der beiden ein Wort. Dann war es Fritz, der das Gespräch wieder aufnahm. »Omi zieht zu meiner Schwester. Sie wird sich dort sehr viel wohler fühlen, und du brauchst dich nicht mehr verrückt zu machen.«

Else sah ihn an. Schließlich ging sie zu ihm hin, der strenge und vor Ärger verzerrte Gesichtsausdruck wich einer großen Erleichterung. Fritz streichelte ihr zärtlich den Arm.

Am 16. Juli 1940 sollte es so weit sein. Eva und Hannelore wurden in die katholische Kirche aufgenommen.

Bei der kirchlichen Zeremonie, sie fand in der Klosterschule statt, durften lediglich beide Elternteile dabei sein sowie die Patentanten. Fritz hatte zwei portugiesische Mädchen dafür engagiert, da keiner aus der Familie diese Funktion hätte ausführen dürfen, schließlich waren alle jüdischen Glaubens.

Nach dem feierlichen Gottesdienst fand sich ein ausgewählter Kreis in der Rua Fronsera zusammen, wo Else köstlich gekocht hatte und alle eingeladen waren, ihren Hunger zu stillen.

Auf einem Foto, das anlässlich der Firmung entstanden ist, scheint nur Hannelore dem Wunsch des Fotografen nachgekommen zu sein, ein Lächeln zu zeigen, zwar kein wirklich überzeugendes, aber immerhin ein braves Lächeln. Else steht links hinter Hannelore und Fritz rechts hinter Eva. Alles in allem ein eher gedämpftes Familienglück. Hübsch zurechtgemacht sind die jungen Katholikinnen. Sie tragen beide das gleiche weiße Kleid mit kurzen Ärmeln und im Haar einen Reifen mit Blüten. Else legt Fritz ihren rechten Arm um die Taille, mit ihren roten Lippen schaut sie streng, aber stolz in die Kamera. Fritz hat die Worte »Bitte lächeln!« nicht so recht verstanden, oder er hat sie sehr wohl verstanden, doch ihm war bei all seinen schweren Gedanken nicht danach. Sein Blick ist müde und nachdenklich. Eva reagiert offenbar zu spät, sie guckt ebenso streng wie ihre Mutter und scheint nicht besonders glücklich zu sein in dem engen Kleid, was an der Hüfte piekt.

»Noch eins?« Onkel Felix, Daisys Ehemann, lugte hinter seinem Fotoapparat hervor.

»Nein, nein, jetzt wird erst einmal gedeckt«, sagte Else, die Hand auf Hannelores Schultern. Sie musste sich um das Wohl ihrer Gäste kümmern und tischte nun zusammen mit Daisy auf der langen Tafel auf: allerlei kalte Kalbsbrust, Suppe, unzählige Häppchen mit Fleisch und Gemüsefüllung, süße und salzige Kuchen und Buletten.

Onkel Felix ging an einem Stock, er schwenkte ihn aber mehr an seiner Seite auf und ab, als sich darauf zu stützen. Auch er trug Krawatte und dunklen Anzug. Etwas rundlich wirkte er neben Fritz, doch sein Gesicht hatte den Ausdruck eines lieben Onkels – der er auch tatsächlich war – und eines wahren Freundes. Das wenige Haar lag glatt an seinem Kopf, sodass es den Anschein hatte, gar nicht vorhanden zu sein. Seine hohe Stirn war freigelegt und damit auch die zwei skeptischen, senkrechten Falten über der Nase. Zwischen den markanten Lippen klemmte wieder eine Zigarette, als er Fritz mit einem kurzen Nicken aufforderte mitzukommen.

»Ich fürchte, wir müssen uns noch gedulden, von Cognac allein werde ich nicht satt, aber die Herrschaften lassen sich hoffentlich nicht mehr allzu lange Zeit. Komm, Fritz, zur Feier des Tages brauche ich was Richtiges.« Felix deutete auf seine Zigarette, ihm lag viel daran, sie gegen eine gute Zigarre auszutauschen.

Alle schienen zufrieden. Nur einer fehlte, genauer gesagt, eine. Omi hatte beschlossen, sich für den heutigen Tag in ihrem Zimmer einzuschließen und »Selbstmord« zu begehen, wie es dumpf durch die Glastür zu vernehmen gewesen war.

Sie fühlte sich hintergangen und es graute ihr als Jüdin davor, an katholischen Festlichkeiten teilzunehmen. Das konnte sie ihrem Ehemann nicht antun. Fritz hielt Abstand von der Tür, selbst Tante Daisy hielt es für ratsam, ihre Mutter ungestört zu lassen. Allein mit sich selbst konnte sie über alles nachdenken. Manchmal jedoch wurde sie unterbrochen:

»Omi?«

»Ich mache nicht auf.«

»Bitte mach die Tür auf.«

»Nein!«

Sie konnte weitgehend ungestört ihre Prinzipien in Gedanken durchgehen und darüber nachdenken, was sie nicht bereit war zu tolerieren.

»Omi?«

»Ich mache nicht auf!«

Es machte keinen Sinn, zu widersprechen, weil der Schlüssel von innen im Schloss steckte, sodass man von außen mit dem Ersatzschlüssel nicht hereinkam.

Schließlich hatte Eva eine Idee, so einfach wollte sie ihre Großmutter nicht sterben lassen. Nachdem sie auch auf ihr mehrfaches Bitten hin nicht geöffnet hatte, holte sie aus dem Bad ein Handtuch und aus ihrem Zimmer eine Steinfigur der Aphrodite.

Die Göttin der sinnlichen Liebe, der Schönheit und der Verführung umwickelte sie mit dem weißen Handtuch und schlug damit oberhalb der Klinke das Glas ein. Sie steckte ihre Hand hindurch und öffnete die Tür von innen. Omis Anblick war nicht schön. Verzweifelt saß sie auf ihrem Bett, unfrisiert und wütend. Ganz blass war sie geworden über all den Gedanken über den Katholizismus und das Judentum. Sie sagte kein Wort, als ihr Enkelkind geradewegs zum Kleiderschrank ging, ihn öffnete und aus dem obersten Fach alle Schokolade herausholte, alles, was sie an Keksen finden konnte, und die Mortadella, und es auf dem Frisiertisch auftürmte.

»Das, Omi, isst du jetzt alles auf!« Eva wühlte noch einmal in dem knisternden Konfekt, um es gleichmäßig zu verteilen. »Alles«, wiederholte sie. »Und dann stirbst du.« Mit diesen Worten drehte sie sich zum Schrank um, schloss die Türen wieder und wollte das Zimmer mit dem vermeintlichen Totenbett verlassen, als Omi plötzlich loslachte.

»Woher weißt du von meiner Schokolade?«

Eva zuckte mit den Schultern.

»Was bist du nur für eine verrückte Tante. Eva, mein Kind, ein so freches Enkelkind habe ich weiß Gott nicht verdient.«

Eva schien sehr zufrieden.

»Doch glaub ja nicht, dass ich nicht mehr böse bin. Ich bin sogar richtig wütend. Es hätte ja doch keiner Zeit, mich zu Grabe zu tragen, weil sie alle mit dem Feiern so beschäftigt sind. Was bleibt mir da anderes übrig, als mitzufeiern und mir zum Sterben einen anderen Tag auszusuchen.«

Helene beschloss also nach einstündiger Überzeugungsarbeit aller Familienmitglieder, sich gut gekleidet unter die Feiernden zu begeben, ja sie nahm sogar neben den katholischen Patentanten und den katholischen Enkeltöchtern für ein Foto der kleinen Festgesellschaft Platz.

Fritz legte ihr beim Kaffee die Hand auf die Schulter und sagte: »Sol y yobiendo, el Masshiahh biniendo; Sol y lloviendo, el Mesías viniendo.« (Wenn es regnet und auch sonnt / endlich der Messias kommt.)

»Nun mach keine Witze mit deiner Mutter!« Helene küsste

Fritz auf die Wange. Sie schien ein weiteres Mal über eine Krise hinweggekommen zu sein.

In Hannelores Poesiealbum schrieb sie mit ihrer ordentlichen gleichmäßigen Handschrift an jenem Tag: »Trennen uns die fernsten Orte, so behalte doch stets lieb, deren Hand einst diese Worte zum Beweis der Freundschaft schrieb. Erinnere Dich beim Durchlesen an Deine Dich liebende Omi.«

Daneben war Evas Spruch ganz anderer Art zu lesen: »Ich schreibe in Dein Stammbuch rein, aber natürlich nicht zu fein. Denn fein bin ich absolut nicht, sonst wär ich Deine Schwester nicht. Deine Eva Jessurun.«

7

Die Jessuruns lebten nun schon länger als ein Jahr in der portugiesischen Hauptstadt. Die Lage hatte sich beruhigt, weil Helene, wie zwischen den Geschwistern verabredet, zu Daisy gezogen war und die fürsorgliche Pflege ihrer Tochter genoss. Das schien aber auch das Einzige zu sein, was der Familie etwas Ruhe verschaffte. Aber Else gab sich weiterhin keine Mühe, ihre Unzufriedenheit zu verbergen, und letztlich litten hauptsächlich die Mädchen unter ihrer schlechten Stimmung. Ungezogene Kinder waren für Else ein triftiger Grund, immer häufiger zu klagen und in allem nur das Negative zu sehen. In ihrer Nähe trauten sie sich nicht, zu lachen oder zu pfeifen, denn sofort geißelte sie die frohe Stimmung mit den Worten: »Lass das, das ist ja penetrant.«

Wäre man mit Else in dieser Zeit durch die Altstadt Alfama geschlendert, hätte sie nichts über die romanisch-gotische Kathedrale Sé Patriarcal oder über die hübschen kleinen Läden gesagt, an denen man vorbeikam. Sie hätte nicht den Eingang zum Markt Maritima das Colunas bemerkt, der in einem Rundbogen versteckt lag, sondern nur gesagt: »Zum Glück sind wir so früh hier, kaum schlägt es zwölf Uhr, kommen die Massen aus den Kontoren. Die Rollläden sind ja alle geschlossen, und dort das Fenster, voller Taubendreck, die Menschen kümmern sich einfach nicht mehr.« Hätte man mit ihr die prunkvolle Kathedrale Igreja São Roque aus dem 16. Jahrhundert besichtigt und die im 18. Jahrhundert in die Kathedrale eingebaute Johanneskapelle, hätte sie nicht die Gemälde erwähnt, die die gesamte Wand des Kirchenschiffes unterhalb der Empore schmückten, sie hätte nicht auf die Schnitzarbeiten und das üppige Gold hingewiesen, sondern nur gesagt: »Ich halte es in menschenleeren Räumen nicht lange aus. Und diese Gotteshäuser strahlen immer eine solche Kälte aus.«

Eva begann besonders darunter zu leiden, ähnelte ihr Temperament doch sehr dem ihrer Mutter. Sie forderte Else allein schon durch ihren starken Charakter und ihr loses Mundwerk immer aufs Neue heraus. Ihrem Ärger und ihrer Enttäuschung machte Else am Rande ihrer Kräfte nicht mehr nur mit Worten Luft, sondern sie ohrfeigte das Kind. Jedes nur denkbare Vergehen nahm sie dafür zum Anlass, sei es das unaufgeräumte Zimmer, das schlechte Benehmen, ein unschönes Wort. Es wurde für Eva zur unerträglichen Pein. Sie suchte bei ihrem Vater, der von alldem nichts wusste, und Tante Daisy Schutz. Hannelore, die oftmals hilflose Zeugin von Elses harten Erziehungsmethoden sein musste, war noch zu klein, um sich für ihre Schwester einsetzen zu können. Wie oft stand Hanne weinend daneben und suchte ihre Mutter zu beschwichtigen oder die Schuld auf sich zu nehmen, doch Else hätte es nicht übers Herz gebracht, ihre jüngere Tochter zu schlagen.

Der Sommer in Estoril stand bevor, es sollte der letzte der Familie Jessurun in Portugal sein, und die Mädchen durften in die Pension einer sehr wohlhabenden Sephardin, Senhora Azancot, die in ihrem Haus, in dem ausschließlich französisch gesprochen wurde, sieben Mädchen aus wohlhabenden, alten Sephardenfamilien über sechs oder sieben Wochen im Sommer aufnahm. Eva und Hanne sollten Französisch lernen. Schon im frühen 19. Jahrhundert kam es mit der Öffnung zum Westen in den oberen Schichten der Sepharden in Mode, Französisch zu sprechen – nicht, wie noch im 16. Jahrhundert üblich, Judeo-Spanisch. Else und Fritz hielten sich in den brütend heißen Monaten, die sich in Lissabon qualvoll in die Länge zogen, im Parkhotel in Estoril auf.

Else blieb meist die ganze Zeit über dort, Fritz kam nur übers Wochenende und blieb, wenn es die Arbeit erlaubte, ein paar Tage länger. Lizzy und ihr Mann, Max Kronheimer, wohnten etwas außerhalb der Stadt am Atlantik, inmitten von Kaffeeplantagen.

Vor allem aber genossen Fritz und Else die langen Abende im Casino, wo sie ihre nicht sparsamen Einsätze in rauschenden, glanzvollen Stunden gewannen oder auch verloren.

»Mein Vater hat alle Gewinne und Verluste akribisch aufgeschrieben«, erzählt mir Eva zwischen zwei Zügen an ihrer Zigarette, »und stell dir vor, als sie Lissabon verließen, hat er alles zusammengezählt, was sie in der Zeit verspielt und gewonnen hatten, und kam genau auf null.«

Diese Rechnung spiegelt das Schicksal der Familie Jessurun, vor allem das von Fritz wider. Er hatte in seinem Leben viel gewonnen und sehr viel verloren, doch am Ende schien alles ausgeglichen. Seine Familie blieb zwar von der Verfolgung durch die Nazis verschont, doch Fritz starb vollkommen mittellos. Er starb als Staatenloser, er starb nicht als Fritz Moritz, sondern als Fred Milton. Er starb ohne Paul Bleichröder und ohne Onkel Felix an seiner Seite. Er starb, ohne auch nur das Geringste zu hinterlassen. Hannelore und Eva blieben von den Schrecknissen des Dritten Reiches nahezu unberührt. Else trug bis zu ihrem Tod schwer am Verlust ihrer Heimat, obwohl sie ihr in letzter Minute lebend entkommen war.

Obwohl Gewinne und Verluste sich am Ende die Waage hielten, winkt meine Großmutter noch heute ab, wenn ich mit ihr über vergangene Zeiten sprechen will, und sagt nur: »Weißt du, es war eine schreckliche Zeit.«

Wenn Senhora Azancot in der Pension »Jour de visite« ausrief, dann hing es von zwei Dingen ab, ob dieser zum Spaß oder zur Tortur wurde.

Hielt sich Fritz in Lissabon auf, um zu arbeiten, wurde es eine Tortur, denn dann mussten die Mädchen den Tag mit Else verbringen, und das war schrecklich. Im besten Fall gingen sie im

Park spazieren oder aßen gemeinsam zu Mittag. Einmal besuchten sie die verrückte Tante Lizzy, die nur Augen für ihren Jaguar hatte und ständig über Kaffeeernten berichtete und von ihrem Mann Max. Dieser hingegen hatte das Talent, die Kinder mit kleinen Zaubertricks zum Staunen zu bringen und eine Flut von eindringlichen Fragen über den Verbleib des weggezauberten Geldstückes zu beantworten. Er erzählte abenteuerliche Geschichten von einem Löwen, den er sich einstmals als Haustier gehalten hatte, und spielte mit den Kindern Verstecken in den kilometerlangen Feldern rot gefleckter Kaffeestauden.

War Fritz allerdings in Estoril, dann wurde der Besuchstag zu einem großen, unvergesslichen Ereignis. So blieben den Kindern die Besuche bei einer alten sephardischen Witwe gut in Erinnerung. Ihre Villa lag etwas außerhalb an einem staubigen Weg, inmitten der grünen Hügel Estorils. Wilde Pflanzen schlangen sich um das geschwungene Tor zum Anwesen und die Mauern waren mit Moos bewachsen. So alt wie all die Bäume und Gewächse entlang der Einfahrt musste auch die Witwe sein, deren Namen Eva und Hannelore nie erfuhren, sie blieb immer nur die »Senhora« oder die »Witwe«. Sie empfing ihre Gäste im Salon in wehenden Röcken, die ihr etwas Hexenhaftes verliehen. Dieser Eindruck wurde durch die gähnende Katze, die sie vor der Brust hielt, noch verstärkt. Der dunkle Schwanz der Siamesin rollte sich einmal links hoch und einmal rechts, schnurrend sah sie aus den pechschwarzen Augen auf die Kinder herab. Eva war entzückt. All die Ungezogenheiten hätte man ihr in diesem Augenblick verziehen. Paradiesisch waren diese Besuche bei der Senhora für die Mädchen. Ganze Nachmittage konnten sie mit all den Katzen spielen, die drei der unzähligen Schlafzimmer ihr Eigen nannten. Zwei Schlafzimmer waren von den zugelaufenen Straßenkatzen bewohnt und das dritte von reinrassigen Katzen. Dreißig an der Zahl, liefen sie überall in den Räumen herum und verbreiteten nicht zur Begeisterung einer ungewohnten Nase ihre Gerüche. Zum Glück wurde der Besuch in den Garten gebeten, wo sich, umgeben von wildem Gewächs und geheimnisvollen Rosenbögen, eine kleine Sitzgruppe befand. Hier stand ein dunkler Eisentisch, bedeckt mit einem schneeweißen Leinentischtuch, in des-

sen Mitte Rosenblüten einen Kranz bildeten. Es war für eine Tee-
stunde mit Silber und Porzellan gedeckt. Das Sonnenlicht, das
durch das dichte Gestrüpp fiel, warf wilde Schattenmuster auf
Tassen und Teller. Einige mutige Käfer krochen vom einen Ende
zum anderen, manche unterbrachen auch nur kurz ihren Flug,
um gleich wieder abzuheben. In den Duft von Blüten, Knospen
und feuchter Rinde mischte sich der kleiner Kuchen und bitter-
süßen Tees. Die Senhora hatte meist eine Katze auf dem Arm, es
sei denn, sie trank ihren Tee mit Rum, dann lag die Katze auf dem
Schoß. Sie saß schräg und mit etwas Abstand am Tisch und musterte, während sie sich mit Fritz unterhielt, mit ihren schwarzen
Augen die Mädchen.

»Was machen Ihre Leute in Deutschland und Österreich,
Fritz?«, fragte die Dame auf Portugiesisch.

»Wissen Sie, es ist hart. Die langen Wege der Post, ja selbst der
Telegramme, zögern für viele Leute die Sache unnötig hinaus,
und wie Sie sicher wissen, ist jede Minute von entscheidender
Bedeutung«, antwortete Fritz ebenfalls auf Portugiesisch, mit
dem Silberlöffel den Kandis in seiner Tasse rührend.

»Herr Salazar ist Ihnen doch hoffentlich behilflich. Er hat
doch die Kontakte zu den entsprechenden Leuten, das muss gewisse Prozesse doch erleichtern, oder?«

»Gewiss, Senhora. António Salazar ist von so unschätzbarem
Wert wie Sie, ohne ihn könnte ich all die Visa weder ausstellen
noch zustellen. Immerhin haben wir an die zehn Familien aus
den Fängen der Deutschen und der Österreicher befreien können, wir wollen hoffen, dass es noch mehr werden. Doch die Situation, Senhora, wird immer aussichtsloser, die Netze werden
enger gestrickt und mittlerweile kommen sie nicht an der kleinsten Behörde und dem noch so kleinen Beamten mehr vorbei.«

»Ja, man muss seine Macht auf einer breiten Basis wachsen lassen.« Die Senhora griff zu einer Zigarette und steckte sie in ein
langes Mundstück, Fritz gab ihr Feuer. »Danke, mein Lieber.«
Und nachdem sie schweigend die ersten Züge genommen hatte,
fuhr sie fort: »Geben Sie allen Leuten das Gefühl, sie seien etwas
Besonderes, und es werden Ihnen alle zu Füßen liegen. Ist doch
geschickt, Prozesse zu verlangsamen. Es ist, als würden Sie einen

zarten Fisch bei hoher Hitze stundenlang kochen. Was Ihnen bleibt, ist nichts, Fritz, alles zerfällt.«

»Das Reich hat sich in der Tat verbissen in die Bürokratie.«

»Es sind Parasiten. Ach, António, hatte er denn wenigstens eine Frau bei sich, als Sie ihn das letzte Mal besuchten? Man muss fast glauben, sollte er sich einmal vermählen, dann vermutlich mit seiner Gouvernante.«

»Nein, Senhora, ich traf ihn ohne Begleitung an und wie gewohnt barfuß. Ich habe nur die Köchin und das Hausmädchen gesehen.«

»Ist es nicht Wahnsinn, Fritz, er schafft es, Staatsoberhaupt zu werden und ist andererseits nicht in der Lage, eine Frau zu finden. Nosso Senhor! Er wird als Junggeselle sterben, das sage ich Ihnen. Das sind die Oliveiras«, und sie zeigte mit der Zigarettenspitze auf Fritz, »das waren Mönche und Pilger, aber keine Frauenhelden.«

Die Haut der Senhora hatte diesen dunkelgrünen Schimmer, und die Steine, die sie um den Hals trug oder am Handgelenk, warfen ihre farbigen Punkte auf das Tischtuch mitten hinein in das Spiel von Licht und Schatten.

»Ich bin glücklich verheiratet, Senhora.«

»Sie sind auch eine Ausnahme, Fritz, das waren Sie schon immer«, sagte die Witwe schnell und in strengem Ton.

»Mein Kind, möchtest du Tee oder Rum?«, fragte die Senhora nun Eva, ohne ein Zeichen, dass das mit dem Rum nicht ernst gemeint war. Diese ließ gerade ein Stöckchen über der Nase eines schwarzen Katers kreisen.

»Beides, Senhora«, erwiderte Eva, als wäre es selbstverständlich, was Fritz nicht überraschte, denn er kannte seine Tochter.

»Não bebida, Senhora«, wandte er ein.

»Hier, Kinder, esst noch Brote! Paola hat den ganzen Vormittag damit zugebracht, sie für euch vorzubereiten, seid ihr denn gar nicht hungrig?« Den Mädchen blieb es ein Geheimnis, woher die Witwe wusste, dass sie beide so gerne Butterbrote mit Leberwurst aßen, denn neben all dem Gebäck servierte die Dame ihre köstliche Leibspeise.

So vergingen die Besuchsnachmittage, wenn Eva und Hanne Glück hatten.

8

Im Frühjahr des Jahres 1941, als in Deutschland die Siegesstimmung auf ihrem Höhepunkt war, wurde die Lage in Lissabon zunehmend gefährlicher.

Fritz Lewkowitz, der Bruder von Else, hatte geschrieben und mit seinem Brief für größte Unruhe gesorgt. Er war der Erste von sieben Geschwistern, der schon früh nach Amerika ausgewandert war und nun in New York als Frederik Lindsey lebte.

»Ich habe es kommen sehen«, schrieb er in dem Brief. Er fühle sich in New York in Sicherheit und würde schon die halbe Stadt kennen. Was die Arbeitssuche für Fritz Moritz beträfe, hätte er bereits vorgesorgt.

Else saß mit dem vierseitigen Brief in der Hand – ihr Bruder hatte eine ungewöhnlich ausladende Handschrift – knapp zwei Stunden nachdenklich in ihrem Schlafzimmer, mal stand sie mit ihm vor dem Fenster, dann wieder vor dem Spiegel oder sie saß auf dem Bett.

»Ich muss hier weg«, dachte sie immer und immer wieder, »doch wie nur?« Sie wagte nicht, den Gedankengang zu Ende zu verfolgen, fest stand für sie nur, dass sie Europa verlassen musste, auf welchem Weg auch immer.

New York, 1941

Liebe Else,

Du weißt, in welcher Angelegenheit ich Dir schreibe und ich möchte, dass Du weißt, wie ernst ich es diesmal meine.

Ich verfolge die Nachrichten täglich und kann Deine Situation in diesem Lissabon, als Bruder, mit der Verantwortung, in der ich stehe, nicht länger dulden. Hitler steht vor Eurer Tür, ich habe es kommen sehen! Weißt Du, was das bedeutet? Du wirst alles verlieren, es gibt keine Garantie für eine rechtmäßige Fortführung der Geschäfte von Fritz. Ich kann Dir hundert bessere Möglichkeiten bieten, Else, die Stadt New York, sie ist unbegrenzt. Hier ist Eure Zukunft, wo sonst?

Natürlich habe ich mich umgehört bezüglich einer Unterkunft, und es besteht eine Möglichkeit, Euch hier in Manhattan Up Town unterzubringen. Was hast Du zu verlieren, wenn Du weißt, dass Du alles verlieren kannst, solltest Du in dieser umzingelten Zelle bleiben. Deine Töchter sind noch in einem Alter, in dem es kein Problem sein wird, eine Schule zu finden. Sie kriegen eine Ausbildung, die für ihr Leben Perspektiven schafft, ganz zu schweigen davon, dass sie Englisch lernen müssen!

Überlege Dir gut, Else, was Du opfern möchtest, ich kann Dir hier nicht mehr bieten als die Unabhängigkeit und ein sorgenfreies Leben – auch für Deine Töchter.

Die »Orinoco Grace Line« verlässt Lissabon zweimal im Monat.

Fritz kann sich auf mich verlassen, ich habe gute Kontakte, eine Arbeit zu finden wird das geringste Problem sein.

Liebe Else, denk daran, Hitler ist unberechenbar, überlege es Dir gut, und telegraphiere, sobald Du einen Entschluss – hoffentlich zu Deinem Vorteil – gefasst hast.

Es verbleibt mit Grüßen der Deine

Fred Lindsey, Fritz Lewkowitz

Als Fritz gegen sieben Uhr nach Hause kam, roch es weder nach Essen noch nach Badesalzen oder Parfum. Er wunderte sich über die Ruhe in der Wohnung. Er hörte nichts, außer dem pausenlosen Piepsen in seinem linken Ohr. Er wusste sofort, dass die Mädchen noch bei Daisy und Felix waren. Er legte zuerst seine Sachen ab und lockerte die Krawatte, dann ging er zur Küche und anschließend in den Salon, durchquerte den lang gestreckten Raum, vorbei an dem hohen Geschirrschrank und dem Diwan, um schließlich in den Flur zu treten, an dessen hinterem Ende das Schlafzimmer lag.

»Else?«, rief er.

Er wusste, dass sie sich dort aufhielt, weil die Tür geschlossen war, erhielt jedoch keine Antwort. Als er das Zimmer betrat, war ihm alles klar, ohne dass ein Wort zwischen ihnen gefallen war. Er sah Elses verweintes Gesicht, die in Tränen aufgelöste Tusche auf ihren Wangen, ihre sehr schmalen Lippen, er sah auf ihre Hände, die gefaltet in ihrem Schoß lagen, so, als würde sie beten, dann erst schaute er zum Bett, auf dem der Brief ausgebreitet lag. Er erkannte die Handschrift ihres Bruders. Mit einem Seufzen griff Fritz nach den Blättern, und Else konnte förmlich hören, wie er Zeile um Zeile las.

Plötzlich begann sie zu schluchzen. Sie rang nach Atem, während die Tränen von ihren Augenwinkeln zur Nase rannen und eine schwarze Spur zerflossener Tusche hinterließen. In Gedanken wiederholte sie die Worte ihres Bruders und es überkam sie die pure Verzweiflung angesichts ihrer ausweglosen Lage, die sich langsam in Wut steigerte. Wie sollte sie das Schiff bezahlen? Wie die Kosten für die Wohnung? Was sollte sie mitnehmen, was nicht? Sie sprach kein Englisch – bei dem Gedanken schlug sie die Hände vors Gesicht –, sie musste gehen, zurück nach Hamburg konnte sie nicht, und hätte sie es noch so sehr gewollt.

Fritz war sehr verwöhnt, er konnte nicht einmal Eier pellen, geschweige denn eine Kartoffel schälen. Er war sehr still geworden in letzter Zeit und immer öfter in Gedanken versunken. Er war ein stolzer, guter Mensch von unwiderstehlichem Charme, er konnte tanzen und sah noch dazu sehr gut aus. Er sprach fließend vier, fünf Sprachen und wurde von Staatsmännern hoch geachtet. Doch wenn Else weinte, dann war er nichts mehr von alldem. Dann fühlte er sich schuldig, fühlte sich hilflos und ausgeliefert. Else gegenüber empfand er nur Liebe und Ehrfurcht. In diesem Moment, als er so vor ihr stand, diesen schrecklichen Brief in der Hand, seine verzweifelte Frau unerreichbar fern von ihm, da schien in ihm etwas zu zerbrechen. Er wusste, er würde nie die Kraft aufbringen, Else von ihrem Vorhaben abzubringen – er war zu gut, er war ein Edelmann und kein Krieger. Ahnte Fritz, dass sein Schwager völlig fehl lag in der Einschätzung der Lage?

Hitler schien in seinen Plänen für das Jahr 1941 keinen Gedanken an Spanien oder Portugal zu verschwenden, vielmehr beschäftigte ihn die Eroberung der östlichen Welt. Von der Idee eines »Weltblitzkrieges« ließ er sich nicht abbringen, seine Truppen sollten bis nach Afghanistan vorstoßen und in einem wahnwitzigen Feldzug alles vom Kaukasus nach Persien, über Bulgarien und die Türkei nach Syrien, Libyen und schließlich Ägypten, dass unter britischem Einfluss stand, erobern. Außerdem feierte »der Führer« im Juli desselben Jahres den anfangs erfolgreichen Russlandfeldzug und dachte nicht über den schmalen portugiesischen Landstreifen am Atlantik nach.

Konnte ein Jude in Europa überhaupt noch sicher sein?

Fritz setzte sich neben seine Frau, die in sich zusammengesunken war. So hatte er sie noch nie erlebt und würde sie auch nie wieder so erleben. Die Weinkrämpfe schüttelten ihren Oberkörper, ihr Haar klebte an den Wangen und auf ihrer Bluse zeichneten sich die Tränen in breiten, dunklen Flecken ab. Er legte, so fern sie ihm auch gerade war, seinen Arm um ihre Schultern und drückte sie fest an sich. In Gedanken ging er ein Szenario nach dem anderen durch, was er von der Zukunft erwarten durfte.

9

Die Nacht legte sich über das erleuchtete Lissabon, in den Parks verschwanden die Umrisse der Palmenblätter vor dem nächtlichen Himmel, eine kühle Brise wehte vom Atlantik her durch die Gassen und blies den heißen Dunst hinaus aufs Land.

Aus den hell blinkenden Eingängen der Nachtclubs klangen Fetzen von Salsa- oder Sambamusik auf die Straße, hier und da standen dunkelhäutige Männer rauchend davor und unterhielten sich laut.

In der Rua Fronsera waren um diese Zeit alle Lichter gelöscht, bis auf eines im vierten Obergeschoss des Hauses.

Fritz hatte es aufgegeben, sich im Bett von einer Seite auf die andere zu drehen, war aufgestanden und im Hausmantel über die Teppiche zur Bibliothek geschlichen. Er hatte eine der drei Schreibtischlampen angemacht und sich hingesetzt. Hier saß er nun, Fritz Jessurun, und konnte sich nicht erinnern, seit wann er an Schlaflosigkeit litt. Zu lange schon, etwa vier oder fünf Jahre vor der Auswanderung, schlief er nicht mehr die ganze Nacht durch, sondern fand nur wenige Stunden, von elf Uhr nachts bis höchstens drei Uhr morgens, in einen unruhigen Schlaf. Seine Gedanken drehten sich dann unentwegt immer wieder im Kreis und eine Flut von Bildern zwang ihn, die Augen zu öffnen und schließlich aufzustehen.

Fritz strich sich mit beiden Händen übers Gesicht und stand dann auf, um sich einen Whisky einzugießen. Wenn man ihn so sah, hätte man denken können, dass alles in ihm ruhte. Fritz trank den Whisky ohne Eis. Er ließ die goldene Flüssigkeit sachte von einer Glaswand zur anderen fließen, während er ans Bücherregal trat und nach einer Bibel griff. Er musste an den Zusammenbruch seiner Frau denken. Sie wurden wegen ihres Glaubens verfolgt, der ihm so fremd geworden war.

Seltsam, dachte er bei sich.

Er strich mit dem Daumen über das schwarzbraune Horn des Bibeleinbandes. Eine jüdische Weisheit besagte, dass die Erwachsenen ihre Bücher immer mit ins neue Exil nehmen, weil die Kinder nicht zu Analphabeten werden sollen. Sie sind es, welche die hebräischen Buchstaben lernen müssen, um das harte jüdische Schicksal des Exils ertragen zu können. Die kalten Silberbeschläge kühlten seine warmen Finger. Wer hatte eigentlich das Recht, Religionen zu bewerten, zu definieren wie eine Formel, wie das logische Ergebnis einer Rechnung?, fragte er sich, als er sich, nun schon sehr viel wacher, wieder setzte.

Fritz öffnete die Silberklemmen und schlug den Beginn der *Fünf Bücher des göttlichen Rechts* auf, »überarbeitet und neu herausgegeben im Hause und auf Kosten des Yshak de Cordova«, Amsterdam Ano 5465 (1705). Gewidmet war die Bibel dem Mordechay Levy Vittoria von Ys. De Iaha. Haym Cordova, dem Buchdrucker, Amsterdam, den 15. Juni 1704.

Seit 1705 war die Bibel also von Hand zu Hand gewandert, seit 1705 wurde sie zum Gottesdienst getragen, seit 1705 hatte sie jede Reise überstanden. Das brüchige Papier spiegelte all das wider. Obwohl Fritz den rauchigen Duft des Rye Whiskys noch in der Nase hatte, stieg von der Bibel in seinem Schoß der Geruch von Weihrauch und verbranntem Kerzenwachs auf. Er ließ Er-

innerungen in ihm aufsteigen an tiefe Mönchsgesänge, minuten-
lange Gebete und andächtiges Schweigen. Die Bibel vereinte so
viel Hoffnung in sich, in dem kunstvollen Druck der Lieder, der
Gebete und des Testamentes. Nun wanderten seine Augen die
Buchstaben entlang. Viele Gebete konnte er auswendig, obwohl
er sie niemals in einer Synagoge gesprochen hatte.

Fritz nahm das Glas wieder zur Hand und trank den Whisky
in einem Zug aus. Die Nacht war noch lang, die Zeiger des We-
ckers standen erst auf 3.57 Uhr. Fritz musste noch über vieles
nachdenken. Manchmal überkam ihn eine Angst, in seinem Leben nicht mehr genug Zeit zu haben, über all die Dinge nachzudenken. Sie zerrann ihm zwischen den Fingern, ihm gingen die
Kräfte aus.

Ein Leben in New York mochte er sich im Augenblick nicht
vorstellen, doch er hatte die gepackten Koffer seiner Frau zu
deutlich vor Augen, als dass er sich hätte einbilden können, sie
noch lange hier halten zu können. Er kannte seine Frau. Damals
hatte sie darauf bestanden, auf ihrer Hochzeitsreise nach Venedig zu fahren, also fuhren sie nach Venedig, und wenn sie heute
die Stadt verlassen wollte, dann tat sie das.

Und die Kinder?

Fritz liebte seine Mädchen über alles, er hätte sechs davon haben wollen, nur Mädchen. Sie waren noch in einem anpassungs-
fähigen Alter, in einem Alter, in dem sie den dramatischen Hintergrund in seinem ganzen Ausmaß noch nicht erfassen konnten.
Sicher war er sich nicht. Eva biss sich durch, sie sah und verfolgte
die schönen Dinge im Leben, sie hatte das Charisma seiner Mutter geerbt. In Hannelore hingegen sah er allzu oft sich selbst und
seine verschwiegene Art, die auch seinen Vater so geprägt hatte.
Sie konnte auch tapfer sein, tat sich aber schwerer, so hart und ro-
bust wie ihre Schwester zu sein.

Als sich unaufhaltsam die Gedanken an ihre wirtschaftliche Situation aufdrängten, klappte er die Bibel zu und verschloss sie
wieder. Er hatte Mühe, seinen Ärger zu unterdrücken. Er hielt
es für unangebracht und falsch, sich über Geld Gedanken zu machen, das nicht mehr vorhanden war, das sich in Händen befand,
aus denen er es nie mehr zurückbekommen würde. Er durfte da-

rüber nicht in Selbstmitleid verfallen, denn allen Freunden im engeren Kreis erging es nicht besser. Dass man ihm die Hände band, ließ ihn verzweifeln. Es ging ihm weniger um sich selbst als vielmehr um seine Töchter und seine Ehefrau, er verspürte großen Schmerz.

Fritz Moritz Jessurun erhob sich erneut aus dem Sessel, die Uhr zeigte 4.27 Uhr. Er ging zu seinem Humidor und entnahm ihm eine Zigarre. Auf dem Weg zurück zum Sessel blieb er am Regal stehen und öffnete eine kleine Holzdose, die auf der mittleren Ablage stand. Er sah hinein und stellte erleichtert fest, dass noch alle Briefmarken da waren. Er klappte sie wieder zu und setzte sich neben die Lampe.

Nach vier, fünf Zügen glühte die Zigarre und Fritz begann erneut nachzudenken.

Sein Blick fiel auf ein kleines Bild, das er von Else auf einer Strandpromenade gemacht hatte. Er war immer wieder fasziniert von ihrer Eleganz, ihrem Schritt, ihrem Blick, von ihrem Gesicht. Sie lächelte – er sah genauer hin – und lächelte doch auch nicht. In dem Pelz sah sie aus wie eine Tochter des Zeus: stark, verletzlich und wunderschön. Er rauchte in Gedanken versunken.

10

Tante Daisy versuchte vergeblich, Else von ihrem Vorhaben abzubringen. Wenn das überhaupt einer durfte, dann war es Tante Daisy.

»Daisy, wenn ich hier bleibe, ist es einerlei, ob mich die Hitlers holen oder ich sonst wie sterbe.«

Daisy erschrak.

»Else, bitte, was denkst du nur. Lässt sich denn nichts für dich einrichten? Wie kann das sein? Willst du Fritz das nicht ersparen? Du weißt doch, seine Nerven. Ich kümmere mich um die Mädchen, halt es doch noch ein bisschen hier aus.«

»Ein bisschen wäre schon zu viel, Daisy. Ich war zwei Jahre

hier, ich bleibe keine Woche länger.« Else strich sich die Locken über den Scheitel aus der Stirn. Daisy legte ihr die Hand auf die Schulter.

»Wir haben es doch alle nicht leicht. Du kannst die Kinder hier lassen und sie beenden die Schule. Ich sorge für sie, es wird an nichts fehlen.«

»Daisy, das weiß ich, ich würde sie nur dir überlassen, doch sie kommen mit. Jetzt geht es noch, sie sind erst elf und zwölf, später würde es zu schwierig für sie werden. Mein Bruder hat sich um Ausbildungsplätze gekümmert.«

»Bist du sicher?« Daisy hatte nur eine vage Vorstellung von der Verlässlichkeit von Elses Bruder, den sie zuallererst für kontroll- und selbstsüchtig hielt.

Ein strenger Blick von Else ließ sie für einen Moment verstummen, doch dann fuhr sie fort: »Else, ich bewundere deinen Mut. Und ich hoffe, dass du weißt, wie sehr ich dich mag, geh mir bloß da drüben nicht unter. Es sind so viele Menschen.«

»Was ich hier überstanden habe, überstehe ich dort zweimal. Du passt in erster Linie auf dich auf. Du vergisst dich selbst bei all der Sorge um Omi, Alice, die Mädchen, deinen Mann.«

Daisy lächelte verlegen, sie war nicht die Frau für Komplimente, genauso wenig wie Else.

»Mein Gott, wie haben wir das verdient? Daisy, wann hast du deine Suppe nicht aufgegessen, dass wir das durchmachen müssen?«

»Ich kann mich erinnern, sie immer aufgegessen zu haben, aber du, Else, mochtest nie die Zwiebeln essen.«

Sie sahen sich an und mussten dann lachen.

»Wer war es?« Else legte den Kopf in den Nacken, als wolle sie Gott fragen.

»Jetzt mach dich nicht verrückt. Fang lieber an zu packen, und wenn du Hilfe brauchst …«

Else sah Daisy dankbar an.

»Du wirst ein Engel, Daisy, wenn du nicht schon längst einer bist. Du bist ein Geschenk.«

»Komm, es ist schon bald Mittag.« Daisy sah zu Boden und verließ mit Else das Zimmer.

Die Sonne schien, es war ein warmer Tag, als Senhor Lima Frau Jessurun, Hannelore und Eva am Hafen absetzte. Chaotisches Treiben herrschte auf dem Pier. Die »Orinoco Grace Line« lag majestätisch im Wasser. Es sah aus, als würde sie schlafen. Fritz trug einen schwarzen Anzug und eine Krawatte, wie immer, wenn er arbeitete. Stundenlang hätte er seine Töchter im Arm halten wollen und bereute in diesem Moment, es nicht öfter getan zu haben. Er spürte Evas Herzschlag und die Anspannung von Hannelores dünnen Armen, die sie fest um ihn geschlungen hatte. Sie schwiegen alle, jedes Wort wäre unpassend gewesen. Komisch, dass sich manche Szenen im Leben wiederholen konnten, alles erinnerte an die Abreise aus Hamburg.

Schiffsarbeiter schrieen gegen das Möwengeschrei in der Luft an, es wurde gepfiffen und gerufen. Unaufhörlich brachten Autos neue Passagiere und fuhren wieder ab. Die Luft über dem Atlantik war salzig, der Wind wehte über die vielen, mit Hüten bedeckten Köpfe hinweg, die Brandung schlug wieder und wieder an den Rumpf des Dampfers.

»Ich komme nach, und dass ihr mir auf die Mami aufpasst, schön lieb seid und tut, was sie sagt.« Fritz schien seine eigene Stimme fremd. Er wagte kaum, Elses Blicken zu begegnen, was ihn erstaunte und zugleich erschreckte. Schließlich umarmten sie sich, atmeten schwer und fühlten noch einmal einander, bevor sie sich trennten. Else sah von der Brücke aus noch einige Male über ihre Schulter hinweg zu ihrem Mann hinunter, bis er im Gewimmel von Menschen, Koffern, Vögeln und Schirmen verschwunden war. Plötzlich fielen ihr noch tausend Dinge ein, die sie ihm hatte sagen wollen, doch es war zu spät, der Strom der nachrückenden Passagiere machte es unmöglich, umzukehren.

Der Dampfer verließ Lissabon, während Fritz von Herrn Lima zum Büro gefahren wurde. Er sollte seiner Familie erst drei Monate später folgen.

5. TEIL

DER KRIEG UND DAS LEBEN IN DER ENKLAVE

Oktober 2004. Tante Petra ist die ältere Schwester meines Vaters und die Drittälteste in der Geschwisterfolge. Sie lebt nur wenige Minuten von uns entfernt. Doch als ich mich mit dem Wagen auf den Weg Richtung Küsnacht mache, fällt mir auf, dass ich sicher seit zwölf Jahren nicht mehr bei ihr gewesen bin. Petra und ihr Mann Don empfangen mich im Eingang. Don wechselt einige Worte mit mir und lässt uns dann alleine. Wir setzen uns in die Wohnküche mit Blick in den Garten und auf den in der Ferne glitzernden See. Nachdem ich in einem Korbstuhl Platz genommen habe, bietet Petra mir Wasser an. Die ersten Minuten verstreichen langsam. Ins Gespräch zu kommen ist schwierig, weil wir uns eigentlich kaum kennen. Das Wetter eignet sich immer als ein erstes Gesprächsthema. Dann fragt Petra, was ich denn wissen will.

Sie schaut mich aus ihren blauen, nur halb geöffneten Augen müde an. Sie ist etwas erkältet und ich spüre, dass es sie Überwindung kostet, mit mir zu sprechen.

Die Sonne steht tief hinter dem Üetliberg, die Luft ist noch immer warm. Es ist etwa fünf Uhr nachmittags.

»Weißt du, ich kann mich kaum an etwas erinnern«, sagt sie.

Das glaube ich ihr natürlich nicht, aber ich nicke und warte. Die Erkältung quält sie. Ein leuchtend blauer Schal ist um ihren Hals gewickelt. Ihr Blick geht ins Leere.

»Wenn ich mich an etwas erinnere …« Sie schweigt und setzt dann erneut an: »Wenn ich Erinnerungen habe, dann sind das bloß Erinnerungen an Erinnerungen. Das heißt, ich weiß, dass es da etwas gab und dass ich mich daran erinnert habe.«

Das ist der Beginn einer mühseligen Arbeit, das Freilegen einer schwachen, verschütteten Quelle. Doch das Wasser kommt tropfenweise, nach und nach.

Tastend bewege ich mich in diesem heiklen Dialog vorwärts. Ich berichte, mit wem ich schon gesprochen habe, bis sie voller Entsetzten sagt: »Gott, Louise, verzerr das Bild meines Vaters nicht!«

Ich traue mich nicht zu atmen. Ich bin den Tränen nahe, weil ich mich beinahe schäme, hier zu sein, und es doch eigentlich keinen Grund dafür gibt.

Ich habe in dieser Sekunde eine Mauer niedergerissen und stehe jetzt vor den Trümmern. Zwischen uns herrscht Schweigen, ich weiß nicht recht, wo ich ansetzen soll. Der Kugelschreiber rutscht mir immer wieder aus den feuchten Händen.

Wir kommen auf Hinrich zu sprechen, den jüngeren Bruder ihres Vaters. Er wurde von den Kindern »Opa Hartwigstraße« genannt, nach der Straße, in der er wohnte. Petra erzählt mir von Walthers engem Kontakt zur Familie in Borgfeld.

Ab und an lockert sie ihren Schal, dann wickelt sie ihn wieder enger um Schultern und Hals. Als die Sonne gegen sechs Uhr ins Zimmer scheint, erhebt sie sich und zieht die Gardinen zu, ohne dass sie sich unterbricht. Ich trinke etwas Wasser. Der Korbstuhl knackt. Ihre Worte scheinen es plötzlich leichter zu haben, denn sie erzählt vom Baden in den Wümmewiesen. »Die Seerosen, daran erinnere ich mich genau, die Wasseroberfläche war übersät mit weißen Blüten. Aber davor weideten immer die Kuhherden, und diese Fladen, die stanken im Sommer, wenn sie noch nicht getrocknet waren. Ja, so war das. Da haben wir dann Schlagball gespielt und Bremsen gejagt.«

Und da! Ein Lächeln huscht über ihr Gesicht. Ich bin sicher, ich habe es gesehen, ich bin sicher, es war da. Sekunden später ist es wieder verflogen. Der Vorhang einer sich sorgenden Seele ist wieder gefallen, die Nostalgie in Petras Stimme gleicht wieder einer Folter, der sich jeder Satz unterziehen muss. Sie gibt wenig über ihren Vater preis, ein bisschen mehr erzählt sie von ihrem eigenen Interesse für Politik. Ihre Stimme wird fester, wenn sie von der Zeit um 1940 in Deutschland spricht: »Politik war Luxus, weißt du. Uns war das alles fremd, und ich kann nur sagen, die Familie war ganz klar gegen die NSDAP eingestellt.« Walther hat sich nie in einer politischen Partei engagiert. Sie setzt sich wieder. Sie ist etwas zugänglicher, wenn sie über Politik sprechen kann. »Was hatte ich Diskussionen mit Vater, wenn es um Politisches ging. Manchmal bin ich richtig wütend geworden.« Später sagt sie »Du kommst ja in deinem Buch nicht drum herum, die Haltung der Familie gegen Hitler zu erwähnen.«

Natürlich, ich nicke, ich flehe innerlich, dass sie weiterspricht.

Sie redet mit Hochachtung von ihrem Vater, bis sie plötzlich, nach über einer Stunde, sagt: »Es war klar, von Anfang an habe ich es gespürt: Die Mädchen waren immer weniger wert. Ihre Ausbildung spielte keine Rolle.« Ich richte mich interessiert im Stuhl auf, um ihr genau zuzuhören. In dem Moment bricht sie ab, als wollte sie diese Gedanken nicht zulassen und als wünschte sie, die Worte nie ausgesprochen zu haben, sie schweigt. Ich bin ihr dankbar für diesen kurzen Moment der Offenheit.

In Gedanken sehe ich die Büste meines Großvaters in einer Vitrine hinter Glas stehen, in Sicherheit gebracht vor einer Generation, die sich mit ihm befassen möchte, ihn aus dem Verborgenen hervorlocken will. Man soll sich am besten gar nicht an ihn erinnern. Die unausgesprochene Vorschrift scheint zu lauten: »Nur zum Anschauen! Nicht berühren!« Auf der Suche nach seiner Persönlichkeit merke ich schnell, niemand hatte ihn berühren dürfen, warum sollte ich es können.

Weil ich es will.

Petra steht zwischendurch auf und holt mir Bücher, die sie mir empfiehlt zu lesen. Irgendwie habe ich den Eindruck, dass sie Erinnerungen hat, die sie mir gegenüber nicht aussprechen kann. Ich kann sie hinter ihrer Stirn förmlich sehen, doch es ist so, als könnte ich die Schrift, in der sie geschrieben sind, nicht entziffern.

»Er hatte ein sehr gutes Gespür für Menschen, hat ihren Charakter sehr schnell erkannt, und wenn er sich einmal eine Meinung gebildet hatte, änderte er diese nicht mehr; und er lag immer richtig.« Sie macht eine kurze Pause. »Nur bei seinen eigenen Kindern, da war er blind.« Ihre Stimme ist so ernst, dass ich lächeln muss.

Wie viel braucht es denn noch, denke ich, damit sie genau darüber spricht? Darüber soll heißen, über Untugenden, über Laster, über negative Charaktereigenschaften. Sie gehören zu jedem Menschen dazu, genauso wie das Bittere zur guten Medizin, das Ungesunde zur süßen Sahnetorte.

Sie sieht mich nicht an, blickt ins Leere. Die Spannung von Reden-Wollen, aber nicht Reden-Können lastet auf uns beiden und wird zunehmend unerträglich. Ich werde müde.

Nach knapp zwei Stunden Gespräch habe ich drei Seiten Notizen in meinem Buch. Sie begleitet mich zur Tür, wir wirken beide etwas verstört. Ich fühle mich erschöpft, als ich in den Autositz sinke und den Motor starte. Ich drehe *Train in Vain* von The Clash auf und singe, um meine Beklemmung loszuwerden, die Unzufriedenheit über das Schweigen, darüber, Erinnerungen nicht teilen zu dürfen.

In Gedanken aber sehe ich den kleinen Schuppen auf dem Land in Cluvenhagen, wo Walther seine Familie in der Zeit des Zweiten Weltkriegs untergebracht hatte, um sie vor den Bombardierungen der nahe gelegenen Hafenstadt Bremen zu schützen. Und aus den Gesprächsfetzen und bruchstückhaften Erinnerungen von Petra setze ich mir zusammen, was sich dort während der Kriegsjahre zugetragen haben könnte.

2

Die Kälte riss an Walthers Fingern, als er mit seinem Motorrad über die Landstraße raste, die in vollkommener Dunkelheit lag. Es war der 6. Oktober 1944. Er sah die Gräser am Straßenrand im Mondlicht schimmern, der wackelige Lichtkegel seines Vorderlichtes beleuchtete die Straße nur schwach. Er kannte die Strecke von Bremen nach Cluvenhagen gut, bei Tag konnte man den weiten Horizont in der Ferne sehen. Der Motor ächzte, doch Walther verlangte seiner Maschine alles ab und knatterte mit 70 Stundenkilometern über den Schotterweg. Das, was er vor knapp einer halben Stunde an der Obernstraße gesehen hatte, war für ihn schwer zu ertragen. Adrenalin linderte in diesen Momenten Walthers Schmerz. Er spürte nicht die brennenden Lungen, deren Bläschen von Ruß verklebt waren. Walther hielt sich flach über sein Motorrad gebeugt und raste durch die Nacht. Die Luft war schwer und stank nach verbrannter Erde, nach verbranntem Holz und verbranntem Fleisch.

Was mochte er in diesen Minuten fühlen? Was, außer Demütigung und unbändige Wut? So, wie ich Walther später kennen lerne, dachte er sicher darüber nach, wie er alles wieder aufbauen konnte. Vielleicht dachte er noch an die chinesischen Vasen in den Regalen im Kontorhaus oder an den Mahagoni-Tresen. Alles wurde in diesen Minuten von Flammen zerfressen.

Es muss gegen 22.00 Uhr gewesen sein, als Walther sein Motorrad vor dem kleinen Haus in Cluvenhagen abstellte.

Drei Tage würden Tata und Lore ihm die Augen waschen müssen, drei Tage hustete Walther dunklen Schleim.

»Die Rösterei – sie haben die Rösterei getroffen«, berichtete er später. »Beide Packhäuser in der Großen Allee – sie sind völlig ausgebrannt. Das Dach vom Kontorhaus wurde weggefegt wie Papier, Lore, das Erdgeschoss ist völlig zerstört.« Walther holte kurz Luft, die Bilder der Zerstörung vor Augen fuhr er fort: »In der Rösterei an der Obernstraße haben sie das Lager getroffen, es ist ausgebrannt. Die Luftmine hat sämtliche Fenster und Türen zerschlagen.« Bis zu diesem Abend hatte Walther sein Leben lang Fassung bewahrt. In jener Nacht aber muss etwas in dem 37-Jährigen zerbrochen sein. Das durfte nie wieder geschehen. Die hohen Ansprüche, die Walther an sich selbst stellte, übertrug er auf seine Mitmenschen. Er war durch und durch Respektsperson und lebte »comme philosophe«. Seine Überzeugungen waren unumstößlich, sein starker Wille strebte nach Perfektion in allem, was er anpackte. Walther würde sein Leben geben, um einen solchen Verlust nicht noch einmal zu erleiden.

Hätte ich in dem Moment in seine schwarzen Augen sehen können, hätte ich vielleicht eine leichte Rötung entdeckt, die von Tränen herrühren konnte, aber genauso gut vom Rauch der Brände. Eines jedenfalls wäre ohne Zweifel zu erkennen gewesen: Die Firma war von dieser Nacht an sein Ein und Alles, und so sollte es bleiben.

Nach einer Woche fuhr er zum ersten Mal wieder in die Stadt, wo sich ihm das Ausmaß des Bombenangriffs darbot. Das reiche Kontorhaus mit seiner Holzeinrichtung, den Messingwaagen, den Vasen, den Bildern war zu großen Teilen zerstört. Betonbrocken lagen auf der Straße, Menschen gingen vorüber, als wären sie

Teil eines Trauerzuges, der den Verlust der schönsten Einkaufsstraße Bremens beweinte.

Bremen, im Oktober 1944
Liebe Arbeitskameraden!
Nun hat es leider auch unseren Betrieb bei einem schweren Angriff erwischt. Die beiden Packhäuser Langemarckstraße 12–14 sind vollkommen ausgebrannt, beim Kontorhaus ist das Dach weg und auch der Laden unten im Erdgeschoss ist ausgebrannt. Im Röstereigebäude wurde die Packerei durch Feuer zerstört und leider dabei auch eine der beiden Paketiermaschinen. Auch noch der Fahrstuhl brannte aus. Durch eine in unmittelbarer Nähe gefallene Luftmine waren fast alle Fenster und Türen herausgerissen, sodass der Feuersturm überall freien Zutritt hatte und es an allen Ecken und Enden anfing zu brennen …

(18 Angestellte der Firma Jacobs & Co. hatten diesen Tag miterleben müssen. Vor sechs Jahren nur beschäftigte die Firma noch 183 Menschen, bis Ende des Jahres mussten sich 64 davon in die Wehrmacht verabschieden, ein Teil galt als tot oder vermisst.)

… Es ist erstaunlich, wie viel der Mensch, insbesondere Frauen, Kinder und ältere Leute, in Notzeiten ertragen kann. Hier sind ohne großes Gerede Leistungen vollbracht, die von wahrem Heldentum zeugen und vielleicht nie gerühmt werden. Gerade diese Taten beweisen, dass die Standhaftigkeit der Heimat über jeden Zweifel erhaben ist. So wird es auch in Zukunft sein und wenn dann dazu die Front eisern steht, so wird auch uns eines Tages wieder die Sonne scheinen.

In den vergangenen Jahren waren wir um diese Zeit damit beschäftigt, Weihnachtskaffee zu rösten und zu verteilen. Die stark zusammengeschrumpften Bestände gestatten eine derartige Aktion nun nicht mehr und so wird es leider ein Weihnachten ohne Bohnenkaffee werden. Auch fehlt es an »kleinen Dingen«, die wir in den anderen Jahren immer noch schicken konnten und die heute unerschwinglich sind.

Umso herzlicher sollen dafür unsere Weihnachts- und Neu-
jahrsgrüße und Wünsche für Euer weiteres Wohlergehen sein.
Heil Hitler!

Eure Betriebsgemeinschaft Jacobs-Kaffee

3

Walther selbst, der von der Aufforderung, sich für das Deutsche
Reich an der Front erschießen zu lassen, nicht verschont blieb,
diente als Reitlehrer bei den Rekruten. Er erkrankte bald an
einem Magengeschwür und musste sich in Berlin von einem
Arzt behandeln lassen. Klaus erzählt auch, dass er später nicht
mehr eingezogen wurde, weil er mit seinem Kaffee für das Wohl
der Bevölkerung beizutragen hatte.

Lore Jacobs war mittlerweile Mutter von zwei Kindern geworden, Klaus und Bärbel. Zusammen mit Tata, dem Kindermädchen, das der Familie Jacobs auf Jahre erhalten bleiben sollte und
von allen Kindern gleichermaßen vergöttert wurde, lebten sie in
Cluvenhagen. 15 Jahre später sollte genau an dieser Stelle, inmitten der Heide, zwischen Weser und Alter Aller ein Erholungs-
heim für die Angestellten der Firma Jacobs entstehen.

Walther wollte seine Familie in Sicherheit wissen und hatte daher bereits 1940 den Geräteschuppen des kleinen Hauses zu
einem Stall ausgebaut, in dem zwei Hühner, ein Schwein, Hunde
und eine Kuh gehalten wurden, Klaus schaffte sich ein Kanin-
chen an. Unter der Woche arbeitete Walther in der Stadt und
kam am Samstag die Familie auf dem Land besuchen, Raritäten
wie Butterkuchen im Gepäck. Beziehungen waren in dieser Zeit
weitaus wertvoller als Geld, um an Dinge heranzukommen, von
denen andere nur träumen konnten. Walther konnte mit gleicher
Währung bezahlen – mit gerösteten Kaffeebohnen. Geld besaß
so gut wie niemand. Keiner handelte mit Münzen oder Scheinen;
Kaffee, Butterkuchen, Marmelade oder Schokolade ersetzten die
üblichen Zahlungsmittel.

Die Kinder wuchsen in großer Bescheidenheit auf, obwohl es ihnen vermutlich besser ging als vielen anderen in der Stadt. Lore lebte in ständiger Angst um ihren Mann. Doch auch ihr war klar, dass es keine Alternativen gab.

Der Krieg in Deutschland zog an den Jacobs vorbei als eine Zeit, in der man wenig besaß und in der man ewig in der Heide spazieren ging. Es waren aber auch Monate, Jahre der Sorgen. In der Erinnerung blieb die Angst, die in den Monaten nach Kriegsende noch wuchs, die Angst davor, die Soldaten könnten die bei den Nachbarn versteckte Mettwurst finden. In Erinnerung blieb auch das schwarze Schlachten nachts in der Schlafkammer der Eltern. Dort nämlich hing so manches Mal um Mitternacht im Stockfinstern eine Sau zum Ausbluten an der Kette.

Nirgends brannte Licht und die Kinder mussten schweigen. Die nötigen Handgriffe beherrschte Walther noch immer, er hatte sie vom Vater gelernt. Er betäubte das Tier mit einem Hammer und durchstach dann die Hauptschlagader gezielt am Hals. Das tiefrote Blut war in der Dunkelheit nicht auszumachen, allein das Glitzern ließ die Umstehenden erkennen, wie es anfangs herausschoss und dann immer langsamer in den Holzbottich tropfte. Ein warmer Dampf stieg auf. Walther forderte Bärbel wortlos mit knappen Gesten auf zu rühren, das Blut durfte nicht gerinnen. Kein Wort wurde währenddessen gesprochen. Schließlich hievte Walther das Tier auf den Schragen. Als er anfing, mit einem Gasbrenner die Borsten zu erhitzen, breitete sich ein seltsamer Geruch unter der niedrigen Decke aus, die schwarzen Stoppeln kratzte Walther dann mit einer harten Bürste ab. Bärbel rührte unentwegt das Blut. Mit einem Messer schnitt Walther dem Tier nun längs den Bauch auf und entnahm ihm den Magen, den Dickdarm und den Dünndarm – sie konnten für die Wurst verwendet werden. Er trennte den Kopf ab für die Sülze und dann die Pfoten, die Lore auskochte, um Gelatine für die Erbsensuppe zu gewinnen. Was Walther vom Bauch wegschnitt, ging mit in die Knipp- und Rotwurst, genau wie die Niere und die Leber, die fein säuberlich am Ende des Tisches lagen. Mit krachendem Geräusch trennte Walther die Schultern ab und schnitt zuletzt noch Kotelett, Nacken, Filet und Rippen zurecht. Das Ganze dauerte nicht länger als fünfzehn Minuten.

»Bärbel, rühren«, flüsterte er seiner Tochter zu, die beim Anblick der Handgriffe des Vaters für kurze Zeit ihre Aufgabe vergessen hatte.

Nicht nur das Schwein ließ hier sein Leben, Walther schlachtete auch mitten in der Nacht Gänse, um für ausgewogene Mahlzeiten zu sorgen. Die Butter wurde unter dem Brennholz versteckt in einem grauen Opel aufs Land geschmuggelt und fand so ihren Weg in die Vorratskammer. Man musste sich mit den Nachbarn absprechen.

Sonntags machte Walther seine Spaziergänge mit den Kindern, ob sie wollten oder nicht. Bärbel lief stets weit voraus, betrachtete hier und da Blumen oder Steine und sah sich nur selten nach dem Vater und der Mutter um. Klaus rannte seiner Schwester manchmal nach und ließ sich dann wieder zurückfallen, um an der Seite der Eltern weiterzulaufen.

Als 1944 jeglicher Röstbetrieb eingestellt werden musste, der Verkauf von Kaffee mangels Personal gestoppt wurde und gute Kaffeebohnen unmöglich zu bekommen waren, sah sich die Firma im November des Jahres gezwungen umzuziehen.

Karl Mahrenholz – vor dem Krieg leitete er die Abteilung GB I – wohnte in Sarninghausen, wo sein Haus von Bomben zerstört worden war. Er bekam den Auftrag, eine ehemalige Kartoffelflockenfabrik zu einer Rösterei für Kaffeeersatz umzubauen. Schon im Oktober hatte Walther Jacobs drei seiner Mitarbeiter, Mahrenholz, Lücke und Bönning, beauftragt, die Fabrik eines gewissen Ernst Jörns im Sinne der Firma Jacobs umzurüsten. Gemeinsam mit zwei »Fremdarbeitern« wurden seinerzeit die Maschinen entfernt und zwei gebrauchte Gotho-Röster montiert, die ehemals aus der Firma Schilling, Bremen, stammten. Kurz darauf konnte in dem Gebäude erstmals »Kaffeezusatz« geröstet werden, bestehend aus 80 Prozent Zuckerschnitzeln und 20 Prozent Zichorie. Diese Mischung wurde an den Kaffeeersatzhersteller weitergegeben, der sie entsprechend weiterverarbeitete. Später konnte auch in Steyerberg dieser »Zusatz« produziert und in den inzwischen aufgebauten Mühlen gemahlen werden. Säcke mit jeweils 25 Kilo Kaffeeersatz wurden in Güterzügen nach Bremen gefahren, der erste verließ den Verladebahnhof Steyerberg im Mai 1945.

Walther wusste, wie es um sein Land stand. Er wusste, wie es um die Regierung stand. Ihm war erlaubt, auf seine ganz eigene duftende und dampfende Weise die Stimmung im Land zu beeinflussen. Es kam nicht selten vor, dass Walther Jacobs Anrufe eines Armeebefehlshabers erhielt: »Herr Jacobs, eine weitere deutsche Offensive beginnt heute in den Ardennen. Es wird ein großartiger Sieg. Wir sind im Besitz weiterer Reservefonds von Rohkaffee, die von diversen Firmen ausgeliefert werden dürfen.«

»Eine gute Nachricht«, kommentierte Walther ruhig.

»Wir überbringen nur gute Nachrichten. Das haben sie dem Führer zu verdanken. Die Säcke treffen morgen fünf Uhr in der Früh am Hauptbahnhof ein. Sie weisen sich aus und nehmen ihren Teil entgegen.«

Eine weitere Woche Überleben war damit gesichert. Es ging aber auch anders: »Herr Jacobs, Armeebefehlshaber Ludwig.«

»Grüß Gott«, sagte Walther.

»Heil Hitler! München ist schwer getroffen von alliierten Geschossen. Das Bombardement bricht nicht ab, die Menschen sind in Panik.«

Walther schwieg. Der Befehlshaber fuhr fort: »Uns stehen weitere Reservefonds von Rohkaffee zur Verfügung, es ist Ihnen hiermit erlaubt, einen Teil davon in die bayerische Hauptstadt zu liefern. Es gilt, die Menschen etwas zu beruhigen. Die Säcke treffen morgen fünf Uhr in der Früh am Hauptbahnhof ein. Sie weisen sich aus und nehmen ihren Teil entgegen.«

Wiederum war eine Woche Überleben gesichert.

Im Frühjahr 1945 nahten die Kapitulation Deutschlands und das Ende des Krieges. Die britischen Truppen rückten heran. Im April besetzten sie Bremen.

In unmittelbarer Nähe der Rösterei Steyerberg lag eine Bahnstation nebst Verladebahnhof an der Bahnlinie Diepenau-Liebenau. In einer nahe gelegenen Sprengstofffabrik für V-Waffen lagerten die deutschen Truppen Munition, die sie am Bahnhof in Waggons luden und von dort aus weitertransportierten. Als die Front Ende April immer näher gerückt war, sprengten deutsche Soldaten eines Tages sämtliche Waggons in die Luft. Unter zahlreichen heftigen Explosionen stürzte die gesamte hintere Wand der ehemaligen Fabrik ein, der restliche Teil fiel, bis auf den Röstraum, dem Feuer zum Opfer, alles war binnen Minuten zerstört.

Während der Explosion hielten sich Mahrenholz und Lücke in unmittelbarer Nähe des Gebäudes auf und erlitten schwere Verletzungen durch Splitter und Rauchvergiftungen. Lücke lag verwundet durch zwei Splitter in der Brust stundenlang auf dem Boden vor der brennenden Rösterei, bis er in ein Lazarett gebracht wurde. Mahrenholz hatte sich ein Splitter in seinen rechten Fuß gebohrt, er blieb, sechs Wochen ans Bett gefesselt, fürs Erste arbeitsunfähig. Am 8. Mai marschierten die britischen Soldaten in Steyerberg ein.

Deutschland ging im britisch-amerikanischen Bombenhagel unter. Im Monat Mai des Jahres 1945 verzeichnete das »Reich« nunmehr 600 000 Tote. Hitlers Gefolgschaft bestand aus 900 000 Verletzten und 14 Millionen Obdachlosen. Jenseits der Grenzen folgte eine Niederlage der anderen.

Die Stadt Bremen, Bremerhaven, das Landgebiet Bremen und einige andere Orte wurden nach Kriegsende von den Amerikanern verwaltet. Auch Cluvenhagen lag innerhalb der amerikanischen Enklave.

»Ja, wer ist da?«, fragte Walther, ohne jedoch die Haustür sofort zu öffnen.

»Herr Jacobs, ich bin es, Rüdiger Mahrenholz«, kam es von draußen. Es war ein sonniger Frühlingstag, Käfer und Bienen summten in der Luft.

»Treten Sie ein. Wie geht es Ihnen. Das sieht ja böse aus«, bemerkte Walther beim Anblick der Krücken und des rechten Fußes, den Mahrenholz hinter sich herzog.

»Schon besser, Herr Jacobs, sieht schlimmer aus, als es ist.«

»Wie geht es Herrn Lücke?«

»Soweit ich weiß, gut, ich habe Nachricht aus dem Lazarett erhalten, binnen einer Woche kann er entlassen werden. Fragt sich, wann er wieder arbeitsfähig ist.«

Walther strich sich die rasierten Wangen.

»Ihre Hunde sind ja scharf auf alles, was sich bewegt.« Von draußen drang das laute Kläffen zweier Schäferhunde herein, die wohl in der Ferne etwas rochen oder sahen.

»Oh, es tut mir Leid, wenn Sie sich erschrocken haben, aber Sie wissen …« Walther schwieg. »Worum geht es?« Die Tür fiel hinter Mahrenholz ins Schloss, er humpelte über den Dielenboden und nahm Platz, nachdem sich Walther an den Tisch gesetzt hatte.

»Die Herren des Landesernährungsamtes waren bei mir im Krankenhaus. Sie fragen, ob es möglich ist, den Betrieb wieder aufzunehmen.«

Beide Männer dachten in diesem Moment an die Zerstörungen in Steyerberg. Sie schwiegen, während man draußen die Kinder mit Lore und Tata spielen hörte.

»Wie groß sind die Schäden?«

»Das halbe Gebäude ist zerstört. Zwei Mauern sind eingestürzt, es steht nur noch die Rösterei. Fraglich ist, ob die Maschinen noch taugen oder ob sie ersetzt werden müssen. Seit der Explosion war ich nicht mehr dort.«

»Sie sagen, das halbe Gebäude steht noch?«

»Ja, so ist es, Herr Jacobs.«

»Dann bauen Sie es wieder auf«, sagte Walther entschieden. »Wie heißt es so schön: Buten un binnen, wagen un winnen.«

Eine der beiden Krücken rutschte von der Lehne des Stuhls und fiel zu Boden. Beide Männer bückten sich gleichzeitig. Mahrenholz hob sie rasch wieder auf.

»Beginnen Sie mit den Aufräumarbeiten. Verwerten Sie alles, was vor Ort liegt, die fehlenden Dinge werde ich besorgen. Das wird Knochenarbeit, Mahrenholz. Ich erwarte Ihren vollen Einsatz. Ich werde mich um die Beschaffung der notwendigen Maschinen kümmern, und Sie kontrollieren, wo und in welcher Verfassung Herr Lücke ist. Was ist mit Herrn Bönning?«

»Meiner Kenntnis nach wohnt er in Bremen. Er müsste zu finden sein.«

Lore saß auf einem Melkschemel neben der Kuh in der Garage und melkte das geschwollene Euter, als sie hörte, wie sich die Männer verabschiedeten. Sie sah über ihre Schulter hinweg, wobei sie die Zitzen losließ. Walther stand einige Sekunden regungslos in der Sonne, die rechte Hand in der Hosentasche, dann wandte er sich um. Von draußen hörte sie die Kinder, die offenbar mit Tata die frisch gelegten Eier der Hühner einsammelten; die Gans schrie.

Lore setzte das Leben auf dem Land sichtbar zu. Sie war noch zierlicher als sonst und etwas blässlich von den Anstrengungen und der ständigen Aufregung, an die sie sich nicht gewöhnen konnte. Die Rolle, die ihr nun als Ehefrau und Mutter im Krieg zugeschrieben war, hätte sie sich zu Lebzeiten nicht erträumt. Als gelernte Diätistin hatte sie eine Anstellung in der Stadt gehabt. Ihr Vater war Geschäftsführer des größten Opelhauses in Deutschland. Ihr Großvater war Oberlehrer eines Gymnasiums in Bremen gewesen, dem Erkenntnisstreben der Freimaurer verpflichtet. Lore kam aus einem guten, bildungsbürgerlichen Elternhaus und war der Kälte der Welt nie recht gewachsen gewesen. Ihr fehlte es zwar nicht an Humor und Lebenslust, sie spuckte Kirschkerne so weit wie sonst keiner, und sie konnte laut lachen, doch ihr zarter Körper würde den Strapazen auf Dauer nicht standhalten.

Am nächsten Morgen, es war ein Sonntag, besuchte die ganze Familie Jacobs wie gewohnt den Gottesdienst in der Kirche bei Cluvenhagen. Die Sonne schien und in den Kirchenbänken unter der Kanzel fand sich so manches bekannte Gesicht aus der Enklave. Es wurde gesungen, der Pfarrer predigte Hoffnung, Segen für die Kinder, Segen für die Männer, die in der Stadt arbeiten mussten, und rief zu Tapferkeit und Stärke auf. Danach spazierte man in Gruppen über die Felder zurück, das Leben nahm seinen in dieser Zeit ungewohnten Lauf.

Der Aufbau des zerbombten Werkes im Landkreis Nienburg begann mit den Aufräumarbeiten. Mit bloßen Händen schleppten die Männer Ziegelsteine, Stahlträger, Wellbleche, Maschinenteile. Jeder noch zu verwertende Baustoff, jedes noch brauchbare Bauteil wurde gesammelt und auf sieben Haufen sortiert. Mahrenholz, Lücke und Bönning suchten sich im nahe liegenden Dorf einige kräftige Männer, die bereit waren, Mörtel anzurühren, Beton zu mischen und Material heranzuschaffen. Allmählich fanden sich auch ehemalige Betriebsangestellte ein, die aus der Gefangenschaft in ihre Heimat zurückkehrten.

Walther aktivierte all seine Kontakte zu den deutschen und britischen Behörden, um Nachschub für die Bauarbeiten und Ersatzteile aufzutreiben. Erschwert wurde der Aufbau der Fabrik durch schlechte Transportwege, den allgegenwärtigen Mangel und misstrauische Beamte. Die Arbeit dauerte länger als ein Jahr.

Am 6. Mai 1946 erteilte das Military Government of Germany in Hannover die Produktionsgenehmigung, die »Production Permit Industrial Plants für 190 Tonnen per month and coffee-substitute«; die Zeit des wenig geliebten »Muckefuck« begann.

»Sie arbeiteten und schafften, mahlten, mischten und schwitzten. Was sie taten, euch sei's verraten. Aus Zichorie und Schnitzel, Milo und Mais, aus Gerste und Dingen, die man heute nicht mehr weiß, machten sie ein Pulver mit wahrer Zauberhand, im ganzen Umkreis wohlbekannt. Manchmal war es nicht, wie es sein sollte, oder anders, als man wollte. Doch ganz gleich, was bei herauskam – oh, man war klug genug – man hieß es einfach – Muckefuck.« So die Legende dieses Gebräus. Keiner besaß ein Rezept, keiner wusste, woraus genau Muckefuck bestand, solange es schmeckte, wurde es abgefüllt und aufgebrüht. »Was da so geschah, so manches Mal ganz unbedacht, wird auch heute noch oftmals tüchtig belacht.«

4

Es muss im Sommer 1943 gewesen sein, als die Aufnahmen am Titisee entstanden sind. Auf den vergilbten Bildern des Stummfilms kauert Lore auf einem Badetuch und lacht gegen die Sonne in die Kamera. Das idyllische Hügelland des Schwarzwaldes mit hübschen, kleinen Häusern erhebt sich hinter ihr. Kurz darauf watet Walther Jacobs in Badehose, Sohn und Tochter an beiden Händen, schnurgerade ins Kinderschwimmbecken. Mit einem kurzen Blick prüft er, ob Lore auch filmt, dann geht er zwischen etlichen Kindern hindurch zu einer freien Stelle im Wasser. Bärbel kann den schnellen Schritten des Vaters nicht folgen und hängt bald wie eine Puppe an seiner Hand. Walther scheint in Gedanken zu sein. Dann packt er Bärbel mit beiden Händen unter den Achseln und schwingt sie einmal, zweimal, dreimal durchs Wasser, wirft sie einmal, zweimal, dreimal in die Luft, ohne sie dabei loszulassen, und tätschelt dem lachenden Kind anschließend die Bäckchen. Sie rennt aus dem Bild, und Klaus ist dran – same procedure.

Ich besitze zu diesem Zeitpunkt meiner Recherchen kein Foto von Walther im Alter von dreißig bis fünfzig Jahren. Die unzähligen Pressefotos in meinen Unterlagen zeigen ihn als älteren Herrn in Anzug und Krawatte, meistens mit Hut. Lediglich einige der Stummfilmaufnahmen – nicht nur am Titisee, sondern auch in Österreich beim Skifahren oder im Wanderurlaub in Bayern – machen mich mit einem mir bis dahin unbekannten sportlichen, ja draufgängerischen jungen Mann bekannt. Sehr gut aussehend und braun gebrannt meistert Walther eine Traverse, bevor es in weiten Kurven über die Hänge des Hahnenkamms, des Kitzbüheler Horns oder des Steinbergkogels hinabgeht. Die Arme weit vorne, um das Gleichgewicht zu halten, macht Walther als Skiläufer vor der Kamera eine gute Figur. Auch Lore scheint sich auf den altmodischen Brettern wohl zu fühlen, sie posiert in einer Aufnahme, lacht, reckt den einen Arm mit Stock in die Luft und fährt Walther meist voraus. Es erscheint mir seltsam, das dieser junge Walther Jacobs mein Großvater sein soll und noch dazu der erfolgreiche Geschäftsführer einer Kaffeefirma. Ich begegne hier einem fremden jungen Mann, der im hoch geschlossenen Hemd und Strickpullover mit V-Ausschnitt seinen Winterurlaub genießt, einen fröhlichen Eindruck macht und schon in diesem Alter die Eleganz, Autorität und den hart erarbeiteten Erfolg ausstrahlt.

Mittlerweile – 1947 – waren der jüngste Sohn, mein Vater Jens, und Petra zur Welt gekommen. Das war ein Jahr bevor endlich wieder die brasilianischen Kaffeebohnen im Bremer Hafen auf Schiffen anlandeten. Im Jahr 1948 sollte in der Geschichte der Firma eine neue Zeit mit völlig neuen Möglichkeiten anbrechen. Neue Märkte öffneten sich. Die Werbung, das Werbefernsehen und der Rundfunk würden für die Firma Jacobs in den kommenden zehn Jahren eine der wichtigsten Rollen spielen, nicht zu vergessen das »schwarzgelbe« Vertriebssystem.

Die Zeit des Röstens von Feigen, Aprikosenkernen, Getreide, Mais, Roggen und Gerste waren für das Unternehmen vorbei – es war wie ein böser Traum. Jacobs trennte sich erleichtert von »Jota«, einer Kaffee-Ersatz-Mischung, und hieß umso euphorischer die ersten zwölf Säcke rohen Bohnenkaffees willkommen. Anfangs tauchten besorgniserregende Mängel hinsichtlich der Qualität und des Inhalts auf. So setzte sich das Gewicht eines 61-Kilo-Sackes aus Holz- und Metallstücken, Steinen, Erdklumpen, Papier, Pappe und etwas Kaffee zusammen. Das wahre Luxusgut musste handverlesen werden und schmeckte noch dazu karbolhaltig. Was der Firma am Ende zur Weiterverarbeitung blieb, waren 15,6 Kilo gereinigter Kaffee und 45,4 Kilo Abfälle.

Nicht allein aus diesem Grund kam das Geschäft nach dem Krieg erst langsam wieder ins Rollen. Viele Kunden konnten nicht beliefert werden, weil schlicht und einfach kein Rohstoff vorhanden war, die Transportwege sich durch Kriegsschäden stark mitgenommen erwiesen und der durchschnittliche Bundesbürger sich gerösteten Kaffee noch nicht leisten konnte. Der Deutsche trank vom hässlichen Entlein »Muckefuck« im Jahr 1949 immerhin 168,4 Liter. Die Wiedergeburt des Bohnenkaffees für jedermann ließ noch auf sich warten.

5

Dem Lauf der Zeit schuldet der Mensch das Vergessen. Das Ende des Krieges rückte von Jahr zu Jahr in weitere Ferne. Der Abstand zu den Gefallenen wurde größer und damit erträglicher. Mütter wussten im Jahr 1949, dass ihre Söhne aus den Wogen bei der Normandie nicht mehr auftauchen würden, Väter mussten akzeptieren, dass sie ihr Bein wahrhaftig für den Rest ihres Lebens nicht mehr würden bewegen können. Sie schrieen nicht mehr, wenn sie nachts von Feuerstürmen gejagt erwachten, sondern trockneten sich die feuchte Stirn und nahmen die geträumten Bombenschläge und die Bilder von zersprengten Körpern hin. Töchter drehten ihren Ehering am Finger und überlegten, ob sie ihn vielleicht ablegen konnten oder noch warten sollten. Babys wurden ohne Vater vier Jahre alt.

Auch Walther musste vergessen, wenn er seine Firma weiter voranbringen wollte. Er durfte sich keinen Blick zurück gestatten, musste vielmehr optimistisch in die Zukunft sehen – sein Produkt, den Kaffee, vor Augen. Die Kriegsveteranen gingen an Krücken, die Frauen hatten keine Söhne, keine Männer und keine Väter mehr, der Hammer war bei den Prozessen in Nürnberg gefallen und ... der Handel setzte sich schleppend in Gang. Doch Walther träumte von blühender Wirtschaft, er sehnte sich nach Neuanfang und Erfolg.

An die Frachtstelle Kaffee
Zu Händen von Herrn Regierungsrat Pfeifer

Wir möchten uns erlauben, Ihnen mit unserem heutigen Schreiben unsere völlig ungenügenden Einkaufsmöglichkeiten vor Augen zu führen, wodurch wir bei unserer Kundschaft (Einzelhändler) in ein sehr schlechtes Licht kommen. Bei den letzten Zuteilungen konnten wir etwa 5000 Kunden überhaupt nicht beliefern und in sehr vielen Fällen ist uns dann der Vorwurf gemacht worden, dass wir den Kaffee zurückhalten ...

Der Mensch wünschte sich das kleine Glück und verschmähte den Jota-Ersatz. Selbst der Werbespruch »Jotaa ist primaa zu jedem Themaa!« und die dazu tanzenden Kaffeekanne und Kaffeetassen konnten daran nichts ändern. Das setzte die Händler unter Druck. Verglich Walther die Zahlen verarbeiteten und ausgelieferten Kaffees, so kam er im Jahr 1938 auf 42 482 Säcke, bei der laufenden Lieferung auf gerade mal 400 Säcke. Es herrschte Mangel an allen Ecken und die Beschwerden landeten per Bote zuhauf bei Jacobs direkt auf dem Tisch.

… In irgendeiner Form muss für Abhilfe Sorge getragen werden und wir möchten glauben, dass Ihnen in dieser Hinsicht gewisse Möglichkeiten gegeben sind.
Von den Hamburger Firmen bezogen wir folgende Mengen:

Bohlen & Behn:	1936/38	7173 Sack
		bisher 25
Bernh. Rothfos:	1936/38	6301 Sack
		bisher 35
Hayn Roman:	1937/38	3807 Sack
		bisher 12
Rimbau & Co.:	1936/38	2086 Sack
		erste Zuteilung nichts
		letzte Zuteilung steht
		noch aus
Franz Kathreiner		
Nachf.:	1937/38	1688 Sack
		bisher 10
Guttmann:	1936/38	3191 Sack
		bisher nichts
Wilh. Boesch:	1937/38	847 Sack
		bisher nichts
Hammer & Andersen:	1936/38	3060 Sack
		bisher nichts
Von den Bremer Firmen:		
Gollücke & Rothfos	1936/38	5031 Sack
		bisher 30

Soweit uns bekannt ist, existiert die Firma Hammer & Andersen nicht mehr, und ob eine andere Firma die Nachfolge in deren Kontingent angetreten hat, ist uns nicht bekannt.

Bei den oben aufgeführten Lieferanten haben wir natürlich die bisher gelieferten Mengen beanstandet, aber unter den gegebenen Umständen müssen wir natürlich in jedem Falle ein freundliches Gesicht machen und uns für jede Zuteilung bedanken.

Das freundliche Gesicht Walthers war von Meisterhand. Von nichts kam nichts, und man tat in dieser »sehr ungünstigen Versorgungslage«, was man tun konnte: lächelnd bitten.

6

Es folgten sechs magere Jahre. Die Firma erholte sich nach 1954 nur sehr langsam. Vor Walther Jacobs lag bis zur Erfindung von »Jacobs Kaffee ... wunderbar!« noch ein harter, steiniger Weg.

Wir haben also Zeit, uns wieder der Familie zuzuwenden, die mittlerweile in einem Haus am Bremer Stadtrand wohnte, in dessen Garten man Ostereier suchen konnte oder vor dem mit Kerzen und goldenem Lametta geschmückten Christbaum Weihnachten feierte.

Zum Weihnachtsorchester aufgestellt spielten Bärbel und Petra Blockflöte, Klaus war Herr über die Ziehharmonika und Jens gab man, nachdem er wiederholt energisch danach verlangt hatte, die Mundharmonika in die Hand.

»Jens, du musst nach vorne, dich sieht man sonst gar nicht«, sagte Walther, der neben Lore auf dem Sofa saß, fünf Meter entfernt von der imaginären Bühne. »Gut, heute singen wir *Oh Tannenbaum*«, entschied Walther.

»Nein, *Stille Nacht*, ich kann *Oh Tannenbaum* nicht spielen«, gestand Bärbel.

»Erst *Oh Tannenbaum* und dann *Stille Nacht*«, beharrte Walther.

»Nun lass sie doch *Stille Nacht* spielen«, sagte Lore mitfühlend, sie müssen sich doch erst einmal warm spielen.

»Also gut, los geht's, wir hören«, lenkte der Vater ein.

Alle setzten ihre Instrumente an.

»Jens, du musst pusten!«, sagte Petra und stieß ihren kleinen Bruder an. Daraufhin lachte Jens breit und blies dann aus voller Lunge in die kleine Orgel. Klaus hatte ebenfalls eingesetzt und drückte nun wahllos die Tasten seiner Ziehharmonika. Immer wieder sah er zu seinen Schwestern, als müsse er sich mit ihnen auf das hohe C einstimmen. Petra und Bärbel spielten nun doch *Oh Tannenbaum*. Klaus und Jens taten ihr Bestes, um der Melodie zu folgen, doch die Töne schwirrten nur wild durcheinander. Klaus wiegte sich mit seiner Ziehharmonika vor der Brust zur Musik. Jens sah immer wieder zu ihm auf, hielt inne und setzte dann an der falschen Stelle wieder ein. Walther verfolgte mit ernstem Blick die Musizierenden, schließlich musste selbst er bei diesem Konzert ein bisschen lächeln.

Lore fing irgendwann an, im Takt zu klatschen, und sang den Text des Liedes dazu. Klaus konnte sich plötzlich nicht mehr halten und lachte in der dritten Strophe laut los. Er ließ seine Finger über die Tastatur hoch und runter laufen und brachte damit eine wilde Klangfolge falscher Töne hervor. Bärbel und Petra bliesen unbeirrt weiter.

»… wie schön sind deine Blätter, du blühst nicht nur zur Sommerzeit …«

Walther stimmt, nun auch in den Gesang ein: »nein auch im Winter, wenn es schneit … Oh Tannenbaum …«

Jetzt war es auch um Petra geschehen, sie setzte die Flöte ab, weil sie vor Lachen keine Luft mehr bekam. Walther sang die letzte Strophe allein und ohne Begleitung zu Ende. Er liebte es zu singen – in der Schule war er in diesem Fach immer besonders gut gewesen – und genauso liebte er klassische Musik und Gedichte, die auch zu Weihnachten aufgesagt wurden. Er selbst konnte Schillers *Glocke*, ohne lange nachzudenken, eindrucksvoll rezitieren.

Und zu Weihnachten gehörte auch die reichhaltige norddeutsche Küche, wie Walther sie besonders liebte. Seine Frau hatte im Alltag ihre Mühe, ihn immer wieder in die Schranken zu weisen und Blutwurst und Bauernfrühstück durch Gemüse und Fisch sowie klare Suppen zu ersetzen.

Walthers Faszination für alles Technische hätte ihn vielleicht Ingenieur werden lassen, hätte der Zufall sein Leben regiert. Besonders die Schifffahrt hatte es ihm angetan.

Walther Jacobs war in der gehobenen Bremer Gesellschaft angekommen und im Begriff, seine Herkunft als Junge vom Land vergessen zu machen, ohne sie je geleugnet zu haben. Er spielte mit im Gesellschaftszirkus der Hansestadt, und zwar ganz oben, wo die Leute aus gutbürgerlichen Handelsfamilien stammten, Direktoren und Politiker waren, und das schon seit Generationen.

Walthers Autorität, Korrektheit und Eleganz schienen Ausdruck seines Strebens nach Anerkennung. Er machte sich all dies zur Eigenart, formte sozusagen einen neuen Charakter um sein Erbgut herum. Er war schon lange kein Junge vom Land mehr, er war »Walther Jacobs«, und das klang am Telefon wie in Stein gehauen.

Doch Walther war eines ganz sicher nicht: Vater. Er war Übervater, Familienpatriarch und Chef, aber kein »Papi«. Ob er es nicht konnte oder nicht wollte – niemand weiß es genau zu sagen. Die Kinder sollten seine großen Erwartungen kaufmännischer Herrlichkeit erfüllen, und sie taten ihr Bestes, seinem Wunsch nachzukommen.

Vorerst aber gingen die beiden älteren Geschwister Klaus und Petra weiterhin in Bremen zur Schule, wo auch der jüngere Bruder Jens die Grundschule besuchte. Und Bärbel war weiterhin auf dem Landschulheim. Die beiden Jüngeren legten schließlich in Holzminden ihr Abitur ab.

7

Am Wochenende besuchte Walther oft mit der ganzen Familie das Elternhaus in Borgfeld, seinen Bruder Daniel und dessen Frau Annemarie. Das einst so primitive Gehöft an der Borgfelder Heerstraße war zum stattlichen Bauernhaus ausgebaut, seit Walther Jacobs in die hohen Ränge der Bremer Unternehmer aufgestiegen war. Die Einfahrt führte zwischen zwei aus Klinker gemauerten Säulen hindurch auf den Vorplatz, an dessen Stirnseite der Kuhstall lag. Walther pflegte den Wagen vor dem Schiebetor zum Stall abzustellen. Das Wohnhaus lag rechts davon.

Walther fokussiert mit der Super-8-Kamera das mittlere der drei Fenster, das geöffnet ist. Eine weiße Gardine, die in der Mitte geteilt und an den Seiten zusammengebunden ist, verdeckt einen Teil der Fensteröffnung. Kurz darauf schaut Walthers Mutter, Meta, heraus. Etwas skeptisch lugt sie über die Blumentöpfe hinweg. Spitze Blätter eines Liliengewächses ragen aus dem Topf in der Mitte in die Höhe, rechts davon steht eine kleine Azalee.

»Komm mal raus, Mutter!«, ruft Walther wohl hinter der Kamera.

»Ja«, sagt Meta und steht Sekunden später in der Haustür. Sie trägt ein schwarzes Kleid, eine randlose Brille und die Locken, in der Mitte gescheitelt, zur Seite gekämmt. Mit leicht verlegenem Lächeln, aber unbewegtem Blick geht sie mit festen Schritten auf Walther zu. Es scheint fast so, als wolle sie durch die Kamera hindurchgehen, bis Walther sie aufhält, als sie unmittelbar vor der Linse steht. Ihr Gesicht füllt nun den ganzen Bildschirm aus: ihre breiten Lippen, die strengen, etwas verhärteten Gesichtszüge. Man sieht nur, dass gesprochen wird, weil Meta ihre Lippen bewegt, wobei sie weiterhin fest in die Kamera schaut. Sie hinterlässt bei mir das Gefühl eines tief verwurzelten Baumes, den kein Sturm zu brechen vermag. Sekunden noch starrt sie mich an, dann gibt Walther wohl das Kommando, sich jetzt abzuwenden, und dies tut sie erhobenen Hauptes und schreitet nach links aus dem Bild, sodass ich ihre sorgfältig hochgesteckten Haare sehen kann.

Spätestens jetzt weiß ich, woher Walther seinen starken Willen und das Unumstößliche in seinem Wesen hat – ganz sicher nicht von seinem durch die Feldarbeit gebeugten Vater.

Der Gemüsegarten lag verborgen hinter Büschen und Hecken. In den Monaten von April bis September erntete Walthers Mutter zusammen mit Annemarie Tomaten, Rhabarber, Mohrrüben, Kräuter und Kartoffeln zum eigenen Verzehr.

Petra liebte das Land und das Stromern in den Sümpfen unmittelbar an der Wümme. Hier wimmelte es zwar nur so vor Bremsen, doch beim Schlagballspielen mit den anderen Kindern und angesichts der schönen Seerosen auf dem Wasser vergaß sie den Ärger mit den lästigen Insekten.

Der alte Vater Jacob führte stolz das Fohlen, was nur wenige Stunden alt war, auf der Weide vor. »Feint Fahlen«, sagte er. »De Mudder is eine, un ick seg di, dat is en Bull mit dree Gänge. Wat makt de Arbeit, wat makt de Stadt?« Walther strich der Mutterstute über die Nase. Er redete ihr dabei gut zu, wie er es bei Pferden auch noch mit achtzig tun würde.

Die ganze Familie aß und trank herrlich, und nicht nur für die Kinder waren die Wochenenden bei den Großeltern, Onkel Daniel und Tante Annemarie wie Kurzurlaub.

Neben den Aufenthalten auf dem großelterlichen Gehöft an der Heerstraße verbrachte die Familie Urlaube in der Lüneburger Heide, an der See oder in Bayern. In passender Tracht, bestehend aus kurzen Lederhosen für Petra und Jens, Hut und kariertem Hemd oder Pullover, ging es dort quer über Feld und Heide. Es gab immer etwas zu gucken und Walther erzählte den Kindern viel über die Natur. Während Petra und Jens zu dieser Zeit gerade mal elf und sieben Jahre alt waren, durchlebte Bärbel mit ihren fünfzehn Jahren eine harte Zeit auf dem Internat. Sie konnte längst nicht mehr so unbeschwert in den Wiesen hüpfen und so albern sein wie die jüngeren Geschwister. Es war für sie nicht leicht, ihre mit Hut, Wanderstock und Lederhosen reizend aussehende Schwester Pusteblumen pflücken zu sehen, während sie selbst geplagt war von den Gedanken an das Alleinsein und von der Aufgabe, sich in die Rolle eines heranreifenden Mädchens fügen zu müssen, die Röcke zu tragen hatte. Als ihr Vater sie bat, sie möge doch einmal in die Kamera lächeln, sah sie immer wieder kurz zu ihm hin, nahm schließlich ihren Hut vom Kopf, fuhr sich mit der Hand durch die kurzen Locken und lächelte dabei schüchtern. Dann wandte sie sich rasch wieder ab.

Klaus war in dieser Zeit schon nicht mehr dabei. Er befand sich in der Ausbildung in Bremen und in Panama. Schließlich sollte er sein Handwerk als Kaffeekaufmann von der Pieke auf lernen.

Wenn die Familie den Bäuerinnen beim Heuwenden in der Mittagssonne zusah, erklärte Walther den Kindern: »Seht ihr, das hat euer Vater als kleiner Junge schon gemacht. Harte Arbeit war das. Am schönsten war es, mit dem Heuwagen ins Dorf zurückzufahren, hoch über den Köpfen all der anderen, die zu Fuß unterwegs waren.« Walther lüftete seinen Hut und zeigte mit dem Wanderstock in die Ferne, wo die Bauern in Reih und Glied rhythmisch ihre Heugabeln hoben und senkten.

Die Sonne hatte den Zenit schon überschritten, als sich bei allen der hungrige Magen meldete und man nun nach einer Hütte Ausschau hielt, um dort zu rasten. Offensichtlich genoss Walther den weiten Blick über Berg und Tal besonders, seine Kamera hielt ihn wieder und wieder fest. Den Kindern blieb in guter Erinnerung, wie sehr sich ihr Vater in der Natur entspannte. Hier auf dem Land legte Walther Anzug und Krawatte ab und es fehlte nichts, um aus ihm einen waschechten Bayern zu machen. Er bemühte sich sogar, bayerisch zu sprechen, wenn es darauf ankam. Er zeigte sich hier auch schon mal in einem Kurzarm-T-Shirt, in Shorts und ohne Strümpfe. Auch Lore genoss die Ausflüge in die Natur sichtlich.

Wenn Walther Jacobs auch einen sehr großen Teil seines Lebens als Geschäftsmann verbrachte, so wurde hier seine von ihm gelebte Devise deutlich: Es lebt nur der, der sich am Leben erfreut. Wenn er lächelte, in die Sonne blinzelte und sich eingestand, dass es »einfach herrlich« war, dann strahlte er den Optimismus aus, der dazu beitragen sollte, die Vision seiner Firma Wirklichkeit werden zu lassen.

6. Teil

Staatenlos in der Fremde

I

An die Überfahrt können sich weder meine Großmutter noch Eva gut erinnern. Ebenso wenig ist ihnen die Prozedur der Einwanderung über Staten Island im Gedächtnis. Ich vermute, dass sie all das vergessen wollten, weil es für die ganze Familie eine Strapaze war, ob man es nun schön oder schlecht redete.

Als Enemy Aliens, als staatenlose Juden auf amerikanischem Boden, ging es nach der Einfahrt in den Hafen zuerst in das Park Crescent Hotel nahe 47. Straße am Hudson River, wo Else und die Mädchen ein Apartment bezogen, bis Fritz nachkam.

Im Jahr 1939, als über ganz Europa der Krieg hereinbrechen sollte, der sechs Jahre später 55 Millionen Menschen den Tod gebracht haben würde, war Amerika auf intensiver Suche nach der Hauptdarstellerin für den Film *Vom Winde verweht*.

121 Vorschläge aus aller Welt für die perfekte Besetzung der Südstaaten-Romanheldin Scarlett O'Hara mussten bearbeitet und die Miss Atlantas über eine Zeitspanne von zwanzig Jahren hinweg gesichtet werden. Die Amerikaner wurden über Kurzwelle bezüglich des Rankings der Scarlett-Favoritinnen von eins bis fünf auf dem Laufenden gehalten, die Millionenausgaben der Hollywood Studios für dieses außergewöhnliche Casting über vier Seiten hinweg in der *New York Times* besprochen.

Und dann endlich, 1941, die Premiere in Atlanta, »The thrill of a lifetime«. Drei Tage lang wurde sie mit Paraden, Bällen und Massenaufläufen zelebriert. Ein Triumph.

Als ich Eva frage, ob sie eigentlich irgendetwas vom Krieg in Deutschland mitbekommen habe, schaut sie mich nur fragend an und gibt zu: »Nein, daran kann ich mich nicht erinnern.«

Die Filmindustrie in den USA spiegelte, wie sonst nur Baseball, die unberührte, heile Welt Amerikas wider. In Kalifornien schien die Sonne, in Kalifornien schwamm man noch im Pool, ließ sich das Abfackeln des *King-Kong*-Sets in einer Szene aus *Vom Winde verweht* Millionen von Dollar kosten – und genoss das Leben.

Im Jahr 1941 war Eva zwölf und Hannelore gerade mal elf Jahre alt, und doch erinnert sich meine Großmutter Ann mit glänzenden Augen und Begeisterung in der Stimme an die Ballerinamode, die spätere Clark-Gabel-Euphorie, an *Casablanca* und die kurzen Haare von Ingrid Bergman in dem Film *Wem die Stunde schlägt.*

New York wurde die neue Heimat der Jessuruns. Nach drei Monaten, die die beiden Mädchen zusammen mit Else in der Wohnung am Hudson River verbracht hatten, setzte auch Fritz endlich seinen Fuß auf den Boden der Freien Nation. Eva kann sich an seine Ankunft nicht mehr erinnern. Er stand plötzlich vor der Wohnungstür.

Den Sommer 1941 über wurden die Töchter in die Childrens Colony geschickt, während Fritz und Else sich um eine Wohnung kümmerten, deren Miete sie bezahlen konnten und die nahe der zukünftigen Schule der Mädchen lag. Fred Lindseys vermeintliche Kontakte stellten sich in weniger als vier Wochen als unbrauchbar und nicht vorhanden heraus. Und schließlich gab es nur noch ein Problem zu lösen, »das geringste«, um Frederik an dieser Stelle zu zitieren, nämlich für Fritz Moritz Jessurun eine Arbeit zu finden.

Die Schwestern bekamen von der verzweifelten Lage ihrer Eltern wenig mit, sie befanden sich inmitten kreischender und heulender Mädchen und Jungen, die keine Lust auf »I-am-and-who-are-you«-Spiele hatten und in einer Sprache ihren Trotz kundtaten, die Eva und Hannelore nicht verstanden. Es umgab sie eine vollkommen fremde Welt, in der sie Englisch lernen mussten, um an ihr teilhaben zu können.

Am 8. September des Jahres 1941 begann der Unterricht mit der amerikanischen Nationalhymne, Hand aufs Herz, und damit das Schuljahr an der Annex P. S. 99 in Kew Gardens. Von der Fünfzimmerwohnung, inklusive Küche und Bad, am Queens Boulevard 113. Straße in Forrest Hills waren es nur wenige Minuten zu Fuß, über den Union Turnpike hin zum Leffers Boulevard, an dessen Ende die Public School lag.

Freunde fanden sich in der Klasse schnell. So lernte Hannelore zum Beispiel die Tschechin Erika Parker kennen, die eigentlich

Pollak hieß. Es gab auffallend viele deutsche Kinder aus jüdischen Familien, die auch in der näheren Umgebung von Kew Gardens wohnten. Bis heute gibt es eine jüdische Gemeinde und auf den Straßen trifft man viele Mädchen in Röcken und Jungen mit Kipa an.

Fritz' Suche nach Arbeit als Versicherungsmakler erwies sich als ausgesprochen schwierig. Seine Firma in Portugal hatte er Herrn Nuñes und Senhor Casanova überlassen und ihnen Entscheidungsvollmacht übertragen. Hier in New York plante er nun, zusammen mit Paul Bleichröder, der schon seit der Auswanderung der Jessuruns nach Lissabon in New York lebte, eine kleine Import- und Exportfirma zu gründen. Zuvor jedoch musste er von der Regierung die Bewilligung erhalten, überhaupt als Public Accountant arbeiten zu dürfen. Dafür musste er eine Prüfung ablegen.

Else kümmerte sich zunächst um den Haushalt und lernte Mrs. Slater kennen, die Bewohnerin einer der Wohnungen über ihnen, bis sie im Winter '41 in einer Fabrik an der 6th. Avenue Arbeit fand.

In ihrem Leben hatte Else keinen Handschlag tun müssen, um Geld zu verdienen. Hineingeboren in eine Familie, in der es an nichts mangelte, verheiratet mit einem Mann, der sich mit den Wohlhabendsten in Hamburg messen konnte, verschwendete sie nicht einen Gedanken an eine bezahlte Arbeit. Die Situation in New York dagegen brachte sie auf den untersten Boden der Tatsachen. Wer sollte die Miete bezahlen, wenn Fritz kein Einkommen hatte? Sie stand also vor der Wahl, etwas zu tun oder in weniger als vier Wochen wieder auf der Straße zu sitzen. Else Jessurun stand erstmals in ihrem Leben morgens um sieben Uhr vor den Türen einer Textilfabrik, um Kleider und Hüte herzustellen, zu kleben, zu schneiden, zu nähen – und das sollte für die kommenden vier Jahre so bleiben. Vorerst würde sie diejenige sein, die für den Lebensunterhalt der Familie aufkam.

2

Es waren kaum drei Monate in New York vergangen, in der Stadt, die so vielen Menschen Hoffnung gab und nur so wenig davon erfüllte, als ein Telegramm aus Lissabon eintraf.

»Geliebter Felix ist in der Nacht des 28. Oktober im Krankenhaus entschlafen. Möge er in Frieden ruhen.«

Als Fritz die Nachricht voller Trauer über den Verlust seines Schwagers las, überkam ihn eine große Ohnmacht bei dem Gedanken, dass er ihm nicht ein letztes Wort zum Geleit hatte mitgeben können. Es schmerzte ihn, in New York festzusitzen.

Was war es, was ihn seine Bücher nicht lehren konnten? Was war es, was er nicht wieder fand, seit er Hamburg verlassen hatte?

Das Telegramm in den Händen, die Ellbogen auf die Knie gestützt, ließ er den Kopf sinken und lauschte nur dem Tinnitus in seinem Ohr.

Beneidete er gar Onkel Felix? Beneidete er Onkel Felix, weil ihm selbst der Sinn des Lebens abhanden gekommen war? Konnte er im Tod die Ruhe wieder finden? »Sterben – schlafen – schlafen!«, ging es Fritz durch den Sinn. Doch dann richtete er sich auf und holte sich einen Whisky. Die Prüfungsvorbereitungen warteten auf ihn.

3

»Die Yankees sind nicht zu schlagen. Selbst dann nicht, wenn man verdammt nah dran ist! Was sind wir, New Yorker, oder was? Unsere Leute können pitchen, unsere Männer können laufen, auch wenn ihnen die Cards ans Eingemachte gehen. Haltet die Köpfe hoch Jungs, ›you are not licked‹, es wird immer ein Morgen geben, das sagt unser Babe. Babe Ruth, der Mann der Männer, ›the one and only‹. Ach, könnt ihr euch erinnern, damals, 1926? Mann diese Homers, die haben Geschichte geschrieben! Wie Moore den Catch vor Joe Di Maggio im vierten Inning gemacht hat, das war ein Mordsding! Kinder, das war Baseball. Das ist Baseball! Jungs, ihr wart toll. Da standet ihr vor den Türen dieses Clubhauses mit einem Sieg von drei zu eins gegen die Cardigans in eurer verdammt großen Tasche. Ich sag nur, wenn die uns schlagen, dann schlagen wir zurück! Who won the ball game? Who united the knot? Who had the punch at the finish?«

Die Stimme Walter Winchells eroberte die Jessurunschen Wohnräume wie auch zwei Millionen andere in ganz New York.

»Wir werden die Cardinals zerfleischen! Ihr wisst, morgen geht der Zug. 8 p. m. Grand Central Richtung St. Louis! Jungs, ihr seid der Wahnsinn, zeigt den Windelkindern da unten, dass sie nicht viel mehr als einen Zoo haben!«

Hannelore legte ihre Sachen ab. In drei der fünf Zimmer bebte das Radio. Schließlich fand sie Fritz vollkommen euphorisiert im Wohnzimmer.

»Und?«, fragte Hannelore.

»Ich sag dir, Hanne, diesmal gewinnen die Dodgers. Darauf möchte ich wetten.«

»Das haben wir schon letztes Jahr gehofft, und dann haben trotzdem die Yankees gewonnen, Papi.«

»Wie bitte, Schatz?«

»Mach das Radio aus, ist ja kein Wunder, dass du nichts hörst!«

Fritz näherte sich dem Gerät und drehte den Knopf, bis die Stimme des Kommentators verstummte und nur noch aus den zwei anderen Räumen herüberdrang. Er sah zu Hannelore auf, die sich auf die rechte Armlehne seines Stuhls gesetzt hatte und ihren Arm auf der Rückenlehne abstützte.

»Dieses Jahr habe ich aber ein gutes Gefühl. Die Dodgers werden gewinnen.«

»Papi, die Dogers sind lame ducks.« Den Ausdruck hatte Hannelore von Erika.

»Du, das kommt mir nicht ins Haus«, sagte Fritz, sichtbar überrascht über diese Worte aus dem Mund seiner sonst so schweigsamen Tochter. »Das ist die Stadt«, dachte er noch, dann aber sagte er: »Ihr beide, auch Eva, habt schon diesen New Yorker Slang, den ich hier zu Hause nicht hören will. In der Schule, na gut, da bin ich nicht dabei, aber nicht hier.«

»Okay«, sagte Hannelore und gab ihrem Vater einen Kuss auf die Wange, bevor sie aufstand und der sich überschlagenden Stimme Walter Winchells Richtung Küche entgegenging. Fritz verfiel in Nachdenken über die Chancen der Yankees und der Dodgers oder der Giants, im Herbst die World Series zu gewinnen.

Else kam um sechs Uhr abends von der Fabrik nach Hause. In einer Tasche trug sie sechshundert Gramm Seebarsch, die aus der Tüte und der Zeitung ins Waschbecken der Küche glitten und erst einmal gewaschen wurden. Auf der Anrichte stand noch immer unangetastet der Teller mit Nudelauflauf. Lediglich der Zettel, auf dem sie die Temperatur und die Zeit notiert hatte, lag etwas abseits.

Else schüttelte nur stumm den Kopf. Da hatte er also vor dem Backofen gestanden und nicht gewusst, welche Schalter für den Ofen und welche für die Platten waren, dachte sie bei sich.

Nun gut. Else faltete den Zettel sorgfältig zusammen und legte ihn dann in den Müll, um Fritz nicht merken zu lassen, dass sie wusste, warum sein Mittagessen unangetastet war.

Sie packte die Fische am Schwanz und legte sie auf ein Küchenhandtuch, um sie zu trocknen. Da lag er nun, der Wochenlohn, mit den glasig glänzenden Augen. In Regenbogenfarben leuchteten seine Schuppen. Fünfmal zwölf Stunden an der Nähmaschine. Else strich über das feste Fleisch, dabei hoben sich die roten Kiemen und das Maul öffnete sich leicht. Sie ging zu Fritz hinüber, der über seinen Formularen saß, legte beide Hände auf seine Schultern und beugte sich zu ihm hinunter.

»Ich habe Fisch mitgebracht«, sagte sie dicht an seinem Ohr.

Fritz wandte sich zu seiner Frau um und sah geradewegs in ihre müden Augen.

»Du bist eine Göttin, vom köstlichen Himmel des Hochgenusses gefallen. Ich sterbe vor Hunger.«

Es gab fünf Leibgerichte, die Fritz bis zum Umfallen essen konnte, vorausgesetzt, sie wurden von der besten Köchin der Stadt zubereitet. Dazu zählten gekochter Fisch, Beeftartar, Fischaugen, gefüllte Kalbsbrust und rohe Eier.

»Da war doch noch Auflauf von gestern.« Else richtete sich auf.

»Irgendwie bin ich nicht dazu gekommen«, redete Fritz sich heraus.

»Wie geht es Daisy?«

»Alles ging wohl gut. Friede kam und einige andere. Daisy wollte ihn im engsten Kreis verabschieden.«

Hier machte er eine Pause und ließ seinen Blick über die spärliche Einrichtung, den Bücherschrank, den Sessel und die Kommode schweifen. »Sie kümmert sich um Omi und ist sehr tapfer.«

Else schwieg und strich über seine Schulter.

»Wie war dein Tag?«, fragte Fritz.

»Wir hatten beinahe einen Maschinenbrand. Ein Stofffetzen war auf unerklärliche Weise ins Kugelwerk gelangt, aber irgendwer hat noch rechtzeitig den Knopf gedrückt.«

»Ach Else«, seufzte Fritz und schwieg aufs Neue.

»Nun gut, ich fange an zu kochen.« Sie wandte sich um und ging in die Küche.

Else rührte einen Liter Milch zusammen mit dem Mark einer Vanilleschote auf der Herdplatte, bis sie kochte. Sie gab 60 Gramm Maisstärke hinzu und wartete, nochmals rührend, bis sich die weißen Krümel in der cremig gelben Flüssigkeit aufgelöst hatten. Mit einer Hand schlug sie zwei Eier hinein, musterte den dampfenden Inhalt im Topf und schlug dann noch ein weiteres, etwas kleineres dazu. Unter ständigem Rühren verdickte sich die Masse und wurde immer fester und schwerer. Schnell presste sie eine Zitrone aus, gab den Saft und etwas von der Schale dazu, schaute in den aufsteigenden Dampf und zog den Topf schließlich vom Herd. Zum Schluss rührte sie etwas Vanillezucker hinein und hob die geschlagene Sahne unter. Der herrlich duftende Pudding wurde nun in eine bereit gestellte Schüssel umgefüllt. Else strich mit dem Zeigefinger einen letzten Rest Pudding von der Kelle ab, um ihn zu kosten. Zufrieden schob sie die Schüssel ganz unten in den Kühlschrank.

Sie machte den besten Pudding in ganz New York.

»Mami, Erika hat mich eingeladen, in den Sommerferien auf die Hühnerfarm ihres Vaters mitzukommen.« Hannelore sah begeistert in die Runde.

»Eine Hühnerfarm? Wo hat denn Herr Parker eine Hühnerfarm?«, fragte Else.

»In Pennsylvania.«

»Ich dachte, er lebt hier in der Stadt?«, fragte nun Fritz.

»Ab und zu nur, wenn er kann. Er betreibt dort Forschungen, hat Erika erzählt. Er war in Tschechien Professor. Aber ich glaube, er hat hier keine Arbeit gefunden.«

Fritz senkte seinen Blick.

»Das ist aber sehr nett, dass du mitdarfst«, meinte Else.

»Erika sagt, es macht so viel Spaß. Sie sagt, sie liebt die Hühner, und ohnehin die Hühner von ihrem Vater seien etwas ganz Besonderes.«

»Eva, noch Gemüse?«

»Else, gibst du mir noch von dem Fisch? Ist noch welcher da?«, fragte Fritz, und zu Eva gewandt sagte er: »Und was machen wir mit dir im Sommer?«

»Eva kann Toni besuchen!« Else löste die Gräte und die Reste der Haut von dem weißen Fleisch und hob schließlich das ganze Rückgrat samt Kopf über den Schüsselrand auf einen daneben stehenden Teller. Sie sah wieder auf und sagte aufmunternd zu ihrer Tochter: »Toni hat ein wunderschönes Haus in Maine. Was meinst du?«

»Ach, mag mich Tante Toni überhaupt?«, fragte Eva misstrauisch.

»Puttichen, bestimmt!«, beruhigte Fritz sie.

»Ganz im Gegenteil, ihr werdet euch hervorragend verstehen, ihr seid beide kleine Dickköpfe. Und Toni kennt eine Menge spannender Leute. Das ist überhaupt eine Idee, ich werde sie morgen gleich mal im Hotel anrufen.« Else setzte sich wieder.

Eva schien zwar froh, nicht in der Stadt bleiben zu müssen, doch ob sie von der Idee ihrer Mutter so angetan war? Toni war doch mindestens 103 Jahre alt.

»Die Augen sind für Papi«, sagte Hannelore, die verschleierten Pupillen in dem gekochten Fischkopf interessiert musternd.

»Beide?«, fragte Fritz, »du solltest das andere essen.«

»Nein, nein, mir ist gerade nicht nach Fischaugen«, erwiderte seine Tochter.

An dieser Stelle muss ich erwähnen, dass dieselben Worte auch bei uns am Tisch gewechselt wurden, wenn es Fisch gab. »Die Augen sind für Omama«, hieß es immer, auch wenn sie nie anwesend war. Allein die Vorstellung, wie unsere Großmutter diese Gallerte ebenso genussvoll auslutschte wie ihr Vater, ekelte uns alle. Als ich von den kulinarischen Vorlieben meines Urgroßvaters erfuhr und Eva die Fischaugen dazuzählte, hatte ich, wie so oft bei den Gesprächen mit ihr und meiner Großmutter, das Gefühl, dass sich irgendwo da draußen ein Kreis schloss. In diesem Fall war es der Kreis der Leidenschaft für Fischaugen.

Fritz ging im Wohnzimmer auf und ab. Abwesend wanderte sein Blick von der Bücherwand zum Durchgang in die Küche. Er holte sich eine Zigarre, setzte sich mit einem Buch voller Paragraphen, Gesetzte und Erläuterungen über das Versicherungswesen in den USA schließlich in den Sessel und sah in den Hof hinaus und auf den kleinen Ausschnitt des Queen Boulevards, der von hier aus zu sehen war. Er konnte sich nicht konzentrieren.

Neben dem Sessel stand sein Aschenbecher, in den er hin und wieder die glühende Asche seiner Zigarre abklopfte. Erschien ihm der Aschenbecher voll, drückte er auf einen dunklen Hornknauf, der auf einem kurzen Edelstahlstück saß, sodass eine untergelegte Feder den Boden des Aschenbechers nach unten gleiten und die Asche in eine kleine darunter befindliche Schale rutschen ließ, dann schnappte der Boden wieder hoch und verschloss das Aschegefäß. War Fritz in Gedanken, dann ruhte seine rechte Hand auf dem Hornknauf und drückte ihn immer wieder hinunter. Das metallische Schnappen war dann nicht nur alle paar Minuten zu hören, sondern ununterbrochen.

Fritz zog an der kubanischen Zigarre, in Gedanken versunken ruhte seine rechte Hand auf dem Hornknauf. Es klickte, während er die Aufstellungen von Wirtschaftszahlen studierte, es klickte, während er durch die Seiten hindurch sah und an etwas anderes dachte, es klickte, als er den morgigen Tag überdachte, es klickte, als er kurz an gar nichts dachte, es klickte …

»Fritz!«

Erschrocken sah er auf.

»Lass dieses Klicken.« Es war Else, die ihm direkt gegenüber saß. »Ich hasse dieses Geräusch. Es klingt genauso wie das Verriegeln des Sarges meines Vaters in Berlin. Nimm deine Hand da weg.«

Fritz hatte die Hand schon längst wieder heruntergenommen und auf dem Buch auf seinem Schoß abgelegt. Er konnte es sich nicht verkneifen zu lachen.

»Das ist wahr!«, sagte Else und versuchte dabei ernst zu gucken, sie musste die Lippen zusammenpressen, um ein Schmunzeln zu verhindern.

4

Der Sommer 1943 kam. Die Dodgers machten sich nicht schlecht, ebenso hielten sich die Giants recht tapfer, doch die Yankees, die spielten wirklich gut.

Je näher die Prüfung von Fritz herankam, desto offensichtlicher wurde seine Verzweiflung. In den Unterrichtsstunden sah er sich wiederholt seinen Schwächen ausgeliefert.

»Ich kann sie nicht verstehen«, sagte er immer wieder.

»Dann setz dich weiter nach vorne, in die erste Reihe«, erwiderte Else unnachgiebig.

»Ich sitze ganz vorne. Aber dieses Englisch! Alles was ich hören kann, ist ein Brei von verzerrten Lauten. ›It ain't nothing, Mister Jessurun‹, was so viel heißen soll wie: ›it has nothing to do with‹ oder ›we will repeat that in the next lesson‹. ›That's right‹ heißt ›That is correct‹. Was ist denn das für eine Sprache?«

Die Schwerhörigkeit machte ihm mehr und mehr zu schaffen. Als Soldat im Ersten Weltkrieg explodierte auf einem Feld unmittelbar neben ihm eine Landmine, die einen Kameraden mit in den Tod riss. Seither wurde das Piepen und Rauschen in seinem Ohr immer dominanter und verfälschte mittlerweile Stimmen und Laute bis zur Unverständlichkeit. Und er konnte den amerikanischen Slang nicht verstehen. Diese anfangs so unbedeutende Schwäche begann Fritz nun im Alltag stark einzuschränken. Das wirkte sich nicht nur auf die Kommunikation aus, sondern beeinflusste auch seine gesamte gesundheitliche Verfassung.

Meine Großmutter Ann erzählt mir von den Beschwerden ihres Vaters. Sie machten sich bemerkbar, indem er manchmal einfach das Gleichgewicht verlor und umzukippen drohte. Sie spiegelten sich in Elses wachsender Ungeduld.

»Eva! Where is my mug?«, rief sie dann laut, obwohl es in der kleinen Wohnung nicht nötig gewesen wäre. Der Mug war ein nicht zu unterschätzender Gegenstand, der morgens über Elses Stimmung für den verbleibenden Tag entschied.

»Ich habe ihn nicht«, kam es aus dem Schlafzimmer, das sich Eva und Hannelore teilten.

»Kommst du mal her!«

»Nein, ich muss meine Schulsachen packen, ich bin spät dran.«

»Kommst du bitte mal her!« Else blieb beharrlich.

Eva räumte ihre Bücher, einige Stifte und Papier in die Schultasche, prüfte ihre Haare im Badezimmerspiegel und ging dann zur Küche.

»Du hast doch gestern die Küche aufgeräumt?«

»Wir haben sie zusammen aufgeräumt. Ich muss wirklich gehen.« Eva wollte sich schon abwenden.

»Eva, ich spreche mit dir! Ich verlange von dir, dass du mir zuhörst, die Busse fahren jede Minute! Wo ist meine Tasse?« Else steigerte sich von Sekunde zu Sekunde stärker in ihre Wut und Erschöpfung hinein.

»Vielleicht im Wohnzimmer.«

Es ging hier nicht nur um die Tasse. Die ganze Last, die Else zu tragen hatte – die zu enge Wohnung, die Arbeit, ihre schweren Glieder, dieses Leben in der Fremde –, ließ sie innerlich aufbegehren. Elses Kopf drohte zu zerspringen, sie drehte sich in ihrer Wut um, packte Eva an der Schulter und riss sie zu sich herum, dass die blonden Locken ihr für Sekunden die Sicht nahmen.

»Aua, lass das.« Eva schaute ihre Mutter nicht an.

»Es reicht mir!« Else schlug zu. »Dass ich es nicht fertig gebracht habe, dich zu erziehen!«

Sie standen, den Tränen nahe, einander gegenüber, keiner von beiden hätte sich jedoch die Blöße gegeben, vor dem anderen zu weinen. In Eva brannte der Hass, in Else die Wut.

Eva blieb stumm. Sie wusste, ihr Vater war nicht zu Hause, um ihr beizustehen, und Hannelore hatte eine Stunde früher Unterricht. Sie hasste ihre Mutter, und sie wusste, ihre Mutter hasste sie. Mit halb geschlossenen Augen sah sie in Elses versteinertes Gesicht. Ach du Bestie, du tust mir nur leid, dachte Eva bei sich, und als würde ihr Gegenüber die Gedanken lesen, schlug Else noch einmal zu. Dann stieß sie das Kind von sich und wandte sich enttäuscht, gequält von ihrem schlechten Gewissen, gepeinigt von ihrem zweiten Ich, was ihr in dem Augenblick so fremd war, ab und ging hastig atmend aus der Küche. Der Mug stand auf dem Fensterbrett beim Sessel, wo sie gestern Abend gesessen hatte, um die Zeitung zu lesen.

Eva und Hanne sangen heute zum letzten Mal die Hymne und rezitierten ein letztes Mal vor dem langen Sommer die Declaration of Independence.

Dann stürmten sie, auf und ab hüpfend zum Bus, sodass die Röcke ihrer karierten Kleider nur so in die Luft flogen und sich die Locken aus ihren Spangen lösten und wild in die Stirn fielen. Hannes Kniestrümpfe rutschten, sie musste auf halbem Wege anhalten, um sie wieder hochzuziehen. Übermütig und atemlos kamen sie am Turnpike an.

Zwei Tage später kletterte Hannelore zusammen mit Erika auf den Bäumen des weiten Farmlandes von Paul Parker.

Der Tag der Mädchen begann mit dem Frühstück, mit Waffeln, French Toast oder Pancakes. Hierbei erklärte ihnen Erikas Vater, wie sie die Eier einzusammeln, die Äpfel zu ernten oder das Futter einzustreuen hätten.

»Morgen bekommen wir neue Küken und der Kornspeicher muss gefüllt werden.«

Erika zerteilte sichtlich aufgeregt den mit Ahornsirup durchtränkten gebratenen Toast und fragte ihren Vater:

»Wann können wir zusammen mit Joe mit der größten Leiter auf die Apfelbäume?«

Mister Parker nippte an seinem Kaffee, setzte die Tasse ab und dachte nach.

»Ich werde erst einmal sehen, wie ihr euch beim Eiersortieren macht. Dann können wir weitersehen«, sagte er schließlich.

Mister Parker, oder Pollak, wie er eigentlich hieß, war tatsächlich ein angesehener Professor an einer Tschechischen Universität gewesen und hatte in den Staaten keine Arbeitserlaubnis erhalten. So beschaffte er sich die Genehmigung aus Tschechien, an einem Forschungsprojekt arbeiten zu können. Dieses »Projekt«, wie es auf dem Papier hieß, ernährte seine Familie in der Stadt und bestand darin, die Entstehung von Eiern mit doppelten Eigelben zu untersuchen.

»Zeig mal, wie viele du schon hast.« Erika kauerte auf dem Erdboden im Junghennenstall, der nach Hühnerkot, Humus und Feuchtigkeit roch.

»Sicher schon mehr als zwölf.« Hannelore hockte auf der Einstreu gegenüber der Tränkrinne und griff nach den noch warmen, ovalen Schätzen. Fünf Hennen kreuzten gackernd den Scharrraum, die Sonne schien durch große Fenster auf die fast schwarze Erde.

Am Nachmittag saßen die Mädchen hin und wieder an der Eiersortiermaschine. Über ein Laufband wurden die Eier auf eine Waage befördert und dann je nach Gewicht in die Eierkisten sortiert. Vor diesen Eierkisten saß Hannelore und musste darauf achten, dass 24 Eier ihren Weg hineinfanden, um schließlich in einem quadratischen Schiff auf dem Laufband weiter in die Verpackungsmaschine zu gleiten.

Manchmal gingen sie mit Erikas Vater zu den weißen Hühnern.

»Hier, dieses Huhn hat offenbar zu wenig Calcium im Blut, seht wie weich die Schale ist«, erklärte Mister Parker ihnen und zerrieb dabei die helle Kalkschale zwischen seinen Fingern. »Die Hühner mit braunen Federn legen die Eier mit brauner Schale, die Hühner mit den weißen Federn legen weiße Eier. Und wenn ihr prüfen wollt, ob ein Ei noch frisch ist, dann legt es in ein Wasserglas. Zeigt die Spitze des Eis nach oben, dann solltet ihr es bald essen, schwimmt es gar an der Wasseroberfläche, weg damit, liegt es aber flach auf dem Grund, dann ist es ganz frisch.«

Die Zeit auf dem Land verging wie im Fluge. Im Wechsel von Arbeit und Schlaf, Spiel und Lernen, Aufregung und Abenteuer verflogen Tage und Nächte. Eines Tages war Ann auf den höchsten aller Apfelbäume gestiegen und hinuntergestürzt in ein weiches Gestrüpp aus Poison Ivy.

»So was Blödes«, erinnert sich Ann. »Eine Woche lang musste mir Mrs. Pollak die roten Blasen am ganzen Körper salben.«

»Apfelbäume sind ab heute absolut verboten!«, sagte Mrs. Pollak streng und mitfühlend zugleich. Das zu sagen wäre gar nicht nötig gewesen, Ann würde sowieso nie wieder auf einen Baum klettern.

Eines Tages nahm Paul Parker die Kinder mit in den Stall, in dem die bunten Hühner scharrten, die ausschließlich Eier mit doppelten Eigelben legten. Es kamen in der Woche etwa zwanzig Stück zusammen, und immer sonntags in der Früh legte Mister Parker die Eier, die schon den dritten Tag reiften, in einen Karton und fuhr nach Princeton.

Hier bekam kein anderer als Albert Einstein zehn dieser Eier, »extra large, with dobble yolk«.

Herr Pollak war nicht der einzige Universitätsprofessor, der aus Europa nach Amerika gekommen war, und da die Wissenschaft verband, kannten sich Paul Pollak und Einstein aus alten Zeiten. Nun durften also die Mädchen an einem Sonntag mit auf den Campus der Universität, dorthin, wo in einem niedlichen Dorm mit Porch, grünen Fensterläden – die nie geschlossen wurden – und einem Schornstein am linken äußeren Ende des spitzen Daches Herr Einstein lebte. Der Professor empfing seine Gäste mit zerzaustem Haar und in nachlässiger Garderobe, so erinnert sich meine Großmutter.

»Ach Herr Parker, in so reizender Begleitung. Ist denn schon

Sonntag?« Einstein murmelte abwesend vor sich hin, bis er seine Gäste aufs Neue willkommen hieß. Die hauchdünne Stimme verlor sich zuweilen im Rauschen des Windes im Blätterwerk der Bäume.

Hannelore hatte nur Augen für seinen Hund, der gelegentlich um Einsteins Beine herum sprang.

»Ei, ei wie fein«, sagte Einstein, als er den Karton in Parkers Händen sah.

»Für den besten Freund der besten Hühner«, sagte Parker.

»Wie bitte, Hühner?«, fragte Einstein überrascht.

»Albert!« Parker drückte ihm den Karton in die Hände und tätschelte ihm die Schultern.

Wenn sie zur rechten Stunde kamen, dann spielte Einstein auf seiner Geige, ebenso leidenschaftlich und seelenvoll, wie er seine Wissenschaft betrieb, erzählt meine Großmutter.

So viel zu Eiern mit doppelten Eigelben, Professor Einstein und Hannelores Sommerurlaub auf der »Chickenfarm«. In einem der darauf folgenden Sommer arbeitete Hannelore in New Jersey auf einer Hühnerfarm an der Eiersortiermaschine, um sich etwas Taschengeld zu verdienen.

Eva verbrachte ihren Sommer in einem gänzlich anderen Umfeld und Milieu. Tante Toni Seligmann, geborene Kronheimer, und seit den frühen dreißiger Jahren verwitwet, war, wie zuvor beschrieben, 1939 aus Österreich nach Zürich gefahren und kam von dort aus schließlich nach New York. Hier bewohnte sie acht Monate des Jahres ein riesiges Apartment im Croydon Hotel, 12 East 86th Street, und zog sich in den Sommermonaten in ein Strandhaus der berühmten »Artist Colony« in Camden, an der Küste Maines, zurück. Auch wenn sie wie 103 Jahre aussah, war sie keineswegs so alt. Schon als Künstlerin zur Welt gekommen, sollte sie auch als Künstlerin sterben. Dies bezog sich nicht allein auf ihre Tätigkeit als Kinderbuchautorin, sondern vielmehr auf ihren sehr eigenen Charakter. Das Erbe ihres verstorbenen Mannes, Professor der Psychologie Richard Seligmann, ermöglichte ihr ein gesichertes Auskommen.

Eva verbrachte also mit Tante Toni, der österreichischen Hausdame, Fräulein Gren, und einigen Freunden ihre Ferien.

»Tante Toni, kann ich bitte noch etwas von dem Hackbraten bekommen?«, fragte Eva ihre Tante im gleißenden Licht der Mittagssonne an dem weiß gedeckten Tisch im weiß möblierten Esszimmer.

»Eva, der muss noch für die ganze Woche reichen. Eine Scheibe genügt fürs Erste.« Toni schob ihren letzten Bissen gepresstes Hackfleisch mit Kruste und Sauce auf die Gabel.

»Aber es ist doch noch so viel da, Tante Toni, wir haben doch nur zwei Scheiben gegessen.«

»Nein, nein, mein Kind, wo kommen wir denn da hin? Fräulein Gren kann doch nicht jeden Tag etwas anderes kochen, das wäre viel zu aufwändig, von den Kosten einmal ganz abgesehen. Nein, nein.«

Evas Magen zog sich bei dem Gedanken, einen ganzen Nachmittag wieder hungern zu müssen, schmerzhaft zusammen.

Letzte Woche musste der Nudelauflauf ganze sieben Tage halten, diese Woche war es nun der Hackbraten.

»Wir sind heute zu Tee und Kuchen bei sehr netten Freunden von mir, Professor Adler und seiner Frau Hedie, eingeladen.« Eva betrachtete ihre sehr sorgfältig zurechtgemachte Tante, den fliederfarbenen Glanz, mit dem sie ihre Augenlider geschminkt hatte, das zarte Rouge auf ihren Wangen und ihre kurzen Wimpern, die schwer an der wasserfesten Wimperntusche trugen. Tante Toni war eine zierliche Person, doch was sie an Größe nicht hatte, machte sie mit ihrem Auftreten wett. Ganze Vormittage verbrachte sie damit, sich ansehnlich zu kleiden. Ihre Kontakte zu Franz Werfel und anderen Künstlern aus der Wiener Gruppe steigerten ihr Selbstverständnis als Künstlerin. Sie schrieb Kinderbücher und liebte klassische Musik.

»Ja, ich komme mit. Hat der Professor einen Hund oder Haustiere?«, fragte Eva in der Hoffnung auf Ablenkung.

»Ach Kind, was fragst du für Sachen.« Toni glättete ihre Stirn, indem sie die Augenbrauen auseinander zog, und fügte mit einem Lächeln hinzu: »Hunde machen Dreck, sind teuer und laut.

Ludwig Adler hat, glaube ich, mehr Bücher, und Musik«, fügte sie mit in die Höhe gestrecktem Zeigefinger hinzu.

»Fräulein Gren!«

Eine beleibte Dame trat durch die weiße Tür in das weiße Zimmer.

»Bringen Sie dem Kind noch etwas Götterspeise«, und zu Eva gewandt: »Das klingt doch nicht schlecht, oder?«

Na ja, dachte Eva, von Jell-O würde sie nicht satt werden, und in ihren Vorstellungen von Güte stellte das Angebot ihrer Tante auch kein besonders generöses dar.

»Ist gut. Kann ich Himbeere haben, Frau Gren?«, fragte sie die durch und durch ernsthafte Bedienstete der Tante.

»Es ist nur noch Erdbeere und Zitrone da«, kam es, wie aus der Pistole geschossen. Sie schien über die Bestände der Vorratskammer vollkommen im Bilde zu sein.

»Nimm doch Erdbeere, Eva, das ist weiß Gott fast dasselbe. Sie können die Teller abräumen, Frau Gren, danke.«

Eva bekam ihr Jell-O ohne Vanillesauce und lauschte aufmerksam den Ausführungen Tante Tonis über die *Wassermusik* von Händel und die 2. Sinfonie von Johannes Brahms, die so genannte Pastorale, deren 1. Satz, Allegro non troppo, gerade im Hintergrund zu hören war. Eine Sache ist Eva von diesem Urlaub noch ganz genau in Erinnerung – sie kannte danach nahezu jedes Stück klassischer Musik.

Herr Professor Adler saß der zierlichen Toni Seligmann gegenüber und philosophierte über den Cognac, den er in einem tulpenförmigen Glas langsam hin und her schwenkte. Hinter ihm erklärte Hedie Adler gerade der süßen Nichte, was es mit Huckleberry Finn auf sich hatte.

Einen Hund besaß der Professor zu Evas Bedauern nicht.

»Ich meine, es gibt kein anderes alkoholisches Getränk, was diese Vielfalt an Geschmack in einer so geringen Menge bereits entfaltet. Hier treffen sich Holz, Kirsche, Salz und Meeresduft auf engstem Raum, Frau Seligmann, und das Phantastische ist, Sie können es alles riechen, wenn Sie ihn nur lang genug Luft holen lassen.« Ludwig Adler ließ sich in seinem Vortrag nicht unterbrechen, nicht durch die etwas abwesende Toni, die ihre Zigarette rauchte, nicht durch das schrille »Ja, stell dir vor! So war das« seiner lieben Frau, noch durch all die dringenden Anrufe.

»Ich bevorzuge eigentlich grundsätzlich Whisky. Das liegt wohl in der Familie«, sagte Toni und verabschiedete ihre zweite Zigarette in den Aschenbecher, es wurde plötzlich stiller.

Nach und nach besuchten Eva und Toni deren Freunde, darunter auch den Cellisten Gregor Piatigorsk mit seiner Frau, einer geborenen Rothschild, und dann natürlich die Familie des berühmten Komponisten und Geigers Efrem Zimbalist, und seiner Frau, Mary Curtis, die aus Philadelphia stammte. Sie alle machten den Urlaub für Eva erträglicher, denn sie servierten neben Hackbraten oder Jell-O auch Eierkuchen, Chicken Pot Pie, Kartoffelsalat, Kuchen und Brötchen.

Und als hätte Else es vorausgesehen, blieb dieser Urlaub nicht der letzte, den Eva mit ihrer Tante Toni verbringen sollte. Später würde Eva bei den großen Tee-Empfängen und Cocktailpartys, die Toni im Hotel gab, servieren und sie schon bald regelmäßig einen Abend in der Woche besuchen, um für sie zu kochen und ihr Gesellschaft zu leisten.

5

Ein weiteres Mal gewannen die Yankees entgegen allen Erwartungen der Giants- und Dodgers-Fans die World Series. Und mit dem Ende einer aufregenden Spielsaison brach der Winter an.

Fritz hatte seine Prüfung nicht bestanden.

Nach einer Tortur von schriftlichen und mündlichen Examen war klar, dass er nicht würde arbeiten dürfen.

Und doch wollte er mehr über dieses Land Amerika wissen. Er bewarb sich beim Civil Service für ein Volontariat, was er auch bekam. Ihm wurde eine Bescheinigung ausgestellt und fortan brachte er ein Jahr lang ehrenamtlich sein breites Wissen über fremde Länder, deren Kultur, Sprache und Sitten an den amerikanischen Bürger – für einen Dollar pro Jahr.

Daneben arbeitete er zusammen mit Paul Bleichröder freundschaftlich in einer kleinen Import- und Exportfirma, vielmehr als ein Taschengeld verdiente er hier jedoch auch nicht.

Weihnachten kam. Else besorgte einen Truthahn, Kartoffeln, Erbsen und Rotkohl. In der Post fand sich wie jedes Jahr eine Flasche Whisky für Fritz und ein Parfümflakon für Else von: »Der Euren, Tante Toni«.

»Was soll ich mit diesem Parfüm? Sie ist tatsächlich immer noch in dem Glauben, ich würde einen Duft von ihr tragen.« Else legte die Flasche zurück in den Karton.

»Schenk es weiter, jemand anders freut sich bestimmt«, antwortete Fritz betont sachlich, die Whiskyflasche und das Etikett dabei musternd.

»Das ist es doch nicht. Was soll das? Sie verschwendet keinen einzigen Gedanken daran, ob wir ihr Zeug überhaupt brauchen können!« Angewidert schob sie die Schachtel von sich. Fritz musterte den Whisky weiterhin eindringlich. Davon konnte er einmal zum Essen einladen und bekam noch dazu für Hanne und Eva ein Sommerkleid, Else könnte davon drei Jahre kostenlos U-Bahn fahren. Er drehte die Flasche, einen 48-jährigen Jonny Walker Red Label, in seinen Händen, stand schließlich auf und stellte sie zu den vier anderen, die er jeweils zu Weihnachten und zum Geburtstag von Toni bekommen hatte.

»Du bist ihr Testamentsvollstrecker!« Else lehnte sich im Stuhl zurück und strich über das mit Samt gestickte Blumenmuster des Sessels. »Keinen Cent gibt sie dir dafür.«

»Else«, sagte Fritz nur und bedeutete ihr unmissverständlich, nicht länger darüber zu reden.

Während dieser Monate kämpften viele amerikanische Soldaten gegen die Deutschen an den Fronten in Europa. An vielen New Yorker Fenstern klebte ein blauer Stern als Symbol für den Verlust eines Sohnes oder Ehemannes. Dies waren die einzigen Zeichen, die daran erinnerten, dass jenseits des Atlantiks der bislang schrecklichste Weltkrieg in der Geschichte der Menschheit tobte, zu spüren war für die New Yorker davon nicht sonderlich viel. Die Stadt sollte nach dem Krieg nie wieder so friedlich sein wie währenddessen. Die Kriminalstatistik war unwahrscheinlich niedrig: Man zählte unter 7,5 Millionen Einwohnern gerade mal 292 Morde.

In den Jahren nach dem Krieg überschlugen sich die Ereignisse am Queens Boulevard allerdings. Fritz und Else wurden 1946 amerikanische Staatsbürger. Während Else ihren Namen behielt, stand in den Papieren von Fritz fortan der Name Fred Milton Jessurun. 1948 folgte die Einbürgerung der Töchter. Hannelore hieß nun Ann. Ihre Schwester behielt ihren Namen. Dann ereignete sich ein Unglück, was vor allem in Freds Leben einen tiefen Riss hinterließ und vermutlich auch seinen frühen Tod, die Kapitulation vor der stählernen Front des Lebens, verursachte.

Paul starb, als er beim Ausritt im Central Park vom Pferd fiel und sich dabei das Genick brach. Er hatte den Zementmischer nicht kommen sehen, weil er in dem Moment über seine Schulter zurückblickte, in dem Glauben, jemand hätte ihn gerufen. Das Pferd stellte sich so ruckartig auf die Hinterbeine, dass es Paul den Kopf ans Schulterblatt presste und er es nicht mehr schaffte, sich aufzurichten, bevor der Gaul auch schon den Schädel senkte und nach hinten ausschlug. Pauls linker Fuß hing im Steigbügel, als er mit dem Oberkörper schon bewusstlos auf den Schotter geknallt war. Das tonnenschwere Rattern des Lasters über den Schlaglöchern brachte das Pferd zur Besinnungslosigkeit und es drehte sich um sich selbst, sodass sich der Fuß seines Reiters schließlich aus dem Steigbügel löste und dieser dabei gegen das Geländer geschleudert wurde. Er war auf der Stelle tot. Mit ihm verlor Fred nicht nur seinen besten, langjährigen, unersetzbaren Freund, sondern auch seinen Geschäftspartner und Mitarbeiter der Firma. Fortan fühlte sich Fred den Aufgaben nicht mehr gewachsen, was sich unübersehbar in den Bilanzen niederschlug. Er wurde das Opfer von Betrug. Er brachte außerdem in Erfahrung, dass sich in Portugal Unvorstellbares zugetragen hatte.

Seine Bevollmächtigten, Nuñes und Casanova, hatten das gesamte Vermögen der Hartwich Nuñes & Ca. Lda. geraubt und verspielt. Die Männer waren in ihren Wohnungen tot aufgefunden worden – Casanova erhängt, Nuñes erschossen. Die Hure mit den dicken Lippen, die über Nuñes' letzte Stunden befragt wurde, stotterte nur unzusammenhängendes Zeug: »Pistole … Gaumen … Schädeldecke …« Wie vom Teufel besessen hätte er sie angestarrt, wobei sie versuchte mit hastigen Bewegungen die Blutspritzer zwischen ihren Brüsten und auf dem Korsett wegzuwischen. Auf der hängenden Leiche Casanovas fanden sich Spuren einer harten Schlägerei. Weitere Zeugen wurden in der gleichen Nacht nicht mehr gefunden. Aus dem Polizeibericht ging schließlich hervor, dass beide Selbstmord begangen hätten.

Ann beschreibt Fritz als einen vom Leben verwöhnten Gentleman, der den Lebensumständen im Exil nicht mehr gewachsen war: »Er war ein Diplomat. Er war höflich. Aber die Gesellschaft in New York war eine Ellbogengesellschaft, da hatte keiner auf ihn gewartet. Das hat er nicht verdient.«

Dass Fred keine Ellbogen hatte, kann ich von den wenigen Fotos ablesen, die in New York von ihm entstanden waren. Es sind, weiß Gott, nur eine Hand voll, und als ich Ann darauf anspreche, erklärt sie mir: »Uns wurden die Fotoapparate bei der Einwanderung weggenommen. Wir durften keine Tape Recorders besitzen oder sonstige Geräte, die zur Spionage dienen könnten, Kugelschreiber zum Beispiel. Ja, wir waren doch Feinde auf amerikanischem Boden.«

Die »verbotenen« Bilder zeigen Fred einerseits als bodenständigen Mann, meist in Anzug, mit dichten Augenbrauen, hoher Stirn und ergrautem Haar. Sie zeigen aber auch seinen gedankenverlorenen Blick, einen Mund, der nicht lachen konnte, und Stirnfalten, die sich nicht glätten wollten.

Die Bilder erzählen nichts von seinem Herzleiden, nichts davon, dass er immer öfter Nitroglycerin einnehmen musste, weil er kaum Luft bekam. Sie verschweigen, dass Else mit seiner Schwerhörigkeit an die Grenzen ihrer Geduld stieß, dass sie immerzu Sätze wiederholen oder laut rufen musste, wenn ihr nicht danach war.

Im Oktober 1948 erkrankte Else plötzlich an einer Lungenentzündung. Ihr Zustand war so dramatisch, dass Fred es sich trotz Geldmangels nicht erlauben konnte, seine Frau weiter zu Hause zu behalten, er brachte sie ins Public Hospital in Queens.

In den fünfzig Betten des Saals, in dem Else lag, wurde Spanisch, Jiddisch oder Italienisch gesprochen. Hier waren Frauen wie Männer mit den unterschiedlichsten Diagnosen ans Bett gefesselt: Frakturen, Schleimbeutelentzündungen, Zerrungen, Geschwülste, Arthrose, Tuberkulose, Gelbsucht und andere Leiden.

Else lag auf der rechten Seite des Raumes im 27. Bett, zählte man von der Tür aus. Ihre Befunde blieben besorgniserregend, die Behandlung miserabel. Seit knapp zwei Wochen lag sie dort als eine von fünfzig Patienten in einem Saal, und ihre Lebensenergie schwand unter dem starken Fieber, dem Schüttelfrost, der Schlaflosigkeit, Atemnot und anderen Symptomen der Lungenentzündung von Tag zu Tag. Sie verlor an Gewicht, weil ihr von den Medikamenten schlecht wurde. Sie konnte kaum selbst zur Toilette gehen und nachts musste die Bettwäsche gewechselt werden, weil sie in ihren Fieberträumen so schwitzte. Das erste Mal in ihrem Leben betete Else, ohne recht zu wissen wofür. Sie versuchte das *Vaterunser* auswendig aufzusagen, doch nach »geheiligt werde dein Name« versagte ihr die Stimme.

Die Angst davor, zu ersticken, ließ ihr keine Ruhe und sie wachte fast zwanzig Stunden am Tag, ihren flachen Atem verfolgend, der sich bei jedem Atemzug durch ihre Brust quälte.

»Eurer Mutter geht es sehr schlecht.« Mehr konnte und wollte Fred in dem Moment seinen Töchtern nicht sagen, zu sehr quälte ihn das Gefühl von Hilflosigkeit und Scham, nichts für Else tun zu können. Jeder Aufenthalt in einer privaten Klinik wäre für ihn unbezahlbar gewesen.

»Papi, ich kenne ein Mädchen in der Schule, deren Vater Arzt ist. Ich würde sie ansprechen, ob er für Mami nicht etwas günstiger ein Zimmer in einer privaten Klinik bekommen könnte.«

Ann erwartete keine Antwort von ihrem Vater. Was sie eben vorgeschlagen hatte, war für sie schon beschlossene Sache.

Mister Adrian, so hieß jener Vater der Klassenkameradin, kümmerte sich tatsächlich um ein Zimmer in einer Privatklinik, doch auch er konnte nicht die gesamten Kosten für die Verlegung tragen. Fred tat, was ihm möglich war. Er bezahlte die Hälfte, kündigte den Mietvertrag der Wohnung und zog mit den Kindern eine Etage höher in ein Apartment mit Wohnküche, Bad und einem Schlafzimmer. Jetzt wohnten sie Tür an Tür mit Mrs. Slater.

»Mister Jessurun!«

»Guten Morgen, Mrs. Slater«, Fritz hob seinen Hut, »wie geht es Ihnen. Und wie geht es Ihrem Sohn.«

»Oh danke, uns geht es gut. Aber das tut doch überhaupt nichts zur Sache, wie geht es Ihrer Frau?«

Mrs. Slater stand in einem violettblauen Kimono mit aufgestickten Schmetterlingen und Echsen im Flur, die gebleichten Haare lose auf pinkfarbene Lockenwickler gedreht. Sie war zu dieser frühen Stunde schon auffällig geschminkt und blinzelte Fred mit blau gefärbten Augenlidern entgegen.

»Sie wurde verlegt«, antwortete Fritz.

»Oh, Gott sei Dank!« Mrs. Slater faltete ihre Hände vor der Brust. »Es war für mich grauenvoll, Ihre Frau in einem Krankensaal zu wissen.«

»Wir haben getan, was wir tun konnten.«

»Ach, Herr Jessurun. Sie sind immer so nett. Ich bete für Ihre Frau. Es wird sicher alles gut. Und jetzt will ich Sie aber nicht aufhalten. Bye, bye. God bless you, bye, bye.«

Sie drehte sich winkend um und hinterließ den Duft frischen Parfüms. Eine Sekunde verharrte Fritz noch auf dem Flur, bevor er das Haus verließ.

Nach der Schule ging Eva nicht wie gewohnt zum Bus, sondern nahm die U-Bahn am Union Turnpike Richtung Manhattan. Drei Stationen fuhr sie. Eine Empfangsdame gab ihr Elses Zimmernummer und wies sie an, den Lift ins dritte Geschoss zu nehmen. Auf den grell erleuchteten Fluren kamen ihr freundlich lächelnde Schwestern und Ärzte entgegen, die den Geruch von Betadine und Desinfektionsmitteln hinter sich herzogen. Lautlos schritten sie in ihren weißen Turnschuhen die Gänge hinab und geräuschlos folgte der Baumwollkittel ihren hastigen Bewegungen. Sie blieb vor einer orange gestrichenen Tür mit der Nummer 344 stehen, klopfte einmal und trat dann, ohne eine Antwort zu erwarten, ein.

Else lag hier auf der Intensivstation. Das Überwachungsgerät am Kopfende des Bettes piepste regelmäßig, links von ihr hing eine Infusion, gleichzeitig keuchte ein Beatmungsgerät. Über Elses Bett hatte man ein Sauerstoffzelt aufgespannt, sodass Eva den Körper ihrer Mutter nur undeutlich erkennen konnte. Regungslos lag Else auf dem blendend weißen Leinen, die Auf-und-ab-Bewegung ihrer Brust war so schwach, dass Eva sie kaum wahrnehmen konnte. Sie erschrak zutiefst, weil der Anblick dem einer Leiche auf dem Totenbett glich. Die Beklemmung und das schlechte Gewissen wurden zum Schraubstock in Evas Kehle, fast sackte sie in die Knie. Ohne schlucken zu können trat sie an das Bett. Hier konnte sie stumm beobachten, wie sich Elses Brustkorb hob und senkte. Sie wusste weder, wohin mit ihren Händen, noch was sie jetzt sagen sollte. Deshalb stand sie noch zwei lange Minuten schweigend an Elses Seite, drehte sich dann um und verließ das Zimmer. Wie in Trance ging Eva durch die Gänge, nahm den Fahrstuhl und verließ das Gebäude. In ihrem Schädel hämmerte das Blut, als sie auf dem Hof an den Müllcontainern vorbeikam. Sie wandte sich plötzlich nach links, stolperte über einen blauen Sack in eine Pfütze und sank zusammen, bis sie auf dem Boden kauerte und die Tränen aus ihrer Kehle würgte. Die eine Hand an der eiskalten Mauer beugte sie sich im Schmerz vornüber und begann nach Atem zu ringen, der im Brechreiz zu ersticken drohte. Die Tränen standen in ihren Augenwinkeln und dennoch konnte sie nicht weinen. Eine Ewigkeit hockte sie dort, eine Ewigkeit spuckte sie aus, hustete und drückte ihre Stirn gegen den Handrücken an der Mauer. Dann erhob sie sich irgendwann und schwankte benommen zur U-Bahn.

Als sie eine Stunde später nach Hause kam und sich an den Tisch zum Abendessen setzte, sah Fritz sie auf einmal erstaunt an.

»Eva, sag mal, was hast du mit deinen Haaren gemacht?«

»Gar nichts.«

»Du bist an der Seite ganz grau.«

»Was?«

»Hier, die Strähne rechts ist ganz grau!«

Eva stand auf und ging zum Spiegel. »Nein«, flüsterte sie. Tatsächlich. An der rechten Seite der Stirn entdeckte sie einzelne graue Haare. Erstaunt zog sie die Brauen hoch. Das musste der Schock von heute Nachmittag gewesen sein. Ungläubig nahm sie das Haar, was einst blond gewesen war, zwischen die Finger. Schließlich ging sie zurück ins Esszimmer.

»Ich habe einen solchen Schreck wegen Mami bekommen. Sie lag da wie tot.«

»Sag so was nicht, Eva.«

»Aber es stimmt! Es war so!«

»Du warst bei Mami?«, fragte Ann, woraufhin diese nur einen beschwörenden Blick ihrer Schwester zur Antwort bekam, der sie bat, nicht weiterzufragen.

Else kehrte nach einem vierwöchigen Krankenhausaufenthalt an den Queens Boulevard zurück. Fortan schlief Fred in dem kleinen Erker im Esszimmer und die drei Frauen teilten sich das Bett im Schlafzimmer. Die Fabrik hatte Else den Arbeitsplatz gekündigt, worüber sie nicht ganz unglücklich war. An den drei folgenden Tagen ging sie Inserate und Stellenangebote in der Tageszeitung durch, bis sie auf die Annonce einer Elisabeth Kerr stieß, die für eine Änderungsschneiderei und Hutmacherei eine Hilfe suchte.

6

Ann und Eva standen im selben Jahr vor dem Schulabschluss. Nachdem Eva zwischenzeitlich auf einer Kunstschule in Downtown Manhattan war, besuchten nun beide Mädchen dieselbe High School.

Onkel Fred hatte Eva vor längerer Zeit zur Aufnahmeprüfung an die Kunstschule mitgenommen, wohingegen Else immer wieder versuchte, ihrer Tochter einzureden, dass das, was sie da tat, nämlich malen, doch nur »eine Entschuldigung für Faulheit« sei. Eva bestand die Prüfung und hatte seither einen unvorstellbaren Stundenplan zu bewältigen. Fred Lindsey, mit dem Ann und Eva nur Deutsch sprechen durften, lud seine gerade eingeschulte Nichte unmittelbar nach der Prüfung zu einem Cocktail an der Fifth Avenue ein.

»Hier«, der Onkel schob dem Mädchen ein hohes Glas zu und hob seinen Whisky auf Augenhöhe, »das müssen wir feiern. Schließlich bist du jetzt eine richtige Kunststudentin.«

»Was ist das?«, fragte Eva, interessiert die durchsichtige Flüssigkeit in ihrem Glas betrachtend.

»Martini. Halb Vermouth, halb Gin. Probier's, es ist gut. Cheers!«

Eva behauptet, ihr Alkoholproblem habe damals angefangen. »Alle haben getrunken, das war völlig normal.« Heute Mittag bestellt sie sich eine Margarita, doch über das Schlimmste ist sie hinweg.

Eva ging also auf die Art School und verließ jeden Morgen um halb sechs die Wohnung, um eine Stunde mit der U-Bahn in die Stadt zu fahren. Zwischen den Unterrichtsstunden hatten die Schüler zwei Minuten Zeit, um die Zimmer zu wechseln, es gab kein Frühstück, keine Mittagspause. Unter diesen Umständen verlor Eva sichtlich an Gewicht und an Geduld. Sie konnte sich nicht mehr konzentrieren, war übermüdet und stand unter nicht enden wollendem Stress.

Else verordnete ihr Sherry mit rohen Eigelben, Sahne und viel Zucker, damit sie wieder einige Kilo ansetzte. Doch diese Methode konnte der Situation in der Schule nichts entgegensetzen. Eva wechselte nach einem Jahr auf die High School, auf der auch Ann ihren Abschluss machte. Sie war für die Schule und für Schulabschlüsse nicht geschaffen und heilfroh, aus der »Irrenanstalt« entlassen worden zu sein. Mit 40 Prozent in Mathe war sie »mangelhaft«, in Geschichte hatte sie in der schriftlichen Prüfung gerade mal einen Punkt erreicht, in den Naturwissenschaften lag sie bei C, was einer drei entsprach, doch mit 75 Prozent in Englisch und 80 Prozent in Deutsch und Sport entging sie einem Wiederholungsjahr. Ann hingegen absolvierte ihre Prüfungen mit Bravour. Sie erhielt in Mathematik, Geographie und Biologie ausschließlich Noten im Bereich »Exceptional« und »Excellent«, erreichte in Französisch 95 Prozent und in Spanisch und Social Studies 90.

Die Jahre brachten also auch für die Mädchen Erfreuliches: den High-School-Abschluss.

Und jede für sich begann die Freuden des Lebens zu entdecken und auszukosten. Eva besuchte Feste, Konzerte, Tea-Partys und tanzte. Ann machte Sport und traf sich dort im Kreis ihrer Freundinnen, mit denen sie abends ins Kino ging und die Restaurants unsicher machte.

7. TEIL

JACOBS KAFFEE
...WUNDERBAR

I

Im Dezember 1950 eröffnete in der Obernstraße 20 die erste Filiale von Johann Jacobs & Co. nach Kriegsende. Zwei Jahre zuvor belief sich der Umsatz der Firma auf 1 Million Mark. Schon 1949 lag er bei 5 Millionen, und als 1953 die Kaffeesteuer von zehn auf drei Mark pro Kilo Röstkaffee gesenkt wurde, schossen die Zahlen in die Höhe und Jacobs konnte einen Umsatz von 65 Millionen Mark verzeichnen.

1953 war mein Vater sechs Jahre alt. Die Tage, als Walther ihn auf dem Dreirad in der Schwachhauser Heerstraße gefilmt hatte, waren vorbei. Jetzt beschäftigte er sich mit Schiffen. Mit Ausdauer und Liebe zum Detail filmte Walther Schiffsmasten, Decks, Matrosen und Kapitäne, die Reling, Wellen und Möwen, die sich im Wind wiegten, und den Horizont. Sollte diese Vorliebe auf seine unzähligen, ja wirklich unzähligen, Ehrenämter hindeuten, die er in seinem Leben besetzen würde, unter anderem einen Sitz im Aufsichtsrat der Deutsch-Überseeischen Bank in Hamburg oder den Vorsitz im Aufsichtsrat der Hochseefischerei Nordstern AG in Bremen. Alle anderen Positionen lesen sich wie die Etappenziele eines Fünfkämpfers: Mitglied im Vorstand des Deutschen Kaffee-Verbandes, Stellvertretender Vorsitzender des Bremer Kunstvereins, Sitz im Aufsichtsrat der Hapag Lloyd AG, Stellvertretender Aufsichtsratsvorsitzender der Ibero-Amerika Bank in Bremen, Beiratsmitglied der Hermes Kreditversicherungs-AG in Hamburg, und zwei Jahre war er als Präses der Handelskammer der höchste gewählte Repräsentant der bremischen Wirtschaft und späterhin Mitglied des Präsidiums.

War bei alldem noch Zeit für die Familie, die Kinder? Nur während der Schulferien widmete er sich ihnen ganz. Schließlich besuchten sie alle sehr gute Internate. Die Hilferufe von Bärbel verhallten ungehört. Petra ging es nicht anders. Sie hatte zwar eine intensive Beziehung zu ihrer Mutter, doch von ihrem Vater fühlte sie sich ebenso wenig zur Kenntnis genommen wie ihre Schwester. Dass die Ausbildung der Mädchen weniger wichtig war als die ihres ältesten Bruders Klaus, war kein Geheimnis. Klaus' beruflicher Werdegang war vorherbestimmt. Er sollte ins Familienunternehmen einsteigen. Schon als Sechzehn- oder Siebzehnjähriger wurde er für zwei Jahre in die Kaufmannslehre geschickt, danach ging er nach Guatemala, um anschließend nach Wien zu gehen, wo er die Leitung der Jacobs Kaffee GmbH übertragen bekam. Danach wechselte er nach Bremen in die Hauptfiliale und absolvierte an der Stanford University in Kalifornien die Abschlüsse in Einkauf, Marketing und Produktion.

Wurde Klaus eigentlich jemals in seinem Leben nach Wünschen, Leidenschaften, Ambitionen gefragt? Hatte Walther ihn jemals gefragt, was er hätte werden wollen? Durfte Klaus jemals eine seiner Stationen in Frage stellen? Nein, denn als Ältester hatte er die Firma zu übernehmen, er erbte, wie es auf dem Land üblich war, »den Hof«. Seine Vorliebe für Kunst, für Kunstgeschichte musste Klaus zurückstellen, um die Erwartungen seines Vaters zu erfüllen.

Walther wurde morgens um 7.30 Uhr von seinem Chauffeur in einem BMW mit geschwungenen Felgen und langem Kühlergrill in die Langemarckstraße, ehemals Große Allee, gefahren. Durch die oberen Büroräume ging dann der Ruf: »Der Chef kommt!«, woraufhin alle zu den Fenstern rannten, in den Hof starrten und sich dann beeilten, wieder zu ihren Plätzen zurückzukehren.

Herr Jacobs wurde schließlich von seinen drei Prokuristen Außendienst, Verwaltung und Finanzen empfangen und sein Arbeitstag konnte beginnen.

2

»Guten Morgen, Herr Jacobs.« Das Mädchen machte einen Knicks, als sie ihrem Chef in Anzug, weißem Hemd und Krawatte auf dem langen Flur begegnete, von dem links und rechts die Zimmer der Prokuristen abgingen.

»Tach«, sagte Walther freundlich. »Sie lernen wohl hier?«

»Ja, Herr Jacobs, in der Buchhaltung.«

»Macht es Ihnen Spaß?«

»Ja, Herr Jacobs, sehr.«

»Mein Kompliment an die Farbe«, sagte er, den Blick auf den pastellrosa Faltenrock der jungen Frau gerichtet, »die Herren Prokuristen sollten sich an den Damen mal ein Beispiel nehmen, nicht wahr?« Fräulein Sörös lächelte. Dann verabschiedete sich Walther Jacobs höflich und verschwand in seinem Büro. Fräulein Sörös eilte den Gang hinunter, um Schecks zur Bank zu bringen.

Ging Walther in die Rösterei hinunter, nahm er sich immer Zeit, die Verleserinnen freundlich zu begrüßen. Die Unterhaltung ging aber nie über eine nette Bemerkung hinaus, schließlich war er kein Mann der vielen Worte.

Im Büro widmete er sich den Papieren auf seinem Schreibtisch, hinter der Pendeltüre seine zweite rechte Hand, Frau Ohmstedt, wissend. In zehn Minuten würden alle Mitarbeiter zur Frühstückspause für eine Viertelstunde in die Kantine gehen. Walther selbst genoss dann die Ruhe, die im ganzen Haus herrschte. Er und die Männer des Vorstandes wurden exklusiv von Frau Bohlmann im obersten Geschoss bedient und mittags bekocht.

Fräulein Sörös aber war Teil der Völkerwanderung Richtung Kantine. Hier gab es frische Vorzugsmilch aus Borgfeld – so viel man trinken konnte – und natürlich Kaffee und Tee. Anschließend kehrte sie an ihren Holzschreibtisch zu den Karteikarten zurück. Als junge Buchhalterin hatte sie die Daten der letzten Lieferungen, die entsprechenden Kundennummern, die bestellten Sorten des gelieferten Kaffees, Gewicht und Rechnungsbeträge von den Reiseformularen handschriftlich auf die entsprechenden Kundenkarten zu übertragen und den Zahlungseingang zu prüfen. Punkt zwölf Uhr klingelte es zur Mittagspause. Die Küche hatte die Esskessel der Mitarbeiter erwärmt und händigte diese nun aus.

»Ach, Herr Conrads, ich glaube, hier liegt eine Verwechslung vor. Ist das nicht mein Esskessel?«, fragte sein Kollege, Herr Drygalla.

»Bitte um Entschuldigung, wenn Sie meinen.« Herr Conrads

erlaubte sich, den Deckel des vor ihm stehenden Kessels zu öffnen. »Oh, das ist durchaus möglich. Hier bitte, hatten Sie Blutwurst mit Sauerkraut?«

»Ja, richtig, das gab es gestern zum Abendbrot.«

»Na, Sie Glücklicher«, erwiderte Herr Conrads. »Meine Frau ist zwar eine reizende Köchin, doch leider keine besonders begnadete.«

»Ich sage Ihnen, Herr Conrads, das wird mit den Jahren.«

»Wenn Sie meinen, Herr Drygalla. Na dann, guten Hunger.«

»Herr Conrads, ist das Ihre Box mit dem blauen Band?«, kam es aus der Durchreiche zur Küche.

»Oh ja, natürlich! Das blaue Band habe ich völlig vergessen.« Herr Conrads öffnete den Deckel und sagte etwas enttäuscht: »Ach so, heute gibt's Wirsing mit Speck. Dann nehme ich bitte noch einen Becher Kaffee und eine Scheibe Brot.«

Manchmal aber zeigte sich auch erst an den Tischen, ob einer vielleicht das Mittagessen eines anderen hatte, was häufig erst die angeregten Unterhaltungen entfachte. Eine halbe Stunde verging, in der die Verleserin mit der Packerin, der Buchalter mit dem Transportchef, mit dem Röster oder mit dem Verkaufsfahrer plauderte.

»Du«, sagte der Betriebsleiter Phillip Hentze zu Heinz Eigenbrodt, Kommandeur über alle Angestellten im Lager.

»Was ist denn? Du siehst nachdenklich aus.«

»Das kann gut sein.« Phillip Hentze beugte sich noch weiter über den Tisch zu Heinz herüber. »Da passieren manchmal seltsame Dinge.«

»Na und, mir ist auch schon manches Komische passiert«, sagte Heinz.

»Aber du kennst doch die Packmaschine hinten links, neben dem Notausgang?«

Heinz nickte und aß sein Schwarzbrot.

»Die hat es in sich.« Phillip lehnte sich wieder zurück und legte den Zeigefinger an seine Nase. Heinz zog die Mundwinkel herab.

»Vor drei Jahren«, fuhr Hentze fort, von der Maschine zu sprechen, die seit Einzug in den Neubau 1954 immer am selben

Fleck stand, »kam Frau Hanna Brunßen zu mir und wollte einen anderen Arbeitsplatz.«

»Die Brunßen? Die ist doch seit 12 Jahren verheiratet und hat noch immer keine Familie, ist das die Arbeitsbiene?«

Hentze sah sich um und nickte. Nachdem er etwas Tee geschlürft hatte, fuhr er fort: »Ich setzte sie an die Maschine, die hinten links. Na, das ging eine ganze Weile gut, und dann musste ich für Ersatz sorgen, denn sie erwartete ein Kind.«

»Nein!«, brüllte Eigenbrodt.

»Schscht. Ja doch. Ich setzte also die Kleine – wie hieß sie noch gleich …«

»Ist doch egal«, winkte Eigenbrodt ungeduldig ab.

»Ich setzte also eine Neue an die Maschine und nach drei Monaten war auch die Kleine fällig.«

»Schwanger?«

»Schwanger.«

Eigenbrodt haute mit der flachen Hand auf den Tisch »Das is ja 'ne vertrackte Geschichte.«

»Nach Ersatz brauchte ich nun nicht mehr zu suchen, ich hab von ganz vielen Frauen, die jetzt auch an die Maschine wollten, Bewerbungen bekommen. Ich setzte also Frau Stolp ran, die war doch schon vierzig. Und da passiert es wieder. Die war eben bei mir und will aufhören, die Gute ist im vierten Monat.«

Da schwieg Eigenbrodt erst mal, weil er nicht wusste, was er sagen sollte. Er kaute an seiner Wurst.

»Jetzt erklär mir das mal, ist es weil Kaffee nun mal anregt oder ist's weil die Maschine so gleichmäßig arbeitet, dass es die Frauen entspannt?« Hentze sah Eigenbrodt ernst in die Augen und legte vorsichtshalber den Zeigefinger an die Lippen.

Der aber flüsterte belustigt: »Na, Herr Kollege, wie macht denn die Maschine?« Er mimte einen wilden Blick.

»Heinz, ehrlich«, ermahnte ihn der Betriebsleiter.

»Na, die Liebe geht nicht nur durch den Magen, was glaubst du.«

Hentze zuckte mit den Schultern. Da hörte man aus dem Lautsprecher, dass Herr Hentze dringend ins Büro kommen möge. Eigenbrodt räumte ebenfalls seine Sachen zusammen und stand auf.

Auch die anderen packten nach und nach ihre Esskessel ein und machten sich an die Arbeit. Bis 17 Uhr wurden nun wieder Listen erstellt, musste weiter zusammengerechnet werden. Und wer noch nach Feierabend zu tun hatte, durfte sich für die Abendstunden die Milchkannen aus der Kantine mit ins Büro nehmen, wo sonst jede Art von Essen verboten war. Die Paketmaschine bekam, nachdem sie bei sieben weiteren Frauen ihre segensreiche Tätigkeit verrichtet hatte, bei einem Umbau einen neuen Standort. Sie nahm ihr Geheimnis mit.

»Schade, schade«, seufzte Heintze später. Mit dem Kinderkriegen war es seither aus.

So zog sich das Arbeitsleben dahin, bestehend aus sechs Tagen. Montags bis freitags wurde von 7.30 Uhr bis 17 Uhr gearbeitet, samstags nur bis 14.30 Uhr. Nicht selten mussten im Hause Jacobs Überstunden gemacht werden, genau genommen regelmäßig.

Als achtzehnjähriger Mitarbeiterin standen Fräulein Sörös zwei Wochen Urlaub im Jahr zu, mit siebzehn waren es noch vier gewesen.

Walther Jacobs führte seine Mitarbeiter verständnisvoll und korrekt. Er legte auch in der Firma großen Wert auf Äußeres, so hatte er eine Vorliebe für die klassische Damenbekleidung mit Rock und Bluse, was ausnahmslos alle Mitarbeiterinnen bei der Wahl ihrer Garderobe berücksichtigten.

Frau Sörös kann sich im Gespräch mit mir nicht daran erinnern, bei der Arbeit jemals Hosen getragen zu haben. Dieser Vorliebe Walthers kamen auch die Frauen in der Familie nach. Bärbel erzählt, dass sie damals ausschließlich Röcke trug, woran sich bis heute nichts geändert hat.

Der Chef selber war an Akkuratesse hinsichtlich seiner Kleidung kaum zu übertreffen. Jeder Beschäftigte sollte den Namen des Chefs und den der Firma angemessen repräsentieren und sich dementsprechend kleiden und benehmen. Er bot stets seine Hilfe an, wenn er bei jemandem den Willen zur Veränderung spürte. Um seine Mitarbeiter zu motivieren, scheute Walther keine Gelegenheit, Anreize zu erfinden wie zum Beispiel Wettbewerbe und Kurzurlaube.

Eines Morgens entsann sich Walther der jungen Buchhalterin, der er auf dem Flur begegnet war. Er rief seine Sekretärin zu sich.

»Frau Ohmstedt?«

Die Pendeltüre schwang auf und herein trat die zarte, groß gewachsene Frau im Kostüm, mit hoch gesteckten braunen Locken.

»Bitten Sie doch einmal Ihre neue Hilfe zu mir ins Büro.«

»Fräulein Sörös, Herr Jacobs?«

»Ich glaube, so ist ihr Name, bitten Sie sie doch für eine Minute in mein Büro.«

Frau Ohmstedt hüstelte und verließ das Büro ihres Chefs.

Fünf Minuten später trat Fräulein Sörös herein, Walther sah auf.

»Sagen Sie, Frau Sörös, haben Sie eigentlich eine Zeitung zu Hause.«

»Nein, Herr Jacobs.«

»Sie müssen doch aber immer wissen, was passiert auf dieser Welt. Lesen Sie denn keine Zeitung?«

»Nein, Herr Jacobs. Bisher fand ich nicht die Zeit dazu.«

»Dann geben Sie bitte Frau Ohmstedt ihre Anschrift und ich werde dafür sorgen, dass Sie Ihre Zeitungen nach Hause bekommen.«

»Das werde ich, Herr Jacobs, danke.«

»Ich stelle aber eine Bedingung: Sie lesen die Artikel und markieren, was wichtig ist. Auf diese Weise lernen Sie eine Menge und wissen gleichzeitig über die Geschehnisse auf der ganzen Welt besser Bescheid. Schließlich arbeiten Sie in einer großen Firma.«

»Vielen Dank, Herr Jacobs, das werde ich mit Vergnügen tun.«

»Wie viele Damen arbeiten in Ihrer Abteilung?«

»Mit mir sind es zehn, Herr Jacobs.«

»Gut. Lesen die alle Zeitung?«

»Nicht, dass ich wüsste, ich müsste sie fragen.«

»Nein, nein. Sie werden die Ereignisse, die Sie für aufregend halten, verfolgen, herausschneiden und zehnmal kopieren. Dann können Sie diese gleich morgens den Kolleginnen austeilen und sich auch darüber austauschen. Was halten Sie davon?«

»Vielen Dank, Herr Jacobs, darüber freue ich mich sehr, vielen Dank.«

»Und jetzt gehen Sie schnell wieder an Ihre Arbeit. Vergessen Sie nicht, Frau Ohmstedt Ihre Adresse aufzuschreiben.«

Das junge Fräulein machte einen leichten Knicks und ging mit einem guten Gefühl der Verantwortung aus dem Büro.

3

Aber nein! Die Firma Jacobs war ja nicht das einzige Kaffee produzierende Unternehmen im Nachkriegsdeutschland, das große Erfolge verzeichnen konnte. Richtig, da gab es einen Konkurrenten, den Walther bei Besuchen freundschaftlich umarmte und dessen Familie, die Familie Herz, in der Öffentlichkeit keinen Hehl aus der geschätzten Beziehung zum Bremer Konkurrenten machte. Es war die Hamburger Firma Tchibo, »Europas größte und modernste Rösterei«. Auch sie verkaufte in Deutschland sehr erfolgreich ihren Kaffee. Besser als Jacobs? Nun, darüber wurde des Öfteren im Gerichtssaal gestritten. Und auch jenes Mal, als Jacobs feststellte, den »meistgetrunkenen Kaffee im Bundesgebiet« herzustellen, und Tchibo mit dem Slogan »Deutschlands meistgetrunkene Kaffeemischung« widersprach.

Jacobs klagte, und so stritten sich die besten Anwälte vor dem Düsseldorfer Oberlandesgericht darüber, welcher Kaffee häufiger getrunken wurde, welche Mischung der deutsche Bundesbürger bevorzugte.

Die Hamburger entschieden den Platzkampf für sich. Der Marktanteil der Mischung »Tchibo Gold-Mocca« lag mit 35 Prozent Marktanteil 15 Prozent vor dem gesamten Jacobs-Sortiment. Das war bitter. Doch auch Walther war der Meinung »Crises creates opportunity«. Er musste neue Marktsegmente erschließen. Und so konnte man 1954 zusätzlich zu den eingeführten Marken »grün«, »blau« und »braun« die koffeinfreie Sorte »Coffeinfrei« in einer 50-Gramm-Packung für 1,40 Mark kaufen.

Kaffee war als Kolonialware immer von einem gewissen Mysterium umgeben. Jeder Deutsche wusste zu der Zeit, woher die Wurst kam und wie man Sülze machte und Kohl einlegte. Kaffee hingegen, ein schwarzes Gebräu von Bohnen, die aus Ländern stammten, in denen die Menschen unter Bambusdächern wohnten und barfuss liefen, war nicht für jedermann erschwinglich. Noch dazu genoss er den Ruf, zur Hochkultur zu gehören und anregende Wirkung zu haben.

»Anregung oder Aufregung?«, »Arznei oder Gift?«, »Himmel oder Hölle?« – diese Fragen stellte sich die Presse immer wieder. Wie Hanf als Rauschmittel in den neunziger Jahren für Aufregung sorgen sollte, so war es Mitte der fünfziger Jahre das Koffein. Der Wirbel um die winzige Bohne hielt die Hausfrau auf Trab. Heute nennen das die Großkonzerne Marketing Strategie, damals war es Aufklärung und Länderkunde zugleich. Die weithin unerschlossene Welt Südamerikas hatte für die Europäer noch immer die Aura des Wilden und Exotischen. Wie mochten die unscharfen Schwarzweißaufnahmen von dunkelhäutigen Indiofrauen auf den deutschen Bauern, auf den Hanseaten gewirkt haben? In Tücher gewickelte schuftende Männer, Frauen und Kinder, die auf dem Sandboden kauernd Bohnen verlesen oder sich nach der roten Beere der Kaffeepflanze recken, in der gleißenden Sonne den Boden harken oder die Säcke am Hafen schleppen. Ihre dunkeläugigen Blicke mussten fremd wirken, ihre Bewegungen ungewohnt behände, präzise und kraftvoll.

Nach vier Jahren sorgfältiger Pflege, nach vier Jahren Feuchtigkeit und Wärme, Halbschatten und etwas Sonne lassen sich von den Zweigen der Arabica- und Robustasträucher erste knallrote Beeren ernten, die auf eine strahlend weiße Blüte folgen. Inmitten fünf schmaler Blütenblättchen reifen in kurzer Zeit zwei gelbliche Bohnenhälften heran, umhüllt von einer fleischigen roten Schale. Nach der Ernte werden Millionen gepflückter Beeren entweder gewaschen oder gestampft, um die Schale zu lösen und die Bohnenhälften unter ständigem Wenden an der Sonne zu trocknen und schließlich in Säcke zu je 60 Kilo abzufüllen.

»Sie haben ein gutes Getränk, welches sie hochhalten tun. Chaube wird es von ihnen genannt: das ist gar nahe wie Tinte so schwarz und in Gebresten des Magens gar dienstlich. Diese pflegen sie des Morgens früh, auch an offenen Orten zu trinken, ohne alle Abscheu und vor jedermann, aus irdenen und porzellanischen Schalen.« So hielt der Augsburger Arzt Leonhard Rauwolf im Jahr 1582 seine Verwunderung über den Kaffeegenuss im Vorderen Orient fest. Dass die Menschen dieses Getränk »ohne alle Abscheu« selbst in Europa noch Jahrhunderte später trinken würden, hätte er wohl nie gedacht. Die kleine braune Bohne erfreute sich bald größter Beliebtheit nicht nur in den Wohnzimmern, sondern auch in den Chemielabors, wo in den fünfziger Jahren ihre Wirkung untersucht wurde.

Obwohl Jacobs mit seiner koffeinfreien Sorte zu den Pionieren gehörte, war Walther nicht der Erfinder des Verfahrens, welches der Bohne diesen ganz bestimmten anregenden Stoff entzog. Man sagt, es sei Goethe gewesen, der im Jahr 1820 einen Sack an einen Freund zur Untersuchung weiterreichte. Man sagt auch, dass Ludwig Roselius mit der Gründung seiner Firma Kaffee Hag im Jahr 1906 den Weg zum »Genuss ohne Reue« einschlug. Wird heute mit 0,1 Prozent Fett geworben, war es damals koffeinfreier Kaffee.

Weg mit dem Koffein! So die Devise. Doch wie sollte man sich Koffein vorstellen? Ein Stoff, den die Bohne enthielt und den man ihr durch komplizierte Verfahren entzog. Die Frage nach der Substanz von Koffein gleicht für mich der Frage, warum Flamingos rosa sind.

Konsistenz und Farbe, Geschmack und Aggregatzustand konnte kaum jemand beschreiben. Besaß es überhaupt eine Konsistenz?

In der Tat, die besaß es. Nach der Reinigung der noch ungerösteten gelblichen Bohnen gleicht das gewonnene Koffein klarem Wasser. Erkaltet die Flüssigkeit, kristallisiert sie zu wundervollen faserigen Kristallnadeln und sieht aus wie Zuckerwatte.

Sie liegt nach der Gewinnung zu Tonnen in Holzwannen. Das Reinkoffein lässt sich danach in Balken pressen und in Blöcke schneiden. Wenn man bedenkt, dass dieser seltsam anregende Stoff der Bohne bis zu 95 Prozent entzogen werden kann, sich also aus einem Pfund Kaffee 7 Gramm Koffein gewinnen lassen, dann muss es eine Menge davon zu lagern gegeben haben.

Zurück zu Walther, der also nicht mehr mit der Spitzenstellung seines Kaffees werben durfte. Aber Verbote sind nun einmal dazu da, um gegen sie zu verstoßen oder sie zu umgehen. Und da Walther Jacobs, wie bereits erwähnt, kein Mann vieler Worte war und da er für den Genuss lebte, ohne dabei das Einfache außer Acht zu lassen, erfand er den genialen Slogan »Jacobs Kaffee … wunderbar«. Länger als vierzig Jahre sollte sich dieser Satz halten und sogar »Mach mal Pause« oder »Wer wird denn gleich in die Luft gehen« überleben.

Ich bin von kaum einem Werbeslogan so begeistert wie von »Jacobs Kaffee … wunderbar«, es geht einfach runter wie Honig, einfach wunderbar. Allerdings frage ich mich, wie ein Unternehmen, das sich für modern hielt, damals, in den fünfziger Jahren, mit einer Schreckensperson wie Sophie Engmann werben konnte. Mit einem zahnlosen Mund lächelt die »Großmutter der Nation« für das Schwarzweißfoto und macht dabei den Eindruck, als könne sie tatsächlich nichts anderes als Kaffee kochen. Wenn das die Großmutter meiner Nation wäre, ich müsste sterben, und ich würde zuallerletzt den Kaffee trinken, der da mit gespielter Leichtigkeit zwischen ihren Knien gemahlen wird und in der Blümchenkanne aufgegossen vermutlich schon wochenlang vor sich hingammelt. Aber nein! Großmutter Engmann machte doch stündlich Kaffee.

Mit Liebe zubereitet und mit Großmutters einzig wahrer Meinung über den »richtig« guten Kaffee warb Jacobs von nun an in Tageszeitungen, Wochenblättern, Zeitschriften und konfessionellen Zeitungen, die eine Gesamtauflage von 7,5 Millionen umfassten. Schon wenige Jahre später erreichte die Jacobs-Werbung im Printbereich Auflagen von 23 Millionen.

1954 schon entschloss sich die Firma, neue Werbewege zu ergründen. Hier bot zum Beispiel der Rundfunk neue Möglichkeiten, eine ganz bestimmte oder eine breite Zielgruppe, je nachdem wann gesendet wurde, zu erreichen. Jacobs buchte Werbezeit auf sechs Sendern.

4

Ich lernte meinen Großvater nicht nur durch Filmaufnahmen und Fotos, durch Presseberichte und Pressesprecher, Sekretärinnen und Kinder kennen, sondern auch durch die Werbung, mit der Walther seinen Kaffee publik machte. Sie begann mit Sophie Engmann, setzte sich fort mit der Malerei des Holländers Max Ooievaar und flimmerte schließlich mit Georg Thomallas »Oh Mäuschen, dein Kaffee ist heute mal wieder köstlich!« durch das Werbefernsehen.

In der Kampagne mit Sophie Engmann sehe ich Walthers Intention, seinen Kunden eine Welt vor Augen zu führen, die der ihren entsprach, die frei von Kitsch war und die Frau von nebenan, die seinen Kaffee schätzte, ansprechen sollte. In Ooievaars Malerei von 1960 machte die kleine Tochter der Mutter den Kaffee zum Geschenk oder eine Jagdgesellschaft trank kurz vor dem Auftakt zur Jagd noch rasch eine Tasse Jacobs Kaffee. Und auch in dieser Serie fehlte nicht die Großmutter. Sogar der Maler beteuerte in wenigen Zeilen unter einem Selbstporträt seine Liebe zum Jacobs Kaffee: »… Jetzt kommt es noch auf die letzten Feinheiten an. Doch vorher eine Tasse Jacobs Kaffee. Die gibt mir den richtigen Schwung und immer neue Anregung.«

Das Überraschende an dieser malerischen Kampagne ist die unverwechselbare Ähnlichkeit des Jägers wie auch des Verkäufers hinter dem Tresen, der dem Mädchen mit der wärmsten Empfehlung für die Mama die Dose Kaffee überreicht, mit meinem Großvater. Walther stand mit seinem Namen, mit seiner ganzen Person für die Firma und die Firma für seine Person. »Ein Unternehmer muss von seiner Aufgabe besessen sein, wenn er Erfolg haben will«, hat Walther einmal gesagt und nach diesem Gebot schritt er seinem Ziel entgegen und lebte danach. Erwuchs der Erfolg des Unternehmens aus dieser absoluten Übereinstimmung? Basierte darauf die Identifikation eines Teils der Deutschen mit der Welt, die Jacobs Kaffee bedeutete? Es war Walthers Welt, sein Zuhause mit Frau und Kindern. So perfekt die Firma funktionierte und die Kinder geraten sollten, so hoch waren auch seine Ansprüche an die auserlesenen Kaffeemischungen. Auf ein vollkommenes Aroma setzte Walther die höchste Karte. In diesem wie auch in jedem anderen Punkt wich er keinen Deut von seinem Standard ab. Von Jacobs sollte der Kunde nur das Beste bekommen.

Deshalb fand sich Walther allmorgendlich meist in Begleitung der Geschäftsführung in der Probeküche, im zweiten Obergeschoss des Turmes, zur Kaffeeverkostung ein. Der Raum war gelblich gefliest, an der linken Wand ein Waschbecken, ein stählerner Wasserkocher und ein Elektroherd, in der Mitte ein Spuckbecken mit brauner Spuckschale aus Plastik und einer Spülvorrichtung. Unter dem einzigen Fenster, an dem eine grüne Jalousie gegen die Sonne angebracht war, reihten sich auf einem Tresen Mischung an Mischung, Kanne an Kanne, Tasse an Tasse, ein jede gefüllt mit einem Schluck kaltem oder lauwarmem Kaffee.

(Es treten auf: Frau Köchin, Mild, Mocca und Herr Jacobs)

Herr Jacobs in schwarzem Anzug, weißem Hemd, Krawatte: Was meinen Sie?
Mocca mit Einstecktuch: Ach Gott, zu fad. Meine Zunge schilt die Röstung.
Herr Jacobs, die Tasse ausgiebig musternd: Zu robusta.
Mild: Nun haben wir hier einen hohen Anteil dieser Bohne in dieser Tasse. *Er nimmt einen Schluck, spült, schlürft, spuckt.* Sollte mein Urteil von Interesse sein, Herr Jacobs, er schmeckt scheußlich.
Herr Jacobs: Frau Köchin, war das »rot«?
Frau Köchin: Ich irre nicht, es war »rot«.
Herr Jacobs: Schenken Sie nach, ich bitte darum. Wenn er gar scheußlich ist, muss ich noch mal kosten.

Mild: Wo bleibt die Schärfe? Ich schmecke nichts als Kaffee. Wir brauchen Aroma. Dies ist nur eine Suppe undurchdringlicher Säure. Ich höre schon die Gallen ächzen.

Mocca: Erspare mir diese Vorstellung! *Er ekelt sich.* Wer tut sich das an, wenn nicht wir? Säure ist auch Geschmack, es kommt hier auf die Zunge an. Sag nicht, er schmeckt scheußlich, sondern lieber: zu ausgeprägt, zu pikant, aufdringlich, jedoch feine Säure. Dann können wir arbeiten.

Herr Jacobs: Zu hart.

Mocca: Ich zweifle keine Sekunde an diesem Urteil. Die Bohne ist eindeutig zu dunkel.

Mild: Sie ist nicht nur zu dunkel, es sind zu viele.

Herr Jacobs: Es ist die rote Sorte, meine Herren, wir brauchen das Derbe, aber er schmeckt in der Tat – *er zögert* – komisch.

Mocca: Da haben wir es. Komisch. Ich sagte gleich, er ist zu dunkel. Wir belassen den Anteil Arabica und nehmen einfach die hellere Röstung.

Herr Jacobs: Frau Köchin, geben Sie die gleiche Menge des helleren Arabica in die Mischung und gießen Sie bitte erneut auf.

Mild: Sie sind mein Freund und ich bin kein Anhänger des Duells, doch was ist mit der Robusta-Bohne? Mir sagt die Probe, die Ernte ist schlecht. Ich fürchte, wir müssen von einer Stinkerbohne sprechen. Oder gar Frost?

Mocca: Oh nein! Nicht jetzt! Kein Kaffeesatz! Und verschon die Ernte! Ermahne lieber deinen Geschmackssinn.

Mild: Bei meiner Überlegung handelt es sich um Grips, nicht um Geschmack, lieber Freund. Eine gute Robusta ersetzt keine schlechte Arabica, aber eine gute Robusta ersetzt schlechten Kaffee. Wir müssen die andere Bohne nehmen.

Mocca: Also doch zu dunkel.

Herr Jacobs: Gut, wir nehmen die Brasilia, erstklassige helle Röstung. Gleicher Anteil Arabica normal dunkel.

Mocca: Brasilia oder Columbia? Denken Sie daran, wir brauchen das edle Aroma mit durchschlagender Geschmacksfülle.

Herr Jacobs: Brasilia. *Er kostet von der frischen Tasse, spült und spuckt.* Brasilia helle Röstung.

Frau Köchin: Und jetzt zum Tee?

Mocca, Mild und Herr Jacobs: Oh nein, kein Tee!

Mocca: Den verschieben wir auf heute Nachmittag.

Mild: Darauf muss ich mich erst einstellen. Ich bin doch keine Maschine.

Herr Jacobs: Kaffee hat Vorfahrt. Wir kommen wieder, heute Nachmittag, der Tee kann so lange warten.

(Alle ab)

5

September 2005. Ein Abend in Berlin. Ich bin mit Klaus, dem ältesten Bruder meines Vaters, zum Abendessen verabredet. Als ich mit einem Peugeot wiederholt ums Hotel kurve, um einen Parkplatz zu finden, sehe ich ihn neben einem Blumengesteck vor dem Hoteleingang stehen. Unsere Blicke treffen sich. Es ist sehr lange her, dass wir uns das letzte Mal begegnet sind, und es ist das erste Mal, dass wir uns zu zweit treffen. Er trägt einen dunklen Anzug und eine lustige Krawatte. An diese Eigenart von ihm erinnere ich mich. Den Wagenschlüssel kann ich beim Portier hinterlassen, und da uns beiden nicht nach einem Aperitif ist, gehen wir direkt ins »Borchardt« zum Abendessen. Es ist auch an diesem Abend sehr gut besucht.

Man kann sich kaum verstehen, weil es sehr laut ist. Alfred Biolek sitzt in einer Prosecco-Runde in der Ecke.

Mir gehen viele Fragen durch den Kopf, die ich meinem Onkel stellen möchte. Es sind hilflose Fragen, ganz alltägliche Fragen: Wie roch sie? Wie sprach sie? Wie lachte sie? Wie schimpfte sie? Wie fand sie sich damit ab, an der Seite eines Geschäftsmannes zu leben? Und es ist diese banale, dumme Frage: Trank sie Jacobs Kaffee? Ich nehme auf der Bank Platz, in der ich zu versinken drohe. Klaus und ich greifen im selben Moment zur Serviette. Er erzählt mir eine Geschichte zu dem Wein, den wir heute Abend trinken. Und während wir die Speisekarte studieren und ich mich für den Loup de Meer entscheide sagt Klaus: »Ich werde den Loup de Meer nehmen und einen Gurkensalat. Gurkensalat mit Kümmel mag ich sehr gerne.«

Mir gegenüber sitzt der Bruder meines Vaters, um mir etwas von meinem Großvater zu erzählen. Wir haben ein gutes Verhältnis zueinander, seit meiner frühen Kindheit. Klaus war der Onkel, der mir beibrachte, dass Gemüse durchaus essbar ist. Er hievte mich mit fünf Jahren auf seinen riesigen schwarzen Rappen und sagte nur »festhalten«. Ich verbrachte einen Urlaub mit ihm und seiner Familie in der südamerikanischen Pampa. Für mich erfüllte sich ein Lebenstraum, von dem ich noch heute zehre. Er ritt mit mir und dem Gaucho vier Stunden lang ein Landstück ab. Seine Frau Renata lehrte mich, selbstbewusst zu sein, und begleitete mich auch durch die harten Zeiten.

Heute nun geht es weder um ihn noch um mich, sondern um Walther, und es scheint so, als müssten wir über ihn in einer anderen Sprache sprechen, die wir beide nicht beherrschen. Wir bestellen. Eine Frau lacht irgendwo und sagt immer wieder »Ja, ja ja!«. Klaus wirkt so, als würde er über allem schweben. Wir lachen nicht, sprechen über Pferde und Wein. Auch er fragt, was ich über Walther wissen will. Auch er scheint sich nicht freiwillig erinnern zu wollen.

Doch dann unterhalten wir uns über unser Blut. Ich erzähle, wie ich Bärbel »gefunden« habe, erzähle von Erfahrungen, von Stolz.

Er nickt immer wieder und sagt dann: »Wir sind nun mal Bauern.«

Natürlich. Eine Zeit lang unterhalten wir uns über Rinder und Schafe, über den eigenen Grund und Boden.

»Wir sind so verschieden«, wird Klaus im Verlauf des Abends über die Mitglieder der Familie sagen. Und wahrhaftig, ich sehe in den Stunden, die wir an diesem Abend gemeinsam verbringen, keine Verbindung zwischen mir und der »zweiten Generation«, vernehme die Worte eines guten Freundes und habe all die Fragen, die ich ihm über seine Mutter, meine Großmutter, stellen wollte, vergessen. Während wir reden, denke ich gleichzeitig nach. Wenn ich Walther kaum kenne, dann ist mir Lore von den Erzählungen her noch fremder. Die Spielkameraden von Klaus haben seine Mutter nie in der Haustür oder im Vorgarten bei der Arbeit in den Blumenbeeten gesehen. Während andere Bremer Mütter die Kinder manchmal zurechtwiesen oder sie zum Kuchen auf die Terrasse einluden, blieb Lore stets im Hintergrund. Natürlich nahm sie ihre Aufgaben als Mutter sehr ernst, sie verwöhnte die Kinder nicht, war durchaus streng und erzog sie dazu, immer folgsam zu sein. Der Alltag ihres Mannes war ihr fremd, man sah sie auch in der Firma nicht. Mit Pferden hatte sie schon gar nichts am Hut, sie bewunderte aber Walthers Leidenschaft für die Tiere und seinen Umgang mit ihnen.

Die Weingläser klingen, die Geräusche von essenden Menschen werden verschluckt von abertausenden Worten, die jede Sekunde an den Tischen ringsum fallen. Der Kellner hat unseren Fisch serviert.

»Meine Mutter war eine Romantikerin. Ach weißt du, sie war eben eine Frau. Sie liebte es, Feste zu geben und zu feiern. Von ihr kam sicherlich auch das Musische. Und sie liebte die Literatur.«

»Es klingt komisch, aber trank sie eigentlich Kaffee?«, frage ich, »Oder trank Walther im Büro Kaffee?«

»Nein, ich kann mich nicht erinnern, dass sie Kaffee trank. Und mein Vater trank im Büro hauptsächlich Tee, der in einer Silberkanne auf einem Stövchen stand.« Klaus führt eine kleine Pantomime auf: Er fasst in der Luft nach einer Teekanne, lässt ein Stück Kandis in eine nichtvorhandene Tasse fallen, rührt darin und sagt dabei: »Der Kandis war so dick, dass man ein erstes Mal Tee aufgoss, ein bisschen abtrank und dann wieder etwas nachgoss und so weiter, sonst wäre es furchtbar süß gewesen.«

Wir essen.

Manche Bremer haben Lore als lustige Nudel in Erinnerung. Sie konnte ausgelassen lachen und an Walthers Seite machte sie durch ihr breites Lächeln und ihre zwar müden, aber eigentlich lustigen Augen wett, was ihr Mann erst sehr spät im Alter wieder finden würde – die entspannte Heiterkeit.

Beim Golfspielen im Garten konnte sie Walther auch schon mal anweisen, wie er wann die Schultern zu drehen, wo der Zeigefinger auf dem Schläger zu liegen hatte und wie er in die Knie gehen musste, wenn er locker, mit Schwung und nicht mit Kraft den kleinen Ball schlagen wollte.

Sie liebte Sonnenbrillen, die sie häufig auf Fotografien trug, teilte Walthers Begeisterung für Tulpen, für die Ausflüge an den Rhein, nach Bayern und in die Lüneburger Heide. Häufig begleitete sie ihren Mann auf seinen Reisen nach Kolumbien.

Und Walther?, denke ich und frage nach meinem Großvater.

»Ach, er hat nie gesprochen. Er hat nie etwas gesagt. Man musste schon richtig auf den Tisch hauen, und selbst dann hat er geschwiegen.«

Es wird Wein nachgeschenkt. Mir ist plötzlich nicht mehr nach reden. Ich wollte nur noch stumm essen und Walther Walther sein lassen. Ich ahne, welche Bürde sein Sohn zu tragen hatte, mit welchen Erwartungen er durch die Ausbildung geschickt wurde und mit welchem Horizont Klaus seine Zukunft gestalten durfte, mit Jacobs Kaffee … wunderbar.

»Wenn du die Wahl gehabt hättest, würdest du jemals etwas anderes gemacht haben?«

»Ja«, erwidert er, ohne zu zögern. »Ich glaube schon. Ich wäre in Guatemala geblieben.«

Zwei Monate im Jahr flog Walther allein oder in Begleitung von Lore nach Südamerika, nach Brasilien, nach Guatemala, El Salvador oder Kenia zu den Plantagen, wo sein Kaffee wuchs. Eigene Plantagen besaß Walther nie, das wäre in diesen Gebieten eine unsichere Investition gewesen, da all diese Länder schon damals politisch instabil waren. Was man sich heute anschaffte, konnte man morgen schon wieder verloren haben. Die Firma Jacobs war lediglich Teilhaber eines Betriebs in Kolumbien, deren einheimische Arbeiter sich um die Jacobs-Bohne kümmerten, vom Waschen übers Trocknen, Schälen, Verlesen bis hin zum Transport.

Bazil Bayeff, ein bulgarischer Einwanderer, der mit seiner Frau Nadja in Bogotá lebte, war Walthers Vertrauter in dieser für ihn fremden Geschäftswelt. Der gesamte Einkauf von Robusta und Arabica hauptsächlich aus Kolumbien und Brasilien stand unter der Obhut Herrn Bayeffs. Keine Bohne verließ das Land, die nicht durch seine Hand gegangen war. Was als geschäftliche Beziehung anfing, entwickelte sich bald zu einer engen Freundschaft. Und Bazil und Nadja erwiderten die Besuche Walthers und Lores. Auf den Bildern von Walther als Mittdreißiger bis Mittvierziger fällt mir eine gewisse Ähnlichkeit mit Bazil auf. Ich sehe Walther als braungebrannten Mann in den besten Jahren, sein schwarzes Haar, von grauen Strähnen durchzogen, glatt aus der hohen Stirn gekämmt, die dunklen Augenbrauen, einen Siegelring an der linken Hand, ein Einstecktuch in der Brusttasche seines Jacketts – ein ausgesprochen attraktiver Mann: tadellos, unsagbar charmant, elegant und stilvoll. Wahrlich, ich kann nichts mehr von dem Borgfelder Bauernjungen erkennen, dessen Züge nun Erfolg, Würde und Strenge ausstrahlen.

Die Millionenstadt Bogotá faszinierte Walther, der diesige Himmel über der umbrabraunen, staubigen Stadt, das Treiben auf dem Platz vor der Banco Cafetero, welches sich zwischen Schwärmen von hellblauen, rostroten oder grünen Autos auflöste. Dazwischen rennende, hastende oder schlendernde Menschen mit sonnengegerbten Gesichtern, die so verstaubt waren wie die Fassaden der umliegenden Gebäude.

Ein dünner Mann in einfacher Kleidung näherte sich Walther. Er hätte auch Mafiaboss sein können, der Ausdruck seines Gesichtes verriet nichts. Walther fokussierte den Kolumbianer mit seiner Kamera, während dieser über die Straße schritt. Die rechte Hand hielt er an der Knopfleiste seines Khakihemdes, die andere steckte in der Hosentasche. An seiner Brust hing eine Fliegersonnenbrille, der Schnauz lag unbeweglich über seinen braunen Lippen. In seinem Rücken standen weitere Männer in Anzug und Krawatte, der eine rauchte Zigarre und sah sich misstrauisch um, als müsse er gleich dem Tod entfliehen. Die Abgase der kreuzenden Wagen stiegen flirrend in die Luft, einzelne Bauern und Kinder saßen und standen herum. Manchmal erntete er sehr skeptische Blicke, die oft minutenlang in die Linse der Kamera gerichtet waren. Walther sah einen Jungen mit wunderschönem Gesicht, tief schwarzen Augen und Brauen, wildem

Haar, die Lippen stumm bewegend. In der Brusttasche seines Hemdes steckte ein Tabaksbeutel und er schaute so streng, dass sich zwei Falten über seinen Augen in die Stirn gruben. Walther betrachtete in der Mittagssonne eine Indiofrau neben ihrer Kiste mit prallen Avocados. Die Adern an ihrem linken Unterarm und ihrer Hand traten unter der ledernen Haut hervor. Er filmte einen Jungen, dessen Gesicht die Armut, die Sonne und seinen Überlebenskampf spiegelte, oder aber er filmte einen Mann seines Alters, der am Straßenrand mit der Zeitung *El Tiempo* saß und in den Sonnenuntergang schaute. Hier in Kolumbien sieht man Walther und Lore sonnengebräunt und glücklich im Garten Bazils, auf dem Golfplatz oder im Country Club.

Alle Prokuristen und Lehrlinge der Firma, unter ihnen auch Klaus, wurden nach Kolumbien geschickt, um an Ort und Stelle den Kaffee kennen zu lernen. Die Mitarbeiter sollten in die Firma hineinwachsen, keiner von ihnen würde den Aufenthalt je vergessen.

Doch zurück zu Lore. Ich frage mich, was das in ihrem Blick ist.

Der Weg zu ihr hin ist zugewachsen und mit Schweigen zugeschüttet, ich kann sie nicht als Teil von mir wahrnehmen. Eine zarte Person, die auch ihrem Wesen nach nicht stark genug war, um sich neben ihrem Mann durchzusetzen. In den blumigen Chiffonkleidern wirkte sie im Alter noch zerbrechlicher. Lebte sie noch mit dem Mann zusammen, den sie aus Liebe geheiratet hatte, oder mit dem erfolgreichen Unternehmer Walther Jacobs, der abends pünktlich ins Bett ging, der für die Firma, fürs Geschäft und für den Erfolg lebte und einen langen Schatten warf? Den geliebten Mann gab es vermutlich nur noch in Lores romantischen Träumen.

Alle Kinder hingen sehr an ihr und umgekehrt lag ihr viel an den Kindern.

»Ich liebte meine Mutter und ich respektierte meinen Vater«, sagt Klaus. »Als Kind spürt man, wenn die Eltern nicht miteinander reden, und das habe ich gespürt.« Die Teller werden abgetragen. Ich weiß nicht so recht, wohin mit meinen Blicken, greife nach dem Wasserglas.

Mitarbeiter der Firma brachten Lore häufig überhaupt nicht in Verbindung mit Walther. Es war vielmehr Frau Ohmstedt, die auf Weihnachts- und Betriebsfeiern an der Seite von Herrn Jacobs stand, natürlich ausschließlich als seine persönliche Sekretärin. Lore hielt sich aus diesem Leben völlig raus. Nicht zuletzt weil sie mit der Damenwelt im Rennsport kämpfen musste. Walthers Idee, seinen jüngsten Sohn, Jens, mit Alexandra Scherping, der Besitzerin des Derby-Siegers von 1968, zu verheiraten, stieß bei Lore auf wenig Begeisterung. Sie hielt nichts von Hutgestecken und Perlenketten.

Als sie am 2. März 1977 starb, war meine älteste Schwester, Marie-Christine, geboren, waren meine Eltern von New York in die Schweiz übergesiedelt, war Walther stolzer Besitzer eines Gestüts bei Bremen und mit Erfolg ins österreichische Kaffeegeschäft eingestiegen.

Wir essen keinen Nachtisch. Ich gehe wie ein begossener Pudel aus dem Restaurant. Walther ist anstrengend. Würde ich aber zu ihm sagen: »Opa, du bist anstrengend«, dann würde er nur lachen und antworten: »Na siehst du, weiter geht's.«

8. Teil

Austern im Dutzend – Hochzeit im Doppelpack

I

Der kalte Hauch aus dem Norden lag über den Dächern von Queens. Der Abend brach herein. Die Bäume im Hof des Blocks 77–14 waren längst kahl. Der Blick fiel nur noch auf scharfes Geäst, das sich in der Dunkelheit im grünlichen Lichtkegel der Laterne bizarr reckte. Einige der Fenster waren erleuchtet, manche bereits weihnachtlich dekoriert, um die Nacht mit gelben und roten Lichtpunkten zu bezwingen.

Fred saß in der Bibliothek, die gleichzeitig Ess- und Wohnzimmer war. Das Eis im Whiskyglas knackte, während es in der Flüssigkeit schmolz, die Wanduhr tickte. Schwer zu sagen, was Fred dachte, sein Blick war ganz ruhig – wie immer. Obwohl er abwesend schien, erschrak er keineswegs, als die Wohnungstür ins Schloss fiel.

»Meine Tüchtige, how are you?« Fred wandte den Kopf Eva zu. Sie lächelte müde und sah ihn mit geröteten Wangen an.

»Saukalt ist mir und ich bin tot«, sagte sie, während sie sich hinunterbeugte, um ihrem Vater zur Begrüßung einen Kuss auf die Wange zu geben. Sie ließ sich in den Samtsessel fallen und legte die Hände in den Schoß.

»Das ist alles?«, fragte er weiter.

»Gut geht es, Papi. Weißt du, wer heute bei uns war?«

»Wer denn?«

»Paulette Goddard.«

In Freds Ohren waren die Geschichten, die Eva aus der Stadt mitbrachte, immer aufregend.

»War sie nur da oder hat sie auch etwas gekauft?«

»Ach diesen wunderbaren Hut, für ein Vermögen! Sie bat mich, ihn für sie aufsetzen, und dann hat sie ihn gekauft, einfach so«, und Eva schnippte dabei mit den Fingern.

Fred lächelte. Einfach so, dachte er.

Die Wanduhr tickte.

Die beiden sagten lange nichts. Eva ordnete ihr Haar.

»Sag mal«, begann Fred, »wir sind heute ganz alleine.« Eva sah von ihren Händen auf und hob die Augenbrauen. »Es ist Freitagabend. Ist dir nicht auch danach, wieder einmal so richtig schön Tanzen zu gehen?«

Eva wusste für einen kurzen Moment nicht, was sie sagen sollte, natürlich war ihr nach tanzen! Sie sah ihren Vater mit feurigen Augen an.

Schwankend rauschte die Linie R in Richtung Downtown Manhattan.

Einer der Heizkörper schnurrte, die Fensterscheiben liefen milchig an. Die Wagonkupplungen hämmerten in den Halterungen, die Räder schlugen gegen die Schienen.

Fred Jessurun saß schweigend auf einer der Bänke. Er trug keine Handschuhe. Die feinen Hände ruhten gefaltet im Schoß.

»Roosevelt Island.«

Die Luft hing so stickig unter der Wagondecke, dass sich Eva eigentlich gerne ihres Mantels und des Schals entledigt hätte. Doch sie wusste, dass es nur noch wenige Stationen sein würden, bis sie ausstiegen, und entschied sich, die Hitze zu ertragen. Sie bewegte sich so wenig wie möglich, es sei denn, um kurz den Mantelkragen zu lüften.

Das Hotel Pierre empfing sie an diesem eisigen Abend in unveränderter Eleganz, für die es bekannt war und geliebt wurde. Die Portiers an der Drehtüre tippten mit den von Handschuhen bedeckten Fingern gegen die Schirme ihrer Mützen und begrüßten die ankommenden Gäste: »Guten Abend, die Herrschaften.«

Eva und Fred betraten den Teppich vor dem Eingang. Der Klang ihrer Schritte wurde von dem roten Flor geschluckt. Sie betraten die duftende Eingangshalle des Hotels. Die Musik aus dem Cartillian Room drang gedämpft zu ihnen heraus, es roch nach Zigarre, nach frischen Bread Rolls und unglaublich viel Spaß. Die Jessuruns ließen ihre Mäntel an der Garderobe zurück und gingen zu den Flügeltüren, die wie durch ein stummes Kommando den Weg in die Gesellschaft freigaben. Allein bei dem Gedanken an frische Austern und Champagner hob Fred seinen Kopf und streckte das Rückgrad. Er bot seiner Tochter den rechten Arm und gemeinsam schritten sie zum Dinner.

Jetzt schlugen ihnen das Lachen der Frauen und die vom Alkohol schweren Stimmen der Männer entgegen. Der Saal erstrahlte in seiner Pracht, es herrschte heiteres Treiben an den Tischen. Die Lichter der Kronleuchter spiegelten sich in dem glänzenden Silbergedeck und in dem schweren Schmuck der Damen.

»A table for two please.« Fred beobachtete genau, wie der Oberkellner mit dem Finger über die Liste strich, bis er darum bat, ihm zu folgen.

Eva seufzte beglückt, ihre Blicke schweiften einmal von rechts nach links durch den Raum, während sie zu ihren Plätzen geleitet wurden. Der Kellner zog der Dame den Stuhl zurück, dann entschwand er im Strom seiner Kollegen und war unter all den schwarzen Anzügen nicht mehr zu erkennen.

Fred, der seiner Tochter gegenüber Platz nahm, lächelte, seine Augen lächelten. Eva schien es, als verwandelte sich ihr strikter, sonst so ernster Vater in dieser Umgebung in einen jungenhaften Schelm, schick und elegant gekleidet wie all die anderen. Sie liebte ihren Vater in dieser Noblesse, er gehörte hierher.

»Was trinkst du?«, fragte sie.

»Heute nur Champagner«, erwiderte er.

Als der Kellner an ihren Tisch zurückkehrte, um ihnen die Karte zu reichen, bestellten sie ohne Umschweife eine Flasche Champagner und ein Dutzend frische Austern.

Vier Männer im Smoking spielten Jazz und Swing auf der kleinen Bühne, nur drei oder vier Tische von Fred und Eva entfernt. Die Musik mischte sich wunderbar unter das Stimmengewirr und ließ mal hier und mal da einen Fuß, freie Hände oder Schultern ihrem Rhythmus erliegen. Die Finger des Bassisten waren auf dem langen Hals des Instruments nicht mehr voneinander zu unterscheiden, mit dem Fuß tippte er den Rhythmus aufs Parkett. Auch der Saxophonist spielte leidenschaftlich, bog seinen Oberkörper mal vor, mal zurück und wiegte die Tanzpaare in den Armen seiner Musik.

Bald wurde ein Amuse-Bouche serviert und dazu dunkle und helle Roles mit geschlagener Butter. Dann kamen auf einem Silbertablett, auf Eis gebettet, die zwölf schwarzblauen, narbigen Schätze des Meeres.

»Eine auf dich«, sagte Fred.

»Eine auf dich«, erwiderte Eva.

Und sie lösten mit einer kleinen Gabel je eine Auster von den Muschelwänden, spritzten etwas Zitronensaft über das Fleisch und schlürften es dann genüsslich aus der Schale. Auf der Zunge entfaltete sich der Geschmack von Salz, Meer und feuchtem Sand.

»Das müssen wir sehr genießen«, sagte Eva, während sie die leere Schale aufs Eis zurücklegte.

»Genuss entfaltet sich. Ich habe noch fünf Austern Zeit, mich so richtig hineinzuschmecken.«

Es dauerte nicht lange, da winkte Fred den Garçon zu sich heran. »Bringen Sie uns noch ein Dutzend, bitte.«

Nach der zweiten Flasche Champagner erwachte bei beiden der Kampfgeist, den anderen im Austernessen zu schlagen.

»Wir haben Austern um die Wette gegessen«, erzählt mir Eva lächelnd.

Alkohol vertrugen beide gleichermaßen gut. Es war vielmehr die Atmosphäre, die sie berauschte. Sie würden diesen Abend nie vergessen.

Über die beiden Kerzenständer hinweg fragte Fred seine Tochter, ob sie nicht tanzen wolle. Eva stellte ihr Glas ab und zog ein letztes Mal an ihrer Zigarette, bevor sie sie im Aschenbecher ausdrückte, und ließ mit der Antwort nicht lange auf sich warten. Sie nickte, legte ihre Serviette links neben ihren Teller und erhob sich, den Tüll und die Seide ihres Kleides in einer Hand, von ihrem Stuhl.

»Lets have some real fun!« Und sie reichte ihrem Vater den Arm.

Fred war einfach hervorragend. Nein, man sah ihm nicht an, dass ihn gerade auf dem Parkett eine solche Tanzlust überkam. Er, der seine Gemütszustände sonst sorgsam verbarg, schien mitgerissen von der unbeschwerten Heiterkeit der Musik. Eva schwebte im Foxtrott und Quickstep, zu langsamem Walzer und Rumba in den Armen ihres Vaters übers Parkett; sie gaben ein wunderbares Paar. In Drehungen und Diagonalen wiegten sie sich schwerelos die ganze Nacht durch den Saal.

Man konnte sich nicht satt sehen an den vorbeigleitenden Körpern, die sich dem Rhythmus hingaben, an den glücklichen Gesichtern, von denen es im New Yorker Alltag weiß Gott nicht viele gab.

Jede halbe Stunde schwebte, zur Begeisterung des applaudierenden Publikums, eine Südstaatlerin ans Mikrofon, deren Haut so schwarz war wie die Nacht. Nach jedem Lied legte sie würdevoll die Hand aufs Herz, um das nächste anzukündigen, und nach einem kurzen Intro des Pianisten füllte ihre volle, schwere Stimme den verspiegelten Raum: »No one to talk with ... All by myself ... No one to walk with ... But I am happy on the shelf, ain't misbehavin', I'm saving my love for you.« Das Klingen der Gläser, das Klappern des Bestecks, das Lachen und Plaudern der Tanzgesellschaft mischte sich in die Melodie des Liedes, als gehörte es dazu. »I don't stay out late, Don't care to go, I'm home about eight, Just me and my radio, ain't misbehavin', I'm savin' my love for you.«

Tanzen, Champagner, Austern und Brot, dann wieder Austern Champagner und Tanzen – ein Leben lang. Fritz legte sein Jackett ab. Eva tupfte sich mit Rosenpapier den Schweiß von der Stirn. Auf der Tanzfläche flogen die Schleppen, man sah blitzende Zähne, Lachen und Singen, wiegende Arme, sich windende Körper – das Auge verlor sich in den blauen Pailletten auf schwarzem Samt, es unterschied nicht mehr zwischen oben und unten, nicht mehr Körper und Seele.

Doch wie alle wunderbaren Erlebnisse hatte auch dieses einen nahezu unerträglichen Nachteil: Es nahm ein Ende, wenn auch nur sehr zögerlich und schleichend. Schon in der ersten Stunde nach Mitternacht überfiel der Alkohol seine Opfer wie eine Raubkatze. Hatte er seine Beute erst nur umschlichen, beobachtet und gerochen, stieß er nun unerbittlich in die Herde, um sich die Schwächsten herauszugreifen. Deren Gesichter lösten sich im Rausch auf, Blicke wurden trüb und die heitere Stimmung war mehr und mehr erfüllt von lallendem, unsinnigem Gelächter. Die Band legte immer längere Pausen ein und in der Küche wurde unüberhörbar Geschirr gewaschen.

Es wird gegen halb drei Uhr morgens gewesen sein, als Eva und Fred beschlossen, dem Glanz den Rücken zuzukehren.

Die Kälte schlug ihnen entgegen, als sie durch die Drehtür ins Freie gelangten. Die Temperaturen lagen unter null. Der Zauber endete so plötzlich, wie er begonnen hatte. Die Portiers tippten nun an ihre Mützen, um »Gute Nacht, die Dame, der Herr« zu sagen, während die beiden Gäste den prächtigen, hohen Eingang zum Hotel und das goldene Licht hinter sich ließen. Eva vergrub sich im Kragen ihres Mantels auf dem Weg zur U-Bahn, es war nicht weit, drei Blöcke die Fifth Avenue runter. Die Häuserfluchten waren hell erleuchtet von Straßenlaternen und unendlich vielen weißen und roten Autolichtern. Fred ging aufrecht und gemessenen Schrittes schweigend an der Seite seiner Tochter, die lachend sagte: »How glamorous. What a ball!« Doch zu schnell erreichten sie die schmierigen Stufen des U-Bahnhofs, zu schnell verschwanden sie im beleuchteten Schlund des Tunnels und zu schnell erwartete sie die Einsamkeit an den Gleisen. Ein Schwarzer ging zwischen zwei Pfeilern auf und ab, unentwegt dieselben Worte vor sich hin murmelnd: »God bless America«.

Donnernd fuhr der Zug ein, die Türen öffneten sich und schlossen sich wieder. Im Rhythmus der schwankenden Wagen schlief Fred unbemerkt ein. Erst sein Schnarchen lenkte Evas Blick von der Reklame über den gegenüberliegenden Sitzbänken zu ihrem Vater. Damn!, dachte sie. Sie wagte es nicht, ihn zu wecken, und hoffte, er würde rechtzeitig aufwachen. Er tat es nicht. Die Station Union Turnpike glitt vorbei. Sie blieb an seiner Seite sitzen. Sein Oberkörper schwankte durch das Schaukeln der Bahn leicht hin und her. Vier Stationen später erwachte Fred plötzlich aus seinen Träumen und blickte um sich.

»Müssen wir nicht raus, Eva?«

»Wir sind schon vorbeigefahren, du hast geschlafen.«

Freds Erstaunen wechselte rasch in bübische Freude.

»Lass uns einen Night Cap trinken. Ich lade dich auf einen Cognac ein.«

An der 21st Street in Queens stiegen sie aus.

Wenn Eva nicht so durchgefroren gewesen wäre und wenn Fred nicht das dringende Verlangen verspürt hätte, sich diesen letzten kleinen Luxus zu gönnen, sie wären wohl nach Manhattan zurückspaziert. Manche Leuchtreklamen zuckten und machten die Buchstaben schwer lesbar, hinter einigen Fenstern brannte noch Licht, andere Gebäude lagen völlig im Dunkeln. Ein eisiger Wind blies ihnen entgegen und verfing sich in den Müllsäcken, Tüten oder Zeitungen auf der Straße, die willenlos mitgerissen wurden.

Sie waren etwa 15 Minuten gegangen, als sie vor der grünlich schimmernden Tür von Joe's 55 standen und einkehrten.

Eva setzte sich an die Bar und studierte die Flaschen, die an der Wand aufgereiht standen. Sie las ihre Etiketten und versuchte, anhand der Farben die enthaltenen Getränke auszumachen.

Fred legte seinen Mantel ab, ordnete sein Jackett, richtete den steifen Hemdkragen und verschwand nach kurzer Entschuldigung Richtung Toiletten.

Eva hatte die übrigen Gäste im Lokal nicht wahrgenommen, erst als sich der Barkeeper ihr zuwandte, um ihre Bestellung zweier Cognacs entgegenzunehmen, stieg ihr Zigarrenrauch und Whisky-Atem in die Nase. Unmittelbar neben ihr hatte ein fetter, schwer atmender Mann mit platter Nase und fleischigen Lippen, dessen Blick sich an ihr festgesaugt hatte, an der Bar Platz genommen. Mit ihren goldenen, auf die Schulter fallenden Locken und den von der Kälte geröteten Wangen musste Eva in dieser Umgebung ein gefundenes Fressen für Männer sein. Kühl wandte sie sich ab. Wo bleibt Papi, dachte sie.

»So, Babe«, drang die matschige Stimme von links an ihr Ohr, »tell me, ha … who's that sugardaddy you're here with tonight?«

Eva sah sich Hilfe suchend um und flehte innerlich, dass ihr Vater wieder auftauchen möge.

»Go away! I don't like you. You are nasty and drunk.«

»Ja, es war furchtbar«, sagt Eva. »Und Papi hatte doch so ein schwaches Herz, und ich dachte nur: Oh Gott, wenn er das sieht!« Eva lacht. In ihrem Gesicht leuchtet die Erinnerung kurz auf.

Fred kam von der Toilette zurück, er verharrte einige Sekunden im Türrahmen, bevor er zur Bar schritt.

»Sie halten sich besser von meiner Tochter fern«, sagte er energisch.

Daraufhin stieg Eva schnell vom Barhocker herunter und bat den Barkeeper, den Cognac zum Tisch in der Ecke neben der Tür zu bringen. Ihr bis dahin unermüdlicher Tatendrang wich der Trostlosigkeit, die die kleine Bar zu dieser Stunde ausstrahlte. Da sie beide nicht mehr in der Stimmung waren, ihren Nachttrunk zu genießen, lehrten sie rasch die Gläser und verließen Joe mit dem dringenden Verlangen nach ihrer warmen Wohnung.

»Lass uns ein Taxi nehmen«, stieß Fred auf der Straße hinter seinem hohen Kragen hervor, die Worte hinterließen weiße Atemwölkchen in der eisigen Luft.

»Nein, bitte lass uns zu Fuß gehen. Es ist doch nur um die Ecke. Komm, je schneller du gehst, umso schneller sind wir zu Hause.«

Sie liefen los.

»Eva! Das Taxi!«, versuchte Fred es noch einmal, als ein Wagen an ihnen vorbeifuhr.

»Nichts da, wir gehen zu Fuß. Zehn Minuten noch.«

»Ich habe es geschafft, ihn den ganzen Weg nach Hause laufen zu lassen, und es war so kalt. Aber der Abend war so glamourös! Bis heute habe ich es nicht vergessen«, schwärmt Eva.

2

Eva musste früh zur Arbeit. Sie hatte wieder einmal auf einer Abendgesellschaft ihrer Tante serviert und die Nacht bei ihr verbracht. Toni konnte noch nicht wach sein, es war kein Wasserrauschen aus der Dusche zu hören.

Schnell nahm sie die Milch aus dem Kühlschrank, machte Wasser heiß und goss löslichen Kaffee damit auf. Während sie an die Kochstelle gelehnt trank, dachte sie über den gestrigen Abend nach. Sie hatte ihren Unmut über den widersprüchlichen Lebensstil ihrer Tante nicht mehr zurückhalten können.

»Was ist denn das hier?«, hatte sie das Streitgespräch angefangen. »Du sitzt in einem Apartment, in das wir dreimal hineinpassen würden. Du lädst die halbe Welt zum High Tea ein, führst dich auf wie eine russische Zarin, trägst die teuersten Kleider und alles, was ich für dich und mich zum Abendessen kochen darf, ist Kartoffelbrei?«

»Ach Eva, das macht satt und reicht völlig aus. Am Wochenende kann man dann mehr essen.«

»Du bist geizig, das ist alles.«

»Ich ernähre mich gesund, das heißt noch lange nicht, dass ich geizig bin.«

Draußen quälte sich der Autoverkehr nur stockend und laut hupend die Straße hinunter. Im Esszimmer roch es noch nach Zigaretten und Whisky, den die Damen am Abend zuvor getrunken hatten.

»Geizig, Toni. Seit Jahren schenkst du Papi albernen Whisky und Mami Düfte, die sie nicht mag und ohnehin nicht trägt, ich hoffe, du weißt das.«

»Sie haben sich nie beschwert. Und, Eva, ich schenke keinen albernen Whisky, sondern teuren, und dein Vater liebt Whisky.«

»Papi hasst aber Red Label.«

Toni schaute durch ihre Nichte hindurch und saugte abwesend am Mundstück ihrer Zigarette.

»Ach, dir ist das doch völlig egal«, schimpfte Eva weiter, wobei sie den Filter ihrer Zigarette wütend zwischen die Lippen presste. »Dir ist doch egal, dass Mami im Krankenhaus verreckt, dass Papi keine Arbeit hat und nicht mehr schlafen kann, weil er sich solche Sorgen um Geld macht. Scheiß Whisky!«

»Eva!«

»Weißt du, Toni, dir geht's gut mit deinem Professor Adler, deinem Hollywood, deiner Künstlerwelt, aber es gibt viele Menschen, die hart für ihr Leben arbeiten müssen, die gezwungen sind, Geld zu verdienen.«

»Es muss beides geben, Eva, das eine wie das andere. Übrigens kann man Kunst nicht mit Fabrikarbeit vergleichen.«

»Künstler sind verwöhnte Affen, die in ihren Käfigen hängen und durch die Gitterstäbe in die Außenwelt glotzen. Toni, das ist nicht die Realität.«

»Eva, ich sehe, wir haben unterschiedliche Auffassungen. Du bist noch zu jung. Weißt du, wenn du so alt bist wie ich, dann wirst du auch andere Ansprüche haben, dann wirst du das Arbeiten hinter dir haben und andere Dinge im Kopf, die dir wichtiger sind.«

»Teure Kleider, oder was?«

Toni schaute ihre aufgebrachte Nichte an, sie lächelte mitleidig.

Eva war selten so wütend zu Bett gegangen.

Nun stand sie in der Küche und die Wut vom Vorabend brannte noch immer wie glühendes Eisen. Sie mochte Toni gerne, konnte ihr aber den Whisky und das Eau de Toilette nicht verzeihen. Sie trank den letzten Schluck ihres Kaffees, stellte den Becher ins Spülbecken und ging ins Bad der Tante.

Hier schwammen Tonis falsche Zähne in einem Glas mit trübem Wasser. Jeden Abend stellte sie es unmittelbar vor dem Spiegel hinter dem Waschbecken ab. Eva goss das Wasser samt Gebiss ins Waschbecken, nahm ein Taschentuch, wickelte die Zähne darin ein und verließ das Bad. Im Wohnzimmer öffnete sie die oberste Schublade einer kleinen Kommode und legte das kleine Päckchen ganz hinten unter die Tischwäsche. Leise schob sie die Schublade wieder zu, zog ihren Mantel an, legte sich den Schal um und machte sich auf den Weg ins Juweliergeschäft.

Die Mittagsstunde rückte heran. Eva saß gerade mit einer Lupe vor dem Auge über einem winzigen Opal, als Elly plötzlich ins Labor kam: »Es will dich jemand am Telefon sprechen.«

Toni wollte wissen, wo ihre Zähne geblieben waren.

»Ich sag es dir nicht. Du musst schon herkommen. Ich bin im Geschäft.« Und Eva hängte ein, ohne sich zu verabschieden.

Eine Stunde später betrat ihre Tante in einem eleganten schwarzen Mantel mit schillernder Brosche am linken Kragen, mit Handtasche, Handschuhen und Hut das Juweliergeschäft an der Fifth Avenue.

»I uan do dalk do mith Eva pleath«, nuschelte Toni am Verkaufstresen.

Elly wandte sich rasch ab, sie musste sich sehr beherrschen, nicht zu lachen. In den Türrahmen gelehnt rief sie Eva in höheren Tönen als sonst zu: »Da verlangt jemand nach dir.«

Eva legte die Lötstange beiseite, warf ihr Haar in den Nacken und betrat das Geschäft.

Toni versuchte, auch ohne ihre Zähne eine gute Figur zu machen, indem sie ihr Kinn ungewöhnlich hoch trug. Einzig ihr nervöser Blick verriet ihre Verunsicherung.

»Wo sind meine Thäne?«, fragte sie ihre Nichte leise.

»Du stellst mir einen Scheck für Mami und Papi über den Wert von 13 Jahren Whisky und Parfüm aus, dann sage ich dir, wo deine Zähne sind.«

»Du bitht verrückt.«

»26 Flaschen Whisky, und ich sag dir, wo die Zähne sind. Ich bin den ganzen Tag hier.«

»Eva thag mir, wo die Thäne thind, ich bring dir den theck.«

Eva bekam tatsächlich Mitleid mit ihrer armen Tante, doch sie blieb hart, so unmöglich musste sie einmal sein. Sie schüttelte den Kopf. »Erst das Geld, dann die Zähne.«

Toni lächelte mit fest aufeinander gepressten Lippen, drehte sich um und hinterließ einen süßlichen Duft.

»Eva, das hast du nicht getan!« Fritz schüttelte den Kopf, als ihm seine Tochter den Scheck reichte. Sie musste ihn drängen, ihn zu nehmen. Das Thema Whisky war für sie abgehakt, sie wollte nicht mehr davon sprechen.

3

Eva arbeitete seit ihrem Schulabschluss in einem Juweliergeschäft von H. Stern an der Fith Avenue. Ann fand nach der High School eine Stellung in der Trusties Bank, die ebenfalls an der Fifth Avenue gelegen war. Dort arbeitete sie tagsüber, um dann von sechs bis elf Uhr abends an der Universität das Bankwesen zu studieren.

Das Leben der beiden hatte sich nach ihrer Schulzeit von Stund an verändert. Sie sahen einander kaum noch, was sich im Verlauf ihres Lebens nicht mehr ändern sollte.

Eva half abends bei den Empfängen ihrer Tante aus, trotz der Sache mit den Zähnen. Toni Seligmanns Gästeliste war lang und sehr gefragt. Ihre Kontakte reichten bis in die Künstlerkreise Kaliforniens, wohin auch Franz Werfel und seine Frau Alma ausgewandert waren, die gerne für einen der prominenten Abende im Croydon Hotel anreisten. Der Pianist Oscar Levant erschien häufig zu später Stunde, der Komponist und Dirigent Bruno Walter und die Sopranistin Elisabeth Schumann kamen vorbei, um mit anderen gern gesehenen Gästen Longdrinks und Cocktails zu trinken.

Eva schloss Freundschaften und war bald unverzichtbarer Teil dieser gehobenen Gesellschaft. Ob nach Konzerten, bei Abendessen im berühmten Restaurant The Russian Tea Room oder bei Partys – Eva feierte mit vielen Gästen ihrer Tante bis in den frühen Morgen hinein.

»Eva hatte einen Mann an jedem Finger«, sagt Ann heute. Ihre blonden vollen Locken, die strahlenden Augen, ihre sanften Züge und ihr feuriges Wesen zogen die Männer an.

Wenn die Unglücklichen am Queens Boulevard klingelten und mit Blumen in der Hand nach Eva fragten, konnte Ann sie nur vertrösten, während Eva mit einem anderen Verehrer in der Carnegy Hall im Konzert saß. Ann hatte irgendwann den besseren Überblick, mit wem ihre Schwester gerade liiert war, und erfand für die übrigen Bewerber in der Tür immer neue Ausreden als Trost für zerplatzte Träume.

Doch die Männer standen nicht nur bei Eva Schlange. Viele Freunde der Jessuruns aus Hamburg waren im Krieg nach Amerika ausgewandert, einige von ihnen auch nach New York.

Die Sterns lebten zwar seit 1939 in Brasilien, doch ihr Sohn Hans war als erfolgreicher Händler von Edelsteinen einmal zu Besuch in New York. Und weil Eva in einem seiner Läden arbeitete, erschien er zum Dinner bei den Jessuruns und lernte am selben Abend Ann kennen. Eine enge Freundschaft sollte sich zwischen den beiden entwickeln.

Else arbeitete mittlerweile auch zu Hause. Sie erhielt Aufträge, wie Säume zu kürzen oder zu verlängern, die sie ohne weiteres daheim erledigen konnte. Erlaubte es ihre Zeit, dann häkelte oder strickte sie kurze ärmellose und lange Kleider aus Seidenkrepp oder Baumwolle. Die außerordentliche Geschicklichkeit ihrer Hände, ihr gutes Auge für Maße und Schnitte sprach sich in den besseren Kreisen von Queens herum und bald häuften sich die Anfragen von wohlhabenden Damen, die ihre kostbarsten Stücke in Elses Hände legten, wenn es in der Taille nicht ganz stimmte, der Ausschnitt zu tief oder zu weit war, etwas gekürzt oder ausgelassen werden musste.

Else brachte das meiste Geld mit nach Hause und schien dabei sichtlich gesetzter und zufriedener als noch vor wenigen Jahren, trotz der vielen Arbeit. Noch immer legte sie zu oft ihre Stirn in Falten, presste häufig die Lippen aufeinander und konnte noch immer genug tadeln. Ihr wildes Haar trug sie kurz und meist an der Seite zurückgesteckt. Sie war immer noch sehr attraktiv, legte viel Wert auf ihr Äußeres und kleidete sich schick, egal ob sie zur Arbeit ging oder am Wochenende mit ihrer Familie zusammen war.

Freds Leben in New York verlor trotz der Schicksalsschläge nicht an Orientierung. Er war standhaft geblieben, begeisterte sich nach wie vor für Baseball, betrieb weiterhin seine Forschungen über die Sepharden, sammelte Briefmarken und arbeitete.

Eva erzählt mir in Arizona, dass Fred einen Mann namens Liebowitz kennen lernte. Was genau die beiden zusammen gemacht hätten, wollte ich von ihr wissen. Sie hätten ein Geschäft für ärztliche Ausrüstung betrieben, in dem Fred die Administration übernommen hatte. Doktor Liebowitz wurde später als der Erfinder von Antihistamin bekannt, er verkaufte die Lizenz für einen Spottpreis, von dem Fred nichts abbekam. Ann hingegen weiß davon nichts. Sie ist der Meinung, dass Fritz weiterhin im Import und Export mit einem gewissen Herrn Herzberg zusammengearbeitet habe.

Was Fred in jenen Jahren machte, in denen Eva und Ann heirateten, kann ich nicht genau in Erfahrung bringen. Auf seine ruhige und weise Art nahm er das Älterwerden seiner Töchter gelassen zur Kenntnis – bis auf eine Ausnahme, derer sich die Schwestern entsinnen.

Mit dem Film *Wem die Stunde schlägt* wurde Ingrid Bergman 1943 mit ihrer burschikosen Weiblichkeit und den kurzen blonden Locken über Nacht das Vorbild für junge Frauen und ließ den Geschmack der Männer umschlagen. Es waren nicht nur die kurzen Haare, die regelmäßige Friseurbesuche nach sich zogen und damit einen gewissen Wohlstand voraussetzten, sondern auch das Verlangen nach Unabhängigkeit, das Ingrid Bergmann in der Figur der unschuldigen Maria als Teil einer Widerstandsgruppe im Spanischen Bürgerkrieg verkörperte. Es setzte sich bei den jungen Frauen noch ein Jahrzehnt später durch.

Frau ließ sich also die Haare schneiden, und Eva gehörte dazu. Ganz freiwillig hatte sie es nicht getan, Anreiz war eine Anzeige in der Zeitung, die 150 Dollar für jede beliebige Haarpracht versprach. Am selben Nachmittag waren Evas Haare ab. »Nicht so schlimm«, dachte Eva, Hüte standen ihr ohnehin gut zu Gesicht.

Ihr Vater würde keineswegs ihrer Meinung sein. Als sie zum Abendessen mit einem Kopftuch erschien, bat Fred sie, es abzunehmen.

»Ich kann nicht.«

»Warum denn? Bitte, nimm das Tuch vom Kopf, nicht beim Essen«, wies der Vater sie zurecht.

Ann sah gebannt zu ihrer Schwester, was hatte sie sich jetzt schon wieder ausgedacht?

Eva zog das Tuch vom Kopf, woraufhin ihr Vater sie entsetzt anstarrte. Er legte wortlos die Gabel auf den Teller, wischte sich mit der Serviette den Mund ab, schob den Stuhl zurück und verließ das Abendessen. Eine Woche sollte er mit seiner Tochter kein Wort sprechen.

Dass sie die 150 Dollar nie bekam, erzählt Eva heute mit einem Lachen, damals war sie der Verzweiflung nahe.

4

»Guten Morgen, Mrs. Slater.«

»Guten Morgen, Herr Jessurun.« Mrs. Slater zwinkerte verschlafen durch ihre Brille und errötete, während sie sich verlegen mühte, die Strähnen ihrer gebleichten Mähne aus dem Gesicht zu streichen.

»Wie geht es Ihrem Sohn?«

»Oh, gut. Er arbeitet viel zu viel, doch was soll man den jungen Leuten sagen. Und er spricht ununterbrochen von Ihrer Eva.«

»Tatsächlich?« Fred lächelte. »Seien Sie stolz auf einen so fleißigen Sohn, Mrs. Slater, er ist ein guter Mann.«

»Ach, Herr Jessurun, gute Männer sind erst brillant, wenn sie die richtige Frau gefunden haben.«

Von Mrs. Slaters schwarzem Kimono ging ein ätherischer Duft aus, sie schob ihre Brille, die Richtung Nasenspitze gerutscht war, hoch.

Ihre Wohnung hatte Fritz nie betreten, doch er wusste von Eva, dass man bei Mrs. Slater vom Fußboden essen konnte, so sauber war es bei ihr.

Wenn sie bemerkte, dass Else spät von der Arbeit kam, oder sie glaubte, dass Fred Hunger haben könnte, brachte sie koschere Burger vorbei. Mrs. Slater blieb der Engel von nebenan.

Als polnische Jüdin war sie mit ihrem Mann noch vor dem Krieg eingewandert. Ihre Erscheinung weckte in einem den Glauben an den guten Menschen. Sie unterhielt sich gerne mit ihren Nachbarn über Gott und die Welt. Seit ihr Mann vor weniger als zwei Jahren gestorben war, lebte sie alleine mit ihrem Sohn und hatte bis zu ihrer Pensionierung als Buchhalterin in einem Geschäft in Queens gearbeitet. Was sie danach tat, außer zu putzen, wusste keiner der Jessuruns so recht. Geheimnisse dieser Art gehörten nun einmal zu Engeln.

Später, nach Freds Tod, würde sie für Else allen Papierkram erledigen. Sie würde die bürokratischen Zügel in den Händen halten, die Else von diesem Moment an völlig entgleiten sollten.

»Als Mann darf ich Ihnen da höchstens für die guten Worte danken, sollte aber nicht zustimmen«, führte Fred die Unterhaltung fort.

»Sie sind ein so guter Mann, Herr Jessurun. Gar kein Zweifel, sehen Sie sich Ihre Töchter an, denn die kommen immer nach dem Vater ... Ihre Ann ist Frau Jessurun aus dem Gesicht geschnitten, hat aber Ihr Wesen, und Eva, die hat Ihre Augen. Na dann, genießen Sie den schönen Tag.« Nachdem sie einen Moment nachgedacht hatte, sagte sie: »Ich mache heute koschere Lammbällchen. Und Kartoffelsalat ist noch von gestern übrig.«

Fred lächelte und nickte mit großen Augen. »Ja, wenn etwas übrig ist ... Machen Sie es gut. Ich wünsche einen wunderbaren Tag.«

»Bye, bye. Sie sind schön vorsichtig.«

Ann und Hans trafen sich nur zum Wochenende. Unter der Woche konnte sich Ann unmöglich verabreden, die Prüfungen standen bevor und sie musste ihrem Studium und der Arbeit in der Bank nachkommen.

Aus dem kleinen wortkargen Mädchen, aus der »Frühgeburt«, wie Ann sich selbst nannte, aus einer herausragenden Schülerin mit Talent für Sprachen und Mathematik war eine junge Dame geworden, die mit ihrem strahlenden Lächeln und ihrem heiteren Wesen jeden Menschen für sich gewinnen konnte. Die pechschwarzen, lockigen Haare trug sie so, wie sie sich gerade bändigen ließen, meist zurückgesteckt oder zurückgekämmt.

Ihre Liebe zu den Tieren lebte Ann im Stall des Central Parks an einem Schimmel, den keiner außer ihr reiten konnte, aus. Auch Eva ging oft mit, zog es aber vor, die Pferde zu pflegen und seltener auf ihnen zu reiten. Zwischenzeitlich nahm Ann auch Unterricht im Stepptanz, doch schließlich musste sie sich zwischen Studium und Freizeit entscheiden. Verantwortungsvoll und pflichtbewusst, wie Ann immer war, verwundert es nicht, dass sie sich für ihre Arbeit entschied. Nur für Hans blieben ihr selbst in der Endphase ihrer Prüfungsvorbereitungen freie Minuten und zwischen den beiden entwickelte sich bald mehr als eine Freundschaft.

Ostern in Berlin. Es will nicht Frühling werden. Die Gedanken in meinem Kopf finden keine Ruhe. Ich suche nach einer Erklärung für das Auseinandergehen meiner Großmutter Ann und Hans Stern. Ich weiß nicht mehr, wie oft ich seinen Namen in die Suchmaschine im Internet eingegeben und den violetten unter den blauen Einträgen bis ins letzte Detail studiert habe. Wieder und wieder lese ich ein Interview, das ein gewisser F. Wagner mit Hans Stern in Brasilien geführt hatte. Er schreibt über Sterns Kindheit in Essen, über dessen Flucht im Jahr 1939 nach Rio de Janeiro, das entbehrungsreiche Leben, das er dort mit seinen Eltern führte, über Hans' Arbeit als Stenograf, die die Familie ernährte und seine Reise nach New York finanzierte. F. Wagner war fasziniert von der einnehmenden Persönlichkeit Sterns, als er ihm in dessen Büro an der Rua Visconde de Pirajá in Ipanema bei einer Tasse Kaffee gegenübersaß.

Zweimal schon hatte ich den Text gelesen, ließ die Maus ziellos hoch und runter wandern, bis ich schließlich den Link »F. Wagner« anklickte und sich ein E-Mail-Fenster öffnete. Aus irgendeinem Grund war ich erstaunt, schrieb aber nach kurzem Zögern eine E-Mail an ihn, in der ich erklärte, wer ich bin, wer meine Großmutter ist und in welchem Verhältnis sie zu Hans Stern gestanden hatte.

Schließlich bat ich Wagner, einen Kontakt zu ihm herzustellen. Und ehe ich mich versah, erhielt ich Antwort, wer weiß woher jenseits des Atlantiks. Ein Fisch hatte angebissen und zog an meinem Haken, den ich in das Meer abertausender Menschen, Daten, Einsen und Nullen geworfen hatte. Ich schrieb zurück und wartete erneut auf ein Zeichen. Wieder erhielt ich Antwort, die Kopie eines Briefes an Hans Stern:

»Dear Hans Stern, I have received a touching inquiry from a 22 year old woman named Louise Jacobs …«

Ich zog die Schnur noch fester an, sie war zum Zerreißen gespannt, ich musste einen Schwertfisch gefangen haben oder gar ein fetten Tunfisch. Ich dankte Wagner für das Weiterleiten meines Anliegens und meiner Adresse und versicherte ihm, geduldig auf Antwort zu warten.

Ostern ist vorüber. Der Frühling lässt noch immer auf sich warten.

Erst einige Tage später klappe ich mein Notebook wieder auf und fahre es hoch. Und siehe da: Von sieben neuen Mails ist eine von Hans Stern:

»I was really surprised by the E-Mail of F. Wagner. It is really a small world …«

Ja, er sei in Rio sehr gut mit Eva befreundet gewesen, weil sie mit dem Sohn eines Nachbarn, Helmut Herzfeld, verheiratet gewesen sei. 1948, als er erstmals nach New York kam, hätte er Fritz und Else kennen gelernt sowie Evas Schwester Ann. Sie beide wären sehr gut befreundet, ja fast verlobt gewesen.

Ich danke ihm für seine Offenheit und mache aus meiner Freude, ihn gefunden zu haben, keinen Hehl. Schließlich frage ich ihn, ob es möglich wäre, ihn zu treffen, ich könne sofort nach New York reisen oder nach Brasilien. Hans erwidert bedauernd, sich an nicht viel mehr als das Geschriebene erinnern zu können, und rät mir von der Reise ab. Es wäre den Aufwand nicht wert.

In Berlin wird es endlich Frühling und die Knospen sind kurz davor zu platzen. Es ist vier Uhr nachmittags: Die Sonne hat sich entschlossen, doch noch für zwei Minuten zu scheinen. Ich öffne das Fenster und mache mir gerade eine dritte Kanne Grünen Tee, als das Telefon klingelt. Das Display zeigt mir eine lange Nummer mit zwei Nullen vorweg, zwei Fünfen und einer endlosen Zahlenfolge.

»Bei diesen langen Vorwahlnummern nimm nie das Gespräch an! Das kostet dich ein Vermögen, das sind Betrüger!«, geht es mir durch den Kopf, als ich mich auch schon sagen höre:

»Hallo?«

»Am I talking to Miss Jacobs, please?«, kommt es aus dem knatternden Off einer Satellitenverbindung. Ich lege sofort auf und starre das tote Plastikding mit Gummitasten in meiner Hand an. Dann klingelt es erneut.

»Am I talking to Miss Jacobs!« Eine sehr energische Frauenstimme bringt mich dazu mit »Yes!« zu antworten.

Ich wage nicht mehr, aufzulegen, und lausche dem Hall des Universums.

»Hallo?«, kommt es plötzlich aus dem Hörer – die Stimme eines älteren Herrn.

»Yes?«, sage ich erneut.

»Hans Stern hier.«

Ich war in meinem Leben noch nie so erstaunt, überrascht und tief berührt zugleich.

»Störe ich? Soll ich später noch einmal anrufen?«, fragt er höflich.

Ich verneine. Ganz im Gegenteil, bis Mitternacht hätte ich mit ihm sprechen wollen.

Er erzählt mir von Ann und Eva, von Fritz und Else. Er erzählt mir von sich, aus seinem Leben in Rio, seiner Familie, nur nicht von sich und Ann. Ann habe ihn während ihrer Freundschaft ein halbes Jahr lang in Rio besucht, doch dann hätten sie sich entschlossen, nicht zu heiraten.

Was der Grund gewesen wäre, frage ich ihn.

Hans deutet nur an, dass er darüber nicht sprechen wolle, am Ende hätten sie sich beide dazu entschlossen. Sie schrieben sich noch jedes Jahr, doch gesehen hätten sie sich seither nicht mehr. Viele Dinge würden sich aber seiner Erinnerung entziehen, er sei alt geworden und könne eigentlich nur wiederholen, was er mir in der E-Mail geschrieben habe.

Wir unterhalten uns über meine Arbeit. Ich sehe mich schon im Flugzeug und zwischen den Fassaden der Häuserfluchten, unter Brasilianern am Strand von Rio. Ja, ich sehe mich beim Schreiben eines weiteren Kapitels der Geschichte meiner Familie …

»Ich fürchte, ich kann Ihnen wirklich nicht viel mehr erzählen. Ein Treffen wäre für Sie zu aufwändig. Meine Frau und ich planen aber eine Reise nach Deutschland, vielleicht können wir uns dann in Berlin treffen«, schlägt er vor. Ich spüre, dass das Gespräch seinem Ende entgegengeht, habe noch dreihundert unbeantwortete Fragen, die in die Tiefen meines Gedächtnisses abgetaucht sind wie Pottwale im Ozean, in diesem Moment sind sie unauffindbar.

Später schicke ich ihm noch eine Mail mit einem Foto von Ann an der Seite eines jungen Mannes, in der Hoffnung, dass er sich darauf erkennt. Er ist es aber nicht.

6

Eva heiratete 1949. Plötzlich ging alles sehr schnell. Sie zog mit ihrem Mann, Helmut Herzfeld, nach Brasilien und verließ Forrest Hills mit gerade mal 19 Jahren.

Von da an würden sich die Schwestern kaum mehr sehen. Sie schickten einander zu Weihnachten und Ostern Karten. Weder hatten sie Zeit für Briefe, noch telefonierten sie miteinander. Sehr viel später – in den neunziger Jahren – besuchte Eva ihre Schwester ein einziges Mal in Bremen. Es sollte ihre erste und letzte Reise nach Deutschland sein. Ihre Wege trennten sich für immer. Sie waren zu verschieden.

Ann lebte vorerst weiter mit ihren Eltern zusammen in Forrest Hills. Sie arbeitet bei der Bank an der Fifth Avenue. Mit 18 Jahren lernte sie Klaus Luedeking kennen.

Obwohl die Familie von Klaus in Nicaragua lebte, heiratete das junge Paar am 4. Oktober 1951 in New York. Am 25. Oktober 1951 verließ Ann mit Pan Amercan Airlines die Vereinigten Staaten von Amerika und begann mit Klaus ein neues Leben in Managua.

»Er war sexy.« Eva meint es ernst, wie ich ihrer Stimme entnehmen kann. Sie zieht an ihrer Zigarette und fügt hinzu: »Und er war ein fantastischer Tennisspieler.«

Klaus wurde am 3. September 1927 als jüngster Sohn der Hamburger Freunde Werner Luedeking und seiner Frau Gertrud, die in Managua auch Doña Tula genannt wurde, geboren. Teile der Familie hatten Deutschland 1938 verlassen und leben seither in Nicaragua. Klaus' Onkel Heinz hatte seine jüdische Frau und die Kinder vor Hitler in Sicherheit gebracht und dafür alles aufgegeben.

Die beiden Schwestern von Gertrud waren nach New York gegangen, wo sie unverheiratet bis zu ihrem Tod lebten. Werners einzige Schwester, Else, wurde schon 1926 von ihrem Mann, Franz Bunge, nach Managua mitgenommen. Er hatte die Kriegswitwe seines Bruders, Rudolf, geheiratet und war zusammen mit ihren beiden Söhnen aus erster Ehe ausgewandert. Sie lebten von den Erträgen eines Eisenwarengeschäftes, das sie mitten im Zentrum Managuas gegründet hatten.

Ich besitze drei Bilder von Anns Hochzeit. Auf einem sieht man das Brautpaar und die Eltern der Braut, Else und Fritz, die beiden anderen Fotografien zeigen das Anschneiden der Hochzeitstorte. Klaus Luedeking war etwas kleiner als Fritz und etwas größer als Else. Er hatte einen blonden Lockenkopf und auf seinem Gesicht lag ein milder Ausdruck, freundlich zwar, aber leer. Ann sieht sehr erwachsen aus und sehr hübsch. Sie trägt ein wunderbares Kleid aus weißem Spitzentüll, der Rock ist drei viertel lang und leicht ausgestellt. Die schwarzen Locken sind mit einem Schleier bedeckt und um den Hals trägt sie eine Perlenkette. Fritz und Else wirken stolz, aber keiner der Beteiligten strahlt überschwängliche Freude aus, wie wir es heute von Hochzeitsschnappschüssen kennen. Alle schauen ernst, hinterlassen ein Gefühl von Atemstillstand.

Klaus und Ann bewohnten in den ersten Monaten ihrer Ehe ein Zimmer in der Wohnung der Schwester von Klaus und ihrem Mann. Im Erdgeschoss befanden sich die Werkstatt und der Ladenraum, den Vater Luedeking seinem Sohn Klaus später übergab. Klaus gründete mit einem Freund aus dem kleinen Laden die Firma »Ludeca«. Mittlerweile handelten sie nicht mehr nur mit Eisenwaren, sondern bauten Motoren für Wasserpumpen und ähnliche Gerätschaften, die sie dann an Kaffeeplantagen verkauften oder kleinen Indiosippen schenkten, die außerhalb der Stadt in den Bergen lebten. Das Gebäude, eines der wenigen mit zwei Stockwerken, lag an einer Kurve und bestach durch seine abgerundete Fassade. Nach dem Erdbeben von 1931 wurde es wieder aufgebaut, erlitt aber während des Bebens von 1972 erheblichen Schaden, sodass Gertrud und Werner Luedeking in ein Haus 13 Kilometer vor der Stadt ziehen mussten.

Für Ann begann an der Seite von Klaus ein langer beschwerlicher Weg, den sie heute in Gedanken kaum zurückgehen mag. Ihre Ehe war eigentlich mehr eine Ehe mit den Schwiegereltern. Auch Ann liebte »Papa« und Trude Luedeking. Ohne ihre Unterstützung wäre sie wohl in Managua verloren gewesen.

Die Frage, wer Klaus eigentlich war, kann ich kaum beantworten. Über ihn lässt sich wenig in Erfahrung bringen. So blass und nichts sagend sein Blick auf den Fotografien ist, bleibt für mich sein ganzes Wesen. Und doch erinnert sich Eva, bei dem einzigen Besuch mit ihrem Mann Helmut in Managua einem sehr charmanten, netten Mann begegnet zu sein. Keiner konnte ahnen, welche Enttäuschung und Zerrissenheit in seiner Seele wohnte.

»Er war ein Kriegskind«, erinnert sich Eva. Er hätte die Flucht aus Deutschland nie verwunden. Die Arbeit im Geschäft gab ihm keine Perspektive für sein Leben, und er lebte mit seiner Frau von der liebenden Unterstützung der Eltern.

»Weißt du, keiner sah die Probleme«, sagt Eva. »Auf dem Tenniscourt! Oh, ein Anblick, sag ich dir. Alle Augen zog er auf sich. Die Damen hielten ihn für einen Tennisgott. He was a fantastic tennisplayer. Seine Gegner verloren im Laufe des Spiels meist ihre Unerschrockenheit. No, he was fantastic. And I mean it.«

Neben dem Übungsplatz in Managua befand sich ein katholisches Institut: Eine Insel, bewohnt von zahlreichen Mädchen, deren bewundernde Blicke im stummen Takt eines Metronoms von links nach rechts und von rechts nach links wanderten.

Und Klaus war kein Mann der Treue. Er war ein Spieler und kein Zuschauer. Es dauerte nicht lange, da tauchte er nur noch selten zu Hause auf. Er verbrachte die Nächte in Clubs und Bars und genoss es, geliebt und begehrt zu werden. Erlag er als junger Mann, der er war, einer anderen Frau? Beherrscht von zwei Egos war er bald nicht wiederzuerkennen. Als manisch depressiv würde man sein Verhalten wohl heute diagnostizieren. Damals noch hieß das eben: Kriegskind. Trude Luedeking wusste von der seelisch labilen Verfassung ihres Sohnes. Doch sie hatte nie den Mut aufgebracht, darüber zu sprechen. Sie hatte Ann nichts von Klaus' Wutanfällen erzählt, den Stunden, manchmal sogar Tagen, an denen ihr Sohn nicht sprach. Sie hatte es ihr verschwiegen in dem Glauben, dass sich in einer Ehe die Symptome als Macken erweisen und mit der Zeit verlieren würden. Das Gegenteil trat ein: Es wurde schlimmer.

Managua 1952

Liebe Eva,
wieder ist es so weit. Zwar ist es merkwürdig, in der Sonne und bei 20 Grad die Kerzen auf den Tannenbaum zu stecken, doch der Blick aus den Fenstern ist geschmückt mit Zweigen, einem Kranz und einem Adventskalender. Frohe Weihnachten!

Der Familie geht es gut. Tula kümmert sich rührend um mich und macht sich solche Sorgen um das Kind.

In unserem Garten blühen die ersten Blumen, wir haben einen Zitronenbaum auf unserem kleinen Grundstück und alles ist so schön grün.

Ich hoffe Ihr verbringt in Teresopolis eine schöne vorweihnachtliche Zeit. Für das neue Jahr alle guten Wünsche, Deine Ann.

Teresopolis 1952

Liebe Ann,
frohe Weihnachten! Und für das neue Jahr alles Gute!

Helmut und ich haben zum Heiligabend ein paar Leute eingeladen, ich werde zum ersten Mal zwei Turkeys im Ofen braten, und was glaubst Du, wie schwierig es war, den Rotkohl zu bekommen! Uns geht es gut, Helmut arbeitet viel, Ronny ist soo niedlich, und ein Dickschädel ist er, genau wie die Mutter. Wir haben uns zwei Hunde gekauft, das heißt, ich war beim Züchter und habe zwei Prachttiere erworben, keine so schönen Hunde bisher in Rio gesehen.

Take care! Love, Eva.

7

Klaus taumelte. Ein Lachen drang an sein Ohr. Er schlürfte langsam den lauwarmen Rest Rum aus seinem Glas, bevor er sich mit weichen Muskeln erhob. Er versuchte, das Gewicht seines Körpers gleichmäßig auf den Füßen zu verteilen, ließ seinen Blick durch die schillernde Bar wandern, über eine Leuchtschrift hinweg zu einem Mann mit Zigarre, bis seine Augen schließlich die Tür fanden.

Draußen wehte ein warmer Wind, der wie Wasser in den Palmen und Büschen rauschte und wie das Schluchzen einer alten Frau klang. Klaus' Seele war so schwer, dass er gebeugt ging. Die Muskeln in seinem Gesicht fühlten sich schlaff und taub an, er verspürte eine würgende Sehnsucht, Heimatlosigkeit und Verzweiflung. Seine Augen brannten. Der Alkohol raubte ihm alles, woran er so gerne gelitten hätte, worin er so gerne ertrunken wäre – im Hass auf sich selbst, in dem Gefühl, sich nicht mehr ertragen zu können. Er ging unter den Laternen und wusste nicht wohin. Auf dem Gehweg lag ein Eimer, Klaus schwankte, stützte sich an der Mauer ab und trat mit voller Wucht dagegen. Das Scheppern des Blechs übertönte seinen Schrei, seine Gedanken schienen wie Vögel verscheucht und zerstoben im Lärm in alle Richtungen seiner Sinne. Dann, als es still war und die alte Frau wieder schluchzte, überkam ihn plötzlich die Angst. Er wollte weinen, doch im nächsten Augenblick fing er sich. Innerlich schalt er sich für diese Schwäche, die sich seiner bemächtigt hatte. Er schüttelte das Gefühl von Trauer ab und stieg in seinen Wagen. Doch wieder brachen die quälenden Gedanken über ihn herein und er konnte nur verfolgen, wie er sich ihrem Gang willenlos ergab. Wie gelähmt saß er im Autositz. Was hatte er von seinem Leben schon zu erwarten? Was musste er alles schaffen, bevor er sterben durfte? Was musste er können, um überhaupt zu überleben? Was musste er erreichen? Was musste er tun? Was musste er bleiben lassen? Was war Liebe? Was war Hass? Was war Heimat? Was war Zukunft?

Wer bin ich?, fragte sich Klaus verzweifelt und legte die Stirn erschöpft auf das Lenkrad. Er hörte das Schlagen des Tennisballs. Immer wieder, etwa im Abstand von einer Sekunde oder einer halben, knallte es dumpf in seinem Ohr. Er fühlte die Bewegung, obwohl er sich nicht rührte, er spürte jeden Muskel in seinem Arm. Er legte seine Hand um den Knüppel der Schaltung. Er atmete schwer, aus Wut, aus Langeweile, aus Angst.

Die Nacht über Managua war erfüllt von den Geräuschen brausender Autos, vom Rauschen des Meeres, von Menschenstimmen und den Lauten unsichtbarer Tiere. Die Nacht um ihn herum war dunkel und kalt. Sie schwieg.

Irgendwie fand er den Weg nach Hause. Oh, wäre es doch nicht Zufall gewesen, dachte er.

Als Klaus im Bett neben Ann lag, drehte er sich auf die Seite und legte den Kopf auf seinen ausgestreckten Arm, um sie anzuschauen. Ann lag auf dem Rücken, die starke Wölbung unter dem weißen, dicken Baumwolllaken hob und senkte sich in langen, schier unerträglich ausgedehnten Abständen.

Er schloss die Augen. Wenn er könnte, würde er bleiben, würde für seine Frau und das Kind sorgen. Aber er konnte es nicht. Er konnte nicht. Er konnte nicht. Er konnte nicht. Wieder packte ihn die Angst. »Wann hat es ein Ende?«, flüsterte er.

Das Ende kam im November des Jahres 1953. Auf einem Sandweg, fern einer Plantage, mitten im saftigen Grün des tropischen Waldes fiel in der Mittagshitze der Schuss.

Klaus keuchte, bettelte und seine Kräfte schwanden dahin. Er wollte schreien, doch seine Zunge war gelähmt. Er wollte weinen, doch sein Tränenwasser war versiegt. Niemand würde ihn hören, niemand würde ihn auffangen, und er sank ganz tief, ganz langsam in einen Schlaf, aus dem er nicht mehr erwachen würde. Sein Bewusstsein glitt unter die Oberfläche, sein lebloser Körper war zerschlagen zwischen Gegenwart und Vergangenheit.

Ein sonnenverbrannter Bauer kreuzte gerade fluchend mit seinem Wagen die nahe gelegene Straßenkreuzung. Ein Junge flüchtete schreiend vor einem wütenden Obstverkäufer, der hinter ihm her war. Hinter den schmierigen Frontscheiben zweier alter Fords hupten sich temperamentvolle Fahrer an, weil sie sich gegenseitig zugeparkt hatten und nun der eine den anderen bezichtigte, unfähig zu sein. Zwei Frauen lachten, als ein Mann im weißen Anzug und mit Strohhut ein Tänzchen aufführte, um dem entgegenkommenden Radfahrer auszuweichen.

Anns erstes Kind war zehn Monate alt.

9. Teil

Mit Niveau ins Wirtschaftswunder

»Was trinken Sie? Kaffee?«, fragt Herr Sauerbier.

Frau Sörös nickt zustimmend und ich bitte um Wasser.

Wir sitzen zu dritt im Bremer Presseclub im Schnoor. Es ist ziemlich ungemütlich, der Geruch von altem Bratfett hängt in der Luft und an der Wand schimpft Angela Merkel tonlos im Bundestag.

»Schenken sie hier eigentlich Jacobs Kaffee aus?«, möchte Frau Sörös wissen.

»Nur Jacobs Kaffee. Gewohnheit.« Herr Sauerbier lehnt sich in seinem Stuhl zurück, rückt das Jackett seines grünen Cordanzugs zurecht und mustert uns beide mit seinem burschenhaften Blick belustigt und ernst zugleich. »Ich habe auch nie anderen Kaffee getrunken«, sagt er, »war irgendwie immer der von Jacobs.«

»Ich habe auch nie anderen Kaffee getrunken«, sagt Frau Sörös. »Früher, im Krieg, was auf den Tisch kam, aber heute kann man dieses andere Gebräu nicht mehr trinken.«

Herr Sauerbier bestellt bei dem einzigen Kellner zwei Tassen Kaffee, eine mit Milch, ohne Zucker und eine schwarz.

Herr Sauerbier war langjähriger Pressesprecher von Jacobs und ist auch einer dieser Letzten, die mit meinem Großvater zusammengearbeitet haben. Sie sind aus gutem, altem Holz geschnitzt, die, die noch übrig sind aus den fünfziger, sechziger Jahren. Je mehr ich von ihnen treffe, desto bewusster wird mir, dass mein Großvater wirklich ein guter Menschenkenner gewesen sein muss. Ohne Ausnahme sind seine Sekretärin, sein Pressesprecher und sein Hausjurist herzliche, offene Menschen, die sich alle gerne und fast nostalgisch an Walther Jacobs, »die klassische Unternehmerfigur«, wie ihn Herr Sauerbier nennt, erinnern. Zwei Salamibrötchen liegen vor ihm auf einem Teller, daneben ein Pfeifenetui.

»Verträge mit Herrn Jacobs wurden per Handschlag besiegelt«, erinnert sich Frau Sörös. »Er unterschrieb immer ungern, sein Wort musste reichen.« Sie richtet ihr Halstuch. »»Probleme gibt es immer‹, sacht er dann. ›Sie brauchen keine Unterschrift‹, sacht er.«

Herr Sauerbier nickt bedächtig. Er nimmt das Pfeifenetui und beginnt sich eine Bruyere zu stopfen.

»Sicherlich. Die Firma hatte eine hohe Reputation, was zu großen Teilen, wenn nicht gar voll und ganz«, verbessert er sich, »auf seine Persönlichkeit und seinen Namen zurückzuführen ist.«

Ein angeregtes Gespräch kommt zwischen den beiden in Gang – ich schweige in den Momenten ihrer Erinnerungen. Amüsiert und fasziniert zugleich schaue ich von einem zum anderen. Ich genieße das Gefühl, Statist zu sein in dieser Unterhaltung und dass mich nur wenige Schritte von Walther trennen. Die beiden erinnern sich nicht an den leibesschwachen und alten Walther, den ich zuletzt 1997 besuchte, sondern an ihren hoch verehrten Chef, der verbindlich und gleich bleibend freundlich das Unternehmen geführt hat.

»In seiner Umgebung durfte ich nicht rauchen.« Herr Sauerbier zieht an dem Mundstück. Süßlicher, weißer Rauch umhüllt für Sekunden sein Gesicht. Wieder lächelt er. »Keiner durfte in seiner Gegenwart rauchen«, fügt er hinzu.

»Später, als die Firma verkauft war, kamen die Herren, die Amerikaner, ins Büro, um zu telefonieren, während Herr Jacobs nachmittags auf dem Fährhof war«, erzählt Frau Sörös. »Und die haben geraucht, sechs Kippen in sechs Minuten, oder so. Dann habe ich nach Feierabend immer gelüftet und gedacht: Oh Gott, morgen denkt er, ich hätte in seinem Büro geraucht. Nee, das mochte er gar nicht. Und ich weiß noch, wie er Frau Bohlmann ...«

»Oh, Frau Bohlmann, die Köchin?«, fragt Herr Sauerbier.

»Ach, er hatte eine Köchin?«, frage ich nach. »Er hat nicht in der Kantine gegessen?«

»Nein, nein«, erklärt Herr Sauerbier, »die Geschäftsführung hatte ihre eigenen Räumlichkeiten und eine eigene Köchin.«

»Die stand mit der Zigarette in der einen Hand und mit der Kelle in der anderen am Kochtopf und rührte die Suppe«, erzählt Frau Sörös.

Herr Sauerbier lacht. Frau Sörös fährt fort: »»Ich gebe Ihnen

5000 Mark bar auf die Hand‹, sachte er, ›5000 Mark, wenn Sie es schaffen, in zwei Monaten‹ – oder Wochen, ich weiß nicht mehr genau –, ›mit dem Rauchen aufzuhören.‹ Ja, und da hat sie überlegt, dass es ihr die 5000 wert sei. Und dann hat sie aufgehört.«

»Hat sie es durchgehalten?« Herr Sauerbier zündet seinen Tabak erneut an.

»Ja, wer weiß. Ich glaube, sie hätte nicht gewagt, wieder anzufangen«, erwidert Frau Sörös.

»Das denke ich auch.«

»Gibt es noch ein Ereignis oder eine Begebenheit, an die Sie sich erinnern können?« Ich klicke mit dem Kugelschreiber und muss mich anhalten, damit aufzuhören. Herr Sauerbier denkt kurz nach. Er wird mir immer sympathischer. Ich mag ihn, nicht nur, weil er Pfeife raucht.

»Er ist lange selber Auto gefahren«, sagt er dann. Frau Sörös nickt. Herr Sauerbier fährt fort: »Einmal hatte er einen Termin für ein Interview mit einer Journalistin auf dem Fährhof vereinbart. Er fuhr immer die schönsten Autos. Und die teuersten …«

»Ach, wer weiß, ob er nicht auch ein guter Ingenieur geworden wäre. Er mochte all diese technischen Dinge, Traktoren, Maschinen …«, ergänzt Frau Sörös.

»Eines Tages sind wir nachmittags in einem Affenzahn über die Autobahn zum Fährhof rausgefahren. Dort hat er erst einmal der Journalistin sein Gestüt gezeigt. Er war sehr stolz darauf. Es war so groß, dass wir mit dem Auto mitten über die Wiesen gefahren sind, bis es nicht mehr weiterging. Statt aber umzudrehen, legte er den Rückwärtsgang ein und fuhr die ganze Strecke über die Koppel rückwärts zurück, er dachte gar nicht ans Bremsen. Im Rückspiegel bemerkte ich, dass er mein entsetztes Gesicht sah. Amüsiert sagte er daraufhin: ›Ja, Herr Sauerbier rückwärts fahren muss man können.‹«

Wir lachen alle drei.

»Und«, Herr Sauerbier lehnt sich etwas nach vorne, »am Ende des Interviews ging er zum Kofferraum, nahm ein Päckchen Kaffee heraus und gab es der Journalistin mit den Worten: ›Das hat Herr Sauerbier vergessen‹, und er freute sich dabei so an dieser kleinen Geste der Höflichkeit.«

»Oh ja, er war immer freundlich.«

»›Das hat Herr Sauerbier vergessen ...‹« Herr Sauerbier wiederholt murmelnd die Worte des Chefs und bläst den Rauch an die Decke.

Während sich meine Nase an den Geruch des Bratfetts gewöhnt hat und ich mittlerweile Herrn Müntefering aus dem Augenwinkel auf dem Bildschirm gestikulieren sehe, unterhalten wir uns noch über Espresso.

Die Deutsche Kaffeekultur, so das Ergebnis unserer Unterhaltung, ist in nichts zu vergleichen mit der italienischen Espressokultur. Die Mischungen der deutschen Filterkaffees bestanden und bestehen noch immer zu größeren Teilen aus der Arabica-Bohne, während einige der italienischen Espressi überwiegend mit Robusta gemischt sind. Selbst die Franzosen kaufen seit Kolonialzeiten Robusta zum Mischen. Man hat es mit Espresso bei Jacobs und anderen Herstellern versucht. Doch an einen solchen, wie ihn die Italiener trinken, ist man nicht herangekommen. Er überzeugte nicht. Wie kam der Espresso eigentlich nach Deutschland? Nach dem Zweiten Weltkrieg hatten die Deutschen das Glück, mit den so genannten italienischen Gastarbeitern auch in den Genuss ihrer Küche zu kommen: Sie brachten neben Mozzarella, Pasta, Balsamico und Olivenöl schließlich auch den Espresso in den kalten Norden. Plötzlich trank der Deutsche – aus Sehnsucht nach dem warmen Süden? – Espresso nach dem Essen.

Aber die Veränderungen verliefen auch in umgekehrter Richtung. Jacobs hatte auf Anfrage von Deutschen, die sich in Italien niedergelassen hatten, aber nicht den italienischen Kaffee trinken wollten oder konnten, einen kleinen Markt für seine geschätzten Kunden geöffnet.

Und wie sah es mit Österreich aus?

In Wien eröffnete die erste Kaffeeschenke 1683. Die Wiener kamen aber vermutlich schon zwanzig Jahre vorher in den Genuss gebrühten Kaffees.

Es begab sich nämlich im Jahr 1665, dass sich für mehrere Monate ein osmanischer Gesandter in der Stadt aufhielt. Zur Besiegelung eines Friedensvertrages wurde eine Großbotschaft errichtet mit türkischem Hofstaat und orientalischem Prunk. Dreihundert Leute waren im Gefolge von Kara Mehmed Pascha, Kamele, Pferde und natürlich eine Menge Kaffee. Scharenweise pilgerten die Wiener zu den Feuerstellen um den Türkentrank zu verkosten. Nach der Abreise der Gesandtschaft im Jahr 1666 dürfte schon so mancher in Privatkreisen Kaffee getrunken haben. Es wurde fortan Probekaffeeküchen auf den Märkten installiert, Gebrauchsanweisungen verteilt und Aufklärungszettel ausgehändigt.

Seither wurde in Österreich nach überliefertem türkischen Rezept der Kaffee über dem Feuer gekocht, wobei all die Bitter- und Gerbstoffe enthalten blieben und der Kaffee folglich furchtbar schmeckte. Für Jacobs war das die beste Voraussetzung, auch dort Kunden für sich zu gewinnen.

»Und ihr Großvater war ein Vereinsmensch.« Die zweite Hälfte des Wurstbrötchens hat Herr Sauerbier noch immer nicht gegessen, dafür aber eine weitere Tasse Kaffee bestellt.

»Ach, ich kann sie gar nicht alle aufzählen, die Beiträge, die immer an Vereine und diverse Einrichtungen geleistet werden mussten«, fügt Frau Sörös hinzu. »Da war die Niedersachsen-Meute, der Bremer Ruderclub, der Kegelclub Rote Vögel – ich weiß nicht, wie lang er dort aktives Mitglied war, aber den Beitrag hat er immer überwiesen.«

»Der Seniorenclub und der Club der 25-Jährigen«, weiß Herr Sauerbier zu ergänzen. »Der wurde dann aber aufgelöst. Zu viel Aufwand und zu viele Mitglieder.«

Ich möchte mehr über diesen Club der 25-Jährigen wissen.

»Jacobs lud einmal im Jahr alle Mitarbeiter, die seit 25 Jahren in der Firma tätig waren, aus ganz Deutschland zu einem Fest ein. An die vierhundert Leute feierten dann die ganze Nacht hindurch. So viel zur Mitgliederversammlung, einen Spaß hatten die«, erzählt Herr Sauerbier.

Irgendwann – wir hatten uns an die drei Stunden unterhalten – kann ich nicht mehr sitzen. Ich bitte meine Gesprächspartner um Verständnis. Mein Kopf ist so voll mit Walther, was ich natürlich nicht sage. Seinen Charakter, seine Eigenarten, wie er ging, wie er saß, wie er lachte – wenn er lachte – und wie er ernst war, ich wusste es und wusste es doch nicht, weil es immer nur eine Vorstellung bleiben würde. Ich beginne einzusehen, dass ich diesen Mann nie wirklich kennen lernen, ihm nie die Hand geben und auch nicht im Affenzahn mit ihm über die Autobahn rasen werde. »Schade«, denke ich, und doch, um nicht melancholisch zu werden, arbeite ich entschlossen weiter.

2

1954 erreichten 140 im Außendienst angestellte Vertreter von Jacobs fast jede Region der Bundesrepublik, 90 davon unterhielten eigene Auslieferungslager. Allein 32 so genannte Propagandistinnen kümmerten sich um das Marketing des Kaffees aus Bremen. Die goldenen Pakete gelangten selbst ins tiefste Bayern und auf die ostfriesischen Inseln. Große Kunden wurden wöchentlich beliefert.

1957 konnte die Firma in der näheren Umgebung Bremens keinen Saal finden, um mit achthundert Leuten die jährliche Vertreterkonferenz abzuhalten. Fortan zog man die Außendienstler zu Regionalkonferenzen zusammen und wuchs weiter.

Zum damaligen Erfolg von Jacobs trug sicherlich größtenteils der Frischedienst bei. Heute kaum zu glauben, war es damals aber noch nicht möglich, Kaffee vakuum zu verpacken und ihn sowie das Aroma damit lange haltbar zu machen. Die Bohnen mussten also möglichst röstfrisch an den Kunden gebracht werden und das war nur mithilfe der »Jacobs-Hummel«, wie die Berliner den Bulli von Volkswagen nannten, und den achthundert reisenden Vertretern möglich.

»Tausend Wagen! Ja, tausend Jacobs-Wagen sind täglich unterwegs; und einer davon bringt auch Ihrem Kaufmann regelmäßig ganz röstfrischen Jacobs Kaffee.« So lautete der Text in einem heiteren Werbespot Ende der fünfziger Jahre, in dem die schwarzgelb lackierten Hummeln von Xylophon-Musik begleitet über Land sausten und die deutschen Städte mit Kaffee belieferten. Jacobs war in diesen Jahren nach der Bundespost zweitgrößter Kunde von VW.

Die tausend Wagen waren aber nicht nur Grund zur Freude, sondern auch Anlass zu der eigens diesem Thema gewidmeten Rubrik »Mit dem Auto auf du und du« in der 1957 wieder belebten Firmenzeitschrift *Der Kontakt*. Hier fanden sich für jeden Reisenden nicht nur brauchbare Tipps wie »Sie wissen bestimmt, dass es verboten ist, die Geschwindigkeit plötzlich zu steigern, wenn das eigene Fahrzeug von einem anderen überholt wird« oder »… dass man beim Montieren des Ersatzreifens die Muttern nicht der Reihe nach, sondern grundsätzlich über Kreuz festschraubt«, sondern auch neueste Strafregelungen wie »Fünf Schnäpse können den Führerschein kosten! Das ist kein Witz, sondern eine nüchterne Tatsache. Wer denkt bei großem Durst schon daran, dass 7 Glas Bier (je 5/20 Liter) schon zu dieser berüchtigten Grenze führen? Bei Bockbier geht es noch wesentlich schneller« oder »Tür verschließen! Ein Kraftfahrer ist grundsätzlich verpflichtet, nicht nur den Zündschlüssel zu entfernen, sondern auch die Türen zu verschließen, wenn er sein Fahrzeug unbeaufsichtigt abstellt. Tut er es nicht, so verletzt er ein Schutzgesetz und macht sich einer ›unerlaubten Handlung‹ schuldig, die ihn zu Schadensersatz verpflichtet. Das Oberlandesgericht vertritt die Auffassung: Nach dem derzeitigen Stand der technischen Ausrüstung sind Vorrichtungen zum Verschließen der Türen eines Kraftfahrzeuges allgemein üblich … Es ist kein mit Türen versehener Fahrzeugtyp bekannt, der heute noch ohne Abschließvorrichtung hergestellt wird. Folglich stellt das Türschloss eine Vorrichtung dar, die üblicherweise zur Verhinderung unbefugter Benutzung bestimmt und daher beim Verlassen des Fahrzeuges zu betätigen ist.«

Mit über achthundert mehr oder weniger begabten Autofahrern im Dienste des Hauses blieb die Situation auf den Straßen nur schwer kontrollierbar: »Wir kommen nicht daran vorbei, zwei Beispiele von Verkehrsunfällen aus der letzten Zeit zu bringen«, schreibt der *Kontakt* im Jahre 1957. Das darunter abgedruckte Bild spricht für sich: Aus der Fahrertür, die oben aus den Scharnieren gerissen ist, konnte der Reisende wohl gerade noch entkommen. Zum Glück, denn unmittelbar hinter der Rückenlehne des Fahrersitzes senkt sich der Mittelteil des Kleinbusses u-förmig auf die Landstraße, sodass nur noch das »Wunderbar« des Jacobs-Slogan zu lesen ist. Der propere Bulli liegt, in der Mitte von einem länglichen Gegenstand geknautscht, wie eine halb geöffnete Ziehharmonika danieder. Front und Heck biegen sich nach oben.

Das Auto spielte also, genau wie schon Mitte der dreißiger Jahre, eine wichtige Rolle. Gut, dass manches, selbst in Zeiten rasenden Fortschritts, beim Alten blieb.

Am 21. Februar 1958 trat Johann Jacobs seine letzte Reise an. »Mein lieber Onkel, Lehrmeister und Teilhaber entschlief nach einem langen Leben der Arbeit und des Erfolges«, schrieb Walther in der Traueranzeige. »Seine Güte, Schlichtheit und soziale Gesinnung verpflichten uns, in seinem Sinne weiterzuarbeiten – zur Ehre seines Namens – hier in der Heimat und draußen in Übersee.« Johann hatte über sechzig Jahre ein Imperium aufgebaut und geführt, das zum Zeitpunkt seines Todes nicht mehr wegzudenken war auf dem deutschen Kaffeemarkt.

Die Welt des Kaffees hatte sich verändert und mit ihr auch der Konsument. Fern von den Leiden und Nöten des Krieges war das Kaffeetrinken zum Genuss geworden – man gönnte sich was. Während Kaffee zu Zeiten der Geschäftsgründung, Ende des 19. Jahrhunderts, noch Inbegriff von wahrem Luxus und von Eleganz war, sollte er nun für einen schicken Lebensstil stehen. Für die Hersteller wurde es wichtiger denn je, sich mithilfe der Werbung dem Kunden als Marke einzuprägen, schließlich begann in den sechziger Jahren auch der Kampf um Supermarktregale; ein neues Territorium für neue Medien, neue Linien, neuen Kaffee, der trotz allem der alte bleiben musste.

Für Johann hatte nach jahrzehntelanger Arbeit die Hegezeit begonnen, er fungierte nun als Betrachter, als guter Geist. Walther sollte jetzt in der zweiten Generation die Chance bekommen, aus einer Gewohnheit eine Mode zu machen.

Am 5. Oktober 1962 schrieb die Berliner Tageszeitung *Der Tagesspiegel*: »Unweit der Sektorengrenze in der Prinzenstraße

32–33, im Bezirk Kreuzberg, wird heute um 16.00 Uhr der Neubau der Kaffee-Großrösterei der Firma Joh. Jacobs & Co., Bremen, gerichtet. Dort entsteht ein fünfgeschossiges Gebäude, das die verschiedenen Abteilungen der Kaffeerösterei aufnehmen soll. Die vorgesehene technische Anlage wird es ermöglichen, die weitgehend automatische Fertigung von Steuerpulten aus zu überwachen. So werden zum Beispiel auch die Rohkaffeebohnen automatisch sortiert. An reinen Baukosten investiert die Firma für das Objekt etwa zwei Millionen DM.«

1962 wurden 3500 Tonnen Rohkaffee verarbeitet. Die regelmäßige Versorgung des Berliner Marktes war endlich gesichert, nachdem es immer wieder Lieferschwierigkeiten durch Schikanen der DDR auf den Transitstrecken gegeben hatte.

Bremen wurde immer unbedeutender für die Firma. Es ging nicht mehr um die Belieferung der Randgebiete der Hansestadt, es ging längst nicht mehr um die beiden Ladengeschäfte, die für die Laufkundschaft gut zu erreichen waren. Es ging um sehr viel mehr.

3

Walther saß an seinem Schreibtisch. Von draußen hörte er das Hüsteln von Frau Ohmstedt. Er sah auf und murmelte vor sich hin: »Die arme Frau wird wohl nie gesund.«

Frau Ohmstedt litt, seit sie in der Firma die rechte Hand Walthers geworden war, an chronischem Husten, der allerdings nicht bakterieller Herkunft war, sondern schlicht ihrem nervösen Wesen und einem geringen Selbstwertgefühl entsprang. Dennoch verrichtete sie ihre Arbeit sehr verlässlich und kämpfte sich als allein erziehende Mutter eines Sohnes mit Schwächeanfällen, Bronchitis und gereizten Nerven tapfer durchs Leben.

Leicht nervös ordnete sie immer wieder ihre Locken und allzu oft hörte man die Schublade ihres Eichenholzsekretärs auf- und zugehen. Sie barg Beruhigungstabletten, Nasenspray, Taschentücher, Aspirin und andere Mittelchen, die Frau Ohmstedt für die Visiten bei Walther Jacobs, für längere Krisensitzungen oder gegen das Nachmittagstief wappnen sollten.

Frau Sörös erinnert sich im Gespräch mit mir an Walthers außerordentlichen Respekt, den er Frauen entgegenbrachte, die alleine im Leben standen, arbeiteten und etwas schafften. Er schätzte es, in der Firma von Menschen umgeben zu sein, die sich unter seinem wachsamen Blick bewähren mussten und augenscheinlich bewährt hatten.

Als Walther die Absätze seiner Sekretärin auf dem Parkett hörte und sie kurz darauf eintrat, blickte er über Akten- und Namenlisten, Storyboardentwürfe, Zuchtzeitschriften und Stammbaumzeichnungen hinweg zur Tür.

Seine Augenbrauen hoben sich erwartungsvoll über den schwarzen Rahmen seiner Brille.

»Es ist Herr Klitzing, Herr Jacobs.«

»Dann soll er sich nicht so lange gedulden müssen, bitten Sie ihn herein.«

Walther stand auf, um seinen Freund, der auch schon in der Tür erschien, zu begrüßen:

»Tach, Rainer! Du kommst gerade richtig zur Mittagspause.«

»Oh, was für ein Glück!«

Frau Ohmstedt schloss die Tür hinter sich.

»Warst du gerade in der Gegend oder was führt dich zu mir?«, wollte Walther von seinem Freund wissen. Die Herren kannten sich seit längerem aus der Handelskammer und saßen bei den Konzerten in der »Glocke« nebeneinander.

»Auf meinem Spaziergang die Weser entlang dachte ich, schau ich doch mal bei dir vorbei.«

»Du weißt, du bist immer herzlich willkommen.«

Walther bot seinem Freund den Ledersessel an. »Nimm Platz.«

Rainer ließ sich mit einem Seufzer in den Sessel sinken, rückte seine Krawatte zurecht, strich mit Daumen und Zeigefinger über die tiefen Falten, die von den Nasenflügeln bis zum Kinn verliefen, und legte schließlich seine Hände über dem dunklen Jackett ineinander. Seine eiserne Miene und die herabgezogenen Mundwinkel hätten den Eindruck erwecken können, sie seien die Spuren jahrelanger schlechter Laune oder gar Verbitterung, was aber nicht zutraf, Rainer war einfach nur Hanseat. Die wenigen Haare, die ihm noch verblieben waren, lagen glatt am Schädel über ungewöhnlich steilen Augenbrauen.

Walther machte sich an dem antiken Schrank zu schaffen, in dem diverse Flaschen aufgereiht waren und daneben sechs Gläser.

»Cognac?«, fragte er.

»Immer, gerne.«

»Was macht deine Frau?«, fragte Walther, nachdem er die Gläser gefüllt hatte.

»Walther, Herta ist nicht meine Frau. Gieß ruhig noch ein bisschen mehr ein.« Rainer winkte mit der Hand ab, als sei jetzt alles egal, selbst die Menge Cognac vor dem Mittagessen.

»Ich verstehe das nicht, ihr seid nun dreißig Jahre befreundet. Es kann doch nicht so schwer sein. Warum heiratest du nicht endlich?«

»Deinetwegen. Worüber sollten wir uns sonst unterhalten?«, scherzte Rainer und nahm dankend das Glas entgegen. »Was macht die Flotte?«

»Die Berliner nennen sie jetzt Hummeln«, erwiderte Walther und setzte sich.

»Hummel, richtig. Schwarzgelb.«

»Der Kaisen hat bei der Schaffermahlzeit schon wieder keinen Frack getragen«, änderte Walther das Thema.

»Die Schaffermahlzeit will ich erleben, wo der sich noch dazu hinreißen lässt, in Garderobe zu erscheinen. Prost.«

Die Herren hoben ihre Gläser und genossen den edlen Tropfen, als hätten sie alle Zeit und Muße der Welt.

Frau Ohmstedt hörte hin und wieder herzliches Lachen aus dem Büro des Chefs.

Die Männer unterhielten sich über Walthers Vorhaben, ein Gestüt zu erwerben oder zumindest erst einmal das Land dazu.

»Was, den Sumpf?«, staunte Rainer, als Walther ihm das Stück Land zwischen Sottrum und Hellwege auf dem Weg nach Hamburg benannte, für das er sich interessierte. »Walther, die brechen sich die Beine.«

»Wunderbar ist die Natur und voll Liebe zur Kreatur«, zitierte Walther Epiktet. »Pferde sind keine Menschen, Rainer, die müssen auf der Koppel auch mal was abkriegen können, mal durch den Matsch und durchs Moor rennen.«

»Ja, ich meine nur die ungewöhnliche Lage.«

»Das Land müsste trocken gelegt werden, Wirtschaftsgebäude sind schon geplant, in Newmarket stehen Auktionen an.« Walther sah zum Fenster hinaus ins Grüne und sagte: »Es gibt viel zu tun.«

»Ich dachte bisher, du wolltest Hannoveraner züchten.«

»Die Rendite ist unbefriedigend«, erwiderte Walther.

»Hm.« Rainer spitzte die Lippen und nickte stumm. Mehr brauchte er gar nicht zu wissen »Und jetzt? Kaufst du dir Rennpferde?«, fragte er.

»Englisches Vollblut. Edel, hart, ausdauernd und elegant.«

»Wie ich höre, hast du das alles schon beschlossen. Ich sehe schon die Schlagzeilen vor mir«, Rainer zeichnete mit der linken Hand eine unsichtbare Linie in die Luft, »Walther Jacobs: Groß durch Kaffee und Pferde«, nein besser noch: »Walther Jacobs: Sein Herz gehört den Pferden«. Rainer lachte. Der Cognac schwappte die Glaswand hoch, als er sich mit einer Hand auf den Schenkel schlug.

»Jetzt red keinen Quatsch.«

»Du, so wird es kommen, sie werden dir die Hände küssen.«

»Kennst du einen Händler für Traktoren?«, versuchte Walther das Gespräch wieder ernster werden zu lassen.

»Da muss ich mich umhören. Ich denke, der Udo kennt sich besser aus.« Udo war Lilienthaler.

Walther dachte kurz nach und beendete dann das Thema, indem er ein Blatt Papier von seinem Schreibtisch nahm und Rainer reichte. »Stell dir vor«, sagte er »mittlerweile kaufen 58 Prozent der Stadtbevölkerung im Supermarkt ein und 16 Prozent der Landbevölkerung. Das sind die Ergebnisse einer Verbraucherbefragung.«

»Was wird bloß aus unserem Einzelhandel?«, seufzte Rainer.

»Ist es nicht erstaunlich, wie schnell das geht?«

»Du kannst also nicht mehr jeden Harry bestechen. Die Zeiten sind vorbei«, sagte Rainer. »So, hier der Fünfziger, und dass Sie mir schön den von Jacobs verkaufen.‹«

»Wer hat dir das erzählt?«, fragte Walther.

»Meine Frau.«

Beide sahen sich an und begannen zu lachen.

Rainer Klitzing blieb zum Mittagessen. Frau Bohlmann hatte »Gans norddeutsch« gekocht, gefüllt mit Apfelwürfeln, Rosinen und Schwarzbrotbrösel. »Die Soße is mit Kornschnaps abgeschmeckt.«, erklärte sie beim Servieren.

»Danke, Frau Bohlmann, köstlich.« Walther schaute über den gedeckten Tisch wie ein König. »Was täten wir ohne Sie?«

»Verhungern«, antwortete Rainer anstelle der dicken Köchin.

»Sauce?«, fragte sie.

»Aber natürlich«, antwortete Walther

»Wohl bekomm's!«, wünschte Frau Bohlmann und die Männer ließen es sich schmecken.

4

Das Gespräch während des gemeinsamen Mittagessens nahm eine Wendung. Sie begannen über die zukünftigen Entwicklungen des Marktes zu sprechen:

»Jetzt müssen wir noch lernen, ›Fernsehsystem‹ und ›öffentlich-rechtlich‹ auszusprechen.« Rainer hob seine rechte Augenbraue.

»Wenn du erst einmal gelernt hast, ›Ehestand‹ auszusprechen, bin ich zu allem bereit«, sagte Walther trocken.

»Die wirkliche Jagd nach Kunden hat gerade erst begonnen, Walther, die Jagd nach Frauen ist so alt wie die Menschheit und ich werde das Horn zum Auftakt wohl noch auf meinem Totenbett hören.«

»So wird das nie was mit dir.«

Die Männer aßen.

»Da musst du rein.« Rainer ließ nicht locker.

»Und womit?«

»Mit Kaffee und Niveau.«

»Kaffee mit Niveau«, wiederholte Walther.

»Hier«, Rainer deutete auf die reich gedeckte Tafel, die Mittagsgedecke, die Gans, die Sauciere, »nach einem festlichen Mal eine Tasse Jacobs Kaffee. Wer liebt sie nicht, die Harmonie?« Er sah Walther erwartungsvoll an. Und es schien so, als machte der sich ernsthafte Gedanken über den nächsten Slogan seiner Fernsehwerbung.

»Du heuerst ein paar hübsche Damen an, einen netten Herrn, und schon hast du deine Harmonie. Du weißt gar nicht, wie viele Menschen sich danach sehnen, du kannst es ihnen zumindest vermitteln«, flüsterte Rainer beschwörend.

»Ich werde das in der Einkaufsabteilung mal zur Sprache bringen.« In Gedanken war Walther schon zehn Schritte weiter, und Rainer wusste das.

»Du wirst sehen, die Zeit kommt, da brauchst du eine eigene Werbeabteilung. Bewegte Bilder, Walther, das ist die Zukunft. Es gibt plötzlich ein Vorher und ein Nachher, nicht mehr nur den Moment. Das musst du nutzen.«

Walther aß Sauce – eine Vorliebe, die er mit seinen Kindern teilte – und sah Rainer dabei nachdenklich an.

»3,3 Millionen Haushalte besitzen bereits einen Fernseher. Du kommst einfach nicht mehr drum herum.« Rainer genoss die Gans und feierte seine Idee von Kaffee und Harmonie.

1957 noch berichtete die Firma stolz von den Verträgen mit allen Rundfunkanstalten, die Werbefunk sendeten, und von deren sagenhafter Reichweite über das gesamte Bundesgebiet und Westberlin. Dass *Der Kontakt* den Plakatanschlag und die Straßenbahnwerbung gerade zu den wirksamen Mitteln moderner Wirtschaftswerbung erklärte sollte nach nur knapp fünf Jahren Geschichte sein.

1961 wurde im Hause Jacobs tatsächlich eine eigene Werbeabteilung geschaffen, die im ersten Jahr ein Budget von etwa 230 000 Mark investierte. Nur wenige Jahre später würde einmal täglich im deutschen Fernsehen für den »Kaffee mit Niveau« geworben werden.

Mittagessen waren Gold wert.

Jacobs Kaffee wurde fortan in der glücklichen und harmonischen Familie getrunken. Es gab weiterhin die fleißige Hausfrau und den begeisterten Ehemann.

Bleiben wir noch etwas bei der Werbung. Ende der fünfziger Jahre standen die Bemühungen, mit bewegtem Bild und mit Ton die Gunst des deutschen Kaffeetrinkers zu gewinnen, gerade an ihrem Anfang. Diese wenigen Minuten, in denen eine Idylle den Spitzenkaffee bewerben sollte, waren für mich zwei, drei Minuten, in denen ich meinen Großvater in einer Weise kennen lernen sollte, wie keine Beschreibung, kein Porträt, keine Vita es vermocht hätten. Die konstruierten Momentaufnahmen in unzähligen Zeitschriften und Zeitungen, die Werbefilme im Fernsehen mit dem Weihnachtsmann, dem Osterhasen, der Hausfrau, dem Junggesellen oder der Familie entsprachen so ganz den Vorstellungen und den inneren Welten Walthers.

Einer von vielen Filmen sei hier skizziert.

Aus einer Blümchenkanne wird dampfender Kaffee von Vogelgezwitscher begleitet in eine Blümchentasse gegossen. Eine sanfte Männerstimme sagt aus dem Off: »Das ist Kaffee mit Niveau …« Klassische Geigenmusik erklingt, einige Scheiben Weihnachtsstollen rücken ins Bild, wovon eine gerade auf einem silbernen Tortenheber aus dem Bild herausgehoben wird. Und wieder taucht eine Tasse Kaffee auf. »… wie er wirklich sein soll«, vollendet die Männerstimme den begonnenen Satz, und die dampfende Tasse wird abgestellt.

Das Profil einer jungen Frau Anfang dreißig mit schulterlangem, sorgfältig geföntem Haar erscheint im Bild, sie befeuchtet sich ihre Lippen und schaut verzückt in den Kaffeedampf, dessen Duft man zu riechen meint. Plötzlich hebt sie den Kopf zu dem offenbar neben ihr stehenden Mann, dessen Begeisterung sich dem Zuschauer schon mitgeteilt hatte. Sie zeigt ihr schönstes, glückseligstes Lächeln. Und wieder ist die sanfte Männerstimme zu hören: »Zu ihrer Freude …« Die junge Frau nimmt mit der einen Hand die Untertasse, führt mit der anderen die Tasse zum Mund, atmet genüsslich den Kaffeeduft und den Dampf ein, spitzt ihre Lippen – die klassische Musik wird wieder lauter – »und zum genießen«.

Endlich: Sie trinkt. Nach dem ersten Schluck nickt sie zufrieden. Die Kamera verabschiedet sich von der blumenumrankten Kaffeetafel, das Vogelgezwitscher verstummt.

»Das ist er!« Eine 500-Gramm-Packung Jacobs Kaffee wird von einer Männerhand ins Bild geschoben. Das zarte Antlitz der Frau ist wieder Mittelpunkt des Bildes. »Jacobs Kaffee …«, haucht sie, schaut versonnen empor und lächelt ein Mona-Lisa-Lächeln. Die klassische Musik verstummt und sie spricht das allumfassende Wort: »wunderbar«.

Das also war Walthers Sicht von »Kaffee mit Niveau«: Blümchengeschirr, klassische Geigen und viel, viel Kuchen. In anderen der unzähligen Schwarzweißfilme, die im Verlauf der sechziger Jahre ausgestrahlt wurden, war es die bodenständige Hausfrau, die ihren Ehemann mit Kaffee beglückte, die kleinen Jungen, die mit Fliege und Schlips vor dem Weihnachtsbaum kauerten und selbstvergessen mit der Eisenbahn spielten; es waren die Töchter mit Schleifchen und Rüschen, die bei Mutti auf dem Schoß saßen und sich brav füttern ließen, und es war auch der fleißige Junggeselle, dessen Zeit zu knapp war, sich Kaffee zu kochen, und der stattdessen »Mocca Press« aufgoss.

Die Werbefilme waren für Walther gleichsam Projektionsfläche für seine Lebensideale und seine Vorstellungen von Harmonie. Er beherrschte ihre Inszenierung vollkommen.

Walther selbst übte sich in Harmonie, indem er mit seinen zwei Jüngsten, die noch zu Hause lebten, und mit Lore an die Nordsee fuhr.

Er liebte die See.

Mein Vater muss damals etwa zehn Jahre alt gewesen sein, seine Schwester Petra vier Jahre älter. Hier am Strand auf Juist mussten sie keine Gedichte aufsagen, konnte selbst Jens tun, wonach ihm der Sinn stand, ohne sich vorher die Haare kämmen zu müssen oder den Janker überzuziehen. Auch für Lore mussten die Wochen am Meer erholsam gewesen sein, zumindest macht sie in den Filmen, braun gebrannt und lachend, einen zufriedenen und gelösten Eindruck. Die Bilder zeigen aber auch, wie schwer sich Walther damit tat, seinen Kindern ein geduldiger, großherziger und liebender Vater zu sein. Selbst beim Spielen, in Badehose und vom Wind zerzaust, ermahnt er seinen Sohn, der sich lachend immer wieder den Ball vors Gesicht hält, sich »richtig« hinzustellen und in die Kamera zu schauen; schließlich schlägt er ihm sogar den Ball aus den Händen, und siehe da, Jens steht »richtig«, lacht und kichert aber noch immer, während er sich mit der Hand die wilden blonden Haare aus der Stirn streicht. Was immer Walther tat, er tat es »richtig«. Er übertrug die Führungsrolle, die er in der Firma zu spielen hatte, auf die als Familienoberhaupt. Besonders im Zusammensein mit seinen Kindern wurde dieses Missverständnis offensichtlich, konnte die Gleichung nicht aufgehen.

Wie nahm Walther die Pubertät seiner Kinder wahr? Was hat Walther über die Freunde seiner Töchter gesagt? Hat er jemals einen Aufsatz gelobt oder das gute Ergebnis einer Klausur? Ich kann mir nicht vorstellen, dass er mit meinem Vater Spielzeug einkaufte, so wie mein Vater mich später in den Reitladen mitnahm.

Walther, du hättest dich über deine Enkeltochter gewundert, die so gern ein Junge gewesen wäre, die es liebte, mit dem Skateboard zu fahren, auf der Straße zu raufen, mit den Jungs Fußball zu spielen, und die sich im Alter von 13 bis 16 Jahren weigerte, zu lachen, weil es schlichtweg uncool war.

All die Fragen stellen sich nicht, weil Walther nun ganz und gar in Anspruch genommen war von der wunderbaren Erfindung der Vakuumverpackung und vom Duell mit Tchibo im Kampf um die Marktführerschaft. Jacobs blieb weiterhin auf Erfolgskurs. Auf der goldenen Verpackung wurde nun kein Kaffeesack mehr gestemmt, sondern eine zierliche Krone glänzte darauf, was dem Einzug des Wirtschaftswunders schon eher entsprach.

5

Frau Sörös ließ sich gerade bei dem Herrenausstatter Stiesing beraten. Die Verkäuferin – eine korpulente, aber elegant gekleidete und angenehm duftende Norddeutsche mit kurzen braunen Haaren – riet ihr mit guten Argumenten zu der bunteren der beiden Krawatten: »Das ist doch das einzig Farbige, was der Herr tragen kann.«

Frau Sörös suchte nach einer Krawatte, die sie nach Österreich schicken wollte. Vor zwei Tagen hatte sie von der Lohnerhöhung erfahren und von ihrem bevorstehenden Erholungsurlaub in Cluvenhagen – die Freude musste sie teilen.

Die Verkäuferin musterte die schlichte blaue Krawatte kritisch und sagte dann: »Das kann er tragen, wenn er sechzig ist. Doch für einen jungen Mann ...« Ein Grauen wäre es ihr, so gestand sie, einen Mittdreißiger damit zu sehen.

Frau Sörös trat vor einen Spiegel und hielt sich mal die eine, mal die andere Krawatte vor die weiße Bluse.

»Überlegen Sie mal«, beharrte die Verkäuferin, »den ganzen Tach laufen die Männer im dunklen Anzuch und weißem Hemd rum, da können sie doch mal Farbe tragen, das hat doch was Heiteres. Hier, wie wäre es mit dieser?« Und die Dame griff nach der feuerroten mit goldgelbem Muster.

Nachdem sich Frau Sörös für eine der Krawatten – die modische Variante – entschieden hatte, bat sie die junge Dame an der Kasse, sie beiseite zu legen, weil sie noch weitere Besorgungen zu machen hätte.

»Ich lasse Ihnen meine Karte da«, sagte sie und reichte sie der Kassiererin.

Als die junge Frau einen kurzen Blick darauf geworfen hatte, wurde sie verlegen und erwiderte rasch:

»Aber Frau Sörös, wir können die Krawatte doch auch in die Firma schicken und legen eine Rechnung bei. Das brauchen Sie nicht jetzt zu bezahlen.«

Diese Reaktionen in den Geschäften der Altstadt von Bremen waren nicht selten. Bremen war dank Jacobs mit 40 Prozent des gesamten Kaffee-Umsatzes weit vor Hamburg die Hochburg des deutschen Kaffees. Die Bremer zollten daher dem Unternehmer Walther Jacobs und seinen Mitarbeitern großen Respekt.

Wäre es nach Walther gegangen, dann hätte die Firma über Generationen bestanden, wäre immer vom Ältesten an den Ältesten übergegangen, so wie er es vom Land her kannte, wo der Hof auf diese Weise von den Kindern und Kindeskindern weitergeführt wurde. Doch sein Lebenswerk sollte keinen Bestand haben, die Zeiten würden sich ändern.

Ich erfahre, dass Walther ein ausgesprochen sozial denkender Unternehmer war, der 3000 Mitarbeiter umsichtig führte. Im Hause Jacobs konnte jeder Angestellte den Betriebsarzt aufsuchen oder der Betriebssportgemeinschaft beitreten. Walther erfand das Weihnachtspäckchen und nicht zu vergessen das Weihnachtsgeld, das unter großer Aufregung jedes Jahr am 23. Dezember in einem persönlichen Umschlag ausgehändigt wurde. Walther schuf Alters-, Invaliden- und Witwenrenten, die eine Ergänzung zu der üblichen Rentenversicherung darstellten. Er war der Hirte, seine Mitarbeiter die Herde. Ohne Schafe kein Hirte, ohne Mitarbeiter kein Jacobs Kaffee. Dieses Prinzip verstand Walther sehr früh. Da ihm ein krankes, müdes Schaf nur zähes Fleisch einbrachte und er seinen Ruf riskierte, setzte er sich für die Gesundheit, die Motivation und die Kraft seiner Mitarbeiter ein. Er ließ es gar nicht erst zu, in Schwierigkeiten zu geraten, er ging ihnen konsequent aus dem Weg, bewies aber Mut und Stärke, wenn es darum ging, schwierige Situationen zu meistern, wie zum Beispiel einem Frost in Brasilien zu begegnen. Streitereien oder Auseinandersetzungen entzog er sich. Er konnte nicht streiten, er konnte nie laut werden oder sich aufregen.

»Dann schloss er hinter sich die Tür und war weg«, erzählt Frau Sörös, denn sie war es, die Unannehmlichkeiten aus dem Weg zu räumen hatte. »Wenn es darum ging, Druck auszuüben, hatte er seine Leute.«

Er selbst blieb stets der verbindliche und freundliche Herr.

10. TEIL

ABSCHIED UND
WAS BLEIBT

I

Ann schaltete in den dritten Gang. Vom Markt aus fuhr sie fünfzig Minuten über Sandwege mit Schlaglöchern und Bodenwellen zu ihrem Haus am Stadtrand. Sie hatte Obst und Gemüse eingekauft, das in Papier gewickelt neben ihr auf dem Beifahrersitz lag. Als sie in den Rückspiegel sah, um links abzubiegen, bemerkte sie zu ihrem großen Erstaunen, dass das Huhn, das sie noch vor wenigen Minuten von einem zahnlosen Bauern gekauft hatte, auf der Rückbank wieder zum Leben erwachte. Sie hatte ihm rasch das Geld in die Hand gedrückt, nachdem sie zusehen musste, wie er das Tier grobschlächtig, als sei es bereits tot, in eine Tüte gewickelt auf die Waage geknallt und schließlich in einen Sack gesteckt hatte. Nun konnte Ann beobachten, wie der Hühnerschnabel langsam aber sicher die Tüte von innen zerriss. Ihr graute bei dem Gedanken, mit einem flatternden Huhn im Auto weiterfahren zu müssen. Sie sah sich bereits hinter einer zersplitterten Windschutzscheibe und mit zertrümmerter Kühlerhaube, während das Huhn mit dem Kopf wiegend in der Böschung verschwand. Nein! Jetzt guckte schon der Kopf mit den blassen Augen heraus. Sie sah über die Schulter. Ann verlangsamte den kleinen Citroën, dann mussten sie eben heute auf Hühnerfleisch verzichten und es gab nur Wurzelgemüse und Reis. Das Tier ein zweites Mal töten? Gott bewahre! Nicht mit den eigenen bloßen Händen. Sie stieg aus dem Wagen, packte die Tüte mit dem verstörten Huhn und ließ es laufen.

»Nun lauf!«, rief sie noch, lachte und sah zu, wie das Tier glucksend seines Weges stakste.

»Nichts«, lautet Anns rasche Antwort auf meine Frage, was es damals in Managua gab.

Es gab nichts, außer den zehn asphaltierten Straßen des Stadtzentrums, den Fleisch- und Gemüsemarkt, die tropische Hitze. Jeden Morgen fuhr Ann mit dem Citroën an den zerrissenen Fassaden mit den rostroten Schriftzügen entlang, um ihre Einkäufe zu erledigen. Ihr Rückweg führte an Armenvierteln vorbei, bis sie wieder ins Grüne gelangte, wo ihr Häuschen mit Garten lag. Jeden Morgen wurden die Tiere an Stricken und Halftern von ihren Besitzern, die auch ihre Schlächter sein würden, zum Markt geführt. Gegen 12 Uhr lag über dem Stadtzentrum ein Dunst aus getrocknetem Blut, heißen Abfällen, Früchten und Schweiß, der das Nahen der Mittagsstunde ankündete und die Indios in ihre Häuser und Hütten zurücktrieb.

»Man konnte nichts kühlen oder aufbewahren, also hat man die Tiere morgens frisch geschlachtet und das Fleisch sofort verkauft«, erzählt Ann. Wenn meine Großmutter heute auf dem Bremer Markt am Dom eine grüne, unreife Ananas kauft und sie dann nachreifen lässt, bis der richtige Zeitpunkt gekommen ist, sie aufzuschneiden, dann weiß ich, es ist eine der wenigen lebendig gebliebenen Erfahrungen aus Managua.

Damit ihre Schwester ihr erstes Kind nicht auf dem Küchentisch gebären musste, setzte Eva von Teresopolis aus alle Hebel in Bewegung, um Ann einen Flug nach New York zu besorgen und ihr einen Aufenthalt im Hospital zu ermöglichen.

1953 kehrte Ann mit ihrer Tochter Petra nach Nicaragua zurück, um von dort eine Reise nach Portugal, Frankreich, Deutschland und Holland anzutreten. Sie musste Abstand gewinnen von den Ereignissen der letzten Monate. Das Kind ließ sie in der Obhut von Ia, ihrer Bediensteten, die zugleich für Anns Schwiegermutter nähte, kochte und wusch. In Portugal besuchte Ann Omi und Tante Daisy, der sie sich stärker als je zuvor verbunden fühlte. Erst im September 1954 kehrte Ann mit dem Schiff nach Amerika zurück. Sie bezog in New York eine Wohnung und arbeitete als Groundhostess bei der KLM. Ein Jahr später, 1955, sah sie ihre Tochter in Managua wieder, und ein neues Kapitel in ihrem Leben begann.

Eines der letzten Bilder, die ich von Fred habe, muss 1954, ein Jahr vor seinem Tod aufgenommen worden sein. Ann ist zu Besuch. Es ist Hochsommer, sie trägt ein Kleid mit dünnen Trägern, die Büsche im Hintergrund wirken trocken.

Fred ist plötzlich alt geworden. Er hatte gelebt, gelitten, erlebt, durchlebt, gefeiert und getrauert und nun folgte er den Zeichen der Endlichkeit.

Ich begehe immer noch den Fehler, von meinem Großvater statt von meinem Urgroßvater zu sprechen, wenn ich Fred Milton meine, weil er mir so nahe ist, weil er mein Gefährte geworden ist. Aus Egoismus wünschte ich mir, er hätte diese grausame Welt nie verlassen. Doch wenn ich das Foto genauer betrachte, dann bin ich froh, dass er sterben durfte. Ganz rechts neben Else und Ann wirkt er fast wie ein Heiliger. Ich kann trotz der Unschärfe der vergilbten Schwarzweißaufnahme seine gegerbte Haut erkennen, das weiße Haar und die dunklen Augen. Er hat wirklich etwas von einem Perser, er erinnert mich an einen alten Gelehrten aus den Geschichten aus *Tausendundeiner Nacht*. Sein Körper ist hager geworden, das Jackett ist ihm viel zu groß geworden. Ich meine fast sehen zu können, dass sein Blut langsamer in den Adern fließt, dass das Lächeln auf seinem Gesicht und sein Blick Abschied verheißen. Fred hält Anns Kind im Arm – Sinnbild des ewigen Kreislaufs von Leben und Tod, wie es deutlicher sich nicht darstellen ließe. Ich kann es kaum fassen, das Leid, das er erdulden musste, all die Demütigung in der Fremde, die vergeblichen Anstrengungen, Fuß zu fassen, die tiefe Furchen auf seiner Stirn gezogen haben. So hätte ich ihn nicht gehen lassen wollen. Ich hätte mir gewünscht, ihn mit der Stadt bekannt zu machen, in der ich lebe, mit ihm bei einem Glas Rotwein über die schönen Dinge im Leben zu sprechen. Ich hätte gerne mit ihm gelacht. Doch ich bin zu spät.

Fred war in den Monaten vor seinem Tod fast taub. Er litt an Schlafstörungen und sein Herz hielt selbst kleinsten Anstrengungen nicht mehr stand. Jeden Tag, jede Nacht peinigten ihn die Erinnerungen und sicher auch die Tatsache, nichts mehr zu besitzen, nichts mehr zu sein, außer Jude.

Meine Urgroßmutter war die Courage an seiner Seite. Fred besaß Geist, Intellekt und Würde, doch stark war er nie. Er starb einen Monat bevor Eva zum zweiten Mal heiratete und sechs Jahre bevor Ann meinen Großvater kennen lernen und heiraten würde.

Else musste fortan nicht mehr rufen, wenn sie mit ihm sprechen wollte, sie brauchte nicht mehr alles zweimal zu sagen. Doch wie sehr der Verlust an ihr zehrte, sollten die nächsten Jahre zeigen. Ihr Leben geriet aus den Fugen.

Es war der Abend des 1. Januar 1955. Die Temperaturen in den Straßenschluchten sanken nachts auf minus 20 Grad. Die Wolken hingen tief und schwer über den aneinander gereihten Flachdächern. Else wartete darauf, dass es schneite, was unsinnig war, weil es dafür viel zu kalt war. Sie schaute hin und wieder aus dem Fenster und bildete sich ein, vereinzelte Flocken oder Tropfen zu erkennen. Nachdem sie ihre Hände gewaschen hatte, trocknete sie sie etwas zu lange in Gedanken versunken am Handtuch ab. Die kleinen Nadelstiche in der Haut brannten etwas, nur die Hornhaut an der Kuppe ihres Daumens ließ sie die tiefen Risse nicht mehr spüren.

Draußen rauschte der Verkehr. Eva hatte zum neuen Jahr aus Brasilien geschrieben. Die goldene Karte lag in der Küche auf der Arbeitsfläche neben der Spüle.

Else arbeitete gerade an einem ärmellosen Kleid, dessen beide Teile sie über den Sessel im Wohnzimmer gelegt hatte. Der grüne Seidenkrepp schimmerte im Schein der Lampe wie Meerwasser, das blaue Satinband, das sie noch auf Kniehöhe annähen wollte, lag zur Schleife gebunden über der Lehne. Fred war noch nicht zu Hause. Er war mit Ann zum traditionellen Neujahrsbesuch zu Tante Toni ins Croydon Hotel nach Manhattan gefahren.

Der Wecker zeigte elf Uhr.

Else war mit einer Freundin im Theater gewesen, weil sie Tonis Gegenwart nicht mehr ertragen konnte. Sie ging ihr aus dem Weg, weil sie wusste, dass sie mit ihrer Meinung nicht an sich halten konnte, wenn sie ihr begegnete. So etwas Einfältiges, dachte Else, sieht man sonst nur im Zoo. Da ging sie lieber an den Broadway, als sich den Beginn eines neuen Jahres durch das affektierte Lachen und die theatralische Gestik von Freds Tante verderben zu lassen. Else schauderte allein beim Gedanken daran. Sie griff nach dem Stoff und begann, die beiden Teile zusammenzunähen.

Fred ging mit Ann die Treppen hinauf. Er hielt noch immer den Mantel am Kragen fest geschlossen und schob den Schal höher unters Kinn. Seine Nase tropfte. Er setzte erst vor der Wohnungstür die Mütze ab und nahm ein Taschentuch zur Hand.

»Ob Mrs. Slater gut ins neue Jahr gerutscht ist?«, fragte er seine Tochter

Ann zuckte mit den Schultern.

Sie traten ein. Fred legte den Mantel ab und schloss die mit Eisen verkleidete Tür hinter sich. Jede Tür im gesamten Wohnblock war auf diese Weise gesichert – das war Vorschrift. Zweimal drehte er den Schlüssel im Schloss herum. Else rief aus dem Wohnzimmer nach Fred. Keine Antwort. Sie rief noch einmal.

»Diese Kälte«, antwortete Fritz endlich.

»Ja, Schatz, das ist Januar.« Elses Nadeln klickten, ihre Hände bewegten sich mechanisch.

»Das ist New York«, ergänzte Fritz. Ann trat ein.

»Oh Ann! Und, wie war es?« Else hörte kurz auf zu häkeln, und Ann konnte sich denken, dass ihre Mutter jetzt genau wissen wollte, wer alles bei Toni gewesen war. »Ich kann mir nicht vorstellen, dass Toni alleine gerutscht ist? Wer kam denn alles zum Neujahrsempfang?« Else fing wieder an, Maschen aufzunehmen.

»Der eigentliche Empfang war schon gestern«, antwortete Ann. »Heute waren aber immer noch genug Leute da, Hanns Eisler zum Beispiel und Oskar Maria Graf.«

»Eva hat geschrieben?« Fred trat wieder ins Zimmer und hielt Evas Neujahrskarte in der Hand. »Dort scheint jetzt bestimmt die Sonne. Wie geht es wohl dem Jungen?«

»Was für ein kleiner Teufel, wer hätte das gedacht«, sagte Else.

Fred lächelte müde und sagte zu seiner Tochter: »Du solltest ins Bett gehen, Ann, morgen ist doch für dich ein Arbeitstag. Sieh zu, dass du nach Hause kommst.«

Ann wohnte seit einem Jahr in einer eigenen Wohnung.

»Wenn ich dich so höre«, erwiderte Ann, »bist eher du der Kandidat fürs Bett.«

Fred hatte sie nicht gleich verstanden und zögerte etwas mit der Antwort:

»Ja«, sagte er schließlich, »du hast Recht.«

»In zwei Tagen hast du Geburtstag!«

»Oh, stimmt, in zwei Tagen hat Papi Geburtstag«, wiederholte Ann Elses Worte, Freds Schultern dabei umfassend.

»Ach ihr Lieben. Ist denn schon wieder ein Jahr vergangen?«

»Nun sei nicht so. Alt und weise sollst du werden«, sagte Ann.

»Alt bin ich. Und heißt es nicht ›Gott hilft dem, der früh aufsteht‹ …?‹«

»Da bist du ja gut dran«, warf Else ein.

Fred nickte und führte seinen Satz zu Ende: »… weise werde ich in New York wohl kaum mehr werden.«

Seine Frau sah vom Sessel zu beiden hinüber. Sie schwiegen alle einen Moment lang.

»Nun gut.« Ann nahm ihre Tasche. »Gute Nacht. Ich komme morgen wie verabredet zur Ente, Mami.« Sie verabschiedete ihren Vater und nahm die Hand ihrer Mutter und hielt sie einen Moment fest in der ihren. »Sieben Uhr p. m.« Die beiden sahen sich in die Augen, dann verließ Ann das Apartment und ließ ihre Eltern im Schein der Lampe und im Klang von Elses Hornnadeln zurück.

Fred setzte sich noch eine Viertelstunde zu Else, bevor er sich schlafen legen wollte. Er fühlte sich angestrengt und müde.

»Ich mache mich fertig fürs Bett«, verabschiedete er sich.

Es mussten etwa zehn Minuten vergangen sein, als aus dem Bad lautes Klirren zerschlagender Flakons und Gläser drang. Danach herrschte Stille.

Else sah zur geschlossenen Tür hin, in der sie im nächsten Moment ihren Mann erwartete, der sich für den Krach entschuldigen und sie um einen Besen bitten würde.

Doch er kam nicht.

»Fritz? Fritz!«

3

Oktober 2004. Es ist Sonntag, Columbus Day in New York. Die Stadt erwacht langsam. Auf der Suche nach einem Frühstückscafé begegnen mir nur Touristen und Jogger auf dem breiten Bürgersteig der Fifth Avenue. Der Himmel ist wolkenlos und die Morgensonne wärmt mit ihren ersten Strahlen.

Nach fünf Minuten Fußmarsch betrete ich Ecke 57. Straße einen klimatisierten, typisch amerikanischen Coffeeshop. Auch hier ist noch nicht viel los, ich bestelle meinen Latte mit Triple Shot und bezahle.

Gerne hätte ich einige Minuten verweilt, um in der Zeitung zu blättern – in New York undenkbar. Nur wenige Minuten später verlasse ich den Laden und spaziere Richtung Lexington Avenue zur U-Bahn.

Von dem Kaffeebecher verabschiede ich mich an der 60., drei Blocks weiter steige ich die Stufen hinab zu Linie F nach Queens.

Ein Höllenlärm erfüllt den U-Bahnhof bei der Einfahrt des Zuges, die Räder auf den Gleisen kommen nur ungern zum Stehen, ihr Protestruf ist ein ohrenbetäubendes Quietschen. Die Türen öffnen sich, ich steige ein, die Türen schließen sich, und plötzlich ist Ruhe. Zwei Inderinnen im Sari teilen sich eine Orange, es duftet nach dem klebrigen, öligen Saft, der aus den Poren der Schale austritt. Die beiden steigen fünf Stationen später aus. Auf dem Weg nach Van Wyck bin ich einer von etwa zehn Fahrgästen im ganzen Wagen, am Columbus-Day-Morgen, kurz vor zehn Uhr. Die dunklen U-Bahn-Schächte, haben etwas Unheimliches. Mein Blick geht mal zum Fenster hinaus ins Schwarze, dann wieder ruht er auf meinen Händen oder wandert die verschiedenen Werbeplakate über den Sitzbänken entlang. Plötzlich entdecke ich auf dem Fußboden unter einer Bank ein Buch, »Death Dreams. Unwilling Misteries of the unconcious Mind«. Ich kann mich nicht entschließen, es aufzuheben.

Eine gute halbe Stunde später stehe ich im warmen Licht des Herbsttages vor dem Tor des Maple Grove Cemetry. Ich betrete den Friedhof und augenblicklich breitet sich eine herrliche Stille rings um mich herum aus. Ein Chevrolet Van schleicht auf einem der Friedhofswege dahin. Kein Hupen, keine brausenden Motoren, ich kann mein Trommelfell surren hören, so still ist es.

Ich weiß nicht, wo das Grab Fred Miltons liegt. Auf dem Lageplan der Sektion B, den ich bei mir habe, reihen sich zahllose Quadrate aneinander, von denen eines das Grab meines Urgroßvaters sein muss. Alles, woran meine Mutter sich erinnern konnte, war, dass es an einem Weg liegt, unter einem Baum. Ich gehe behutsam zwischen den im Boden eingelassenen Grabplatten hindurch. Mit Spannung lese ich Namen für Namen, ohne dabei auf Fred Milton oder Fritz Moritz Jessurun zu stoßen. Ich gehe einmal bis zum Ende des Weges und genauso langsam wieder zurück. Enttäuschung steigt in mir auf. Was ist, wenn ich es nicht finde? Den Gedanken schiebe ich beiseite, ich werde so lange suchen, bis ich es finde.

Und plötzlich liegt sie vor mir, die Platte von Fred M. Jessurun. Mit einem Schlag löst sich meine Anspannung. Und im nächsten Moment bereue ich, keine Blumen dabei zu haben – seltsam, dass ich nicht dran gedacht habe. Mit leeren Händen stehe ich am Grab meines Urgroßvaters und starre auf die mit Serifen versehenen Buchstaben. Es ist nicht so, wie ich es mir vorgestellt habe. Mein Blick ist auf die Platte gerichtet. Da liegst du also, Fritz Moritz alias Fred Milton, denke ich, ganz alleine, im Schatten eines hohen Baumes in Queens, New York, auf dem Maple Grove Cemetry.

Ich lese seinen Namen immer wieder. Eine Ameise sucht sich ihren Weg zwischen dem F und dem R und krabbelt Richtung Geburtsdatum: January 3, 1893. Dann verlässt sie die Platte und verschwindet unter dem herabgefallenen Laub. Ich streiche mit der Hand die trockenen Zweige, Blätter und Hülsen von der

Eisenplatte. Nur sein Name und die Geburts- und Todesdaten sind eingraviert, keinerlei Schmuck findet sich, kein Davidstern, kein Hinweis darauf, dass Fritz verheiratet war oder dass er jahrelang aktives Mitglied der Portugiesisch-jüdischen Gemeinde in Hamburg gewesen ist, genau wie all seine Vorfahren auch. Ist es Traurigkeit oder Mitgefühl, was mich überkommt?

»Fritz, weißt du, dass deine Frau in Brasilien ruht und dass deine Töchter in Bremen und Arizona leben? Ist das nicht seltsam, all die Jahre, in denen du gekämpft hast, gedemütigt aus deiner Heimat vertrieben wurdest, da existierte ich noch nicht einmal als Idee. Und all die Jahre, in denen ich gelitten und mit Krankheit und Wahnsinn gerungen habe, in denen ich das Leben neu erlernen musste wie eine Fremdsprache, lagst du hier friedlich im Schatten des Baumes, bei Tag und bei Nacht, bei Sonne und bei Regen.«

Fritz schweigt. Eine Weile stehe ich noch in Gedanken versunken an seinem Grab.

Auf dem Weg nähert sich ein Van, rollt dicht an mir vorbei, sodass ich hinter den getönten Scheiben schemenhaft die Umrisse von einzelnen Köpfen sehen kann, und entfernt sich wieder langsam. Mir ist schwer ums Herz.

Doch mein Besuch in Queens gilt nicht allein dem Grab von Fred Milton. Mein nächstes Ziel ist die 113. Straße, 77–14 in Forrest Hills. Ich setze meinen Weg fort mit der Gewissheit, auf dem Rückweg zur U-Bahn noch mal am Friedhof vorbeizukommen, um mich von meinem Urgroßvater zu verabschieden. Vorbei an der P.S. 99 Annex, Public School, von der Ann mit herausragenden Noten abgegangen ist, spaziere ich in der warmen Vormittagssonne den Leffers Boulevard hinunter bis zur 113. Straße. Ich streife durch eine angenehm ruhige Wohngegend und bin in Gedanken bei Fritz, der seinen Blick so gerne aus dem Fenster des Wohnzimmers hatte schweifen lassen. Eine Stunde später sitze ich im Village Diner und esse eingeklemmt zwischen Tisch und unbequemen Bänken zu Mittag. Das Restaurant ist in ein gealtertes Rosa getaucht und für Halloween aufwändig dekoriert. Von der Straße zieht Dieselgeruch herein und aus Deckenlautsprechern dringt Radiowerbung oder verzweifelter Soft-Pop.

Ich kaufe bei einem Puertoricaner nebenan Blumen. Für 10 Dollar bekomme ich einen hübschen Strauß. Der Abschied naht, sowohl von der ruhigen, geradezu dörflichen Atmosphäre des Leffers Boulevards wie auch von dem Grab Fred Miltons.

Der Wind weht die Blätter durch die Luft, ich lausche und versuche zu verstehen, was sie flüstern. Die niedrig stehende Sonne des Indian Summer taucht den Friedhof in ein warmes Licht. Ich selbst stehe noch einmal am Grab meines Urgroßvaters vor der vergrabenen Asche eines edlen Sepharden. Ich lege meine Blumen auf der Platte ab. Mein Herz pocht und brennt unter meinem Brustbein. Ich würde vermutlich heute noch dort stehen, gäbe es keinen Tag, keine Nacht, keine Stunden, keine Minuten. Es gäbe so viel zu sagen, doch niemand würde meine vom Wind verzerrten Worte hören, es bliebe ein erbärmlicher Versuch, sich für irgendetwas entschuldigen zu wollen. Ich bleibe stumm. Die Grabstätten um mich herum sind reich geschmückt mit Blumen und Luftballons, Windrädern und Fahnen. Eine Familie nimmt Abschied von ihrem »beloved«, bis einer nach dem anderen in einem auf dem Weg geparkten Chevrolet verschwunden ist.

Mir fällt es schwer zu gehen, vielleicht weil ich nicht weiß, wann ich wiederkomme, vielleicht weil das Grab mit meinen Blumen darauf so hübsch aussieht.

Als ich in der U-Bahn nach Manhattan zurückfahre, sehe ich seine Augen vor mir, sein schönes, sanftes Gesicht, seinen gebrochenen Blick. Viel zu schnell finde ich mich wieder inmitten all der Menschen, all der Autos, ich finde mich wieder auf der immerwährenden Suche nach mir selbst.

4

Elses Stimme überschlug sich hysterisch am Telefon. Ann brachte kein Wort heraus, weil sie befürchtete, ihre Mutter würde an ihrem Weinkrampf ersticken. Immer wieder schilderte Else das Unbegreifliche. Ann traute sich nicht, den Hörer aufzulegen, um die Polizei zu rufen – aus Angst, ihre Mutter könnte sich etwas antun.

Zwei Stunden später standen drei Polizisten in der winzigen Wohnung. Zwei Stunden und 47 Minuten später trugen sie den Leichnam auf einer Trage hinaus.

Die Türöffnung zum Badezimmer erinnerte an einen zum Schrei geöffneten Mund, der sich nicht mehr schließen konnte. Die Feuerwehrleute hatten die Tür herausschweißen müssen.

»Mrs., hier im Bad? Wir müssen mit dem Schweißbrenner ran. Treten Sie ein paar Schritte zurück und gucken Sie nicht in die Flamme.«

Ein metallischer Geruch lag noch immer in der Luft. Else riss ein Fenster auf, doch um lange genug zu lüften war es zu kalt. Sie ging in die Küche, vorbei an der fehlenden Tür. Sie ging wieder ins Wohnzimmer, vorbei an der fehlenden Tür. »Fritz?«

Manchmal glaubte sie, ihn aus dem Augenwinkel zu sehen. Dann drehte sie sich um und starrte an die Wand oder den leeren Flur entlang – nichts! Sobald sie die Augen schloss, sah sie ihn vor sich, also öffnete sie sie wieder, weil ihr der Anblick unerträglich war. Die Szenen der vergangenen Stunden hatten sich ihr eingebrannt, so als hätte man sie gezwungen, eine Rolle für ein Theaterstück zu lernen, in dem sie nicht mitspielen wollte.

»Fritz?« Sie wandte sich um – nichts!

Einen Whisky goss sie sich noch ein, dann musste sie endlich schlafen. Eine Stunde später lag sie noch immer wach, bald nicht mehr nur von den wiederkehrenden Bildern, sondern auch von Schmerzen geplagt. Die Leere breitete sich um sie herum aus. Else hörte plötzlich die Stille, sie spürte erstmals die Einsamkeit.

Am nächsten Morgen wusste sie nicht mehr zu sagen, ob sie geschlafen hatte, woraus sie schloss, dass sie geschlafen haben musste. Sie ging wie gewöhnlich zur Arbeit. Als Mrs. Wilson sie wieder nach Hause schicken wollte, bat Else darum, bleiben zu dürfen. Die Rückkehr in die eigene Wohnung war eine quälende Vorstellung. Folglich blieb sie bis zum Abend.

Als einziger treuer Begleiter folgte ihr in diesen Tagen der Schmerz, sie spürte ihn im Rücken, im Kopf, wenn sie ehrlich war, im ganzen Körper.

5

Herzinfarkt lautete die Diagnose, die der Arzt Ann mitteilte, als sie gekommen war, um die Identität des Toten zu bestätigen.

Ann musste an sich halten, nicht auf das blasse Fleisch zu starren, auf Lippen, Nase, Hände, die einst ihren Vater ausgemacht hatten und plötzlich nichts weiter waren als lebloses, totes Gewebe.

»Und?«, fragte der Arzt.

Ann wandte sich langsam ab, gefasst sah sie den Arzt an, vielmehr den weißen Kittel, der einige Meter von ihr entfernt vor ihren Augen verschwamm. Ihr Blick verlor sich.

»Ja«, antwortete sie geistesabwesend.

Der Arzt nickte. Er blieb noch zwei Sekunden schweigend neben ihr stehen und schlug dann das Leinen wieder über den Kopf des Leichnams.

»Was die Bestattung betrifft, müssten Sie sich oben mit der Sekretärin absprechen. Länger als vier Tage bahren wir Ihren Vater nicht auf.«

Ann war nicht der Typ, der in Tränen ausbrach, wenn er nicht mehr weiter wusste. Sie war nicht der Typ, der vor anderen Menschen preisgab, was gerade in ihr vorging. Ann war hart. Vieles trug sie bereits in sich, wovon niemand je erfahren sollte, und soeben schien etwas hinzugekommen zu sein.

Sie antwortete freundlich, dass sie sich an die Vorschriften halten würde. Gleichzeitig aber peinigten sie immer wieder dieselben Fragen: Wer würde die Beerdigung bezahlen? Was würde sie kosten? Wen sollte sie ansprechen? Toni? Elses Bruder Fred? Wie konnte es ihr gelingen, alles von ihrem eigenen Gehalt zu bezahlen?

Verzweiflung ist der Beginn des Weges zur höchsten Steigerung des seelischen Schmerzes, hin zur Grenze der inneren Not. Sie spricht dann, wenn man verdammt wurde zu schweigen, und sie schweigt, wenn man um Rat fleht.

Ann war verzweifelt.

Was in den kommenden Tagen passierte, ist für mich nur schwer nachzuvollziehen.

Es wäre unmöglich gewesen, mit Anns Gehalt von wenigen hundert Dollar die Beisetzung zu bezahlen. Ann sah sich gezwungen, zu Toni und zu Onkel Fred zu gehen. Sie würden nicht alles bezahlen müssen, nur einen Teil, um ihrem Vater eine würdige letzte Ehre zu erweisen, auf einem Fleck Wiese in Forrest Hills, 30 mal 20 Zentimeter.

Toni lehnte ab. Keinen einzigen Dollar gab sie der 22-Jährigen für das Begräbnis ihres Vaters. Ann ging zu Onkel Fritz. Der wies die Bitte wortlos von sich.

Ein Ferngespräch nach Nicaragua kostete 1955 viel Geld und viel Geduld. Doch in Managua wusste Ann ihren Schwiegervater Luedeking und sie wusste um den kleinen Nachlass ihres verstorbenen Mannes Klaus Luedeking. Am selben Tag noch wurde der Transfer per Telegramm in Auftrag gegeben.

»Die Beerdingung war seiner würdig«, sagt Ann, als ich ihr meine Fotos vom Besuch des Friedhofs in Queens zeige. Sie nimmt das Bild, das ich vom Grab ihres Vaters gemacht habe, in die Hand und streicht mit ihren Fingern so zärtlich über die Grabplatte, als sei es sein Handrücken. »Ja«, sagt sie nur und schweigt.

In diesem kurzen Moment glaube ich, Anns Gedanken lesen zu können. Ich würde so gerne die Erinnerung an Fritz mit ihr teilen. Wieder einmal ist mir ihr Leben plötzlich ein Rätsel, ist mir ihr Schicksal unheimlich, scheint mir alles, was Ann in diesen zwei Sekunden durchlebt, unendlich schmerzvoll. Den Augenblick werde ich nie vergessen.

Die Beerdigung fand drei Tage nach Fritz' Tod statt, es war ein kalter, grauer Januartag. Alle kamen sie: Toni, Onkel Fritz, Tante Margot, Tante Fritzi, natürlich Ann und Else und Freunde aus Hamburg, Portugal und New York.

Bevor die Zeremonie beginnen konnte, musste Ann in das Büro hinter dem »Raum der Stille«, um die 2000 Dollar für das Grab zu bezahlen.

Ann macht mir vor, wie Toni und Onkel Fritz während der Zeremonie geguckt haben: Sie schiebt das Kinn nach vorne und reckt den Hals. »So«, sagt sie mit ernster Stimme und ich kann's mir genau vorstellen. Sie haben geguckt, als hätten sie Recht daran getan, nur Statisten in Freds Leben gewesen zu sein, ohne wirklich Anteil genommen zu haben. Den Schwanz haben sie eingezogen. Ich wünsche ihnen, dass sie sich noch auf ihrem eigenen Sterbebett dafür schämen.

Schon zu Beginn meiner Arbeit an dem Buch ahnte ich, dass es mir schwer fallen würde, mich von Fritz zu trennen. Nun ist der Punkt gekommen. 49 Jahre mussten nach seinem Tod verstreichen, bis ich die ersten Bilder von ihm, meinem Urgroßvater, finden würde. Ich würde zum ersten Mal in meinem Leben mit Eva sprechen, sie in Arizona besuchen, und ihr leuchtender Blick würde die Geschichten, die sie über ihn erzählt, begleiten.
Nun ist seine Geschichte zu Ende, und was mir zu sagen bleibt, Fritz: Der Rest ist Schweigen.

6

1955 nahm Ann ihre Arbeit bei der KLM in Managua auf. Das Haus am Stadtrand war verkauft und Ann lebte wieder mit Doña Tula, ihrem Schwiegervater Werner, Ia und ihrer Tochter unter einem Dach. Sie bewohnten zusammen eine Wohnung an einer der gepflasterten Straßen. Viel hatte sich nicht verändert, die Tiere wurden noch immer jeden Tag auf den Marktplatz geführt.

»Guten Tag«, sagte Ann, als sie den Mann vor ihrem Schalter bemerkte. Schnell griff sie nach einem Bleistift, legte drei Formulare des letzten Gastes auf einen Stapel und sah dann auf.
Oh, dachte sie angenehm überrascht.
»Man hat mir gesagt«, begann der gut aussehende Fremde, »Sie würden Englisch sprechen. Mein Spanisch ist nämlich schlecht.«

Hinter der dunklen Sonnenbrille konnte Ann kaum seine Augen erkennen. Er hatte helle Haut, dunkelblondes, glattes Haar und trug einen tadellosen weißen Anzug. Die Reisetasche stellte er nun neben sich auf den Boden.

»Sehr gerne. Ihr Ticket bitte«, sagte Ann auf Englisch.

Erneut blickte sie auf in das schmale Gesicht des Mannes. Der Kunde reichte sein Ticket über den Schalter und fragte:

»Sie leben hier?« Die Gläser seiner Brille hellten sich unter der Neonbeleuchtung der Schalterhalle langsam auf.

Ob sie hier lebte? Verlegen schaute sie auf das Foto im Pass. Fritz Alexander Grobien, 1 Meter 93, Haarfarbe: Dunkelblond, Augenfarbe: Braun, Geburtsort: Bremen, Geburtsdatum 18. November 1928, Staatsangehörigkeit: Deutsch.

Sie legte den Pass zurück auf die Ablage und widmete sich dem Flugschein.

»Ja«, begann Ann auf seine Frage zu antworten, »hier zwischen Gepäckband und Stuhl lebt es sich sehr gut.«

»Sie sind lustig.«

»Nach Rio, Herr Grobien?«

»Sehr richtig.«

»Haben Sie Gepäck?«

»Nur Handgepäck, Frau ...?«

Ann lächelte überrascht, fuhr sich etwas verlegen durch die dicken Locken und richtete ihr Halstuch. Dann erst trug sie ein: Handgepäck.

»Jessurun. Frau Jessurun.« Ann griff nach dem schweren Stempel, platzierte ihn auf dem entsprechenden Feld und knallte Datum, Zeit und Schalternummer mit energischem Druck aufs Papier »Ihr Flug geht in 50 Minuten, Herr Grobien, am Ausgang A 3, Ihr Sitz ist ein Gangplatz, Reihe 4 B. Ich wünsche eine gute Reise mit der KLM.«

»Und ich wünsche einen guten Schlaf am Gepäckband. Wenn Sie wollen, würde ich Sie doch gerne zum Abendessen ausführen, wenn ich wieder in Managua bin, damit Sie hier einmal rauskommen. Es wäre mir eine Freude. Auf Wiedersehen, Frau Jessurun.« Er reichte ihr sehr langsam die Hand über den Schalter.

»Ich habe zu danken«, sagte Ann und erwiderte den kräftigen Händedruck. »Gute Reise«, konnte sie nur wiederholen.

»In sieben Tagen.« Fritz nahm seine Reisetasche und die Papiere und wandte sich vergnügt ab.

Ann schaute ihm unauffällig über den Schalter hinweg nach, es war keine Schwierigkeit, ihm lange mit den Augen zu folgen, überragte er doch all die Indios um zwei Köpfe. Schmunzelnd hatte sie bemerkt, dass seine Anzughosen gerade mal bis zu den Knöcheln reichten. Er musste hinsichtlich hiesiger Konfektionsgrößen wohl unter seiner Körpergröße leiden. Wie viel Zeit hatte es ihn wohl gekostet, etwas Passendes zu finden. Noch an der Rampe besann sich Fritz des Gesprächs und lange ging ihm die Hostess nicht aus dem Kopf. Dass sie nicht im Flughafen wohnte, war ihm klar, doch zu gerne hätte er gewusst, woher sie kam, aus Managua ganz bestimmt nicht.

Fritz Alexander Grobien war 27 Jahre alt und Sohn eines Bremer Baumwollhändlers. Zehn Jahre zuvor hatte er als junger Mann in Deutschland im Krieg gedient. Gerade war er dabei, den Beruf seines Vaters – Einkauf und Handel – zu erlernen.

Fritz traf Ann nach ihrer ersten Begegnung immer wieder am Beginn seiner zahlreichen Reisen nach Brasilien und Costa Rica auf dem Flughafen. Vom ersten Augenblick an musste er sich in die bildhübsche, intelligente, humorvolle und kluge Frau verliebt haben. Sie konnte lachen, Witze machen, sie hatte dieses pechschwarze Haar, und ihren gutmütigen Blick würde er nicht aus seinem Sinn verbannen können.

Sieben Tage später traf er wieder in Managua ein und lud die junge Dame zum Essen ein, wie er es versprochen hatte. Essengehen hieß in Managua soviel wie mitgebrachte Früchte, kalte Fleischspieße und Brot vom Markt auf einem kleinen Stück Rasen mitten in der Stadt gemeinsam zu genießen.

»Wo wohnen Sie denn, wenn Sie nicht auf dem Flughafen übernachten?«, fragte Fritz.

»Bei meinen Schwiegereltern in der Wohnung.«

»Oh, Sie sind verheiratet?« Er unterbrach für einen kurzen Moment das Schälen einer Orange.

»Mein Mann ist vor einem Jahr gestorben.« Ann wunderte sich, dass sie ihm die Wahrheit sagte. Sonst erklärte sie immer, sie habe sich von Klaus getrennt. »Haben Sie schon mal eine 22-jährige Witwe gesehen ...«

Fritz schüttelte betreten den Kopf.

»... die noch dazu Jüdin ist?« Sie hielt dem ernsten Blick von Fritz stand. »Schauen Sie mich genau an, denn in Deutschland werden Sie selten einer begegnen.«

Ann musste plötzlich lachen und Fritz ließ das Stück Schale, das er gerade von der Frucht gelöst hatte, ins Gras fallen, um gleich darauf ein nächstes abzuziehen. Der ernste Ausdruck auf seinem Gesicht verschwand.

»Ach, ich glaube ...« Fritz setzte neu an: »Sie sind Jüdin?«

»Nehmen Sie sich in Acht!« Anns Stimme wurde ganz tief.

Fritz winkte ab.

»Sie haben aber tatsächlich Recht, in Deutschland ...« Er wusste nicht, warum er das Folgende sagte: »... habe ich noch nie so bewusst eine Jüdin gesehen.«

»Eine Überlebende sozusagen«.

»Es tut mir Leid, mit Ihrem Mann.« Fritz legte ein weiteres Stück Schale ins Gras. Er wusste gar nicht recht, wie er mit der Orange weiter verfahren sollte. »Mögen Sie dieses Weiße, Bittere?«

»Geben Sie her, ich schäle sie zu Ende.« Ann nahm Fritz die Orange aus der Hand. Ihre Finger berührten sich flüchtig. »Und Sie? Waren Sie im Krieg?«

»Ja.«

»Wo kommen Sie her?«

»Aus Bremen. Meine Familie lebt in Leuchtenburg, das liegt etwas außerhalb.«

»Nie gehört, Leuchtenburg. Ich bin in Hamburg geboren.«

»Dachte ich es mir doch. Sie sind Deutsche.«

»Sagen Sie das nicht, ich glaube, ich bin keine Deutsche mehr.« Ann teilte die Frucht. »Hier!« Sie hielt Fritz das größere Stück hin. »Komisch«, sagte sie, »Orangen lassen sich nie in zwei gleich große Hälften teilen.«

Fritz lächelte. Er hatte ganz weiße Zähne.

»Möchten Sie damit sagen, Sie *waren* Deutsche?«

Ann nickte nur. Dann schob sie zwei der blutroten Stücke in den Mund. Ihre Augen weiteten sich vor Genuss, während sie kaute. »Köstlich!«

»Und Ihre Eltern, haben Sie Familie hier?«

»Mein Vater starb im Januar an Herzversagen. Meine Mutter lebt in New York, meine Schwester in Brasilien.«

»Haben Sie noch mehr Geheimnisse, außer dass Sie etwas von der Auswahl guter Früchte verstehen?«

»Meine Schwester sagt immer, ich hätte Geheimnisse. Aber das liegt nur an ihrer Neugier.«

Der Wind wehte den Staub von den Palmenwedeln. Die Hitze verzog sich nur sehr langsam. Das Flimmern in der trockenen Luft schwand von Stunde zu Stunde mehr. Die untergehende Sonne färbte den Horizont rot. Fritz' weißer Anzug leuchtete in der Dämmerung. Die Schatten der beiden fielen immer länger über das Gras, bis sie irgendwann ganz verschwunden waren.

»1944 haben sie mich mit sechzehn Jahren als Luftwaffenhelfer an die Front geschickt, an die Ostfront.« Er brach plötzlich ab, als würden ihn die Gedanken daran noch immer quälen. Dann sah er mit seinem verschmitzten und so charmanten Lächeln zu Ann auf und fuhr fort: »Ich wollte nicht länger in der Armee dienen und Mitmenschen für *mein* Land erschießen. Ich bin am Ende einfach weggelaufen.«

»Sie sind gelaufen?«

»Erst bin ich gerannt.« Fritz lachte laut auf. »Ja, und dann vier Wochen oder vier Monate oder vier Jahre lang – ich weiß es nicht mehr – gelaufen, bis nach Bremen.«

Ann schwieg lange. Hin und wieder sah sie in sein schmales Gesicht, betrachtete die dicken Brauen über den Augen. So dünn und lang, wie er war, wirkte er zerbrechlich. Als Soldat an der Front, im Kampf, konnte sie ihn sich nicht vorstellen.

»Sie sind doch aber bestimmt mit dem Schiff gefahren?«, fuhr Fritz fort.

»Richtig. Ich habe als Jüdin Hamburg Richtung Portugal verlassen und kam als Katholikin nach New York. Und jetzt lebe ich als Witwe in Managua. Sind Sie sich sicher, dass Sie sich weiter mit mir unterhalten wollen?«

»Ich bin mir ganz sicher.« Fritz wischte sich die Hände im Gras ab, rieb die Handflächen gegeneinander und prüfte kurz, ob sie sauber waren, bevor er Ann die rechte Hand entgegenstreckte. »Und weil ich weiß, dass ich mich noch oft und lange mit Ihnen unterhalten möchte, nennen Sie mich Fritz.«

Ann lachte und rieb sich die Hände im Schoß ab.

»Ich bin Ann.«

Beide schwiegen und genossen die tropische Abendstimmung. Ann war glücklich. In Gedanken überlegte sie, wann sie das letzte Mal so empfunden hatte. Fritz ließ gedankenverloren seinen Blick über die Häuser ringsum wandern, über die staubigen, vom Sonnenlicht vergilbten Markisen, und schaute dann wieder zu Ann. Sie hatte sich eine Zigarette angezündet. Fritz betrachtete ihren gebeugten Rücken, sie erschien ihm sehr erwachsen, ja fast zu alt für ihre 22 Jahre.

Ann legte den Kopf in den Nacken und setzte die Unterhaltung fort: »Das ist ja verrückt, dann warst du also in der Hitlerjugend?«

Fritz nickte wortlos.

»Und deine Eltern?«

»Meine Eltern sind in Deutschland.«

»Und waren sie schon immer in Deutschland?«, fragte Ann.

»Nicht ganz.« Fritz sprach nicht weiter.

»Wir müssen darüber nicht sprechen«, entschuldigte sich Ann für ihre Neugier, den Blick zu Boden gerichtet.

»Ach, man kann doch über die Familie sprechen!« Fritz schmunzelte. Sein weißes Polohemd leuchtete in der Dunkelheit. Die Hände über den Knien verschränkt erzählte er weiter: »Mein Großvater Carl Albrecht heiratete damals eine Mary Ladson aus Charleston. Seine Schwester, Marie Franziska Albrecht, ehelichte den Adolf André Grobien, der in Hongkong geboren war, aber in Hamburg lebte und aufwuchs. Aus beiden Ehen gingen Kinder hervor, darunter auch meine Eltern.«

Ann nickte und sagte: »Das würde ja heißen, dass deine Eltern sehr eng verwandt waren.«

»Sehr eng. Man könnte auch sagen, dass meine Eltern, Margaret Albrecht und Fritz Grobien, Cousine und Cousin sind. Geheiratet haben sie einander trotzdem und bekamen schließlich auch vier Kinder, mich, meine Schwester Maylein und meine Brüder Jan und André.«

Nach einem Augenblick, in dem beide über das Gesagte noch einmal nachdachten, sagte Ann schließlich: »Auf die Mischung kommt es an, das ist doch uralt, so alt wie die Menschheit.«

»Richtig, Hong-Kong-Chinese und Südstaatler, das ist wahrlich eine Mischung. Wie sind wir eigentlich darauf gekommen?«

Ann zuckte mit den Schultern.

»Wie das Leben eben so spielt«, sagte Fritz und rückte näher an Ann heran.

7

Fritz und Ann trafen sich von nun an häufig, und im September des Jahres 1955 war Ann ein zweites Mal schwanger, obwohl ihr Fritz gestanden hatte, wegen gesundheitlicher Kriegsschäden keine Kinder zeugen zu können. Sie waren noch nicht einmal verheiratet und kannten sich erst wenige Wochen. Fritz musste sich also etwas einfallen lassen, um Ann um ihr Jawort zu bitten.

Eines Morgens stürmte er die Wendeltreppe hoch und trat in Luedekings kleine Wohnung.

»Fritzebiene«, begrüßte ihn Gertrud überrascht, »so früh?«

»Hallo Trude.« Fritz küsste sie auf die Wange. »Wo ist Ann?«

»Mit Ia nebenan.« Sie rief nach dem Mädchen.

Ia trat sofort ein. Sie reichte Fritz gerade mal bis zur Brust und sprach, wenn sie überhaupt sprach, mit schüchterner, hoher Stimme.

»Oh Niña«, erinnerte sich Fritz plötzlich, »ich schulde Ihnen noch 5 Dollar für die Hosen.« Bevor er sie nach Ann fragte, kramte er aus seiner Hosentasche das Geld.

»Nein.« Ia schüttelte abwehrend den Kopf. Die dicken schwarzen Locken fielen ihr dabei ins Gesicht. Mit dem Wort »nein«

begannen und endeten Ias Deutschkenntnisse, weshalb sie es gleich noch mal mit Nachdruck wiederholte.

»Doch«, erwiderte Fritz und steckte ihr das Geld für die Verlängerung seiner Anzughosen zu.

Ann trat ins Wohnzimmer. »Fritz? Das ist aber eine Überraschung!«, sagte sie erfreut. Ihr Herz schlug bei seinem Anblick inmitten der kleinen Damen schneller. »Du arbeitest gar nicht?« Alle Augen waren auf ihn gerichtet.

Er sagte lachend: »Ich habe eine Überraschung! Ann, pack einen Hut ein. Und Ia, du nimmst die kleine Petra, wir fahren in die Berge.«

Der Citroën schaukelte 23 Kilometer die Serpentinen hoch nach Casa Colorado, einem kleinen Dorf im Hinterland Managuas, auf einem Berg in 1000 Meter Höhe gelegen. Hier waren Kaffeeplantagen angelegt, kleine Rinnsale und Flüsse durchzogen den Wald. Ein leiser Wind blies durch die Wälder, ringsum felsige Hügelketten, die in flache Landstriche übergingen. Das unablässige Röhren des Motors, das Ächzen der Federung und das Knirschen der Räder auf dem Kieselweg übertönten die leisen Stimmen im Innern des Autos. Keiner der vier sprach viel.

Auf Anns Frage, wohin sie eigentlich fahren würden, erhielt sie von Fritz statt einer Antwort ein verschmitztes Lächeln.

Nach einstündiger Fahrt schien es Ann, als hätte der Hügel keine Kuppe, wie all die umliegenden, endlos zogen sich die Serpentinen weiter und weiter hinauf.

Endlich lenkte Fritz den Wagen auf den Vorplatz des einzigen Hotels im Dorf. Er stieg aus. Ann folgte ihm zögernd, während Ia sitzen blieb.

»Nun komm«, bat Fritz Ann, als er bemerkte, dass sie noch immer die Tür des Wagens festhielt, ohne Anstalten zu machen, sie zu schließen. Sie ließ die Tür offen stehen und ging unsicher lächelnd um die heiße Kühlerhaube herum auf Fritz zu und nahm seine Hand.

Ia wippte die kleine Petra nervös im Sekundentakt auf ihren Knien. Sie sah aus dem Fenster zu beiden hin. Fritz führte Ann bis an den Felsvorsprung heran, wo sie Halt machten. Von hier aus hatten sie einen weiten Blick über die gesamte Stadt, hinaus aufs Meer bis zum Horizont.

Kein Lüftchen wehte mehr. Die Hitze flimmerte über dem feuchten, moosigen Wald. Es duftete nach Pinien und ihrem schmelzenden Harz. Im Citroën waren die Lockenköpfe von Petra und Ia zu sehen, am blauen, wolkenlosen Himmel zischten schreiende Vögel vorbei.

»Liebe Ann«, begann Fritz. »Ich habe nicht viel, was ich dir geben kann.« Er hielt einen Moment inne. »Wir beide gemeinsam aber haben mehr, viel mehr.« Er sah auf Anns Bauch. »Ich liebe dich und das Kind, ich liebe Petra und Ia.« Er sah zu Boden. Ann wagte nicht zu atmen. »Seit ich dir das erste Mal begegnet bin, will ich nicht mehr ohne dich sein. Möchtest du meine Frau werden?«

Der harzige, süßliche Duft erfüllte die Luft, es war vollkommen windstill, die Hitze schien unerträglich zu werden. Die Vögel kreisten.

Ann brachte kein Wort heraus. Tränen traten ihr in die Augen, und alles, was ihr in den Blick geriet, verschwamm.

Fritz strich ihr über die Wangen.

Ann senkte den Kopf und schaute zu Boden. Kurz darauf hob sie ihn wieder, schaute Fritz an und presste ein Ja hervor.

Im Wagen wippte Ia Petra noch immer auf ihren Knien, sie biss sich auf die Lippen, bis es schmerzte. Dann hielt sie inne und legte ihren Zeigefinger an den Mund, als sich Petra fragend nach ihr umschaute.

»Petra …«, flüsterte Ia mit scharfem T und rollendem R. Das Kind wartete aber vergeblich auf eine Erklärung.

Eine Weile noch blieb das Paar am Abhang stehen. Die Zeit schien in diesem Moment stillzustehen.

Am 22. Oktober 1955 heiratete Fritz Grobien Ann Jessurun in Casa Colorada, im Haus von Tante Else, der Schwester von Werner Luedeking. Es wurde zum Diner eingeladen, der große Tisch war für 14 Gäste gedeckt. Für die Nichten und Neffen fand die Tante keinen Platz, daher lud sie »die Kleinen« erst danach ein, was ihr sehr übel genommen wurde.

Ann aber sah bezaubernd und glücklich aus, eine schöne, entschlossene Braut, die beim Anschneiden der Torte breit lachte. Fritz trug natürlich Smoking und sah ebenfalls atemberaubend aus.

»Ia«, sagte er zu dem Kindermädchen, »was für ein Glück, dass ich gleich drei Frauen auf einmal geheiratet habe …«

Ia runzelte die Stirn. »Wen heiratete Herr Grobien denn noch alles?«, überlegte sie bei sich. War es in Europa üblich, dass ein Mann viele Frauen heiraten durfte? Arme Ann! Sie hielt drei Finger in die Luft: »Drei?«

»Ja natürlich! Ann, Petra und dich, Ia.« Fritz lachte, er wusste gar nicht, wie Recht er damit haben sollte.

Am 8. Mai 1956 kam Anns zweite Tochter, meine Mutter Margarit, zur Welt, das erste von drei gemeinsamen Kindern.

8

Die Vorfahren von Fritz Grobien lassen sich bis ins Jahr 1870 nach Hongkong zurückverfolgen, wo seine Urgroßmutter, die 24 Jahre junge Braut Malwine Helene, geborene Westerdarp, am 19. Dezember des Jahres in ihr Tagebuch schrieb: »Den Hochzeitstag von uns in Hongkong bei Herrn H. Melchers im Hause gefeiert, eine Hochzeitsreise nach Macao gemacht und am 24. Dezember nach Hongkong zurückgekehrt.«

Ihr Mann, Friedrich Adolf Grobien, machte damals zusammen mit einem Bremer Freund, besagtem Melchers, Geschäfte in Asien, die ihn für lange Jahre auf dem asiatischen Kontinent verpflichteten. Sechs Söhne kamen in Hongkong zur Welt, unter ihnen Fritz' Großvater Adolf André, von dem bereits die Rede war. Erst 1879 zog es die Familie zurück in die Heimat Malwine Helenes, nach Hamburg. Trotz der beschwerlichen Reise besuchten sie in den darauf folgenden Jahren monatelang Freunde in Singapur, Shanghai, Japan und Kioto, bis 1914 alle sechs Söhne in den Krieg eingezogen wurden. Alle überlebten.

Nach Kriegsende ging einer der Söhne, Adolf André, nach Monterrey in Mexiko, wo der Bruder Malwine Helenes, Onkel Oscar Reginald, lebte. Er lernte seine zukünftige Frau, Marie Franziska Albrecht, kennen, die er 1901 im Bremer Dom heiratete. Sie hatten zusammen drei Kinder, unter ihnen Fritz Alexander, der es dem Vater gleichtat und nach Mexiko ging. Getrieben von der Liebe zu seiner Cousine, Margaret Albrecht, kehrte er bald nach Bremen zurück, wo er sie schließlich heiratete. Aus dieser Ehe gingen vier Kinder hervor: ein zarter und immer etwas kränklicher Fritz Alexander, seine Brüder Johann Ludwig und André sowie die Schwester May.

Die Kindheit der beiden fiel in die Zeit des Zweiten Weltkriegs. Fritz wurde in die Hitlerjugend geschickt und mit sechzehn Jahren erst zur Luftwaffe und dann an die Front einberufen. Mit 17 Jahren kehrte der Junge nach langer Flucht von Russland aus über Polen und die Tschechoslowakei nach Deutschland zurück. Er kurierte über sieben lange Jahre in Krankenhäusern und Kurheimen eine schwere Tuberkulose und offene Beine aus. Eine Spur dieser Leidensjahre sollte nach Aussage der Ärzte lebenslängliche Zeugungsunfähigkeit sein. 1953 reiste er zu Beginn seiner Ausbildung über Ägypten nach Amerika und schließlich nach Nicaragua, wo er für den Einkauf von Baumwolle für die Firma Hohenberg verantwortlich war und wo, wie wir bereits wissen, sein Leben eine Wendung nahm, als er Ann begegnete.

9

Kehren wir aber noch einmal zu den Jessuruns nach New York zurück, in die Zeit nach dem Tod Fred Miltons. Dort nämlich ereigneten sich aufregende Dinge.

Man sagt den Juden einen wachen Humor nach, der, wie ich meine, vielen Menschen, ob Juden und Nichtjuden, in schweren Zeiten das Leben leichter gemacht hat. Ließe sich dieser Humor personifizieren, so würde ich sagen, er war vollkommen verkörpert in Mister Modley.

Modley war der Besitzer einer kleinen Firma, die metallene Kurzwarenartikel wie Schnallen und Häkchen für Büstenhalter herstellte. Der Mann machte Millionen.

Wo Else ihm zum ersten Mal begegnete, weiß ich nicht, unbestritten ist nur, dass sie immer noch eine starke und attraktive Frau von 58 Jahren war, die offenbar beschlossen hatte, in der Gegenwart zu leben, nachdem ihr Mann gestorben und die Töchter verheiratet waren und weit entfernt von ihr lebten. Spekulationen darüber, wer von beiden sich stärker darum bemühte, die Gunst des anderen zu erlangen, sind müßig. Else und Modley verband eine sehr enge Freundschaft. Sie besuchten zusammen Konzerte, gingen in die Oper, sie unternahmen Kreuzfahrten in die Karibik, kurz: Sie teilten die Begeisterung für die schönen Dinge im Leben. Modley bescherte Else nach langen entbehrungsreichen Jahren noch einmal Sorglosigkeit und gab ihr Halt. Er hatte ein großes Herz, mit dem er ihr die Angst vor Einsamkeit und Armut nahm. Auf die Frage von Eva, wie er es eigentlich mit Else aushalte, antwortete er: »Na, was soll ein Jid denn machen?« Modley war ein kleinerer, korpulenter Herr mit einem freundlichen Gesicht, das durch seine Halbglatze besonders rund wirkte. Er fuhr einen riesigen Cadillac, der von seiner bescheidenen Körpergröße ablenkte.

Auch Eva lernte ihn kennen und lieben. Bei ihren regelmäßigen Besuchen in New York speiste sie mit Modley zwischen ihren Golfturnieren und Cocktailpartys zu Mittag oder sie wurde von ihrer Mutter wieder einmal mit einer Ente, einem Auflauf oder einem Truthahn zu Thanksgiving bekocht.

Else würde Fritz ihr Leben lang nicht vergessen. Sie bereute weder ihre Auswanderung nach Amerika, noch klagte sie über die Zeit, in der ihr Mann auf ihre Hilfe angewiesen war. Sie erinnerte sich an die guten Zeiten, und umso mehr genoss sie nun die Jahre an der Seite von Modley, an der Seite eines treuen, guten Freundes.

10

Am 2. Mai 1960 feierte Omi Jessurun in Portugal ihren neunzigsten Geburtstag. Else packte für ein langes Wochenende ihre Koffer und machte sich auf den Weg, der Schwiegermutter zu gratulieren.

Ein großes Fest für eine große Dame, die mit neunzig Jahren immer noch so lachen konnte wie einst auf dem Hochzeitsfoto im Arm ihres Gatten. Dass sie ihren Sohn überlebte, machte seinen frühen Tod umso trauriger. Else reiste also nach Lissabon in die Rua Fronsera, in der sich in all den Jahren nichts geändert hatte, abgesehen davon, dass Daisys Haar ergraut war. Helene trug noch immer würdevoll ihre Perlenkette, den Ring und in sich eine stolze jüdische Seele.

Aus der ganzen Umgebung von Lissabon und Estoril kamen alle, die den Jessuruns lieb und teuer waren. Die Wohnung füllte sich mit Blumengestecken, Tellern, Vasen, Pralinen, und inmitten des Trubels und all der duftenden Sträuße ließ Omi sich feiern und machte dabei eine bewundernswerte Figur.

Ich finde zwei Fotos vom 2. Mai 1960 und ein Gedicht.

Das eine Foto zeigt Tante Daisy vor einer riesigen und reich gedeckten Tafel. Ich entdecke darauf zwei große Kuchen, einer davon sogar mit neunzig Kerzen und einer Lebenskerze. Gebratene Fleischbällchen sind auf zwei Silbertellern gestapelt, Schnitten, Pasteten, süße und salzige Häppchen auf runden Kristallplatten hübsch arrangiert. Auf einem Buffet stehen eine Bowle und etwa zwanzig Gläser – eine große Gesellschaft also.

Zwei der Geladenen waren Anne und Richard Davidson. Bis auf ein Gedicht, das die beiden meiner Ururgroßmutter zum Geburtstag geschrieben hatten, hinterließen sie weder in Evas Gedächtnis noch in irgendwelchen Unterlagen andere Spuren.

> Da Tante Lene ja aus Hamburg stammt
> Ist sie vielleicht mit Heinrich Heine verwandt.
> Aus diesem Grunde verwende ich heute
> Ein paar seiner Verszeilen, liebe Leute.

Wir sind hier am Teetisch
Und essen und sprechen sehr viel
Wir feiern Tante Lenes Geburtstag
Mit herzlich freudigem Gefühl.
Im wunderschönen Monat Mai,
Als alles schöne ward auserkoren
Da ist am grünen Elbestrand
Das kleine Helenschen geboren.
Wie die Wellenschaumgeborene
Sah das Lenchen aus im Schönheitsglanz.
Ja das war ein Ereignis wunderbar
Im alten Hamburg heut vor 90 Jahr.
Sie hatte solch ein süßes Mündchen
Solcher Augen Zauberlicht,
Solch ein liebes Kindchen
Sah man oft in Hamburg nicht!
Geboren im Wonnemonat Mai
Ist sie als Kind dort herumgerannt,
Es ist 'ne alte Geschichte, sie war dort gut bekannt.
Und das erwachsene Lenchen fand
Auch ihren Richard am Elbestrand.
Und wie aus alten Märchen winkt sie
Noch heut mit zarter Hand,
Und erzählt so gerne Geschichten
Aus dem alten Vaterland.
Und als sie es verlassen musste,
Kam sie hier an des Tejo's Strand!
Ach jenes Land der Wonne
Sieht sie noch oft im Traum,
Doch heute lässt Portugals Sonne
Es zerfließen wie ein alter Traum.
So denkt sie, ich weiß nicht, was soll es bedeuten,
Wenn ich manchmal so traurig bin,
Vielleicht ist es das Märchen aus alten Zeiten,
Das kommt ihr nicht aus dem Sinn.
Doch heute in Lusitanien hat sie sich gut eingelebt
Umgeben von ihrer Daisy, die für sie sorgt früh und spät.

Und so ist sie auch heut' noch sehr vergnügt und froh
Und so wünschen wir's für sie noch lange so.
Mir ist's als ob ich die Hände
Auf's Haupt Ihnen legen sollt
Betend das Gott Sie erhalte
Noch lange so frisch und so hold.
Das Leben ist ja oft ein Spiel
Es bringt oft wenig oder viel.
Für Sie sei's Leben immer weiter
Bis an die Hundert gesund und heiter.
Und lesen Sie mal wieder diese bescheidenen Zeilen
Und bei denselben verweilen,
Dann denken Sie an zwei, die Sie verehren und lieben
Und sich hier als A. D. und R. D. unterschreiben.

Omi wurde 94 Jahre alt. Mit ihr starb wieder eine Jessurun. Nach Hunderten von Jahren verloren sich die Spuren einer großen Familie sephardischer Juden von Generation zu Generation. So tragen zwar die weiblichen Nachfahren den Glauben in sich, das Portugiesische, die Ursprünge der Sepharden, doch nach Ann und Eva wird es keinen Jessurun mehr geben.

II. Teil

Die Vollblüter vom Fährhof

I

In der Firmenzeitschrift *Kontakt* von 1960 konnten die Mitarbeiter von Johann Jacobs & Co. unter der Überschrift »Was ist ein Supermarkt?« eine einseitige Einführung zu der Erfindung aus den fünfziger Jahren lesen. Sie versuchte mit einfachen Worten die Veränderungen des Kaufverhaltens der Zukunft darzustellen. Damals klang das Wort Supermarkt noch nach Sciencefiction. Wie der Leser rasch erfuhr, ging es aber weniger um Raumschiffe und Außerirdische als vielmehr um »Selbstbedienung und Charakter des Marktes«. »Dem Verbraucher vermittelt das Wort ›Supermarkt‹ bereits eine ganz bestimmte Vorstellung«, erläutert der Autor, »deswegen ist es in allen europäischen Staaten als ein Lehnwort übernommen worden.« Seit 1959 konnte der Supermarktkäufer »außer einem vollständigen Lebensmittelsortiment einschließlich Frischobst, Frischgemüse und Frischfleisch auch Wasch-, Putz- und Reinigungsmittel sowie sonstige Artikel des Tagesbedarfs« erstehen.

Während eine Revolution des Einzelhandels bevorstand, der sich auch Walther Jacobs nicht verschließen konnte, wenn sein Kaffee marktführend bleiben sollte, begann eine andere Leidenschaft in ihm zu blühen: der Rennsport.

Newmarket war ein kleiner Ort östlich von Cambridge. Hier fand sich alljährlich im Frühling und im Winter der halbe Bremer Rennverein ein, darunter Walther Jacobs an der Seite von Udo Kummer, der mit ihm Pferde für sein Gestüt ersteigern sollte. Walther gönnte sich dieses Vergnügen der Pferde-Auktion ein- oder zweimal im Jahr. Es muss wahrhaftig ein Spaß gewesen sein. Walther war mittlerweile im Auktionsrund ein gefürchteter Mitbieter, wenn es um die Favoriten ging. Und nach und nach fanden englische Top-Stuten von den Britischen Inseln auf die flachen Koppeln des Fährhofs, warteten brillante Hengste in den Ställen ihren Auftritt ab, um ihr wertvolles Blut nach Möglichkeit an Söhne und Töchter zu vererben. Jedes Tier war sorgfältig in England, dem Land der Vollblutzucht, ausgewählt worden.

Rennsport spielte in Deutschland bislang keine große Rolle. Das Züchten von Rennpferden sowie das Ausrichten von Galopprennen war im Gegensatz zu Ländern wie Großbritannien und Amerika weithin unbekannt. Um für Walthers jüngste Leidenschaft eine Erklärung zu finden, möchte ich einige Worte über den Ursprung des edlen Sportes mit Blick auf das pferdebegeisterte Königreich England verlieren.

Schon Queen Elisabeth I. entbrannte für Pferderennen. Sie pflegte in den achtziger Jahren des 16. Jahrhunderts ihre Pferde über die Salisbury Plains zu jagen. Man soll sie sogar beim Rennen um die »Golden Bell« am Holzzaun einer Rennbahn gesehen haben. Der Sieger bekam damals 50 Pfund auf die Hand. König James I. hielt aus Leidenschaft für Pferderennen erstmals für das Kiplingcotes Derby einige »Handhabungen« für den rechten Umgang mit dem Rennsport fest. Ein erstes Match-Race zwischen zwei Pferden fand schließlich 1625 kurz vor seinem Tod in Newmarket statt. Sein Sohn Charles I. führte die königliche Leidenschaft fort und errichtete während seiner Herrschaft eine erste Zuschauertribüne am Track von Newmarket. In Ascot wurde ein erstes Rennen in Anwesenheit von Königin Ann am 13. August 1711 ausgetragen, es konkurrierten fünf Pferde in einer neu errichteten Bahn.

Nun drei Worte zu den Vollblut-Urahnen, die die Blutslinien des modernen Rennpferdes begründeten. Erwähnt sei hier an erster Stelle der Hengst Beyerly Turk. Captain Robert Beyerly entdeckte das einzigartige Potenzial des Hengstes mit arabischem Blut im Kampf gegen die Türken um Budapest. 1690 ritt der Captain seinen Hengst als Schlachtross bei dem Versuch, den entmachteten König von England, James II., zu retten. Der Schnelligkeit des Tieres soll es zu verdanken gewesen sein, dass Beyerly nicht in Gefangenschaft geriet.

Die beiden Araber Darley und Godolphin stammten aus dem mittleren Westen und waren nach ihren Besitzern benannt, unter deren Führung sie erstmals ins Rennen gingen. Der Sohn von James Darley erwarb den Araberhengst 1704 für seinen Vater in Aleppo. Godolphin kam 25 Jahre später als Dritter in den Bund der großen Hengste. Er war einst das Geschenk des Hassanidenherrschers von Marokko an Louis XIV. gewesen, ging später in den Besitz von Edward Coke über und wurde schließlich von ihm an Lord Godolphin verkauft, der ihn im Britischen Königreich in die Rennen schickte.

Wem diese kurze Einführung schon zu lang ist, der kann sich vermutlich am besten in die Lage von Frau Sörös hineinversetzen, in der sie sich zu Beginn der sechziger Jahre wiederfand. Auch für Walther war all dies neu, doch im Unterschied zu seiner Sekretärin »soff er mit den Pferden aus einem Eimer«. Er ließ ihr Zeit, sich durch die Stapel Vollblut- und Zuchtliteratur zu arbeiten, während er in Newmarket mit Herrn Kummer die Sitzreihen in der Auktionshalle unsicher machte.

2

Das Leben auf Fährhof hielt Einzug mit den in England erworbenen Stuten Crape Band, Tochter des Crepello, und Princes Corviglia. Hinzu kam wenig später der englische Hengst Tristan, der für Walther erstmals in Gaggenau, Baden-Baden, den Jockey mit dem schwarzgelben Trikot ins Ziel trug. Der Erfolg nahm seinen Lauf. Walther erwarb die Stute Love In, eine zweite Tochter des großen Crepello. Mit ihr begründete er eine weit verzweigte Blutslinie einzigartiger Töchter und von ihnen geborener Söhne, die sich unter dem Anfangsbuchstaben L in den Siegerlisten einiger Rennen über geraume Zeit wiederfinden würden.

Bevor es in Newmarket richtig spannend werden sollte, erwarb Walther Aggravate, die Mutter des späteren Derby-Siegers Acatenango, dessen Vater der Hengst Aggressor war. Mit dem Kauf der Stute Lobelia, der Großmutter des Los Santos, setzte sich die Erfolgslinie fort.

Walther liebte all seine Stuten. Jede von ihnen hatte einst den Verkaufsring betreten, begleitet von der Stimme des Auktionators, welche Namen, Alter, Geschlecht, Herkunft, Besitzer und

Einstiegspreis verkündete und das Murmeln in den Rängen anschwellen ließ.

Eine der Stuten aber würde Walther in besonderer Erinnerung bleiben.

»Suncourt, 18 Jahre, Stute, Tochter des Hyperion«, ließ sich die Stimme vernehmen. Eine von 200 Mutterstuten, die an diesem Tag im Frühjahr in Newmarket versteigert werden sollten, betrat den Ring. Ihr schwarzes Fell schimmerte in der Sonne, unter der dünnen Haut spielten die Muskeln, ihr Blick war durchdringend. In den Rängen rund um die Arena saß alles, was Rang, Namen und Ahnung hatte oder auch nur Spaß und Geld. Die, die Geld hatten, waren meist die Unauffälligsten, die mit einem Namen fielen durch große Hüte und junge Frauen auf. Ahnung hatten die meisten. Das geduldige Beobachten und Abwägen schlug bald um in nervöses Fiebern, bis endlich mit dem letzten Hammerschlag ein Pferd den Besitzer wechselte.

Die Glieder der Führkette klirrten, als Suncourt den Kopf schüttelte. Sonst herrschte Stille, nur hier und da hörte man ein Flüstern in jeder nur erdenklichen Sprache und konnte beobachten, wie sich die Köpfe der Männer ihren Beratern zuneigten, um deren Kommentare genau hören zu können.

Walther sah interessiert, aber mit norddeutsch unbewegter Miene dem wiegenden Schweif des Pferdes hinterher, so wie der Lauf eines 8-Millimeter-Colts die Herzgegend seines Ziels verfolgt.

»Herr Kummer«, sagte er nur, »die will ich haben.«

Die Einstiegssumme knatterte im Lautsprecher durch die Runden. »35 000 Dollar.«

»35 000 Dollar, das kann noch werden, Herr Jacobs, bei einer 18 Jahre alten Stute mit dem Blut des Hyperion.« Udo Kummer verengte seine Augen und verfolgte jeden Tritt. Ab und zu sah er auf die Informationsbroschüre und sagte dann im Flüsterton zu Walther Jacobs gewandt: »Der Preis für das Tier wird schnell ansteigen.«

Walther nickte seinem Mittelsmann zu und dieser hob die Preisschilder mit 50.–, 90.– und schließlich 100 000 Dollar nach und nach in die Höhe.

Waren es anfangs noch sechs oder sieben Interessenten gewesen, die mithielten, um die Stute zu erwerben, nahm die Zahl der Schilder zwischen den Reihen schnell ab. Bei 125 000 Dollar waren es nur noch zwei.

»Over on the left side 130 000. 130 000! Anyone? 130 000!«

Schräg gegenüber von Walther hob ein hartnäckiger Konkurrent den Preis um weitere 5000 Dollar an.

»135 000 ...«

Walther ließ auf 150 000 setzen. Einige Feder- und Blumengestecke auf den Hüten der Damen begannen aufgeregt zu wanken, sie fächerten sich nervös mit den Programmzetteln Luft zu, obwohl es nicht heiß war. Die Herrschaften, die aus Bremen angereist waren, bekamen Herzklopfen. Der Mitbieter ging auf 165 000 Dollar. Murmeln. Fächern. Einige Damen spitzten die Lippen und reckten die Hälse, um herauszufinden, wer sich so brennend für den Rappen interessierte. Noch blieb er im Schatten.

»165 000 Dollar. Ladies and Gentlemen ...«

Walther nickte stumm. Er musste diese Stute haben. Er war der festen Überzeugung, dass sie Gold wert war. Udo Kummer nickte. Im Bremer Rennverein hingegen schüttelte man die Köpfe. Walthers Mann hob das Schild: 170 000 Dollar.

Das Geflüster im ganzen Rund schwoll an.

»Herrgott, Gisela, wer ist denn das?«

»Mary, can you see, my dear? Who is on?«

»Je ne comprends plus? C'est la folie!«

Fächern.

Wer ließ denn da nicht locker? Als das Angebot um weitere 2000 Dollar erhöht wurde, reckten die Frauen die Hälse noch weiter über die Köpfe der vor ihnen Sitzenden. Und dann endlich ging ein Raunen durch die Reihen, wehten zwei Worte wie vom Wind getragen von Ohr zu Ohr: Omar Sharif! Der ganze Mythos des Orients schwang in diesem Namen mit und weitete die Augen der filmbegeisterten Damen sehnsüchtig. Die Filmbranche hielt sich also tapfer im Ringen um das edle Pferd. Der Preis stieg weiter, die Herren lüfteten ihre Zylinder.

Suncourt schien das Aufsehen, das ihretwegen gemacht wurde, nicht wahrzunehmen und blieb stehen, um zu äppeln.

Die Zuschläge wurden kleiner, aber unermüdlich von den Adjutanten der beiden Bieter hochgehalten. Das Staunen der Stimme im Lautsprecher war nun unüberhörbar: Mister Sharif war bereit, für Suncourt 175 000 Dollar zu bieten.

Walther spürte seine schmerzenden Glieder nicht mehr, die ihm die unbequeme Nacht in einem Gewächshaus beschert hatte, er war wie im Rausch. Versonnen lächelnd ließ er Herrn Kummer wissen, dass er Suncourt für 180 000 Dollar kaufen wollte.

Schweigen.

»180 000 Dollar?«, ließ sich die tiefe Stimme des Auktionators vernehmen.

Schweigen.

»Mister Sharif, it's just a horse«, flüsterte der unbekannte Berater dem Herrn zu seiner Rechten diskret ins Ohr.

»… zum Dritten!« Der Hammer sauste für »Mister Jacobs« krachend auf den Tisch: Das Pferd war verkauft.

180 000 Dollar für eine 18-jährige Hyperion-Stute, das würde ohne Zweifel in die Geschichte des Fährhofs eingehen. Walther war zufrieden und acht Jahre später hatte niemand mehr Zweifel daran, dass sich die Investition gelohnt hatte. Wie sich bei einer Untersuchung in der neuen Heimat herausstellte, trug Suncourt ein Fohlen. Die kleine Surama kam nur wenige Monate später, im Frühjahr, zur Welt und wurde als Dreijährige mit dem ebenso jungen Hengst Literat gedeckt. Das Fohlen aus dieser Verbindung hörte auf den Namen Surumu und sollte Walther 1977 den ersten Derby-Sieg einbringen. Eine Leidenschaft begann zum Plan zu werden.

3

Wir wollen uns aber noch nicht gänzlich von Walther in die Welt der Pferderennen entführen lassen. Schließlich näherte sich auch sein Kaffee der Schlusskurve und sollte noch vor der bahnbrechenden Erfindung der »Krönung« im Jahr 1966 einen Sprint nach Österreich einlegen. Am 6. Juli 1961 konnte auch der Wiener in allen Teilen des Landes Jacobs Kaffee trinken.

Wieso kam erst Walther Jacobs auf die Idee, seinen Kaffee in Österreich zu verkaufen, und warum sollte er damit so erfolgreich sein?

Zwei Gründe veranlassten Jacobs zu dem gewagten und streng geheimen Launch der Bremer Bohne. Der Deutsche entdeckte in der Zeit des Wirtschaftsaufschwungs der sechziger Jahre seine Liebe zu Italien, und das mit einer solchen Leidenschaft, wie es zu Kaisers Zeiten nur Exzellenz höchstselbst vorbehalten war. Zu Hunderttausenden fuhren die Deutschen über Österreich nach Italien in den Urlaub und verbrachten auf der Reise dorthin die eine oder andere Nacht in Salzburg oder Innsbruck, bei Salzburger Nockerln mit Himbeerschlagobers. Daran konnte nur die billige Brasilbohne schuld sein. Extradunkel geröstet, um Mängel zu verbergen, und billig im Geschmack fand sie noch 1960 in die türkischen Kaffeekocher. Die größeren Hotels wollten und konnten dieses Gesöff ihren deutschen Gästen nicht anbieten und bezogen trotz Zoll und hoher Unkosten ihren Kaffee aus Bremen. Als schließlich auch bekannt wurde, Österreich gedenke sich der europäischen Wirtschaftsunion anzuschließen, war die Eröffnung einer Zweigstelle in Wien beschlossene Sache.

Jacobs kaufte eine alte Schokoladenfabrik und rüstete diese in wenigen Monaten komplett um. Man begann mit der Suche nach reisenden Vertretern, schickte sie dann zur Ausbildung nach Deutschland und plante parallel dazu einen erstklassigen Werbefeldzug – natürlich alles streng geheim, denn bei der Konkurrenz stand die Sommerpause kurz bevor. Als Jacobs am 6. Juli des Jahres 1960 mit der Auslieferung seines Kaffees begann, belächelten die anderen Hersteller die Aktivitäten und wünschten für die verkaufsschwachen Monate nur das Beste. Nichts anderes sollte der Firma widerfahren. Die Versorgung des Reise- und Fremdenverkehrs lief auf Hochtouren und man bangte schon um die Kapazitäten. Einen Monat später hatte sich der Umsatz verdoppelt, wobei jede verkaufte Packung von den Vertretern unermüdlich beworben und hart erkämpft war. Vom Zwettler

Bauern gab's da nichts geschenkt und auch die Konkurrenz zeigte sich mit spitzer Zunge ausdauernd spöttisch. Was vermutlich alle Mitarbeiter der Firma Joh. Jacobs & Co. dachten, sprach einer von ihnen aus: »Das Brot hier ist weich, aber sehr hart verdient.«

4

Walther Jacobs gründete 1964 sein Gestüt bei Sottrum. Von da an traf er jeden Tag pünktlich um 15.30 Uhr dort ein, um nach dem Rechten zu sehen und sich seinen Pferden zu widmen.

Inzwischen hatte sein ältester Sohn, Klaus, in Bremen Silvia Bunnemann, die Tochter seines Reitfreundes August, geheiratet. Er wuchs unter der Aufsicht des Vaters in das Kaffeegeschäft hinein. Es drehte sich also in Walthers Leben fortan nicht mehr alles um den Kaffee, sondern es gelang ihm tatsächlich, den Rennsport in Deutschland zu etablieren. Scheinbar mühelos verband Walther seine beiden Leidenschaften miteinander. In den Farben des Jockey-Trikots, Schwarz und Gelb, war für alle Zuschauer unschwer die Farbgebung der »Hummel« wiederzuerkennen, die in ganz Deutschland Jacobs Kaffee auslieferte. Die Fohlen des Fährhofs erhielten Namen, die geografischen Besonderheiten Südamerikas oder den Namen der Kaffeeplantagen entlehnt waren. La Dorada zum Beispiel ist eine Plantage in Columbien, Acatenango ein Vulkan in Mittelamerika, Lomitas wurde nach der Stadt Las Lomitas in Guatemala benannt und Surumu heißt ein Quellfluss des Amazonas aus den Anden.

Walther war wohl nie in seinem Leben auf die Bestätigung seines Könnens und seiner Entscheidungen durch andere angewiesen gewesen, dennoch spürte Lore, dass es ihm etwas bedeutete, dass sie an seiner neuen Leidenschaft Anteil nahm. Sie legte kein brennendes Interesse an den Tag, aber begleitete ihn häufiger am Wochenende zum Fährhof, wenn sich auch Walthers Bruder Daniel mit seiner Frau Annemarie angekündigt hatte. Dann tätschelte sie schon mal die schönen Tiere, hielt sich aber im Hintergrund, wenn Walther sich in nicht enden wollenden Debatten mit dem Gestütsmeister, Herrn Vogelsang, über A-, C-, L- oder S-Linien und defekte Traktoren austauschte.

Als ich im April 2005 Herrn Kahrs, einen langjährigen Mitarbeiter von Herrn Vogelsang, treffe und ihn nach Lore frage, sagt er: »Ich glaube, sie hatte mit Pferden nicht so viel am Hut. Ihr Großvater konnte in dieser Hinsicht machen, was er wollte. Er ließ sich von niemandem reinreden. Und sie redete ihm nicht rein.« Er erinnert sich noch gut an die beiden Brüder, Walther und Daniel, und wie sie ohne ihre Frauen über die Weiden fuhren.

»Und wenn Bullenauktion in Verden war, lebten sie völlig auf«, erzählt er lachend. »Ihr Großvater frachte den Daniel schon lange vorher, ob sie einen neuen Bullen brauchten. Dass mocht' er. Der Daniel war ja Bauer und verstand etwas von Rinderzucht. Bei den Auktionen selber ham sie sich dann gegenseitig überboten. Einfach so aus Spaß, das war der Kitzel. Er mocht' ja das Risiko, den Kitzel.« Da Pferde im Verzehr von Kräutern und Gräsern sehr wählerisch sind, brauchte man einen Wiederkäuer der bedingungslos alles fraß, was es auf der Weide zu holen gab. Walthers Kühe waren also die natürlichen Rasenmäher und die Weiden mussten nicht brachgelegt werden.

Herr Kahrs hat Hände wie Pranken, mit denen er seit nunmehr 35 Jahren jedes Frühjahr mindesten 200 Fohlen auf die Welt bringt. Voller Hochachtung erwähnte er noch, wie pünktlich Walther jeden Tag um 15.30 Uhr auf dem Hof vorfuhr: »Das gibt's doch heute gar nich mehr. Die rufen jetzt alle an und sagen, sie komm' später.« Und an Walthers Geduld und Offenheit allen Mitarbeitern gegenüber erinnert er sich: »Da scheute sich auch keiner der Pfleger, ihn anzusprechen und mit ihm zu reden.«

Ich frage ihn noch einmal nach seinen Erinnerungen an Lore. Nach kurzer Pause erzählt er: »Ja, sie starb ganz plötzlich. Sie waren nach Bayreuth zu den Festspielen gefahren und sie blieb dann zur Behandlung in München. Sie hatte einen Gehirntumor. Ihr Großvater ist dann zwischen Bremen und München gependelt. Das war für alle sehr schwer.«

Lore erlebte noch an Walthers Seite die ersten Siege des Hengstes Literat, an seiner Seite ging sie im weißen Kostüm mit Hut und weißen Handschuhen oder im schwarzen Kleid mit Turban und schwarzen Handschuhen über die Rennbahn. Der Hengst holte für Fährhof die allerersten Siege im Henkel-Rennen und im Union-Rennen in Köln. Walther konnte sich also des Siegerkranzes des Deutschen Derby 1968 sicher sein. Mit Lester Piggott engagierte er einen der größten Jockeys jener Jahre, der mit 2000 Siegen in den vorhergehenden 12 Rennsaisons zur Spitzenklasse zählte.

Und er ritt auch Literat gut. Gleich nach dem Start führte er den Hengst ins Mittelfeld, so wie es der Trainer Wöhler ihm eingebläut hatte, und ritt bestechend elegant an die Spitze. Dann aber, kurz vor dem zweiten Bogen, tat sich eine Lücke innen am Zaun auf und Piggott sah seine Chance. Er lenkte den Dreijährigen trotz des weichen Bodens nach links und schoss durch die Lücke auf die vorletzte Gerade. Er schwebte über dem Sattel, über dem Pferd, über der Galoppade, als er plötzlich spürte, wie Literat rechts nachgab. Es sah so aus, als würde er stürzen, doch das Pferd fing sich, büßte aber seine Position ein und fiel zurück auf Platz fünf. Die Gruppe preschte auf die Zielgerade zu. Literat blieb hinter ihr. Walther traute seinen Augen nicht. Piggott aber ließ die Gerte an der Schulter, weil er wusste, dass das Tier sich verletzt hatte, und er ließ ihn auf der fünften Position laufen. Beim Absatteln zeigte sich, dass Literat sich einen Knochen im Vorderbein gesplittert hatte. Der Traum eines Derby-Sieges blieb vorerst unerfüllt. Literat würde ihn nicht erlaufen, vererbte aber sein Blut an den späteren und ersten Derby-Sieger Walthers, an Surumu. Lore erlebte diese größte Pferdestunde ihres Mannes nicht mehr. Sie starb nur wenige Monate vor Surumus Start in Baden-Baden.

5

Es war im Jahr 1964, am zweiten Freitag im Februar, wenige Stunden vor der Schaffermahlzeit. Walther saß an seinem Eichenholzsekretär und überflog die Seiten seiner Rede noch ein sechstes Mal. Sein häusliches Arbeitszimmer war nur vom grauen Tageslicht erhellt.

»… Bremen zielt auf ein größeres Europa ab …« Walther war kein besonders guter Redner. »… eine Hansestadt, die über Europa hinaus mit der ganzen Welt verbunden ist …« Konzentriert strich er über die Bügelfalte seiner Smokinghose, machte mit der rechten Hand am Rand seiner Aufzeichnungen noch ein paar Striche und Anmerkungen, bevor er schließlich den Füllfederhalter schloss.

Als eine von etwa zwölf Reden würde diese im Laufe des heutigen Nachmittags und Abends verlesen werden.

Walther sah über den Tisch hinweg zu einer Uhr an der Wand, deren Zeiger auf fünf Minuten vor elf standen. In einer Stunde musste er im Rathaus sein, um die Suppe und den Wein zu kosten. Er erhob sich. Während er in den stillen Garten hinausblickte, strich er sich das Hemd glatt und ging dann Richtung Ankleidezimmer, wo die Fliege, die weiße Weste und der Frack hingen.

Lore lief noch im Morgenmantel durchs Erdgeschoss, von der Küche ins Esszimmer, von dort ins Schlafzimmer und wieder zurück. Ihre Haare türmten sich um ein Dutzend Lockenwickler gedreht in einer unförmigen Skulptur auf ihrem Kopf, sie zog einen edeln Duft hinter sich her und war gerade damit beschäftigt, etwas Quark und rohes Gemüse auf den Küchentisch zu stellen – immerhin waren es noch gut drei Stunden, bis sie Walther ins Rathaus folgen würde. Im Wohnzimmer erklang ganz leise ein Stück von Schumann aus den Lautsprechern.

Genau zwanzig Minuten vor zwölf schloss der Chauffeur die Wagentür des BMW und fuhr eine Minute später auf die Schwachhauser Heerstraße. Punkt zwölf Uhr betrat Walther das Rathaus. Der Mantel wurde ihm abgenommen und man bat ihn in die Küche. Der zweite Schaffer der heutigen Schaffermahlzeit, Jürgen Schalk, stand schon an den drei Suppentöpfen, in denen die traditionelle Bremer Hühnersuppe dampfte, und probierte. Zwei Köche standen erwartungsvoll daneben.

»Und?«, fragte einer der beiden.

»Riecht gut, schmeckt gut, ist gut, wie immer«, lobte der Schaffer die Kochkünste der zwölfköpfigen Küchenmannschaft. Walther trat durch die Glastür ein.

»Mahlzeit, Herr Jacobs«, begrüßte Schalk ihn und tupfte sich mit einer weißen Serviette die Lippen, »wer nicht kommt zur rechten Zeit, der muss sehn, was übrig bleibt.« Schalk lächelte schmallippig und Walther schaute ebenfalls amüsiert auf die 250 Portionen Suppe, die nun vom Herd gezogen wurden, damit sie bis 15 Uhr nicht verkochten. Niemand würde die Halle im ersten Stock des Rathauses in den frühen Morgenstunden hungrig verlassen, es gab genug für jeden.

Walthers feine Zunge testete gerade den Stockfisch, als der dritte Schaffer in Frack und glänzenden Lackschuhen die Küche betrat. Durch die schwarze Hornbrille funkelten zwei wache Augen und ein freundliches Lächeln lag in dem rundlichen Gesicht. Der Schaffer begrüßte die vier anwesenden Herren mit einem »Mahlzeit«. Er schien deutlich jünger zu sein als die beiden anderen – Walther war damals 57 Jahre alt und Schalk nur zwei Jahre jünger. Der Duft seines Gesichtswassers verlor sich rasch in den verschiedenen Gerüchen von Hühnersuppe, Stockfisch, Kohl und Pinkel. Der junge Mann näherte sich den Schaffern und Köchen.

»Tach, die Herren!«, sagte Fritz Grobien noch einmal und begrüßte alle per Handschlag. Er kam gerade richtig, um den dritten Gang zu verkosten, zu dem die Köche aus alter Tradition seit 1545 Kohl und Pinkel reichten.

»Das sind knapp zweieinhalb Zentner Braunkohl, die wir verarbeitet haben. Ich hoffe, es schmeckt, Herr Grobien.«

Fritz erklärte den Kohl, der traditionell zum Brudermahl serviert wurde, für »recht schmackhaft«. Er warf einen Blick in den Topf: »Zum 419. Mal im Februar, Reedern und Kaufleuten sei Dank, dass dies festliche Mahl, für die Kapitänschar …«, er überlegte kurz, »heut mit Namen und Rang, gefeiert wird zu Trunk und Trank.« Er sah in die Runde.

»Herr Grobien! Ich höre, Sie haben nicht nur das Geschäft mit Baumwolle im Blut, sondern auch den Geist eines begnadeten Dichters.« Schalk deutete eine Verbeugung an.

»Begnadet wäre ich wohl erst, wenn meine Rede auch ins Versmaß passte.« Er schaute in den Topf und fragte die Köchin: »Mehr gibt's nicht?«

»Nein, nein, gegessen wird später«, kam ihr ein anderer Koch zuvor.

Punkt drei Uhr nachmittags warteten 250 Männer der hanseatischen Prominenz aus Handel, Politik und Unternehmertum auf Einlass in den Festsaal. Sehr richtig, es waren nur die Männer zugelassen. Die Frauen der Schaffer durften jede mit einer Begleitung in einem anderen Saal Platz nehmen. Erst nach 21.00 Uhr waren sie offiziell in der Gesellschaft ihrer Männer zugelassen.

Das Läuten der Glocken drang vom Dom herüber. Der Verlauf des Abends war minutiös geplant. Mit dem letzten Glockenschlag verstummten die Gespräche der vor der schweren Eisentür wartenden Herren. Der Verwaltende Vorsteher Walther Schönemann schlug dreimal mit geballter Faust gegen die schwere Tür, sagte einen Spruch und drückte schließlich die Klinke. Die Gäste wurden in der riesigen Rathaushalle, an deren Ende das Tageslicht durch die gotischen Glasfenster einfiel, empfangen. Von der Decke hingen in einer Reihe vier kunstvoll gefertigte Segelschiffe in Modellgröße, in den Zwischenräumen erstrahlte jeweils ein mächtiger Kronleuchter. Die Tafeln waren in der Form eines Dreizacks für zweihundertfünfzig Gäste festlich eingedeckt, die silbernen Humpen blitzen, der Tischschmuck und die fünf Kerzenleuchter funkelten im Schein der Lichter. Mit dem Öffnen der großen Flügeltüren strömte das Leben in den Saal ein. Hier nahmen die Herren nun Platz, um bis 21.00 Uhr miteinander zu speisen und zu sprechen.

Der Bremer Bürgermeister und Präsident des Senats, Wilhelm Kaisen, schürzte die Oberlippe, während er zwischen den Blumengestecken nach seinem Tischkärtchen suchte. Er räusperte sich, rückte die schwarze Hornbrille zurecht und strich sich hin und wieder über den Schnauz oder die schwarze Seidenkrawatte. Anders als die geladenen Gäste, die nur einmal geladen wurden, fehlte Kaisen bei keiner Schaffermahlzeit, er war schließlich Herr des Hauses und Gastgeber. Die Herren gingen plaudernd an den Tafeln auf und ab, bis schließlich jeder seinen Platz gefunden und sich auf seinem Eichenholzstuhl niedergelassen hatte. Das Raunen in den Reihen verstummte nicht. Zwei Bedienstete eilten im Wechsel in den Saal und wieder hinaus.

Der erste Schaffer, Walther Jacobs, wirkte unruhig.

»Da stimmt doch was nicht«, sagte Beier und seine Fingerspitzen klopften unruhig auf das Tischtuch. »Fehlt da etwa einer?«

»Es fehlt der Ehrengast«, wusste Doktor Manshold zu berichten, der von Gerhard Beier aus drei Plätze weiter rechts saß.

»Ausgerechnet der Ehrengast«, entfuhr es Beier enttäuscht. »Wenn das mal nicht das erste Mal in der Geschichte des Hauses ist, dass der Ehrengast verhindert ist …«

»Bei jeder Schaffermahlzeit tritt ein glückliches Ereignis ein, das in die Geschichte eingeht …«, versuchte Bürgermeister Kaisen die Umsitzenden zu beruhigen.

»Aber Herr Kaisen, ob das so glücklich ist, dass Sie ohne Tischnachbar speisen müssen«, wandte Ministerpräsident Ritter ein.

»So weiß ich Sie doch in meiner Nähe, Herr Ministerpräsident«, gab Kaisen zurück.

»Und wer hält die Rede?« Doktor Manshold konnte die Aufregung in seiner Stimme nicht unterdrücken.

»Wie bitte?«, fragte nun der gegenübersitzende Gast. Er hatte nur »Rede« gehört und war neugierig geworden, da Reden anlässlich der Schaffermahlzeit so wichtig waren wie das Seefahrtsbier, das dazu getrunken wurde.

»Wer wird die Rede halten? Walther Scheel ist verhindert, er ist in Paris«, gab Manshold zu bedenken.

Tatsächlich war bisher bei jeder Schaffermahlzeit ein unverhofftes Ereignis eingetreten. Am heutigen Tag sollten die Türen geschlossen werden, obwohl der Ehrengast fehlte, und die Hühnersuppe würde mit Verspätung serviert werden.

Endlich kamen die Herrschaften zur Ruhe. Der Verwaltende Vorsteher Walther Schönemann ließ seine Stimme vernehmen:

»Wegen einer technischen Panne an einem Flugzeug der Bundeswehr, mit dem unser Ehrengast Walter Scheel von Paris nach Bremen einfliegen sollte, wird er nicht pünktlich zum Beginn der diesjährigen Schaffermahlzeit erscheinen können.«

Ein Raunen ging durch die Reihen an den Tischen.

»Sofern der Herr Minister bis zum Zeitpunkt seiner Rede nicht eingetroffen ist, wird sein persönlicher Pressechef sie verlesen. Wir bedauern diesen Vorfall zutiefst.«

Zweihundertfünfzig Augenpaare, die meisten hinter schwarzen Hornbrillen, wandten sich vom Verwaltenden Vorsteher ab und der Menükarte oder dem Tischnachbarn zu.

Um 15.30 Uhr wurde die Suppe gereicht.

6

»Freut mich, Sie kennen zu lernen«, sagte Doktor Raiser und reichte Gerhard Beier die Hand.

»Ganz meinerseits«, erwiderte Beier die Begrüßung seines Tischnachbarn, nahm anschließend sein Messer wieder in die Hand und säuberte es nach dem Fischgang an einem Stück Löschpapier. Es gab für die fünf Gänge nur ein Besteck.

»Und was machen Sie, Herr Beier?« Doktor Raiser legte seine Hände übereinander auf den Tisch und lehnte sich etwas zurück.

»Ich bin Sprecher des Vorstands der Bremer Lagerhausgesellschaft.«

»Ach, auch im Hafenbetrieb.«

»Korrekt. Als geborener Bremer ein Bremer geworden und Bremer geblieben. Welcher Hanseat fühlt sich dem Hafen und der Reederei nicht verbunden?«

»Richtig«, stimmte Raiser nickend zu. Die Brust unter dem gerüschten Frackhemd hob sich langsam. »Ist ja auch eine tolle Sache, der Hafen!«

»Was machen Sie?«, wollte Beier nun wissen.

»Ich komme aus der Wissenschaft.«

»Sehr interessant.«

Einer der Kellner erschien und schenkte Beier zum nachfolgenden Gang einen Paulliac Grand Crux Classé von 1955 ein, der auf das Fleischgericht abgestimmt war. Die Teller mit Resten von Krebssauce und Selleriesalat wurden abgeräumt.

Der erste Schaffer, Walther Jacobs, würde in Kürze die erste seiner drei Reden halten, der zweite und der dritte Schaffer hatten im Laufe des Abends zwei Reden vor sich.

Das Haus zur Seefahrt gewährte jedem Schaffer eine Zeit von zwei Jahren, sich mit dem Ritual der Mahlzeit vertraut zu machen. In dieser Zeit mussten sie einmal als Gast an einer Mahlzeit teilnehmen. Der erste Schaffer hatte überdies die Aufgabe, die Gäste einzuladen und die Kosten des Mahls zu einem Drittel zu tragen.

Als Walther Jacobs sich von seinem Platz erhob, räusperte sich der eine oder andere Oberälteste oder Kapitän noch einmal. Alle rückten ihre Stühle zurecht, um schließlich in andächtiger Stille der vierzigminütigen Ansprache zu lauschen.

Walther schritt die Tischreihen ab. Selbst im Frack und trotz des aufrechten Ganges erkannte das geübte Auge in dem leicht aus der Hüfte geschobenen Gang den leidenschaftlichen Reiter.

Im Nebensaal, wo die Frauen saßen, knackten nun die Lautsprecher. Dreißig Frauenstimmen gingen in Flüsterton über, als angekündigt wurde: »Es spricht der erste Schaffer, Walther Jacobs.«

Bis zum Beginn der Rede knisterten noch Tüll und Seide kostbarer Abendkleider, klapperte hier und da Besteck und wurde noch einmal Wasser nachgeschenkt. Auch hier hing Zigarettenrauch in der Luft.

Lore Jacobs saß neben Nadja Bayeff und Ann Grobien neben Margrit Schönemann.

»... es ist gewiss ein Glück, den Aufbau der Europäischen Wirtschaftsgemeinschaft mitzuerleben ...«, hörte die Schaffersfrau Lore ihren Mann nun seine Rede beginnen. Sie sah in die Runde. Isabell Beier, die Frau eines Kapitäns, trug ein mit Pailletten besticktes, cremefarbenes Kleid mit V-Ausschnitt. Mit der linken Hand spielte sie in Gedanken verloren an einer Locke. Die Dame rechts neben der Gattin des Ministerpräsidenten Ritter guckte etwas streng. Sie trug Schwarz und bis auf ihren Ehering keinen Schmuck.

Walther sprach weiter über die deutsche Wirtschaft im Allgemeinen und die Bremer Wirtschaft im Besonderen: »Einer Hansestadt, die über Europa hinaus mit der ganzen Welt verbunden ist, kann die Gemeinschaft der Sechs nicht genügen. Unser Ziel ist ein größeres Europa, und wir wollen, dass dieses Europa mit allen Ländern der Welt in einem freien Güteraustausch steht.«

Ann spürte, wie ihr der Wein die Röte in die Wangen trieb. Sie wagte kaum, sich in dem blauen Samt zu bewegen. Wie seltsam und schicksalhaft es doch war, dass sie heute in diesem Saal saß.

»Entscheidend für den Erfolg oder Misserfolg der Entwicklungshilfe ist allein der Mensch ...«, erklang die Schafferstimme im Saal der Damen. Der Redner schöpfte Atem, bevor er fortfuhr, über den Zweck der Hilfe zu sprechen. Ann dachte an Managua und wie wichtig diese Hilfe für die Menschen dort ist. Sie sah zu Lore Jacobs, die zwei Plätze weiter, ihr gegenüber saß. Die zierliche Frau wandte ihren Kopf, schaute mit unruhigen Augen über den Tisch und begegnete Anns Blick, den sie lächelnd erwiderte.

»... die längsten Zahlungsziele und die niedrigsten Zinssätze sind heute Trumpf«, beendete Walther seine Ausführungen.

In den Blumengestecken auf den Tischen blühten schon die Osterglocken. Ein Windstoß ließ die Flammen der Kerzen flackern, als ein Kellner nach vierzig Minuten die Eichentür öffnete, um den Rotwein zu Kohl und Pinkel auszuschenken.

»Hipp, hipp, hurra!« Die Männer hoben ihre Gläser und tranken auf den Schaffer und seine Gäste.

Der Abend nahm seinen Lauf. Der dritte Schaffer hatte das Rednerpult betreten, umfasste es mit beiden Händen und verlas die Bremen-Rede. Selbst zu dieser fortgeschrittenen Stunde herrschte

Totenstille an den Tischen, während Fritz Grobien voller Enthusiasmus sprach. Sätze wie »Die großen Leistungen des Wiederaufbaus müssen gekrönt werden« oder »Für die Politik wie für jedes menschliche Handeln gilt nicht die Maxime: Erlaubt ist nur, was gefällt« ließen den einen oder anderen im Saal zustimmend nicken.

Im Damenzimmer wurde geraucht, gelegentlich geflüstert und auf die Uhr geschaut, endlich nahte das letzte Hipp-hipp-hurra.

Der offizielle Teil des Festes ging nach der zweiten Tasse Kaffee und nach dem dritten Stück jungen Gouda gegen 21.00 Uhr zu Ende. Die Teller, auf denen die gebackenen Äpfel serviert worden waren, wurden abgetragen und man schenkte Seefahrtsbier aus. Auf jede Tafel wurde nun ein Fruchtkorb gestellt.

Der eine oder andere Gast ließ sich seufzend gegen die Rückenlehne seines Stuhls sinken und versuchte, mit den Händen den gut gefüllten Bauch sanft tätschelnd zu entspannen.

Die festliche Stille des Mahls war nun dem heiteren, lauten Stimmengewirr der Gäste gewichen. Der gesellige Teil konnte beginnen. Die Blaskapelle spielte zum Tanz auf und die Frauen brachten mit ihren festlichen Roben etwas Farbe und Glamour in den Saal. Vom guten Wein wurde Abschied genommen, bis Mitternacht gab's nun Bier und weiße Tonpfeifen.

»Na, Ihrer Frau ist der Urlaub ja bekommen«, sagte der Unternehmer Robert Stuck, der neben Walther Schönemann saß, und hob den randvollen Humpen zum Mund, während seine Blicke der Dame in Weiß übers Parkett folgten.

»Sie haben gut reden. Nach zwei Tagen kam schon, sie langweile sich am Strand und am Meer. Wo denn die Kultur wäre. Walther, lass uns ins nächste Dorf fahren, und so weiter …«

Robert nickte, als wisse er genau, wovon der Verwaltende Vorsteher Walther Schönemann sprach.

»Dabei war ich mit meinem Buch noch nicht einmal bis zur Hälfte gekommen«, fuhr Schönemann bedauernd fort.

»Wer täglich im Club zum Schwimmen oder zum Tennis geht, der vermisst allzu schnell die ›Kultur‹, wenn man mal nicht zu Hause ist. Ich kenn das von meiner Frau nur zu gut.«

»Sie meinen wohl die Gesprächskultur der Damen?«, fragte Schönemann schmunzelnd.

»Ja, es fehlen ihnen die Nachrichten, der Klatsch und Tratsch«, stimmte Stuck zu, »ganz genau!« Er hob seinen Humpen. »Dann mal Prost auf uns, die wir so wortkarg und bescheiden unsere Arbeit machen. Was wären wir ohne unsere Frauen?«

Walther Schönemann hob ebenfalls seinen Humpen. »Auf die Frauen«, sagte er und stieß mit Stuck auf das Glück an, ein Mann zu sein.

»Sealand? Noch nie gehört«, sagte der Chirurg Nevermann zu Koch, der aus dem Versicherungswesen kam. Die beiden waren etwas abseits ins Gespräch mit Beier und Ritter vertieft, wenn sie nicht gerade im Takt der Musik klatschten. Sie unterhielten sich über den absoluten Newcomer im Reedereibetrieb.

»Container nennen es die Amerikaner. Die sind da ganz groß eingestiegen«, sagte Beier.

»Ist das nicht viel zu kompliziert, das ist doch nur wieder irgendeine kleine Sache«, wandte Koch ein, »investieren lohnt doch da nicht.«

»Oh, da wäre ich mir nicht so sicher«, widersprach Beier vorsichtig.

»Seit den Phöniziern«, begann nun der Ministerpräsident, »verschiffen die Kaufleute ihre Waren als Stückgut in Kisten und Kasten, Ballen oder Säcken, Fässern ...«

»... in Planen verpackt auf Paletten«, ergänzte Beier.

»Sie glauben also daran, an die Amerikaner?«, fragte Koch ungläubig.

»Der Container ist nichts anderes als die genormte Stückgutverpackung. Es ist billig und nicht zuletzt kann auf diese Weise Massengut befördert werden. Nun rechnen Sie sich aus, was das für die Schifffahrt bedeutet. Das geht reibungslos vom Schiff aufs Fahrgestell, in Güter- und Lastzüge. Und ehe Sie sichs versehen, ist der Lagerraum eines ganzen Überseeschiffes auf dem Weg quer durch Europa.«

»Ein Schritt in die Zukunft also«, sagte Nevermann.

»Sehr richtig.« Beier lächelte siegesbewusst. Und das war Grund genug, mal wieder anzustoßen, bevor Koch weitere Bedenken äußern konnte.

»Vollblutzucht, Herr Jacobs?« Kaisen schob seinen Schnauz etwas nach oben Richtung Nase, während er den ersten Schaffer unter den halb geschlossenen Lidern hervor musterte. »Das steht Ihnen gut, ein Pferdefreund.«

»Wissen Sie, 350 Morgen, die legt man nicht aus Spaß trocken. Und glauben Sie mir, Sie werden noch von Schwarzgelb hören.« Das klang weniger wie eine Drohung als vielmehr wie der geheime Trumpf eines Schuljungen.

»Herr Jacobs, ich weiß, dass Sie keine langsamere Gangart als den Galopp gewohnt sind.«

»Herr Kaisen, die Bauern haben es nie eilig, sie arbeiten hart und beständig, weil sie wissen, dass nicht alles so geschieht, wie sie es wollen, sondern weil sie wollen, dass alles so geschieht, wie es geschieht. Es geht also weniger um Schnelligkeit.«

»Ich kenne Sie lange genug, um zu wissen, dass Sie sich durch nichts von Ihren Plänen abbringen lassen und am allerwenigsten von dem norddeutschen Moorboden.«

12. Teil

Schicksalswege

I

Es war ein warmer, sonniger Tag im Juni.

»Modley!«

»Ja?«

»Es gab doch gestern noch eine ganze Schüssel Pudding.«

»Ach ja, wenn bloß alles im Leben so gut schmecken würde wie dein Pudding.«

»Du hast nicht etwa …?«

»Else, die Schüssel stand im Kühlschrank.«

»Ja, da habe ich sie reingestellt.«

»So, und jetzt weißt du auch, warum sie da nicht mehr ist.«

»Weil sie im Kühlschrank stand?«

»Richtig.«

»Du bist unmöglich! Wir sind heute mit Eva verabredet. Kannst du überhaupt noch einen Bissen essen?«

»Oh ja!« Modley lächelte breit.

Eva nahm an einem Golfturnier teil und wollte sich im Anschluss in Upper East zum Lunch mit ihnen treffen.

Else trug ein Hemdblusenkleid. Ihre Handtasche stand auf der Kommode bereit. Modley hatte sein Sommerjackett gar nicht erst abgelegt, als er vor fünf Minuten gekommen war. Er stand im Flur vor der Wohnungstür bereit zum Gehen, doch Else schien noch etwas anderes als den Pudding zu suchen.

»Else?«

»Ja, sofort!«, kamen die Worte wie geschossen aus dem Schlafzimmer.

Schließlich kam sie mit energischen Schritten zur Tür, als seien sie schon viel zu spät. Ihr Haar ließ sich nur ungern unter dem Haarreif bändigen. Ihre Lippen leuchteten rot und wieder einmal legte sie ihre Stirn in Falten.

»Du siehst bezaubernd aus.« Modley nahm Elses Arm.

»Mach keine Witze, Modley. Du weißt, auf nüchternen Magen vertrag ich keinen Humor.«

»Über Komplimente sollte jeder lachen können, sonst wird man eitel.«

»Du weißt, ich liebe es, eitel zu sein.«

»Else, bei dir ist das Charakter.«

»Danke, Modley.«

Er öffnete ihr die Beifahrertür des Wagens und schloss sie vorsichtig hinter ihr, nachdem sie es sich bequem gemacht hatte. Wiegenden Schrittes ging er um die Kühlerhaube herum, um sich hinter dem cremefarbenen Lenkrad in den Sitz fallen zu lassen. Wenige Augenblicke später fuhr der Caddy unter den Linden zum Turnpike.

Modley glich einem General, wenn er den Blick geradeaus ins Weite richtete. Beide Hände am Lenkrad, braust er über den Highway. Der Wind schien Elses kritische Züge zu glätten und sie entspannter und heiterer zu machen.

Das Restaurant lag in einer Straße, die zum Zoo des Central Parks führte.

»Zehn über Paar habe ich mit den falschen Clubs gespielt«, berichtete Eva von ihrem Turnier. Sie trug einen leuchtend roten Hosenanzug von Calvin Klein.

»Warum spielst du nicht zwei über Paar mit deinen eigenen?«, fragte Modley, während er höflich die Sonnenbrille ablegte, obwohl die weiße Tischwäsche ihn blendete.

»Weil Jimmy nicht im Shop war und ich nicht an den Schlüssel herankam. Jetzt hat dieses Million-Dollar-Baby den Pokal.«

»Na, die will ich kennen lernen.« Modley setzte seine Brille wieder auf.

»Wie bitte?« Else griff nach der Serviette.

»Ja, sie würde mir sicher die beste Adresse nennen können, wo man ihn einschmelzen lassen kann.« Die Damen schwiegen.

Der Kellner kam und reichte jedem eine Karte. Man bestellte Wasser, Margaritha und Wein, den Rest ließ man sich empfehlen.

In der Stadt glitt der Verkehr über den in der Hitze schmelzenden Asphalt. Die Menschen auf der Straße verschwanden nach und nach in klimatisierten Italienern oder Delis zum Lunch.

»Raus mit der Sprache, Modley, was ist deine jüngste Anschaffung?«, fragte Eva neugierig.

»Ein Reinhardt.«

»Schrecklich!«, stöhnte Else.

»Ach Else, das ist Kunst und nicht schrecklich.« Modley wirkte sehr überzeugend.

»Doch, es ist schrecklich. Gerade dieses Bild ist so chaotisch. Kein Wunder, es hat noch nicht einmal einen Titel.«

»Du meinst, es ist abstrakt. Und es trägt doch gerade keinen Titel, damit du es die schrecklichste jüdische Malerei des 20. Jahrhunderts nennen kannst.«

»Du und deine Juden!«, sagte Else.

»Die Jüdinnen nicht zu vergessen! Ich kann dir eins sagen: Hitler hat uns vergast, verfolgt, gehängt und erschossen und in zwanzig Jahren werden sie über uns lachen. Wir sind nun mal Künstler.«

»Mami ist eben keine Künstlerin, sondern Realistin«, warf Eva zur Verteidigung des Bildes ein.

Modley, Verzweiflung mimend: »Ich glaube, es wird auch mir nicht vergönnt sein, deine Mutter zu bekehren.«.

»Ich würde mich auch zu nichts bekehren lassen, ich bekehre mich selbst.«

Der Kellner servierte Fisch, Geflügel und Fleisch.

»So viel also zu meiner Neuerwerbung, Eva. Vielleicht sollten wir doch noch mal auf den Abschlag und das Putten zu sprechen kommen. Übrigens, meine Ente schmeckt fast so gut, wie der Reinhardt schrecklich ist. Wie ist euer Essen?«

»Modley, bitte!« Else nahm gerade ein Stück Filet auf ihre Gabel und schob es langsam in den Mund. Nachdem sie es heruntergeschluckt hatte, sagte sie: »Schrecklich!« und schmunzelte.

2

Modley starb im Oktober 1976.

Er muss gegen Mitternacht in seinem Sessel eingeschlafen sein. Zumindest saß er dort, als seine einzige Tochter am darauf folgenden Abend wie üblich zu Besuch kam.

Nur wenige Stunden später erfuhr Else von seinem Tod. Sie

arbeitete gerade an der Schulterpartie einer Kostümjacke. Aus dem Hörer, der noch immer zwischen ihrer Schulter und ihrem Ohr klemmte, drang nur noch das Besetztzeichen. Ihr starrer Blick verlor sich in den Perlmuttknöpfen ihrer Arbeit. Ihre Gedanken schweiften in die Vergangenheit. In ihren Ohren hörte sie Modleys Stimme, in ihren Händen fühlte sie nicht mehr die Nadeln und die Kreide, sondern Modleys Hand, seinen Hut, den Lack des Cadillacs. Bilder und Szenen ihres Zusammenseins kamen ihr in den Sinn und verschwanden genauso schnell wieder. Ihr Kehlkopf schmerzte, die Augen brannten und aus den Lippen wich jegliche Farbe.

Sie hatte diesen Schmerz immer gefürchtet und sich nichts sehnlicher gewünscht, als vor ihm zu sterben. Der Wille zum Leben verließ sie, sie verlor jeden Halt in der von diesem Moment an nicht enden wollenden Einsamkeit. Ihr Stolz verwehte im Wind des schnurrenden Ventilators. Irgendwann wusste Else nicht mehr, ob sie in ihrer Wohnung oder bei Mrs. Wilson war. Sie konnte nicht mehr sagen, ob es Tag war oder Nacht.

Else brachte es nicht über sich, zu Modleys Beerdigung zu gehen, stattdessen legte sie sich ins Bett, weinte, schlief, träumte und weinte. Modley hatte ihr das Unsterbliche, das Schönste und zugleich Quälendste hinterlassen – die immer wiederkehrende Erinnerung an ihn. In seinem Testament hatte er sie nicht bedacht. Sein Verlust und die Einsamkeit verfolgten Else fortan auf Schritt und Tritt. Bis auf Mrs. Slater war ihr in New York niemand geblieben. Ihre Töchter lebten mit ihren Familien für sie unerreichbar weit weg in Deutschland und in Brasilien.

3

Else klopfte an die Tür im vierten Stock. Einige Minuten vergingen, ohne dass etwas passierte. Schließlich öffnete ein älterer Herr die Eisentür und lugte durch einen schmalen Spalt. Er setzte seine Brille auf, um die Besucherin deutlicher zu erkennen.

Vor ihm stand eine Frau in Unterwäsche und mit zerzaustem Haar.

Er richtete sich erschrocken auf.

»Ja bitte?«, fragte er zögerlich.

»Mister«, sagte Else mit rauchiger Stimme – Alkoholdunst schlug ihm entgegen, »welcher Tag ist heute?«

»Es ist Donnerstag. Kann ich Ihnen helfen?«

»Donnerstag?«, wiederholte Else. »Und wie spät ist es?«, fragte sie weiter.

»Es ist«, er warf einen kurzen Blick auf seine Uhr am Handgelenk, »halb acht morgens.«

Else zeigte keine Reaktion.

Aus einiger Entfernung näherten sich Schritte im Hausflur. Das hohle Klackern von Absätzen auf dem Linoleumboden wurde lauter.

»Frau Jessurun!«, rief Mrs. Slater erleichtert. Sie blieb beim traurigen Anblick ihrer Nachbarin unverändert freundlich. »Kommen Sie, ich habe Kaffee für uns gekocht. Und so, wie Sie hier herumstehen, werden Sie sich einen Schnupfen holen.« Erst jetzt wandte sie sich entschuldigend dem Herrn zu. »Es ist schrecklich, bitte haben Sie Verständnis. Die Dame wohnt hier im Haus und ist vollkommen verwirrt, eine Tragödie, sie hatte so einen lieben Mann.« Mrs. Slater nahm Else beim Arm und führte sie den Flur hinab zu ihrer Wohnung. Der Herr im Bademantel schaute noch einmal auf seine Uhr und zog dann die Wohnungstür hinter sich zu.

Im Apartment der Jessuruns angekommen, bot sich Mrs. Slater ein grauenvoller Anblick. Auf dem niedrigen Teetisch stapelten sich Briefe, Rechnungen, Zeitungen und Telefonbücher. Auf der Kommode standen dicht gedrängt Flaschen und Gläser, Alle Schubladen waren aufgerissen, Tischwäsche, Unterwäsche und Hemden quollen heraus und ergossen sich in bunten Bündeln über den Fußboden. Überall lagen Tabletten und leere Schachteln herum.

»Na, dann wollen wir mal anfangen, Frau Jessurun!«

Mrs. Slater sammelte alle Rechnungen, Zahlungsaufträge, Briefe und Papiere zusammen und packte sie in eine Schachtel. Sie schlug

Else vor, sich anzuziehen und alleine einen Spaziergang im Park zu machen, sie würde in der Zwischenzeit die Wohnung aufräumen. Doch Else weigerte sich, alleine zu gehen. Stattdessen entschied sie, ihren Arzt aufzusuchen, denn wieder hatten ihre Schmerzen sie die ganze Nacht nicht schlafen lassen.

Doktor Glauber saß in seinem Ledersessel mit hoher Rückenlehne und musterte seine Patientin.

»Und Sie nehmen Ihr Bufferin?«, fragte er.

»Ja«, antwortete Else, »dreimal am Tag.«

»Gut. Vielleicht sollten Sie ruhig vier oder fünf nehmen, das wird Ihnen helfen, ohne Schmerzen durch die Nacht zu kommen.«

Else nickte.

»Jetzt gebe ich Ihnen noch eine Spritze und Sie kommen nächste Woche wieder, dann sehen wir, wie es Ihnen geht. Zacanol haben Sie noch, Frau Jessurun?«

Else schüttelte den Kopf.

»Gut, das kann ich Ihnen gleich mitgeben.«

In der kommenden Woche ging Else wieder zum Arzt. Die Sprechstunde verlief ganz genauso wie die vorhergehende und wie die in der Woche darauf. Am Ende des Monats belief sich das Honorar für Doktor Glauber auf fast 1400 Dollar.

»Sie wollen also ein Konto eröffnen?«, fragte der blitzblanke Bankangestellte hinter seinem Schreibtisch und schaute an Else vorbei zu der jungen Sekretärin zwei Tische weiter.

Else hatte vor, das wenige Geld, das sie noch mit ihrer Schneiderei verdiente, anzulegen. »Ja«, sagte sie daher, ohne zu zögern.

»Welches Startguthaben möchten Sie einzahlen?«, fragte der junge Mann.

Else legte 100 Dollar auf den Tisch.

Sie unterschrieb, steckte die Zettel ein und verabschiedete sich.

In der kommenden Woche ging Else zu einer anderen Bank und der Vorgang wiederholte sich.

Zwei Jahre später hatte Else zahlreiche Konten in den verschiedensten Banken. Jedes verfügte über ein Guthaben von 70, 100, 200 oder höchstens 450 Dollar.

Else vergaß, dass sie die Toilette benutzen musste, sie kaufte Kleidung und verschenkte sie an Freunde oder ließ die Tüten irgendwo stehen. Sie vergaß, wann sie ihr Bufferin genommen hatte, und nahm entweder zu wenig oder zu viel davon. Das Schlafmittel, das Doktor Glauber ihr verordnet hatte, schluckte sie zu jeder Tages- und Nachtzeit, weil sie gar nicht mehr wusste, dass es ein Schlafmittel war.

Zu dieser Zeit lebte Eva mit ihrem Mann Helmut, dem gemeinsamen Sohn Ronny und vier Hunden in Brasilien. Ann war vor mehr als zehn Jahren mit ihrem Mann, Fritz Grobien, nach Deutschland gezogen, wo ihre Tochter Margarit sich gerade mit Jens Jacobs, dem jüngsten Sohn von Walther, vermählt hatte. Das junge Brautpaar war aus New York nach Rapperswil in der Schweiz gezogen und hatte ihr erstes von sechs Kindern, Marie-Christin, zur Welt gebracht. Es sollten meine beiden Brüder Frederik und Johannes folgen, danach wurde ich geboren und schließlich meine Schwestern Daisy und Theresa.

Für Ann wie für Eva war die Pflege ihrer Mutter im Alltag nicht zu bewältigen. Ann hatte die Möglichkeit, Else in einem von Juden gestifteten Sanatorium bei Bremen unterzubringen. Eva hätte sie zu sich nach Brasilien holen können.

»Du weißt, dass sie sich mit Fritz nicht besonders gut versteht«, sagte Ann in einem Telefonat zu ihrer Schwester.

»Dann ist sie besser in New York aufgehoben, außerdem möchte ich sie nicht in ein Sanatorium stecken«, erwiderte Eva.

»Ich schaff es nicht, Eva. Ich kann dir nur das eine anbieten. Ob es für unsere Mutter die beste Lösung ist, weiß ich nicht.«

»Sie kann nicht zurück nach Deutschland, das wissen wir beide.« Sie schwiegen, keine wollte das Gespräch beenden und wünschte, die andere würde es tun.

4

Es gäbe so viel über Anns Weg nach Deutschland zu erzählen. Wie sie Managua verließ und nach zehntägiger Reise vollkommen seekrank und mit zwei kleinen Kindern in Bremen einfuhr. Wie sie als Amerikanerin und Jüdin von der einfältigen Bremer Gesellschaft empfangen wurde. Ich könnte von den Kaffeekranztanten erzählen, die nie aus Bremen herausgekommen waren, deren Verständnis von Kultur bei Knigge begann und damit auch endete, die dicke Autos fuhren und von ihren gut verdienenden Ehemännern lebten. Oh, und nicht zu vergessen die Geschichte, die Ann in einer der vornehmen Teerunden erlebt hatte, als die neben ihr sitzende Dame im roten Chiffonkleid doch tatsächlich sagte: »Ich kann die Juden auf einen Kilometer Entfernung riechen.« Heute noch sagt Ann, wie Leid ihr die Frau getan hätte.

Von Ia kann ich berichten, die mit Petra und ihrer kleinen Schwester Margarit, meiner Mutter, im Park saß und weinte, weil sie solches Heimweh hatte, sich nach der Sonne und der Familie sehnte. Es gäbe viel zu erzählen von Fritz' Vater, der Ann nicht akzeptierte und sie nie direkt ansprach.

Ann liebte Fritz über alles und wäre vermutlich überall mit ihm hingegangen. »So was Liebes gibt's heute gar nicht mehr«, sagt Ann über ihren verstorbenen Mann, womit sie wohl Recht hat.

Als ich drei Jahre alt war, saß ich noch bei ihm auf dem Schoß, dann starb er an den Folgen seines zweiten Schlaganfalls im November 1985. Ich kann mich kaum an ihn erinnern.

Ann erinnert sich aber umso besser, wie er ihr zum Beispiel am Fenster seines Kontors stehend zuwinkte, wenn sie in der Stadt Besorgungen machte und zufällig dort vorbeikam. Von jeder seiner Geschäftsreisen schrieb er ihr täglich ein Telegramm.

Er erlaubte Ia, die Kinder – mittlerweile waren es drei – mit in den katholischen Gottesdienst zu nehmen, obwohl sie protestantisch waren. Fritz war in jeder Hinsicht großzügig. Zeitlebens bewahrte er sich seinen Humor und seinen unwiderstehlichen Charme und kleidete sich bis ins Alter auffallend elegant.

Es gab einen Menschen, mit dem er sich nicht gut vertrug, und das war Else. Wenn Anns Mutter zu Besuch kam, war er auf Reisen in Syrien oder Südamerika, um ihr aus dem Weg zu gehen. Bremen erlebte damals seine Blütezeit. Heute ist es eine Stadt am Fluss, die den alten Träumen von Ruhm und Eleganz nachhängt. Ann kennt jeden Winkel der Hansestadt und doch fand sie dort wohl nie ihre portugiesischen Wurzeln. Ich konnte mir als Kind nicht vorstellen, dass Ann jemals anderswo gelebt hatte; heute frage ich mich, wie sie es in Bremen überhaupt ausgehalten hat. Auf einem Schrank in ihrem Wohnzimmer steht ganz hinten an der Wand ein Hanuka-Leuchter. Als ich danach frage, sucht sie Fotos ihrer Eltern in Lissabon und New York heraus. Sie liegen in einem vergilbten Umschlag ganz unten in einem Schränkchen, neben der Decke für den Bridgetisch. Wenn sie von Familie spricht, dann meint sie als erstes Fritz Grobien, dann die Albrechts, die Familie von Fritz' Großmutter Franziska, und schließlich die Knoops, die Ururgroßeltern von Fritz Grobien.

Ann verwahrt ihre Familiengeheimnisse sicher, sie schlafen, wie auch die spanische Jüdin in ihr schläft.

5

Eva hatte sich ins volle Leben gestürzt. Sie liebte ihre neue Heimat Brasilien, malte und verkaufte ihre Kunst und ihre Töpferarbeiten erfolgreich. Nach einer unglücklichen Ehe mit Helmut, die nur drei Jahre hielt, lebte sie als 22 Jahre junge Frau in Scheidung. Es war eine Zeit, an die sich Eva nicht gerne erinnert. Zu ihrem Sohn Ronny hatte sie ein schwieriges Verhältnis. 25 Jahre lang haben sie sich nicht gesehen. Erst im September vor zwei Jahren hat er sie zu ihrem 76. Geburtstag in Arizona besucht.

Eva und fünf weitere Mitarbeiter bauten in Rio zusammen mit Hans Stern seine Firma auf. Sie hatte fünf Jobs gleichzeitig und war ständig unterwegs. Auch Hans war damals noch sehr jung. Seine jetzige Frau, Ruth, sollte er erst viel später heiraten. Ruths Eltern kannten die Sterns aus Essen. Auch sie lebten schon lange Jahre in Brasilien.

»Wer ist denn der Herr mit dem Riesenschnauzer?«, fragte Eva ihre Freundinnen aus dem Golf Club, mit denen sie nach einem Tee im Hotel Gloria noch einen kurzen Spaziergang vor Sonnenuntergang am Strand der Copacabana machte. »Was für ein schönes Tier!«

»Der ist aber bissig«, wurde sie von Ida aufgeklärt.

»Was?«

»Ja«, bestätigte jetzt auch Lia. »Der Besitzer ist Arnold Wolfson, wir kennen ihn. Wenn der Hund nicht beißen würde, hätten wir ihn doch schon längst begrüßt.«

»Das will ich selbst herausfinden«. Eva war noch keinem Hund begegnet, der ihr etwas Böses gewollt hätte. Sie näherte sich dem schwarzen Schnauzer und dessen Besitzer, der gerade etwas las.

Die Wellen schlugen an den Strand und einige Schwimmer waren im Wasser.

»Na du gutes Tier«, sagte Eva auf Deutsch und hockte sich vor den Hund. »Was bist du für ein Prachttier. Ja sieh mal her, da mag dich jemand.« Der Schnauzer hatte angefangen, Evas Hand zu lecken und er schnaufte freudig durch die Nase. »Na, kannst du die Pfote geben?«

»Entschuldigen Sie bitte, aber was machen Sie da mit meinem Hund?«

Eva sah auf in das sonnengebräunte Gesicht eines gut gekleideten Herrn. »Meine Freundinnen sagen, der Schnauzer beißt, aber ich habe mich selbst überzeugen wollen und ich glaube eher, Sie sind es, der beißt.«

»Was Sie nicht sagen.« Der Herr legte sein *Time Magazine* beiseite. »Sie kennen mich doch gerade erst eine Sekunde.«

»Eva«, stellte sie sich vor und streckte dem Mann ihre Hand entgegen. »Fünf Sekunden«, korrigierte sie ihn.

»Arnold. Freut mich. Und das ist William.« Der Schnauzer

bellte und Eva musste lachen. »Das macht er wohl auf das Kommando hin »Das ist William«, wiederholte sie Arnolds Worte und der Hund bellte erneut mit hoch gestreckter Schnauze.

Das war die erste Begegnung mit Arnold. Ein zweites Mal sollten sie sich auf einer Party im Copacabana Palace treffen. Obwohl beide in anderer Begleitung dort waren, dauerte es nicht lange, bis sich ihre Blicke begegneten.

»Jetzt überraschen Sie mich aber«, sagte Arnold, als er an vielen Gästen vorbei endlich zu Eva gefunden hatte und sie in Hörweite stand. »Was machen Sie denn hier?« Er beugte sich zu Eva hinunter, um leiser sprechen zu können und sie besser zu hören. Eva antwortete nicht gleich. Sie lächelte und rauchte.

»Na dasselbe wie Sie: flirten, trinken und tanzen.«

»Sie leben in Rio?«, fragte Arnold, bemüht sein erwachendes Interesse zu verstecken.

»Zurzeit ja. Ich liebe die Stadt.«

»Dann lassen Sie mich Ihre Hommage an Rio hören.«

»Glamour, Teas, Teresopolis und Carchaça.«

»Wie ich höre, haben Sie hohe Ansprüche.«

»I never take second best.«

Arnold nickte und sagte kühl: »Das bin ich ganz gewiss nicht.«

»Na also.« Eva schaute amüsiert auf Arnolds Krawattenknopf. Die Band spielte *Girl from Ipanema*, ein Kellner tauchte aus der Menge schillernder Perlen und Pailletten auf. Eva winkte ihn heran und nahm sich ein Glas Champagner. Arnold hatte sein Glas erst zur Hälfte geleert, tauschte es aber kurzerhand gegen ein volles aus.

»Was für Hunde besitzen Sie denn?«, wechselte er das Thema.

Eva rauchte: »Es sind mit Sicherheit die schönsten in Rio. Nur in einer Sache stehen sie Ihrem William nach ...«

»... ihre Herrin ist nicht bissig«, unterbrach Arnold sie.

»Oh, Vorsicht, da wäre ich mir nicht so sicher. Aber lassen Sie mich ausreden. Ich habe eine Dänische Dogge und einen Schäferhund, leider bellen sie nicht auf Kommando.«

»Gott sei Dank! Der arme William geriete ja sonst allzu schnell in Vergessenheit. Wollen Sie Lachs?« Arnold hielt den Garçon auf und wies ihn auf Portugiesisch an, die Dame zu bedienen. Eva nahm sich etwas von der Platte und bedankte sich.

»Also Eva«, begann Arnold schon sichtlich ernster. Er stand nun so dicht vor ihr, dass Eva sein Gesichtswasser riechen konnte. »Verraten Sie mir, was mögen Sie am liebsten? Golf spielen, Hunde dressieren, kochen oder Ihren Garten?«

»Sie durchschauen mich!«, rief Eva empört und lachte.

Arnold nippte am Champagner: »Ich erkenne Sie.«

Das ließ Eva für einen kurzen Moment verstummen. Dann sagte sie:»Sie haben mit Ida gesprochen, also wissen Sie, dass ich sehr gut Golf spiele, meine Hunde vergöttere, leidenschaftlich gern koche und …«, sie stockte, »was war das Letzte?«

»Gardening.«

Eva nickte. »… und nicht ohne Pflanzen leben kann. Wo kommen Sie her?«

»Ich bin Amerikaner, aus New York.«

»Tatsächlich?«

»Und Sie?«, fragte Arnold zurück.

»Wie lange sind Sie schon in Rio?« Eva tat so, als hätte sie seine Frage überhört.

»Ein paar Wochen, immer mal wieder.«

Eva wusste, dass sich Arnold und Ida gut kannten. Die Band spielte. Als Eva am nächstgelegenen Tisch ihre Zigarette ausdrückte, trat Arnold zu ihr und hob die Hand hinter ihrem Rücken, ohne ihn jedoch zu berühren. Ob sie an die frische Luft wolle. Eva nickte stumm und beide bewegten sich langsam an den Blumengestecken entlang, vorbei an den Tanzenden zum großen Balkon. Scheinbar beiläufig begann Arnold schließlich wieder:

»Mit wem sind Sie eigentlich hier?«

»Ach, mit einem Bekannten.«

»Erzählen Sie etwas von sich.«

Sie traten auf den Balkon.

»Oh nein! Dann würden Sie noch morgen früh hier stehen.«

»Ach. Warum nicht.«

»Ich müsste aber noch einige Freunde und Bekannte begrüßen, was ist mit Ihnen?«

»Ich auch, das gebe ich zu. Doch die kann ich warten lassen, Sie nicht.«

»Wenn Sie noch einen Martini mit Limão für mich haben?«

Arnold nickte und bat sie zu warten. Eva begrüßte einige Freunde und war in ein kurzes Gespräch verwickelt, als Arnold wiederkam. Sie standen noch eine Weile auf dem Balkon, erzählten, lachten und tranken.

»Man sieht sich wieder«, sagte Eva irgendwann, als das nächtliche Meer glitzerndem, schwarzem Öl glich.

»Mit Sicherheit.«

»Warum sind Sie so sicher?«

Eva steckte sich eine zweite Zigarette zwischen die Lippen. Arnold gab ihr Feuer und sagte dann:

»Ich habe so ein Gefühl, dass Sie bald Mrs. Wolfson sein werden.«

Eva traute ihren Ohren nicht und sagte aus innerster Überzeugung: »Ich heirate nie wieder.«

»Auf Wiedersehen, Eva.«

»Auf Wiedersehen.«

Zwei Monate später waren Eva und Arnold verlobt. Mit 25 Jahren heiratete Eva ihren zweiten, 15 Jahre älteren Mann. Die Hochzeit fand auf einem Schiff statt. Eva bekam ihren zweiten Sohn, Michael, und die Familie lebte in New York und Brasilien, wo Arnold als Manager für Esso tätig war. Eva hätte durch die Heirat die Möglichkeit bekommen, ihren deutschen Pass zu verlängern, doch sie lehnte ab.

»Es war ein gutes Leben«, sagt sie zu mir.

Arnold starb in den neunziger Jahren an Krebs, Eva war bis zur letzten Minute an seiner Seite.

13. Teil

Vier Trümpfe und ein Ass

»Neue Packung, neue Sortennamen und eine neue Sorte – das haut hin!« Mit diesen Worten feierte der *Kontakt* im März 1966 die Geburt der »Krönung« und ihrer Mitstreiter »Tradition«, »Privat« und »Edel-Mocca«.

SB-Läden breiteten sich aus, die Selbstbedienung wurde zum neuen Lebensgefühl, der Kunde war plötzlich anonym und unberechenbar.

Stand der Kaffee bis dahin unter dem Schutz des Einzelhändlers, von dem man sich immer gerne den von Jacobs empfehlen ließ, war er nun in den Regalen der Supermärkte zwischen Tchibo, Hag, Eduscho und Dallmayr zu finden. Unter diesen Umständen wiesen sämtliche Packungen des Hauses Jacobs Schwächen auf. Das Ende des Werbeslogans »... wunderbar« saß viel zu tief, sodass es von den Begrenzungsschienen der Regale verdeckt wurde. Die Lettern von »Jacobs« waren zu klein und aus der Ferne schwer zu erkennen. Das Etikett wurde also vergrößert und der Schriftzug »Jacobs Kaffee ... wunderbar« zu einem Block zusammengezogen. Der Kunde sollte die Packung mit einem Blick erfassen können.

Diesen Schönheitsoperationen unterlag aber nicht nur die Hülle, sondern unterlagen auch die plötzlich veralteten Sortennamen. »Kurz, verständlich und einprägsam« sollten sie sein, so die Firmenzeitschrift. Kaum jemand verband mehr die Farben Grün, Blau und Braun mit hochwertigem Genuss. Informativ mussten die neuen Namen sein und sie sollten auf der Gefühlsebene des Kunden das Kaufverlangen anregen und steigern.

»Die vier Trümpfe« waren also geboren und erhielten die Namen Krönung, Tradition, Privat und Edel-Mocca.

Die Kampagne glich einem Rundumschlag. Man warb großformatig in Illustrierten und auf bunten Plakaten. Die Frischedienstwagen wurden neu ausgestattet und fuhren nun mit der Werbung auf der Heckscheibe durch ganz Deutschland. Für die Krönung und ihre Gefolge ging man »auf ganzer Linie zum Angriff« über.

Unter den vier neuen Sorten sollte die erlesenste und teuerste die Mischung in Gold – später in Grün – sein. Und sie ist es bis heute geblieben. Die Beste von Jacobs sollte nicht nur das feinste Aroma haben, sondern auch die langlebigste Sorte sein, die bis heute Krönung heißt. Die von Klaus lancierte Kampagne mit Frau Sommer alterte mit der Mischung über Jahrzehnte hinweg. Unzählige Hochzeitsgesellschaften, Familienfeste und Geburtstagsrunden beschworen im Fernsehen die harmonisierende Wirkung dieser ganz besonderen Sorte.

Mittlerweile identifizierten 99 Prozent der Bundesbürger den Namen Jacobs mit Kaffee oder Tee. In den kommenden Jahren sollte der Umsatz von 907 auf 975 Millionen Mark ansteigen, der Marktanteil wuchs von 20,9 auf 24 Prozent. »Mühe allein« genügte eben nicht, nicht nur beim Kaffeekochen, Frau Sommer versprach auch mit dem Verwöhnaroma das Eheglück.

Die tugendhafte Hausfrau Karin Sommer, die mit ihrem Mann Peter ein Haus im Grünen bewohnte, zeigte der deutschen Mutter und Gattin, dass sie mit dem Aroma der Krönung selbst Ehenkrisen beheben konnte.

»Sag's nur, Rolf!«, so die verzweifelte Nachbarin vor dem Küchenfenster von Frau Sommer. »Ihm schmeckt nämlich mein Kaffee nicht. Ach, Frau Sommer, dabei gebe ich mir so viel Mühe.«

»Mühe allein genügt nicht, ihrem Kaffee fehlt einfach das ganze Aroma. Hier, nehmen sie Jacobs Kaffee«, rät die beste aller Hausfrauen.

Und der Lohn lässt nicht lange auf sich warten: »Hmm, also Schatz, dein Kaffee, der ist jetzt einfach Klasse«, lobt der zufriedene Ehemann, und die zufriedene Ehefrau klärt ihn auf: »Das ist ja auch Jacobs Kaffee, den kauf ich jetzt immer.«

Die Kampagne schlug ein und nach nur drei Monaten war der Bekanntheitsgrad der blonden Kultfigur auf 25 Prozent gestiegen.

In die Zeit der Erfindung der Krönung, in die Zeit des Beginns einer neuen Ära bei Jacobs fiel auch der Beginn des Umbruchs in Walthers Leben. Mit der Heirat seines jüngsten Sohnes Jens, meines Vaters, kam eine Amerikanerin jüdischer Herkunft, meine Mutter, in die Unternehmerfamilie. Klaus ließ sich von

Silvia Bunnemann scheiden. Aus dieser Ehe waren zwei Söhne, Christian und Andreas, hervorgegangen. Eine von Walthers Töchtern gebar ihren ersten unehelichen Sohn, was für den konservativen Vater schwer zu ertragen war.

Während im Fernsehen »... die Krönung der schönsten Stunde, ... die Krönung von Jacobs Kaffee« gefeiert wurde, gewann Walther nach und nach wichtige Rennen auf der Galoppbahn und seine Rennsportkarriere nahm ihren Lauf.

1966 war aber nicht nur das Jahr der Krönung, in Amerika tanzten die Hippies auf den Straßen und protestierten zu Hunderttausenden gegen den Vietnamkrieg. Sie bliesen ihr Ideal einer sinnerfüllten, von bürgerlichen Tabus, Wertvorstellungen und Zwängen befreiten Welt in Haschischwölkchen in den Wind. Sie priesen das Leben in freier Natur und in freier Liebe, sie feierten es im ekstatischen Rausch zu ihrer Musik, während das andere Amerika Luftangriffe über den Urwäldern Nordvietnams flog. Mit jedem gefallenen Vietcong wuchs die Blumenbewegung, vereint im Protest gegen das Morden im Südosten Asiens.

2

Es war der 13. Juni 1977. Innerhalb 2 Minuten und 25 Sekunden gab es auf der Rennbahn Köln-Weidenpesch einen neuen Derby-Favoriten. Der dreijährige Hengst Surumu vom Gestüt Fährhof hatte das Union-Rennen vor 25 000 Zuschauern überlegen gewonnen.

Unter dem walisischen Jockey George Cadwaladr rannte Surumu mit vier Längen Vorsprung alle Hoffnungen auf Cagliostro und Irazu nieder.

Das 108. Deutsche Derby sollte in knapp einem Monat stattfinden. Es kursierten die wildesten Spekulationen über den Favoriten unter den deutschen Dreijährigen. »Ist Surumu der Favorit? Eine Woche vor dem Hamburger Galopp-Derby: Experten rätseln weiter«, titelte die *Welt am Sonntag*.

Der 3. Juli 1977 war ein strahlender Sonntag. 40 000 Menschen besuchten an jenem Tag die Hamburger Rennbahn. Die einen waren bereits dabei, ihre Plätze auf den Tribünen einzunehmen, andere flanierten noch über den saftig-grünen Rasen den Zaun entlang oder tummelten sich in den Wettbüros, vor den Wurstbuden oder in den Champagnerzelten.

Die heißesten Stunden des Tages standen noch bevor, als die 24 für das Deutsche Derby gemeldeten Pferde auf dem Geläuf paradierten. Geführt von ihren Trainern und geritten von ihren Jockeys tänzelten die Vollblüter über den Rasen.

Walther hatte auf der Club-Tribüne Platz genommen. Er wandte den Blick durch den Feldstecher nicht von seinem Fuchshengst ab. Er beobachtete jeden Atemzug, der durch Surumus Rippen ging, jedes Wort las er von den Lippen des Trainers, Adolf Wöhler, ab. Es war der letzte ruhige Augenblick, bevor die Tore der Startboxen aufknallen würden. Jeder in der Zuschauerrunde besann sich seiner Wette – Walther hatte 100 Mark auf Surumu gesetzt – und lüftete noch mal den Rock, bevor er Platz nahm. Die Herren im dunklen Anzug und mit Melone auf dem Kopf lockerten jetzt ihre Krawatten. In den nächsten zwei Minuten würde es richtig heiß werden.

Die Pferde lösten sich aus der Formation der Parade und begaben sich zur Startmaschine. Manche gingen problemlos hinein, andere mussten von drei Männern hineingeschoben werden. Ganz rechts schlossen sich die Türen hinter dem Schweif von Little Boy, zwei Boxen weiter prüfte der Trainer von Saros noch einmal das Befinden des Pferdes. Schulter an Schulter saßen die Jockeys unter dem Stahlgerüst auf den Rücken ihrer Rennpferde. Nur die Briten unter ihnen lächelten. Es herrschte höchste Konzentration. In fünfzehn Sekunden mussten Kappe und Schutzbrille richtig sitzen.

Wöhler sah ein letztes Mal zu Cadwaladr, der den Blick erwiderte, und hob ermunternd den Daumen. Cadwaladr nickte. »O. k.«, flüsterte er, nicht weniger erregt als das zitternde Pferd unter ihm.

Walther spähte mit dem Fernglas hinunter aufs weite Feld. Surumu stand als Zweiter von links gut in der Box, drei Pferde fehlten noch in der Maschine, La Tour, Opal und Giotto. Dann wurde gezählt: »Drei, zwei, eins!«

Die Türen sprangen auf und 24 der besten deutschen dreijährigen Vollblüter sprengten heraus. Der Anblick glich mehr einer Attacke als dem Auftakt zum wichtigsten Galopprennen der Bundesrepublik.

Ganz innen hatten Little Boy und Opal den besten Start erwischt. Surumu kam neben Ziethen ebenfalls gut weg. In der Bahnmitte preschte La Tour zwischen Irazu und Flaubert an die Spitze.

Sechshundert Meter waren gerannt. Die Pferde flogen, begleitet vom Schmettern ihrer Hufe und der immer lauter werdenden Stimme des Rennbahnsprechers, Richtung Tribüne.

»Opal übernimmt das Kommando, hinten außen Inka Lillie, Saros und Ziethen. Surumu mit der Nummer eins galoppiert im Feld. Ganz hinten Cagliostro und Norington«, ließ sich der Kommentator vernehmen.

Die Pferde rasten an den Köpfen der Zuschauer vorbei. Alle schwenkten mit ihren Feldstechern von einer Seite zur anderen, um die Gruppe nicht aus den Augen zu verlieren. Selbst der Geruch von Rostbratwurst verflog für Sekunden, als sich der süßliche Dampf von Schweiß und Atem in einer Welle über den Zaun hinweg in die Menge hinein verströmte.

Cadwaladr ließ sich vom Rudel ziehen, noch hielt er die Gerte ruhig und machte keine Anstalten, die Spitzengruppe anzugreifen.

Nach 1200 Metern – die Gegengerade war erreicht – machte Opal, der kein Derby-Favorit gewesen war, unter der Führung des Jockeys Joan Pall noch immer das Tempo.

»Ambrosius kommt angeflogen!«, kam es schon hörbar erregter aus den Lautsprechern. »Außen kommt Ambrosius an die Spitze. Ihm folgt La Tour, La Tour weiterhin vorne neben Ziethen.« Es wurde richtig eng an der Spitze.

800 Meter vor dem Ziel.

Opal führte die Gruppe noch immer an. Mit angelegten Ohren kämpfte er mit dem Atem, sein Jockey wurde sichtlich nervöser.

»Cagliostro!« Die Stimme aus dem Turm überschlug sich. Der Publikumsliebling machte sich auf den Weg nach vorn, dicht gefolgt von Ziethen, Flaubert und immer noch La Tour. Von Surumu keine Spur. Er rannte noch immer im Feld.

Die Spitze befand sich schon wenige hundert Meter vor dem Ziel.

»Und da kommt Surumu!« Die Menge raunte. Finger wurden enger ineinander verschränkt, Beine begannen nervös auf und ab zu wippen.

»Surumu! Eine Explosion! Surumu ist vorbei an Opal, ist vorbei an Saros. Saros fällt zurück. Surumu neben Ziethen! Ziethen ist geschlagen!«

Cadwaladr spürte jeden Muskel des explodierenden Hengstes. Millimeterweise gab er die Zügel, ermutigte Surumu, alles aus sich herauszuholen. Der Fuchs reagierte mit weiteren Sprüngen, flog vorbei an dem kämpfenden Flaubert. Pit und La Tour schoben sich weiter nach vorne. Noch 200 Meter bis zum Ziel.

Und plötzlich raste Surumu mit mächtigen Sprüngen an die Spitze. Er schnellte ohne sichtliche Anstrengung zwei Längen vor seine Verfolger. Die Menschen in den Rängen sprangen von ihren Sitzen. Jubelnd begleitete die Menge den Einzelgänger ins Ziel.

Der Sprecher schrie nur noch: »Surumu! Surumu! Surumu gewinnt!« Er hatte 100 Meter vor dem Ziel bereits einen großen Vorsprung zum Feld. Der Hengst stahl allen die Show. Mit einem grandiosen Finish über sieben Längen galoppierte Surumu mit George Cadwaladr auf dem Rücken am Zielpfosten vorbei. Die Zuschauer waren begeistert. Der Rennbahnsprecher im Turm schmiss seine roten Marlboro auf den Tisch. »Nicht zu fassen! Meine Damen und Herren, Surumu ist Sieger des Deutschen Derby.« Chapman schob den Kopfhörer in den Nacken und klaubte aus der vor ihm liegenden Schachtel eine Zigarette. Das Fernglas lag vor ihm auf dem Tisch, darunter die Liste der 24 Pferdenamen, Programmnummern, Rennfarben und Jockeys.

»Schwarzgelb, wer hätte das gedacht«, sagte er zu sich und blies den Rauch an die Decke der Kabine.

Cadwaladr sah sich noch einmal nach der Konkurrenz um, am Zaun tobte die Menge. Er ließ den elektrisierten Hengst unter den Rufen der Zuschauer und unter den gerührten Blicken des Besitzers auslaufen. Walther senkte das Fernglas und starrte mit bloßem Auge zu seinem ersten Derby-Sieger. Klaus stand neben seinem Vater und suchte sein Herz mit geballter Faust zu beruhigen, er strahlte. Inge, Walthers zweite Frau, hatte sich von ihrem Sitz noch nicht erhoben. Sie schaute fassungslos in den bunten, millionenschweren Kopfschmuck um sie herum und tastete nach der Nadel an ihrer Hutkrempe.

Adolf Wöhler nahm seine Frau fest in den Arm und rannte dann überwältigt von Surumus Sieg zum Geläuf.

»I knew months ago he would win«, sagte Cadwaladr mit seinem walisischen Akzent. Wöhler rief lachend: »I love you!«

Walther bahnte sich den Weg zur Bahn hinunter. So, wie er es immer tat und immer tun würde, nahm er auf dem Rasen seinen Sieger in Empfang, um ihn, gefolgt von einer berittenen Eskorte, zum Absattelring zu geleiten.

Alle paar Meter wurde von dem stolzen Besitzer ein Foto geschossen. Auf einem lächelt Walther mit vorgeschobener Unterlippe, auf die er fest die Oberlippe presst, um nicht vor Stolz zu platzen. Auf einem anderen lacht er offen mit strahlenden Augen zum Jockey hinauf. Und auf einem dritten geht er zufrieden neben dem ruhigen Pferd. Immer wieder hebt der Jockey seinen rechten Arm, schwingt seinen Reithelm. Wöhler hingegen wirkt gelassen. So dokumentieren Schwarzweißfotografien den Einzug der vier im Absattelring.

Es sollte Walthers schönster Tag sein, wie er später sagen wird. Bei der Siegerehrung war er um 251 760 Mark, plus 1600 Mark Wettgeld reicher und auf dem Weg zu einer großartigen Galoppsport-Karriere.

Im Hamburger Waagering drängelten sich die Fotografen und Reporter zur Siegerehrung. Bundeskanzler Helmut Schmidt schüttelte Walther die Hand und posiert auf einem Foto mit Jockey und Bürgermeister Hans Ulrich Klose zu seiner Linken. Surumu bekam den Lorbeerkranz und die Decke. Und spätestens jetzt konnten alle Kommentatoren und Reporter den Namen des Pferdes richtig aussprechen.

»Herr Jacobs, Sie gelten in Trainerkreisen als der angenehmste Rennstallbesitzer Deutschlands. Woher kommt dieses Kompliment?«, fragten die *Welt*-Reporter Göntzsche und Siemen, nachdem Walther mit seinem Pokal von der Bühne gestiegen war.

»Ich verstehe nichts vom Training, auch nichts von Trainerkreisen, aber als Bauernsohn verstehe ich viel von der Zucht. Und wenn man vom Land ist, lässt man sich da nichts vormachen.«

»Sind noch weitere Geschwister von Surumu im Rennstall?«

»Seine Schwester hat sich leider verletzt und wird nicht mehr laufen können. Surumus Großmutter habe ich in Newmarket für etwa 150 000 Dollar gekauft.« (Hatte er nicht eigentlich 180 000 bezahlt? Er wollte wohl nicht ganz so großzügig wirken.) »Soviel Geld wollte ich eigentlich nicht für sie ausgeben. Ich habe mit dem Filmschauspieler Omar Sharif um sie gekämpft und schließlich den Zuschlag erhalten.«

»Haben Sie sich vor dem Derby täglich über den neuesten Stand der Vorbereitungen informieren lassen?«

»Nein, eigentlich nicht. Mit Surumus Trainer, Wöhler, habe ich das letzte Mal am 19. Juni, also knapp zwei Wochen vor dem Derby, gesprochen.«

»Warum Wöhler und nicht Jentsch?«

»Surumu war als Fohlen dick und rund. Ein echter Vielfraß. Adolf Wöhler, da war ich mir sicher, würde ihn vorsichtig aufbauen, und es war mir wichtig, ihn in der Nähe des Gestüts zu wissen.«

»Wie viel Ihrer Zeit wenden Sie für Vollblutzucht und Rennsport auf?«

»Im Höchstfall 20 Prozent, dann ist aber die Zeit des Ausreitens schon inbegriffen.«

Die Herren mit Mikrofon dankten und tauchten in der Meute unter.

Die Sportseiten vom 4. Juli füllten sich mit Artikeln über den »Kaffeekönig«, der nun auch noch das Deutsche Derby mit Surumu gewonnen hatte. »Surumu stürmt im Derby der Rekorde auf und davon«, begeisterte sich die *Sport-Welt*, während die *Frankfurter Allgemeine Zeitung* ganz sachlich kommentiert: »Sieben Längen Vorsprung für Surumu«. Das *Kicker Sportmagazin* konnte es nicht lassen und titelte: »Nach Surumus Sieg im Galopp-Derby schmeckte der Kaffee noch mal so gut«. Sogar die *Bild-Zeitung* jubelte: »Surumu. Mit sieben Längen das 108. Deutsche Derby gewonnen. Der Besitzer konnte sich 251 760 Mark abholen.«

4

Walther hatte sich nie unterkriegen lassen, nicht von der Verletzung Literats – »einmal Piggott, nie mehr Piggott«, wie Walther in einem Interview sagte –, nicht von dem schweren Knochenbruch Mamories und auch nicht von dem tödlichen Sturz Harars im Derby 1974. Er hatte weitergemacht, trotz der Schultererkrankung des Schimmels Teotepec, trotz des ständigen Nasenblutens Caracols, trotz des Fesselbruches von Carvo. Er hatte nicht aufgegeben, als Anserma einen Atemfehler entwickelte, Corozal sich in einem Rennen in Gelsenkirchen das Bein brach – sie musste auf der Stelle erschossen werden – oder als Mirador verunglückte und ebenfalls getötet werden musste.

»Ich bin auf dem Land groß geworden und weiß, dass die Natur manchmal grausam sein kann«, sagte Walther einmal.

Im Juli 1977 hatte die Pechsträhne endlich ein Ende und Walther verdiente mit drei von seinen Pferden in nur einem Rennjahr, und es war noch nicht zu Ende, 818 444 Mark.

Am 12. Oktober 1977 schrieb die *Bild-Zeitung*: »Jacobs Beste: Fast eine Million in die Kaffeekasse.«

Alle liebten sie ihn, den Selfmademan. Alle schrieben sie über seinen Erfolg mit Kaffee und Pferden.

Wie sehr habe ich Walther bewundert! Wie oft habe ich vor dem Fernseher gezittert, wenn die ARD das Derby in Hamburg oder Baden-Baden übertragen hat. Gerne würde ich heute noch mit Walther über die Koppeln gehen. Wir haben nie ein Wort über Pferde gewechselt, und um richtig an der Rennbahn fiebern zu können war ich damals noch zu klein. Klaus war oft bei den Rennen dabei, mein Vater seltener. Lore hatte nicht mehr das Glück, Surumus Sieg mitzuerleben.

Während der Bayreuther Festspiele im Jahr vor dem großen Erfolg wurde bei ihr ein Gehirntumor diagnostiziert.

»Ich ging mit ihr spazieren, als sie furchtbare Kopfschmerzen bekam und immerzu stolperte«, erzählt Klaus. »Bärbel hat sie dann sofort nach München in die Klinik gebracht.«

Und nur wenige Monate später, am 2. März 1977, starb Lore Marie Christine Jacobs, geborene Beckmann, in einem Münchner Krankenhaus. Es war ein schwerer Abschied für Walther und die Kinder. Wer würde jetzt mit ihnen lachen, wer würde Kirschkerne spucken? Jeder von ihnen nahm etwas von ihr mit, Petra ihre Briefe an Walther, Bärbel das Sanftmütige und die Liebe zum Gesang, Klaus die Leidenschaft für die Kunst und, jetzt, da ich Bilder von Lore kenne, sehe ich, dass mein Vater ihr Lachen geerbt hat.

Mit Ingeborg Bunnemann begann mein Großvater ein neues Kapitel in seinem Leben. Sie war die Witwe seines guten Freundes, des Großreeders August Bunnemann, und zugleich die Schwiegermutter seines Sohnes Klaus. Sie hatten im selben Jahr ihre Ehepartner verloren, Inge ihren Mann nur wenige Monate vor Lores Tod durch einen Reitunfall. Die beiden Männer kannten sich seit Jahren aus der Bruderschaft St. Annen und sie verband die Leidenschaft für das Reiten. Hatte Walther deshalb die Ehe zwischen Inges Tochter Silvia und seinem ältesten Sohn Klaus gestiftet? Jedenfalls hatte sie nicht lange gehalten.

Als strenger Hanseat machte Walther seine Beziehung zu Inge Bunnemann nicht publik. Inge begleitete ihn zu öffentlichen

Anlässen und immer häufiger sah man sie an seiner Seite. Irgendwann wurde bekannt, dass sie aus Oberneuland in die Schwachhauser Heerstraße ziehen wolle, was allgemein großes Erstaunen hervorrief. Selbstverständlich sprach Walther nicht über diese Dinge, nicht in der Firma, nicht in der Familie. So verwundert es nicht, dass es für alle eine große Überraschung war, als er ihr schließlich am 16. März 1982, am Vorabend seines 75. Geburtstages im Standesamt Sottrum das Jawort gab.

Frau Sörös sagt, dass die Mitarbeiter in der Firma »vom Stuhl gefallen sind«, als sie von der Neuigkeit erfuhren.

Inge war fortan mit auf der Rennbahn und meisterte an der Seite von Walther Jacobs die Rolle der pferdebegeisterten Ehefrau in Schwarzgelb. Nicht selten fiel sie in der Loge durch ihre Hutkreationen auf. Auf die Frage hin, woher sie denn immer diese Hüte habe, gestand sie lachend, dass es immer derselbe sei, nur mit anderem Gesteck. Inge hatte Humor und Spaß an Pferden, an Rennen und Menschen. Sie bereitete Walther einen angenehmen Lebensabend. Und für Walther gehörte die Ehe einfach zur Ordnung, eine enge Freundschaft zu einer Frau wäre für ihn nicht denkbar gewesen. Er ging wie gewohnt seinen Verpflichtungen nach und würde dies auf lange Zeit nicht ändern. Inmitten all der Menschen, die mit ihm lebten und arbeiteten, stand er über ihnen ganz für sich allein.

14. Teil

G-377 ODER
ENDSTATION COPACABANA

I

Eva verließ gegen 14 Uhr nach einem kurzen Lunch das Hotel. Sie trug einen Nadelstreifenanzug und silberne Highheels. Trotz der 8-Zentimeter-Absätze eilte sie die Stufen vor dem Hotel hinunter auf die Straße, winkte ein Taxi heran und ließ sich in die Ledersitze fallen.

»Nach Forrest Hills, bitte«, sagte sie, »Maple Grove Cemetry ... so schnell Sie können.«

Der Tacho lief bei zwei Dollar an.

»Was macht eine Dame in Ihrem Alter auf dem Friedhof? Sie sind zu jung fürs Grab«, gab der Espanic ungefragt zu bedenken, ließ den Diesel aufheulen und schob sich hupend in den Verkehr.

Im Rückspiegel sah Eva in die dunkelbraunen Augen ihres Chauffeurs. Er hob das Kinn, um anzudeuten, dass er wirklich eine Antwort erwartete.

»Ich besuche das Grab meines Vaters.«

Die nächste Ampel schaltete auf Rot und der Taxifahrer wandte sich nun zu ihr um. Durch das Gitter hindurch sagte er:

»Ich fahre Sie gerne, aber ich kenne nur den Weg nach Queens.«

»Schon gut, ich sag Ihnen dann, wo's lang geht.«

Als sie am Leffers Boulevard angekommen waren, drückte sie dem Fahrer die Scheine in die Hand und bedankte sich. Ihre Füße schmerzten vom langen Stehen in der Hotellounge und sie hatte Kopfschmerzen von der Luft und der Anstrengung.

»Entschuldigen Sie?« Aus dem Pförtnerhäuschen am Eingang zum Friedhof trat ein dicker Wärter. Er kam Eva bekannt vor »Heute ist der 3. Juli«, fuhr er fort, »wir schließen um vier Uhr. Morgen sind die Tore bis sechs Uhr offen.«

»Ich beeile mich.« Für diese Worte verfluchte sich Eva sogleich. In den Schuhen war das ohnehin nicht möglich. Vom Eingang bis zur Sektion B waren es normalerweise fünf Minuten, heute aber war nichts normal; Eva brauchte gefühlte fünfzehn Minuten in ihren Schuhen. Am Grab ihres Vaters angekommen, holte sie aus ihrer Handtasche den Fotoapparat von Arnold und machte drei Bilder von der Grabplatte.

God, I need a drink!, dachte Eva und verließ den Friedhof Richtung Queens Boulevard. Ihre Füße schmerzten bei jedem Schritt. Irgendwie schmerzte alles.

Unter den U-Bahn-Trassen roch es nach Taubendreck und Schmieröl. Der Gestank von gärendem Abfall zog durch die Straßen.

Eva betrat einen engen Liquorstore. »Fährt von Ihnen jemand nach Manhattan?« Eva stellte den Rum an die Kasse.

»Joe, wer fährt denn gleich?«, brüllte der Mann hinter der Kasse Richtung Lager. Er tippte 22 Dollar und 25 Cent ein.

»Peter«, kam es von hinten zwischen den Kühlschränken hervor, »steht aber schon in der Ausfahrt.«

»Sagen Sie ihm, er soll warten!«, rief sie erschrocken. »Kann er mich mitnehmen?«

»Bitte!« Der fette, tätowierte Arm wies ihr den Weg hinter die Regale.

»Lassen Sie sich nicht anmachen!«, riet er Eva, während sie das Geld zusammenzählte und passend auf den Tresen legte.

»*Sie* träumen wohl davon, angemacht zu werden.« Eva nahm die Papiertüte, in der die Flasche verpackt war, und hastete zum Hinterausgang. »Danke Mister!«

Peter setzte Eva bei Jimmy im Golfclub ab. Sie bedankte sich, zog ihre Schuhe wieder an und stieg aus dem Chevy aus. Hinter ihrem Rücken fiel die nach Öl dürstende Tür quietschend ins Schloss. Der Chevy verschwand im Verkehr.

2

Eva war erst gestern in New York gelandet, um ihre Mutter zu sich nach Brasilien zu holen. Noch am selben Tag hatte sie an einem Golfturnier den Sieg errungen, beim anschließenden Lunch kurz die Glückwünsche entgegengenommen und ein

Club-Sandwich gegessen. Die Bilder, die sie noch am Nachmittag vom Grab ihres Vaters aufgenommen hatte, sollten in der brasilianischen Botschaft beweisen, wie krank ihre Mutter war, dass sie schon seit Jahren verwitwet und alleine lebte und mittellos ohne Hilfe ihren Alltag bestreiten musste.

Der Besuch bei Else stand ihr noch bevor.

Am darauf folgenden Tag verließ Eva erneut im Taxi die Stadt über Roosevelt Island. Vierzig Minuten dauerte die Fahrt zum Apartment ihrer Mutter. Und noch weitere zwanzig Minuten brauchte Eva, ihre Mutter zu überreden, sie einzulassen.

»Ich sehe schrecklich aus«, sagte Else hinter der schweren Eisentür.

Eva bestritt dies.

»Du wirst mit mir schimpfen. Es ist nicht aufgeräumt.«

Eva wollte ihr nicht glauben.

»Ich kann nicht aufmachen.«

»Mami, lass mich rein, oder ich hol die Feuerwehr!«, brauste Eva auf. Eva wurde ungeduldig.

Die Tür öffnete sich vorsichtig.

»Was ist los, Mami? Warum wolltest du mich nicht reinlassen.« Es stank und Eva musste sich überwinden, die Wohnung zu betreten.

»Ich bin krank. Ich muss meine Pillen nehmen.«

»Welche Pillen denn?«, fragte Eva. Überall lagen welche herum. Else antwortete nicht.

Eva ging zum Teetisch und vom Teetisch in die Küche.

»Mami, die hast du doch schon längst genommen«, sagte sie beruhigend.

»Du lügst! Ich muss die Pillen nehmen.«

Eva reagierte nicht. Die Worte »Du hast dein Leben lang gelogen« blieben ihr im Hals stecken. Stattdessen sagte sie nur: »Mami, wir müssen zum Doktor.«

»Nichts muss ich.« Else wühlte in einer Schublade im Schlafzimmer.

»Zieh dich an! Wir müssen los. Hier!« Eva warf einen Rock und eine Bluse aufs Bett.

»Das zieh ich nicht an!«, erwiderte ihre Mutter.

»Wenn du das nicht anziehst, nehm' ich dich eben nackt mit.« Eva sah Else nicht an.

»Nein!«, widersprach Else. »Das kann ich nicht.«

»Mach dich schick. Ich warte draußen.« Eva schloss die Schlafzimmertür.

Es tat sich nichts.

»Mami?«

Schweigen.

»Eva, wo fahren wir eigentlich hin?«, fragte Else, während sie überlegte, was sie bloß anziehen konnte. Für Sekunden vergaß sie darüber die Medikamente.

»Wir müssen zum Arzt. Du musst dich untersuchen lassen«, antwortete Eva knapp.

Es wurde still im Schlafzimmer. Eva ging ins Wohnzimmer und begann, alle Tabletten, Schachteln und Flaschen einzusammeln: Bufferin, Ambutal, Zacanol …

»What a mess, for Christ sake«, zischte sie. War das ihre Mutter? War das die Frau, die voller Stolz ihren Pelzmantel getragen hatte, die so hervorragend kochte und nähte? Eva versuchte den Gedanken zu vertreiben, dass ihre Mutter verrückt wurde. Hastig sammelte sie Kleidung vom Fußboden auf, verstaute Zeitungen in Tüten, schloss Schubladen und Schranktüren, um das Bild der verwahrlosten, einsamen Seele, die ihr hier begegnete, wenigstens für einige Momente zu vergessen. Plötzlich stand sie vor einer süßlich stechend riechenden Pfütze am Boden. Sie wandte sich angewidert ab und holte einen Lappen aus der Küche.

Nach zwanzig oder dreißig Minuten kam Else aus dem Schlafzimmer. Eva staunte nicht schlecht. Sie sah richtig gut aus.

»Hast du etwas weggeräumt? Die Medikamente? Wo ist mein Geld?« Else sah sich nervös um.

»Komm, lass uns gehen«, sagte Eva und führte sie am Arm in den Flur, um ihr in den Mantel zu helfen.

»Du sprichst immer davon, dass wir irgendwohin gehen, ohne mir zu sagen wohin. Ich komme nicht mit.«

Eva wiederholte: »Wir müssen zum Arzt, bitte komm.«

»Ich bleibe hier.«

»Du kommst mit!« Jetzt musste sie sich beherrschen, ihre Mutter nicht anzuschreien.

»Sprich nicht so mit mir!« Else brach in Tränen aus.

Sie stand dort inmitten all der Unordnung, wunderschön angezogen, geschminkt, mit frisierten Haaren und weinte. Eva traute ihren Augen nicht. Noch nie hatte sie Mitleid für ihre Mutter empfunden, jetzt aber griff sie nach ihrem Arm und führte sie aus der Wohnung. Unten auf der Straße bat sie ihre Mutter zu warten, sie wollte ein Taxi heranwinken.

»Ach, ich bin schrecklich verheult. Eva, ich steig in kein Taxi ein, wenn du mir nicht sagst, wohin wir fahren.«

Schließlich hatte Eva sie in ein Taxi gesetzt und fuhr mit ihr zusammen zur brasilianischen Botschaft nach Manhattan.

Eva bezahlte fünf Dollar mehr, als sie die Fahrt nach Forrest Hills gekostet hatte. Sie wusste nicht warum, vielleicht war es die Rushhour, die sie hatte länger fahren lassen. Sie musste ihre Mutter zweimal bitten auszusteigen.

Schließlich meldeten sie sich am Empfang und wurden in den Wartesaal begleitet.

»Ich bin krank und du schleppst mich in irgendein Krankenhaus«, sagte Else verbittert.

»Das ist kein Krankenhaus«, wandte Eva ein.

»Das hättest du mir gleich sagen können. Dann hätte ich mich noch schick machen können. Guck mich an, ich bin krank. Habe ich eigentlich meine Pillen genommen?«

»Ja«, beruhigte Eva ihre Mutter.

Sie schwiegen.

»Miss Jessurun!«, kam es aus dem Lautsprecher.

Eva erhob sich aus dem türkisfarbenen Plastikstuhl. Else guckte noch verwirrter.

»Du bist dran«, sagte Eva.

Aus einem der Zimmer trat ein älterer Herr mit weißen Haaren und Vollbart. Sein Kittel reichte bis übers Knie, an der Brusttasche baumelte ein Schild.

»Doktor Zuckermann«, stellte er sich vor und reichte Eva die Hand. »Ist das Ihre Mutter?«

»Ja, Herr Doktor, sie ist sehr verwirrt, es ist besser, wenn ich mitkomme.«

Der Arzt zwinkerte Eva zu und wandte sich nun an Else: »Miss Jessurun, wie geht es Ihnen?«

»Schrecklich, Doktor. Ich bin schrecklich krank. Ich bin ein Krüppel«, jammerte Else.

»Oh, für einen Krüppel sehen Sie aber blendend aus, Frau Jessurun! Kommen Sie doch bitte mit. Wir wollen schauen, was wir für Sie tun können.«

»Da kann man nichts machen, Doktor. Ich bin sehr krank.« Else litt theatralisch. »Wissen Sie, mein Mann ist gestorben und ich kann nicht mehr gehen. Meine Augen sind so schlecht, dass ich nicht mehr gucken kann. Furchtbar ist das!«

»Furchtbar, Frau Jessurun. Können Sie das Stück ins Zimmer gehen?« Doktor Zuckermann führte Else am Arm ins Sprechzimmer.

»Das geht gerade noch, Herr Doktor.« Else erweckte den Eindruck, als wäre sie nur knapp dem Tode entronnen. »Aber wissen Sie, diese Schmerzen. Ich kann nicht mehr gehen und …« Die Tür schloss sich hinter ihnen.

Minutenlang tat sich nichts. Eva rauchte trotz des Verbotes. Sie war unruhig, stand immer wieder auf, um sich kurz darauf wieder hinzusetzen, schlug die Beine übereinander und sah immerzu auf die Uhr. Endlich öffnete sich Doktor Zuckermanns Tür und an seinem Arm führte er eine aufrechte Dame den Gang hinunter. Am anderen Arm schwang Else ihre Handtasche und lächelte dabei vergnügt.

»Oh mein Gott«, dachte Eva, »sie hat geflirtet.«

Else lächelte, als hätte sie die Gedanken ihrer Tochter gelesen.

Doktor Zuckermann lächelte ebenfalls. Wie in einer schlechten Fünfziger-Jahre-Show näherte sich das Paar den Stühlen, wo Eva auf sie wartete.

»Ihre Mutter ist fit like a spring chicken!«, sagte Doktor Zuckermann, als könne er damit alle Probleme dieser Welt lösen, zumindest in diesem Moment. Er drückte Eva das Untersuchungsformular mit Stempel und Unterschrift in die Hand. Sie bedankte sich und wusste beim Anblick ihrer Mutter nicht mehr, wer jetzt eigentlich verrückt war. An den Arzt gewandt fragte sie:

»Was mache ich mit den Pillen?«

Der Arzt nahm Eva wortlos die Tüte mit den Tabletten und Schachteln, die sie aus der Wohnung der Mutter mitgenommen hatte, aus der Hand und gab ihr stattdessen eine 500-Tabletten-Packung Bufferin mit den Worten: »Die kann sie so oft schlucken, wie sie will, das sind Bonbons.«

Eva lächelte dankbar und nahm ihre Mutter in Empfang.

Zwei Tage später war für Eva ein gültiges Visum für Else Jessurun am Empfang ihres Hotels hinterlegt.

In den verbleibenden Tagen kündigte Eva die Wohnung ihrer Mutter, versuchte, herauszufinden, welche Barschaften sie noch besaß, löste alle Bankkonten auf und beglich ihre Schulden.

3

Der Flug ging eine Woche später. Der ganze Golfclub von Eva flog erste Klasse nach Rio, und mittendrin saßen Eva und Else.

Als die Boeing über dem Zuckerhut in der Millionenstadt zur Landung ansetzte, begann für Else der letzte Lebensabschnitt. Vier Jahre noch würde sie in Brasilien leben. Ihre Tochter besuchte sie jeden Tag in einem Heim und führte sie jeden Mittwoch in den Country Club zum Essen aus.

Wenn sich Fritz Grobien geschäftlich im Land aufhielt, besuchte er Eva für einige Tage. Dann erzählte er von Ann, von Bremen, von ihren Kindern und seinen Reisen. Ich glaube, so schwierig sein Verhältnis zur Schwiegermutter war, er sah es mit Humor. Sie respektierten einander, aber liebten sich nicht.

Ich besitze ein Bild von Else am Strand von Rio. Sie sitzt auf einem stoffbezogenen Klapphocker, trägt ein kurzärmliges Kleid, eine Perlenkette, den Brillantring und eine Uhr am linken Handgelenk. Ihre Fingernägel sind lackiert, das von grauen Strähnen durchzogene, immer noch volle Haar türmt sich gepflegt auf ihrem Kopf, gleich einer aufschäumenden Welle. Ihre Augen liegen zwar tief, doch der Blick ist ungetrübt und entschlossen. Nur die Falten über der Nase sind sichtbare Spuren des Überlebenskampfes, den sie seit ihrer Ankunft in Amerika Tag für Tag gekämpft hatte. Ihre geschminkten Lippen sind leicht geöffnet, so als bitte sie ihre Tochter hinter der Kamera, nur ein Bild von ihr zu machen.

Sie sieht weder ungesund noch krank aus. Ihre Arme sind stark, die Haltung aufrecht, ihre Aura wirkt unantastbar.

Als ich das Bild zum ersten Mal gesehen habe, dachte ich: So will ich sein, wenn ich alt bin.

Vier Jahre sind auf ein Leben gerechnet keine lange Zeit. Else mögen sie vorgekommen sein wie das letzte Stück eines Weges, das sie noch zu gehen hatte. Ganz gesund wurde sie nicht mehr. Ihre Eigenarten wurden immer seltsamer. Sie hatte keine Kraft mehr, ihnen zu widerstehen.

Sie lebte beispielsweise in der ständigen Angst, kein Geld mehr zu haben. Scheine und Münzen in der Tasche verliehen ihr das Gefühl, was ihr kein Mann mehr geben konnte: Sicherheit. Aus ihren Kindern waren starke Frauen geworden, die in sich trugen, was ihre Eltern durchlebt hatten, und die nun in einer Welt lebten, zu der Else keinen Zugang mehr hatte.

Ann war gerade mit meinen drei älteren Geschwistern und in Begleitung des schrecklichen Kindermädchens Ruth auf der Nordseeinsel Juist, als Eva am Bett ihrer Mutter saß und sie ein letztes Mal sprach, bevor sie in der Abenddämmerung des Lebens entschlief.

»Eva, ich hab dich so lieb«, und nach einer langen Pause fügte sie hinzu: »und du hast eine Ausdauer.«

Sie starb im September 1982, als ich geboren wurde.

Else Jessurun hinterließ ein kleines Erbe, das sich Ann und Eva teilten. Sie liegt in Rio begraben, fern von ihrem Mann, fern von ihren Eltern, fern von ihren Nachfahren.

4

Im Oktober 2005 mache ich mich auf den Weg nach Rio de Janeiro, um die letzten Spuren einer jüdischen Familie zu suchen.

Ich lande in den frühen Morgenstunden und fahre kurze Zeit später in einem Auto inmitten hupender Motorräder, die um jeden Meter Straße kämpfen, durch das Zentrum von Rio.

Ich bin gekommen, die Stadt kennen zu lernen, in der Eva fünfzig Jahre ihres Lebens verbracht hat. Ich will das Grab von Else besuchen. Ich bin wieder auf der Suche nach Antworten und bereit für Offenbahrungen, die in der Luft liegen wie der Duft von Sonne, Salz und Meer.

Mein Chauffeur Paulo spricht kein Wort Englisch und ich kein Wort Portugiesisch. So unterhalten wir uns schweigend, ich frage ihn in Gedanken tausend Dinge und erzähle ihm, dass ich aus Europa komme und jetzt, wo ich hier bin, weiß, dass ich nicht mehr so leicht würde gehen können. Doch Paulo schweigt und auch ich schweige und sehe aus dem Fenster, sehe zu den Frauen, sehe den Müll in den Straßen und die düsteren Hafenschluchten. Wir brauchten 45 Minuten nach Leblon, dem Stadtteil, in dem Ruth und Hans Stern schon über 35 Jahre leben. Noch heute, nach über vierzig Jahren, halten die Sterns den Kontakt zu Ann und Eva.

Von dem Moment an, als ich geduscht und umgezogen bin, beginnt für mich ein aufreibender Prozess des Nachdenkens, in dessen Verlauf ich lerne, auf mich zu hören, mich zu erkennen, plötzlich all die künstlichen Dinge in meinem Leben, die so täuschend echt gewirkt hatten, zu sehen. Ich spüre den Pulsschlag in meinen Adern und habe Angst, Angst davor, mit meiner Ankunft in Rio eine Kugel ins Rollen gebracht zu haben und schließlich gegen meinen Willen wieder abreisen zu müssen.

Ich begrüße Ruth, die Frau von Hans Stern, in der Küche ihrer Dachgeschoßwohnung. Wir trinken an einem runden Tisch unter einer Lampe aus den sechziger Jahren Kaffee und essen

Papaya. Zum Mittagessen bin ich mit ihrem ältesten Sohn, Roberto, verabredet. Hans hat sich erst für den Abend angekündigt.

Roberto holt mich zwei Stunden später mit seinem Ford Möchtegern-Geländewagen mit Zweiradantrieb, den er im Lotto gewonnen hat, vor dem Haus ab. Wir fahren ins Celerio an der Rua Dias Ferraira. Der Wagen schiebt sich durch den Verkehr, während wir uns unterhalten, als würden wir uns schon eine Ewigkeit kennen. Wie hatte es mich gedrängt, ihn kennen zu lernen, und wie sehr mochte ich ihn vom ersten Augenblick an, als er »Hello Louise« durch das offene Beifahrerfenster gerufen hatte.

Abends begegne ich zum ersten Mal Hans Stern. Er sitzt in seiner Bibliothek im sanften Schein der Deckenlampe mit einem Buch auf dem Sofa, die dünnen Beine übereinander geschlagen. In dem Moment, als wir uns zur Begrüßung die Hand geben, schließt sich ein Kreis, dessen Anfangspunkt eine Unterhaltung mit Eva vor über einem Jahr war. Sie erzählte mir damals von der Liebe Anns zu Hans und bat mich im selben Atemzug, ihr gegenüber nicht davon zu sprechen.

Jetzt sitzt Hans vor mir und ich frage ihn nach seinen Erinnerungen an die Jessuruns.

»Ich sehe noch genau das Haus vor mir, in dem die Familie in Queens wohnte«, sagt er. »Es war aus diesem Stein …«, er sucht vergeblich in seinem Gedächtnis nach dem deutschen Wort.

»Backstein?«, frage ich.

»Ja, all die billigen Häuser waren aus Backstein gebaut.« Er lächelt.

»Wie geht es Ann?«, fragt er.

»Ann geht es gut.« Ich erzähle ihm von meiner Großmutter und ihrem Mann Fritz Grobien, der 1985 starb.

»1985, das ist gar nicht so lange her«, sagt er nachdenklich.

1985, denke ich, da war ich zwei Jahre alt, für mich ist es unendlich lange her.

Mittwochmorgen – der Himmel ist bedeckt und hängt tief über dem Talkessel von Rio, die milchige Sonne schiebt sich langsam höher. Es ist schwül.

Wie köstlich es ist, von Kaffeeduft geweckt zu werden und mit Vorfreude auf das Frühstück unter die Dusche zu gehen.

Hans sitzt im Schlafanzug am Tisch, als ich durch die Glastür eintrete. Verlegen sehe ich auf die Uhr, es ist halb acht.

»Guten Morgen«, sage ich.

»Guten Morgen«, erwidert Hans freundlich und schaut von seinem Toast auf, den er gerade mit Schmelzkäse bestreicht, »gut geschlafen?«

»Ja, herrlich.« Ich setze mich auf einen der Plastikstühle und gieße zuerst Milch, dann Kaffee in meine Tasse.

»Haben Sie den Artikel im *Spiegel* gelesen?«, fragt Hans. Er hatte mir am Vorabend eine aktuelle Ausgabe des Magazins gegeben und mir eine Besprechung des neuen Buches von Irene Dische, die die Geschichte ihrer Großmutter aufgezeichnet hat, empfohlen. Das Buch wurde sehr gelobt.

»Ja, interessant.« Ich konnte nicht zugeben, den Beitrag nicht gelesen zu haben. Ein kurzer Blick darauf hatte mir schon genügt, um das Heft wieder beiseite zu legen. Ich wollte einfach nicht über Schriftsteller sprechen und schon gar nicht über Familiengeschichten – in einem Jahr vielleicht. Hans ging nicht näher darauf ein.

Als er vom Tisch aufsteht, um sich anzukleiden, kommt Ruth im Bademantel herein und klagt ein wenig, dass sie seit drei Uhr wach gelegen habe.

»Hast du schon Kaffee?«, fragt sie.

»Ja«, antworte ich.

»Hier ist Brot.« Sie stellt mir den Korb hin. »Und der Käse? Möchtest du Käse?«

Ruth machte einen einmalig guten Frischkäse. Ich nickte nur. Sie geht zum Kühlschrank, um ihn herauszunehmen.

»Selbst gemachten Frischkäse habe ich noch nie gegessen. Er schmeckt köstlich«, sage ich.

»Das ist ein altes Rezept meiner Mutter, ich mache Tonnen davon und friere sie ein. All meine Jungs kriegen regelmäßig Nachschub, wenn ich sie besuche. Ganze Kühlboxen fahre ich durch die Stadt mit gefrorenen Kugeln pasteurisierter Milch.« Ruth lacht. »Eva wollte nie ihre Rezepte rausrücken.«

»Oh ja, das kann ich mir vorstellen«, sage ich schmunzelnd.

»Sie ist die beste Köchin, ach sie macht so wunderbare Sachen, aber die Rezepte, die behält sie für sich«, sagt Ruth.

Wir verstehen einander, weil wir beide wissen, von wem die Rede ist.

»Früher einmal«, Ruth winkt mit der Hand ab, als wolle sie die vielen Jahre, die seitdem vergangen waren, wegwischen, »es muss vor etwa dreißig Jahren gewesen sein, da habe ich ein großes Fest gegeben und wollte eine Vichisoise machen. Also rief ich Eva an und bat sie um das Rezept. Ich sagte ihr, dass ich vierzig Gäste erwarten würde. Und was hat sie gemacht? Sie schickte mir die fertige Suppe für vierzig Personen.«

Es ist zehn Uhr. Wir verlassen die Wohnung gemeinsam mit Paulo, dem Fahrer des kleinen Golf, Baujahr 1994. Wir fahren am Jockey Club vorbei und schieben uns weiter an der Lagune »Lagoa Rodrigo de Freitas« entlang durch den Verkehr. Am östlichen Stadtrand ragt der Christus im Dunst über den Hochhäusern in den Himmel. Motorräder preschen hupend an uns vorbei, sie schlängeln sich durch den Verkehr wie Wasser, das sich den Weg zwischen Steinen hindurch sucht. Wir fahren an fußballspielenden Jungs vorbei, an Stadtstreichern, die auf den Mittelstreifen über den Rasen humpeln. Ärzte in weißen Kitteln und Arbeiter in orangefarbenen Hemden und blauen Hosen leuchten als Farbtupfer zwischen den schwarzen Kabeln und Masten. Am linken Straßenrand ist ein Lastwagen umgekippt, er liegt auf dem Bürgersteig wie ein gestrandeter Wal. Seine Eingeweide bluten zwar nicht, aber rosten, und man kann das Benzin riechen, das aus dem Tank tropft, die Räder baumeln an den Achsen und gleichen Erhängten. Die Straßen werden immer verwahrloster. Ich bin froh, meine langen Hosen zu tragen.

»Es ist nicht mehr weit«, sagt Ruth, als spürte sie meine Unruhe.

Der Friedhof liegt in Caju, direkt an der Straße. Auch Ruths Mutter ist hier begraben, mehr weiß ich nicht. Paulo lenkt den Golf eine Auffahrt hinauf vor ein eisernes Tor. Wir steigen aus.

Die Hitze schlägt uns entgegen. Zwei Männer in blauen Hosen und blauen Hemden nähern sich dem Tor. Ruth winkt und bittet darum, es zu öffnen.

»Oí. Bom dia!«, werden sie begrüßt. Die folgenden Sätze, die Ruth mit den Männern wechselt, kann ich nicht verstehen. Vor mir erstreckt sich ein weites Feld kahler Steingräber. Eingezäunt von einer Mauer ruhen hier Kinder neben Alten unter der gleißenden Sonne von Rio. In der Mitte verläuft ein Weg, überdacht von einer vertrockneten Schlingpflanze, die hier und da violette Blüten trägt. Ich folge Ruth und Fernando, einem der beiden Männer, die sich um die Gräber kümmern. Mein Blick fällt auf seine Füße. Die staubige Haut spannt sich über Zehen und Fersen, an seinen Schienbeinen kleben Betonspritzer oder Sand. Er trägt Flipflops. Unter seinem offenen Hemd ragt ein stattlicher, braungebrannter Bauch in die Mittagssonne. Ruth und Fernando unterhalten sich, während wir den Weg entlanggehen.

»Der Rabbi ist nicht hier, aber er hat das Buch, in dem die Lage der Grabstelle deiner Urgroßmutter verzeichnet ist«, übersetzt Ruth mir das Gespräch, und zu Fernando gewandt sagt sie: »Quanto tempo demora?«

Fernando antwortet ihr.

»... cellular ... como ele chama? ...«, fragt Ruth und holt ihr Telefon aus der Tasche. Sie ruft Marcos, den Rabbi, an.

»Wir haben Glück, der Rabbi wird in zehn Minuten hier sein. Er hat heute noch eine Beerdigung und ist schon auf dem Weg hierher«, sagt Ruth, nachdem sie das Telefonat beendet hat. Nur wenige Minuten später fährt ein Golf, Baujahr 2004, vor. Fernando und ein Kollege schieben beflissen die Tore zur Seite, als käme ein Staatsgast an. Der Golf fährt energisch an uns vorbei. Ich kann durch die Scheibe den Rabbi mit seiner Kipa auf dem Kopf erkennen. Nachdem er ausgestiegen ist, tritt er zu uns und beginnt mit Ruth zu sprechen. Draußen vor den Toren kracht ein Lastwagen vorbei. Wir begleiten Rabbi Marcos in das Büro des Friedhofs. Er schaltet als Erstes die Air Condition ein und bittet mich dann, Elses Namen auf einen Zettel zu schreiben. Während ich ihn aufschreibe, zweifle ich daran, sie hier zu finden. Ich glaube nicht, dass sie in dieser Steinwüste liegt. Der

Rabbi blättert in einem Ringbuch. Sein Zeigefinger fährt endlose Kolonnen von Namen entlang. Je länger er blättert, umso mehr zweifle ich.

»Elsche«, murmelt er, »Elsche Dscheschurun, aqui.« Er nimmt den Zettel und schreibt unter ihren Namen G-377 24/9/1982.

»Parlez vous français?«, fragt er mich.

»Oui, un peu«, sage ich und wundere mich, warum er mit mir französisch spricht und dann auf Portugiesisch fortfährt.

Er begleitet uns auf dem Weg die Gräberreihen entlang. Ich könnte wetten, dass sie nicht hier liegt. Dann plötzlich bleibt der Rabbi stehen.

»Aqui«, sagt er und zeigt auf eine Grabplatte. Tatsächlich! »Else Jessurun, gestorben am 24. September 1982« steht darauf und darunter auf Portugiesisch: Saudades De Suas Filhas – Deine Töchter haben dich in wehmütiger Erinnerung. Ein Davidstern ist abgebildet und wenige Worte Hebräisch, die Ruth nicht lesen kann. Der Rabbi ist gegangen.

»Es muss gemacht werden«, sagt Ruth. Als Fernando auftaucht, sprechen sie miteinander. Ich stehe am Grab und wandere mit den Augen die einzelnen Lettern entlang. Ich fühle gar nichts. Ich fühle nur Rio de Janeiro, ich fühle Hitze und Sonne, ich fühle Fremdheit und Sprachlosigkeit.

»Er würde es machen«, sagt Ruth, »für fünfzig Real.«

Ich bücke mich und berühre den Stein. Er ist heiß und ausgetrocknet von der Sonne, so ausgetrocknet wie die Hand einer armen alten Frau, die ihr Leben lang nur gewaschen, geharkt und genäht hat. Er ist so heiß, dass ich nur einmal darüber streiche und mich wieder aufrichte.

»Ja«, sage ich.

»Du musst das entscheiden. Es ist niemand anders hier«, sagt Ruth zu mir.

Nein, hier ist niemand, denke ich und sage: »Ja, er soll es machen.«

Fernando zerkrümelt streng nach Weihrauch riechendes Wachs zwischen seinen braunen Fingern.

»Sim?«, fragt er und bückt sich, um eine Steinlatte aus ihrer Fassung zu nehmen.

»Könnte man sie nach New York bringen, dort, wo ihr Mann liegt?«, frage ich.

Ruth schaut mich erstaunt an. »Nein«, sagt sie, »das würde ich nicht machen.« Sie sagt es sehr ernst und ich gebe den Gedanken meines Vaters, Else und Fritz nebeneinander zu legen, sofort wieder auf – Rabbi Marcos kommt mir in den Sinn.

»Das ist Asche«, sagt sie, »wie willst du das machen?«

»Ich weiß es nicht«, erwidere ich ratlos. Die Frage erschien nun auch mir absurd.

Es ist unsagbar heiß. Wann hatte Fernando wohl zum letzten Mal geduscht? Dann denke ich wieder an Else und wie sie es in Lissabon nicht ausgehalten hat. Ich denke daran, wie sie nicht mehr richtig im Kopf war, als sie nach Rio kam, und wie sie jetzt hier liegt.

Ich entferne mich vom Grab meiner Urgroßmutter. Mir ist, als wäre ich ein Bote, der Monate lang durch Wüste, über Dünen und Gebirge gewandert ist, der sich mit Plünderern geschlagen und gegen den Hunger gekämpft hat, nur um eine Botschaft zu überbringen, und nun, da er am Ziel ist, vergessen hat, wie diese Botschaft lautet. Ich weiß, Fernando wird den Stein wachsen und es wird lange halten, doch nicht lang genug. Wir waschen uns am Ausgang die Hände mithilfe eines Zinnbechers und fahren mit Paulo zurück in die Stadt, um Fisch fürs Mittagessen zu kaufen.

5

Was ist Familie? Ist es etwas, worüber man nicht spricht, oder etwas, wovon man nur erzählt? Ist es etwas, wofür man kämpft, oder etwas, wofür man opfert? Ist es etwas, was wir gewinnen, oder etwas, was wir verlieren? Ich weiß es nicht. Denn das, was ich an Familie gefunden habe, sind nur Teile eines gerissenen Tieres und ich bin die Hyäne, die gefürchtete Kreatur, welche sie verschlingt.

Wenn ich heute an meine Familie denke, dann denke ich an meine Vorfahren. Ich verbinde Familie mit Tradition und mit dem

Gedanken, dass Tradition nicht die Anbetung der Asche ist, sondern die Weitergabe des Feuers.

Meine Vorfahren sind für mich Wegweiser in meinem Leben geworden, sie sind mein Fleisch und mein Blut und sie sind die Wurzeln meines Willens.

In Rio habe ich meine Wurzeln gefunden. Und an Elses Grab wurde mir bewusst, dass nicht die Erzählungen vergänglich sind und die Geister der Ahnen, sondern ich selbst. Ich trage das Feuer in mir.

EPILOG

Ich habe geträumt: Walther sitzt mir auf einer Veranda an einem langen Holztisch gegenüber, mein Vater sitzt neben mir. Das Haus befindet sich in dem kleinen Dorf Oklahoma, in der Nähe von Vermont. Mein Vater hatte seltsamerweise den gesamten Ort gekauft.

Mein Großvater muss in seinen besten Jahren sein, aber er wirkt alt. Er gleicht all diesen Bildern aus den Zeitungen: glatte Haare, Hornbrille, markante Nase, strahlende, ernste Augen. Ich starre ihn unentwegt an und frage ihn schließlich, ob er wisse, dass ich gerade über ihn schreibe. Er lacht und beginnt, von seiner Kindheit zu erzählen, wie er Geld von seinem Vater bekam, um sich etwas zu kaufen. Er redet viel, und obwohl er hin und wieder lacht, hat er doch etwas Strenges an sich, etwas sehr Strenges, was mich tief berührt und mich im Schlaf mit Ehrfurcht erfüllt.

Mein Vater spricht kaum. Nach dem Abendessen erzählt er die Geschichte, wie er Oklahoma gekauft und aufgebaut hat. Wir schauen über die weiten Wiesen hinweg in den Sonnenuntergang. Ich stelle mir vor, wie schwer er es als Walthers Sohn gehabt haben muss. Ich kann verstehen, dass er etwas für die Gemeinde von Oklahoma hatte tun wollen, genau wie sein Vater immer Großes getan hatte.

Noch nie zuvor habe ich von meinem Großvater geträumt. Als ich aufwache, übermannt mich die Traurigkeit und Enttäuschung darüber, dass ich nie in dieser Weise mit Walther würde sprechen können. Nie mehr würde er mir von früher erzählen können, während ich ihn stundenlang anstarre. Am Ende meiner Arbeit beginne ich ihn zu vermissen, genauso, wie ich die Gespräche mit meinem Urgroßvater Fritz Moritz vermisse.

Heute sind beide tot. Was bleibt, ist die Nachwelt, sind Fotos, verzerrte Erinnerungen, die Geschichten, die über sie erzählt werden. Wenn ich könnte, würde ich Pferde züchten, mir meinen Traum erfüllen, wie Walther es getan hat und wie Fritz es nie konnte. Ich fühle die Zerrissenheit in mir zwischen Erfüllung und meinem Leben in der Fremde, zwischen Verwurzelung und Wurzellosigkeit, sie prägt mich wie nie zuvor, prägt meinen Blick in die Zukunft und in die Vergangenheit.

Gegenwart ist, dass Walther Jacobs 1998 im Alter von 91 Jahren starb. In der Trauerpredigt hieß es: »Ein großes und intensives Leben ist nun vollendet worden. Wir nehmen Abschied von einem geradlinigen und mutigen Mann, dessen Persönlichkeit weit über unsere Heimatstadt Bremen hinaus ihre tiefen Spuren hinterlassen hat.«

Seit seinem Tod ist Walthers Name bei uns noch seltener als vorher am Esstisch gefallen. Hinterlassen hat er einen alten Revolver und eine Münzsammlung, geblieben sind sein Schreibtisch, sein Stuhl und einige Schreibutensilien. Die Fährhof-Pferde rennen mittlerweile in Hongkong und Amerika. Die letzten Hengste aus Walthers Zucht stehen in England zur Pacht und Jacobs Kaffee wirbt mit »schmeckt toll, kickt voll«.

Gegenwart ist auch, dass Eva in Arizona lebt und Ann in Bremen und sie den Weg zueinander nicht mehr finden werden.

Was mich betrifft, so fühle ich mich als kleinster Teil all dessen, sitze vor Notizen, Bildern und Büchern, manchmal auch vor Menschen, die von vergangenen Zeiten erzählen.

Ich frage mich, ob jüdisch zu sein heißt, eine Großmutter zu haben, die aus Hamburg stammt, eine Mutter zu haben, die in Managua geboren ist, eine Urgroßmutter zu haben, die in Rio begraben liegt, und eine Großtante, die Amerikanerin geworden ist.

Ich frage mich weiter, ob man nur lebt, um danach zu suchen, was im Leben wichtig und gut ist. Auf meinem Weg fand ich die Familie. Das, was schon immer zu mir gehörte und durch Erinnerungen an eine schlechtere Zeit unzugänglich war. Die Suche nach der Quelle, nach dem Ursprung hat mich zu einem nachdenklichen Menschen gemacht. Und so erkenne ich heute: Es liegt seit Jahrtausenden in der Natur des Menschen, zu wandern – wie zu leben und zu sterben. Und es liegt in seiner Natur, Geschichten zu erzählen. Ich habe versucht, mein Bestes zu tun. Für Fritz Moritz und für Walther.

Else Jessurun, meine Urgroßmutter

Fritz Lewkowitz, Elses Bruder, als Soldat im Ersten Weltkrieg

Das Haus der Jessuruns in der Hamburger Rothenbaumchaussee, hier wurden Eva und Ann geboren.

Fritz Moritz (mit Schiebermütze am Steuer) mit Freunden in seinem »Adler«

Fritz und Else auf ihrer
Hochzeitsreise in
Venedig

Eva (links) und Ann
(meine Großmutter) in
Hamburg

Eva und Ann beim Frühstück

Tante Daisy
(Fritz' Schwester)
und ihr Mann Felix
Israel, in Lissabon

Die Firmung der Geschwister Ann und Eva (vorne in der Mitte kniend) – ein großes Familientreffen in Lissabon

Fritz mit seinen Töchtern in Forrest Hills (New York)

Ann in Managua

Fritz Grobien,
mein Großvater

Meine Großeltern heiraten in Casa Colorado. Ein glückliches Paar

Else in Rio de Janeiro

Elses Grab in Rio

Fritz' Grab in New York

Mit Hans Stern in Leblon 2005

Das erste Markenzeichen (seit 1912) von Jacobs Kaffee mit dem Signum »131/19«

Walther Jacobs (mit Mütze, mein Großvater) mit seinem Onkel Johann
auf einem Ausflugsdampfer in Bremen

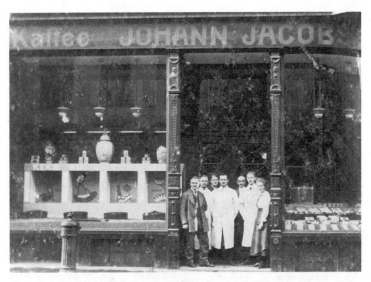

Johann Jacobs (1915) zwischen Mitarbeitern in der Bremer Obernstraße

Ein Ladengeschäft von Jacobs

Der gehört zu jedem Weihnachtseinkauf

Immer wieder wird JACOBS KAFFEE verlangt, und erst recht beim Einkauf für die Feiertage. Man freut sich über diesen köstlichen Kaffee im Familienkreis, mit Freunden und Bekannten zusammen, und man verschenkt und verschickt ihn besonders gern in der weihnachtlichen Vacuum-Dose.

Ja, dieser große Bremer Markenkaffee ist ein rechtes Festgetränk und zugleich ein willkommenes Geschenk.

JACOBS KAFFEE *wunderbar*

Ein Motiv der Werbekampagne von Max Oievaar

Walther in der Probierstube

Walther und Lore beim Tanz

Walther bei seinem täglichen Ausritt mit Herrn Vogelsang über das Gestüt Fährhof

Walther und Lore (rechts) beim Derby 1976, bei dem Literat verunglückte

Walter beglückwünscht seinen Hengst Literat

Der verdiente
Sieg:
Sumuru gewinnt
1977 beim
wichtigsten
deutschen
Galopprennen,
dem Deutschen
Derby, mit sieben
Längen unter
Jockey
Cadwaladr.

Walther bei Derby mit seiner »berühmten« Schneckenkrawatte